U0453714

高校图书馆
研究影响力评价服务实务

The Practice of Research Impact Measure
Services in University Libraries

张玲 等 编著

海洋出版社

2023 年 · 北京

内容简介

　　本书系统地梳理了我国高校图书馆研究影响力评价服务的发展历史及服务现状；也对英国、美国、澳大利亚等国家的服务进行了全面调研；细致地推介了对研究影响力评价服务所需使用的各种评价分析类及检索工具和所涉及的评价指标；详细地介绍了世界范围内各类大学排名中关于科研评估的指标及数据源。

　　本书将理论联系实际，具有较高的学术价值和参考价值，可作为我国高校图书馆研究影响力评价服务的业务培训教材或参考指南，也可作为高校图情专业的本科生、研究生学习的专业教材。

图书在版编目（CIP）数据

高校图书馆研究影响力评价服务实务/张玲等编著.
—北京：海洋出版社，2023.3
　（二十一世纪图书馆学丛书/丘东江主编. 第五辑）
　ISBN 978-7-5210-0504-2

　Ⅰ.①高… Ⅱ.①张… Ⅲ.①院校图书馆-图书馆服
务-研究 Ⅳ.①G258.6

中国版本图书馆 CIP 数据核字（2019）第 297713 号
GAOXIAO TUSHUGUAN YANJIU YINGXIANGLI PINGJIA FUWU SHIWU

责任编辑：杨海萍
责任印制：安　淼

海洋出版社 　**出版发行**

http：//www. oceanpress. com. cn
北京市海淀区大慧寺路 8 号　邮编：100081
鸿博昊天科技有限公司印刷　　新华书店发行所经销
2023 年 3 月第 1 版　2023 年 3 月北京第 1 次印刷
开本：787mm×1092mm　1/16　印张：33
字数：402 千字　定价：160.00 元
发行部：010-62100090　邮购部：010-62100072　总编室：010-62100034
海洋版图书印、装错误可随时退换

《高校图书馆研究影响力评价服务实务》
撰写人员名单

张 玲　刘 斐　韩 丽　杨雪萍　周静怡
黄飞燕　谢亚南　仝卫敏　毛 芸　刘馨然
李菁楠　王春蕾　彭笑菊

主编弁言

"二十一世纪图书馆学丛书"第一、二、三、四辑出版以来，受到图书馆工作者的欢迎。因为其主要特点是选题务实、信息新颖、内容丰富、注重图书馆实践和结合图书馆工作实际。

现在，该丛书第五辑出版的13个选题，是从60多个应征稿件中仔细挑选出来的。这些选题力求题材独特、知识丰富、立意新颖和可读性强。

"二十一世纪图书馆学丛书"第五辑涵盖面比前四辑更为广泛，包括《特色资源元数据设计与应用》《高校图书馆研究影响力评价服务实务》《图书馆传播理论与实践》《海上图林——海派图书馆事业的萌芽与发展》《专题馆，图书馆深化服务的探索》《不独芸编千万卷——图书馆讲座实务》《信息技术在图书馆的应用》《新时期上海图书馆文献编目工作实践》《连续出版物机读目录的编制》《图书馆世家的读书种子——沈宝环之生平、著述与贡献》《两个世界图书馆合作组织知多少》《图书馆，不仅是藏书楼》《图书馆里的巾帼典范——海外图书馆知名女性理解的阅读与人生》。

　　我想上述选题内容，图书馆馆员会有兴趣阅读；相信这些务实的专业论著的出版，对图书馆现时的工作有所裨益、对图书馆馆员知识水平的提高有所帮助。

丘东江

2019 年 7 月于北京东升科技园

前言

近年来，研究影响力评价服务（基于文献计量学的科研评价服务）成为高校图书馆服务创新或转型的重要方向。2015 年，国务院正式印发"双一流"建设总体方案，越来越多的图书馆开始尝试、摸索并推进该业务。北京师范大学图书馆于 2012 年左右开始尝试摸索，在具体的实践过程中，我发现此项服务不仅需要馆员熟练掌握数据库的功能和技巧，而且需要学习使用文献分析及可视化相关软件、深入了解相关的文献计量指标，甚至还要配合学校及院系自评关注各类大学及学科排名并开展相关分析……不管有没有岗位人员变更，为掌握、提升业务技能所需的学习资料都需要馆员四处寻找、自我积累。

结合自己及本馆馆员的学习经验，我深深地感到需要一本关于研究影响力评价服务的实务性著作，系统地介绍研究影响力评价服务过程中所需的各种工具、方法或技巧；同时，若想深耕业务，则需要从历史视角、全球视角多维度地了解研究影响力评价服务的过去、现状与未来，以总结经验、洞悉发展。结合实际的业务经验，使得我对于所需的工具有了初步的了解和掌握；2017 年 6 月起，借助 2017 年 CASHL 前瞻课题的机会，我利用文献循着历史的足迹梳理我国高校图书馆研究影响力评价服务的发展脉络及国内外高校图书馆此项服务的现状，从而加深认识。2018年4月，我得知丘东江老师正在组织编写《21世纪图书馆学丛书（第五辑）》，结合已有的课题和实践积累，我在北京至杭州的高铁上心无旁骛地完成了一份5页的写作大纲。该大纲受到南方科技大学图书馆黄飞燕老师、北京外国语大学图书馆周静怡老师、北京师范大学图书馆韩丽老师的一致认可。在她们三人的鼓励下，我鼓起勇气联系丘东江老师并获得写作许可。在策划、撰写的过程中，我深知自己能力不足，所以不仅发动本馆的老师参与，也颇费心思和周折地邀请更多高校图书馆的业务骨干加入。

本书是一本关于高校图书馆研究影响力评价服务的实务性著作，既有对我国高校图书馆研究影响力评价服务的发展历史及服务现状的系统梳理，也有对英国、美国、澳大利亚等国家高校图书馆研究影响力评价服务的初步调研；既有对我国高校图书馆研究影响力评价报告服务的深入研究，也有国外高校图书馆基于研究影响力生命周期的服务体系的详细介绍；既有对研究影响力评价服务所需使用的各种评价分析类检索工具的细致介绍，又推介性地介绍了研究影响力评价服务所需使用的文献分析及可视化工具；在参考国内外高校图书馆实践的基础上，既对评价分析数据库的评价指标进行了较为系统的、比较性的梳理，又整理了世界范围内较为流行的大学排名（排行榜）的科研评价指标及数据来源。

本书由我策划组织，邀请来自北京师范大学图书馆、北京外国语大学图书馆、南方科技大学图书馆、东北师范大学图书馆、北京大学医学部图书馆、中国科学院大学图书馆的业务骨干参与编写。全书由我负责设计、统稿和审改，分工如下：第一章由张玲、毛芸、杨雪萍撰写；第二章由张玲、韩丽、刘斐撰写；第三章由张玲、周静怡、黄飞燕、刘斐撰写；第四章第一节由杨雪萍、韩丽、刘斐撰写，第二节由刘斐、周静怡撰写，第三节由刘斐、仝卫敏撰写；第五章由谢亚南、刘斐、王春蕾撰写；第六章由刘馨然、李菁楠、彭笑菊、仝卫敏撰写。本书的突出特点是理论联系实际，各位作者长期从事相关业务工作并将自身的学习成果、实践经验和技巧贯穿其中。书中既有研究影响力评价服务的理论研究，又有服务所需工具的使用指导。

感谢丘东江老师对我的提携、鼓励和宽容；感谢每一位参与者在本书编写过程中无私无欲无求地支持和鼓励我；感谢北京大学图书馆肖珑老师的鼓励和帮助，借由她的认可，激发了我的斗志，增强了我的信心；感谢本书编写过程中在谢亚南老师的联络沟通下，获得李杰老师和刘爱原老师的指点；感谢宋媛媛、余倩提供重要的资料；感谢杨雪萍老师在规范本书文档格式方面对我的指点及付出的辛劳。感谢我的导师孙坦教授，他的学术造诣、人品德行均令我高山仰止、景行行止，虽不能至，然心乡往之，感谢他在工作、科研、做人、做事等各方面对我的熏陶和指引；最后感谢我的老公郑磊，在一年多的时间里积极分担家务、管教二女，在我工作和写作不停歇、无周末、无假期熬夜连轴转、忙得晕头转向、脾气暴躁之时，他还可以平静、善意地提醒我把握节奏、适当休息，正因他的爱护、宽容、体谅和支持，才成就了我的坚持。感谢我们曾经走过的岁月，愿我们在各自不断成长的动态人生里，共同寻找最佳的相处模式，互相理解、相互包容、彼此欣赏、风雨同舟。

在本书编写过程中，东北师范大学图书馆的谢亚南老师戏称我们在完成我国高校图书馆开展研究影响力评价服务的"宝典"。虽然我已竭尽全力，但实不敢当。作为本书的设计、策划及编写者，我的目标是有一本指南或速查手册，帮助馆员系统地、一站式地获取研究影响力评价服务的相关学习资料，但我也深知我们的能力和时间有限。本书距"宝典"这一目标尚有很大距离，一方面，对于研究影响力评价分析报告制作过程中指标的设计、数据清理技巧和相关规范等内容在本书中并没有非常详尽的阐述，另一方面，还有很多不足、疏漏之处以团队人员现有的能力还无法察觉。所以，在研究影响力评价服务不断推进的过程中，希望能够有各种机会，向业界同行学习、请教、探讨，期待本书正式出版后，业内外专家能够给予批评指正。您的意见，请发至我的邮箱zhangl@ bnu. edu. cn，这将是我不断完善本书的动力，也是我不断精进业务能力的源泉。

希望本书能够帮助更多的馆员系统学习和掌握研究影响力评价服务的基本理论与方法、拓展工作思路，为推进我国高校图书馆研究影响力评价服务提供有益参考，从而促进我国高校图书馆在学校"双一流"建设中贡献更多力量。

张玲

2019 年 3 月 31 日

于北京师范大学图书馆

目 录
Contents

001　第一章　高校图书馆研究影响力评价服务的背景

001　**第一节　引文索引对我国科研评价的影响**

001　一、引文索引发展简史及其评价作用的发展

001　(一)引文索引发展简史

002　(二)引文索引评价作用发展

004　二、引文索引进入我国及相关研究

004　(一)引文索引进入我国及相关推介性研究

005　(二)引文索引在我国发挥科研评价作用

007　(三)我国引文索引数据库的建设

011　三、引文索引对大学科研评价的影响

012　**第二节　我国高校科研评价工作**

012　一、以科研量化与评价为基础的大学排序尝试

012　(一)以引文索引为数据源的国内大学学术榜

013　(二)以引文索引为数据源的世界一流大学排名

015　二、研究生一级学科整体水平评估

018　**第三节　高校图书馆开展研究影响力评价服务的条件及必要性**

018　　　一、高校图书馆的自身优势

018　　　（一）工具基础

020　　　（二）业务优势

021　　　（三）身份优势

022　　　二、高校图书馆的外部因素

022　　　（一）国外高校图书馆研究影响力评价服务的示范

023　　　（二）大学排名全球化发展影响

024　　　（三）我国高等教育发展战略导向

025　　　三、我国高校图书馆研究影响力评价服务势在必行

027　　第二章　我国高校图书馆研究影响力评价服务研究

027　　第一节　研究影响力评价服务概述

027　　一、研究影响力评价服务的定义

027　　（一）从服务目的出发的定义：决策支持服务

028　　（二）从方法出发的定义：文献计量服务或计量分析服务

029　　（三）图情学科角度的定义：情报分析、竞争情报等

030　　（四）从科研管理及评价角度：科研评价、学科分析

031　　（五）本书定义：研究影响力评价服务或基于文献计量学的科
　　　　　研评价服务

032　　二、高校图书馆研究影响力评价服务的特点

032　　（一）研究影响力评价服务是根据服务对象的需求进行高度定
　　　　　制的差异化服务

033　　（二）数据来源多元，结果客观、量化、易于比较

033　　（三）工具规范并普及，在一定范围内具有通用性

034　（四）服务产品多样

034　（五）服务复杂程度、难度明显加大

034　（六）服务过程更强调交互性

034　（七）定制报告产品或结果有限公开

035　三、研究影响力评价服务的作用

035　（一）助力研究者科研职业的发展

036　（二）为科研管理提供数据支撑

036　（三）为学科及学校发展与规划提供依据

037　**第二节　我国高校图书馆研究影响力评价服务的发展**

038　一、基于引文索引工具的论文收录查询及简析服务

040　二、基于检索工具的个人收录引证服务

040　（一）收录引证服务发展概况

042　（二）高校图书馆收录引证服务发展变化

043　三、基于多元工具的多样化研究影响力评价服务

043　（一）基于基础数据的深度挖掘

044　（二）基于多元分析工具的多样化研究影响力评价分析报告

045　**第三节　我国高校图书馆研究影响力评价服务现状**

045　一、现阶段我国高校图书馆研究影响力评价服务简况

045　（一）现阶段我国高校图书馆研究影响力评价服务简介

049　（二）研究影响力评价分析报告的类型

050　二、高校图书馆研究影响力评价分析报告服务的体系

050　（一）基础数据收集服务

052　（二）基于基础数据的快报服务

055　（三）全面的数据统计分析报告

057　（四）深层决策支持分析报告

058   三、高校图书馆研究影响力评价拓展服务

058   （一）咨询服务

059   （二）培训与业务研究

059   （三）相关系统建设

061   **第四节　高校图书馆研究影响力评价分析报告的制作方法与**
　　　　　　　　流程

061   一、高校图书馆研究影响力评价分析报告的制作方法

062   （一）机构、学科、院系、人才四个层面影响力评价分析报告的
　　　　　共性问题

069   （二）基于通用指标体系的机构、学科、院系、人才研究影响力
　　　　　评价的个性分析

079   二、高校图书馆研究影响力评价分析报告的制作流程

079   （一）研究影响力评价分析报告服务流程

079   （二）研究影响力评价分析报告分步解析

088   **第三章　国外高校图书馆研究影响力评价服务研究**

089   **第一节　国外高校图书馆研究影响力评价服务产生的背景**

089   一、证明图书馆自身价值的新思路

089   二、各国各级科研评价制度的实施

090   三、研究人员及科研管理人员自身因素

091   **第二节　各国高等教育科研评价制度概况**

091   一、英国科研评价概况

091   （一）发展简况

094   （二）REF 2014 概况

096　二、美国科研评价概况

096　（一）国家层面的评价

097　（二）高校自评

098　三、澳大利亚科研评价概况

098　（一）综合指数（CI）

099　（二）科研质量框架（RQF）

099　（三）澳大利亚科研卓越项目（ERA）

0100　四、加拿大科研评价概况

101　**第三节　国外高校图书馆研究影响力评价服务的发展与现状**

102　一、基于个案的国外高校图书馆研究影响力评价服务的发展
　　　历程研究

102　（一）国外高校图书馆研究影响力评价服务的发端

104　（二）澳大利亚新南威尔士大学图书馆研究影响力评价服务

112　二、各国高校图书馆研究影响力评价服务概况及现状

112　（一）英国高校图书馆研究影响力评价服务

116　（二）美国高校图书馆研究影响力评价服务

120　（三）澳大利亚高校图书馆研究影响力评价服务

123　（四）加拿大高校图书馆研究影响力评价服务

127　**第四节　国外高校图书馆研究影响力评价服务的分析**

127　一、国外高校图书馆研究影响力评价服务内容及形式的扩充与完
　　　善

127　（一）国外高校图书馆研究影响力评价服务的发展历程

128　（二）基于研究影响力生命周期的研究影响力服务

130　二、基于研究影响力生命周期的研究影响力服务框架及内容

130　（一）研究影响力服务的框架

130　（二）研究影响力服务的内容

142　三、国外高校图书馆研究影响力评价服务的主要特点

142　（一）服务命名形式多样且内涵统一

145　（二）国外高校图书馆研究影响力服务较国内情况而言相对
　　　　成熟

147　（三）各国高校图书馆研究影响力评价服务各有差异

149　（四）图书馆研究影响力评价服务在学校科研评估工作中的作
　　　　用和角色

150　（五）研究影响力评价的工具丰富、多元

153　第四章　研究影响力评价服务所需各类工具介绍

153　第一节　评价分析类数据库介绍

154　一、Web of Science™核心合集

154　（一）数据库简介

158　（二）Web of Science™核心合集检索方法与技巧

161　（三）检索结果的分析与下载

163　二、InCites

163　（一）数据库及其指标概述

165　（二）分析功能

169　（三）举例

171　三、ESI

171　（一）数据库概述

173　（二）ESI 使用介绍

175　（三）ESI 常见问题举例

178　四、Scopus

179　(一)Scopus 的资源

180　(二)Scopus 的检索

185　(三)Scopus 检索结果的显示与处理

187　(四)Scopus 的个性化服务

188　五、SciVal

188　(一)SciVal 的数据源

188　(二)分析模块

192　(三)其他重要功能

193　六、EI Compendex

193　(一)数据库介绍

195　(二)检索方法

196　(三)检索结果

199　七、中文社会科学引文索引(CSSCI)

199　(一)数据库介绍

199　(二)CSSCI 来源文献检索与输出

203　(三)CSSCI 被引文献检索与输出

204　八、中国科学引文数据库(CSCD)

204　(一)数据库介绍

205　(二)检索方法

209　(三)检索结果

213　(四)中国科学引文数据库^{SM}检索与输出

216　九、中国人民大学"复印报刊资料库"

216　(一)数据库介绍

220　(二)人大复印报刊资料数据库的转载查询

222　十、中国科学引文索引数据库(CSCI)

222　(一)数据库介绍

223　(二)中国科学引文索引

225　(三)中国期刊引证报告(扩刊版)

226　(四)中国 SCI 论文(测试版)

227　十一、CNKI 中国引文数据库

227　(一)数据库介绍

228　(二)检索方法

234　(三)检索结果

235　十二、学科发展水平动态监控数据平台

235　(一)平台介绍

236　(二)功能模块

242　十三、中国学科期刊指标分析平台(CESI)

242　(一)平台概述

243　(二)功能模块

248　十四、青塔数据

248　(一)高校全景数据平台

250　(二)学科动态分析平台

251　(三)院系绩效评估

252　**第二节　各分析、评价类数据库/工具的学科分类及指标**

252　一、各分析、评价类数据库的学科分类

253　(一)分析评价数据库常用学科分类体系

254　(二)其他的学科分类体系

255　二、各分析、评价类数据库的指标(Metrics-Toolkit)

255　(一)各分析评价类数据库/工具中评价指标概况

260　（二）期刊层级指标

269　（三）作者层级指标

272　（四）适用于论文集合的指标

275　（五）论文层面计量学（Article-Level Metrics）

281　**第三节　期刊排名工具介绍**

281　一、JCR 学科排名（Journal Citation Reports Category Ranks）

282　二、特征因子期刊排名（Eigenfactor Journal Ranking）

283　三、中科院 JCR 期刊分区

285　四、Scopus 学科类别排名（Scopus Category Rankings）

286　五、SCImago 期刊排名（SCImago Journal Rank，SJR）

288　六、自然指数期刊列表（Nature Index Journals）

291　七、中文核心期刊要目总览（北大核心）

294　八、中国社会科学引文索引 CSSCI 来源期刊（南大核心）

297　九、中国科技期刊引证报告（Chinese S&T Journal Citation Reports，CJCR）

300　十、中国科学引文数据库（Chinese Science Citation Database，CSCD）来源期刊

301　十一、中国人文社会科学核心期刊要览

304　十二、中国人文社会科学期刊 AMI 综合评价报告

305　十三、中国人民大学复印报刊资料人文社科期刊转载指数排名

307　**第五章　文献分析及可视化工具**

307　**第一节　文献数据分析与可视化工具**

308　一、Bibexcel

308　　　（一）软件概述

309　　　（二）基本操作

314　　　（三）案例

327　　　二、CiteSpace

327　　　（一）软件概述

332　　　（二）数据导入

335　　　（三）CiteSpace 主界面及操作

340　　　（四）CiteSpace 可视化分析功能详解

345　　　（五）CiteSpace 的可视化图谱

346　　　（六）CiteSpace 可视化界面的节点

348　　　（七）CiteSpace 小结

348　　　三、Sci^2 Tool

348　　　（一）软件概述

349　　　（二）来源数据格式

350　　　（三）分析功能概述

351　　　四、VOSviewer

351　　　（一）软件概述

352　　　（二）来源数据格式

353　　　（三）可视化功能概述

353　　　五、HistCite

353　　　（一）软件概述

354　　　（二）数据来源

354　　　（三）分析功能概述

356　　　六、参考文献出版年图谱（RPYS）

356　　　（一）软件概述

357　（二）RPYS 的分析步骤

358　（三）RPYS 的相关分析软件介绍

359　（四）利用 RPYS 分析的应用实例

360　七、Derwent Data Analyzer（DDA）

360　（一）软件概述

361　（二）数据来源

362　（三）数据管理及清理

365　（四）数据分析

367　（五）生成报告

368　八、OpenRefine

368　（一）软件概述

368　（二）数据导入与整理

369　（三）数据处理、清洗及分析

371　（四）数据导出

371　**第二节　图表可视化工具**

371　一、常用图表的类型及作用

373　二、Tableau Desktop

373　（一）软件概述

374　（二）基本功能及操作概述

377　三、ECharts

377　（一）软件概述

379　（二）功能概述

379　四、BDP

381　五、图表秀

382　六、地图慧平台

384　　七、WordArt

388　第六章　各类大学及学科排名简介

388　第一节　大学排名对研究影响力评价的意义和作用

393　第二节　QS 全球教育集团世界大学排名

393　　一、机构及产品简介

393　　二、QS 世界大学排名

395　　三、QS 世界大学学科排名

402　第三节　泰晤士高等教育(THE)世界大学排名

402　　一、机构及产品简介

403　　二、THE 世界大学排名

406　　三、THE 世界大学学科排名

411　第四节　美国新闻与世界报道(U. S. News)大学排名

411　　一、机构及产品简介

412　　二、U. S. News 世界最佳大学排名

416　　三、U. S. News 世界大学学科排名

421　第五节　上海软科世界大学排名

421　　一、机构及产品简介

422　　二、软科世界大学学术排名(ARWU)

425　　三、软科世界一流学科排名 2018

431　第六节　世界大学排名中心大学排名

431　　一、机构及产品简介

432　　二、CWUR 世界大学排名(2018—2019)

434　　三、CWUR 世界大学学科排名

435　第七节　美国科技信息所 ESI 学科排名

435　一、机构及产品简介

436　二、ESI 机构排名

437　三、ESI 学科排名

437　第八节　SCImago 机构排名

437　一、机构及产品简介

438　二、SCImago 世界机构排名

442　第九节　荷兰莱顿大学世界大学排名

442　一、机构及产品简介

443　二、CWTS 世界大学排名

445　三、CWTS 学科排名

446　第十节　Nature Index 自然指数排名

446　一、机构及产品简介

447　二、Nature Index 世界机构排名

448　三、Nature Index 学科排名

448　第十一节　全球多维大学排名(U-Multirank)

449　一、机构及产品简介

451　二、院校排名

454　三、学科排名

455　第十二节　中国人民大学复印报刊资料转载指数排名

455　一、概况

457　二、研制方法及排名指标

457　(一)专家在线论文评分

459　(三)转载分析

461　三、排名体系

462　　　四、查询途径

464　　　**第十三节　《2017 中国高校国际学术影响力评价报告》**

464　　　一、机构及产品简介

465　　　二、中国大学国际学术影响力

467　　　三、中国学科国际学术影响力

468　参考文献

第一章

高校图书馆研究影响力评价服务的背景

第一节　引文索引对我国科研评价的影响

一、引文索引发展简史及其评价作用的发展

（一）引文索引发展简史

科学论文是反映学术动态和科研成果的重要标志。科研实践表明，科研人员之间及学术期刊之间都是相互联系的，这种联系集中反映在科研论文的相互引证之中。这正是引文索引产生的前提。

世界上最早出现的引文索引是美国学者谢泼德（Shepard）于 1873 年创办的《谢泼德引文》（*Shepard's Citation*）。该索引是供律师或法学家查阅法律判例及其引用情况的检索工具，它以最早的判例为线索，分别列出后来引用过这些判例的其他判例[1]。1955 年，获得哥伦比亚大学（Columbia University）图书馆学硕士学位的尤金·加菲尔德（Eugene Garfield）在《科学》杂志第 122 卷第 3159 期发表了题为"引

文索引用于科学"（*Citation Indexes for Science：A New Dimension in Documentation through Association of Ideas*）的文章，系统地提出了用引文索引检索科技文献的方法，向独霸情报检索的主题分类法发出挑战。1961年，加菲尔德成立美国科学情报所（Institute for Scientific Information，ISI）并编印《遗传学引文索引》，开创了"引文索引"的探索之路。1963年，包括多学科的《科学引文索引》（*Science Citation Index*，SCI）单卷本诞生，1964年出版季刊，后改为月刊，全年13本。多学科的引文索引显示了更大的优越性，内容也愈加完备，至1977年，SCI发展到包括260多种杂志、300多万个条目、700多万条引文，发行量达两三千册。自然科学领域的引文索引引起其他领域的关注。1973年，ISI开始出版《社会科学引文索引》（*Social Sciences Citation Index*，SSCI），1978年《艺术和人文科学引文索引》（*Arts & Humanities Citation Index*，A&HCI）出版。[2]同年，收录世界重要自然科学及技术会议信息的《科技会议录索引》（*Index to Scientific & Technical Proceedings*，ISTP）创刊[3]。由于上述一系列的引文索引所具有的独特检索功能，加之其收录范围的综合性，使得引文索引很快发展成为国际上最为重要的文献检索工具之一。

（二）引文索引评价作用发展

在引文索引不断发展的过程中，加菲尔德和著名科学史专家普赖斯（D. J. D. Price）等通过对引用和被引用次数的数理统计分析，评价国家、科学团体和个人从事学术活动的水平及发展趋势，甚至预测下一届诺贝尔奖的获得者。这些研究引起了广泛关注。美国的许多大学陆续尝试在聘用人才时用引文分析法判断优劣；美国国家科学基金会（National Science Foundation，NSF），更是向国会提出"科学指标"报告，强调采用引文分析法评价美国科学活动在世界上的地位和比重[4]。在编制引文索引的过程中，加菲尔德从期刊论文文后参考文献的角度证实了布拉德福定律及核心期刊的存在。随后，依据布拉德福文献分散定律和加菲尔德的引用定律，加菲尔德和英国的布鲁克斯（B. C. Brooks）对核心期刊的理论进行研究和完善，这为 SCI 筛选来源期刊提供了依据。一般而言，检索工具的来源期刊精选得越严格，其评价功能就越高。在引文索引的编制过程中，SCI 始终坚持精品战略，考虑多因素，从各角度确定选刊标准，以提高数据的质量。这使 SCI 成为全球很多国家和地区的官方或者非官方的评价工具[5]。

1979 年，匈牙利科学院图书馆正式订购 SCI，并开展文献计量研究，内容包括文献计量学的基础理论和应用范围、其在科学政策制定和科研管理工作中的应用研究等。这些研究从研究者、研究团队、研究机构或大学、科学期刊、科研课题或科研领域、一个国家或一个地区等各方面建立了较为客观的量化评价方法。这不仅对于科学计量学家、科研管理人员和科技情报人员十分有用，而且对于在不同基础科学研究领域工作的科研人员也有较大的参考价值[6]。这些尝试展示出引文索引不仅能够作为文献检索工具，而且，通过引文索引，展现了科学论文之间千丝万缕的引证和被引证关系，证实了科学本身的继承和发展关系、学科之间的相互影响及渗透关系。因此，引文索引可被用于计量、统计和分析科研活动。随后二十余年，世界各国开展了大量相关研究，发表了许多研究论文。

引文索引的问世及人们对其相关工具、方法的认识不断深入，极大地刺激了科学计量学的发展[7]。在图情领域，新兴学科"文献计量学"随之兴起，从某种意义上讲，它又是科学计量学的一个分支[8]。

二、引文索引进入我国及相关研究

（一）引文索引进入我国及相关推介性研究

1964 年，SCI 进入我国，我国学者逐渐加深对引文索引的研究和应用。随着时代的发展，SCI 对我国科技界的影响也越来越大。20 世纪 70 年代末，文献计量学在我国得到了越来越广泛的重视和传播，越来越多的学者开始研究文献计量学[9]。自 1978 年起，学者沈中和[10],[11]、张国华[12]、刘崇悌[13]、吴尔中[14]、范文津[15]、缪其浩[16]、龚义台[17]等开始陆续向国内推介 SCI。1981 年，吴尔中率先发文介绍了文献计量学在人才评价、人才预测中的应用，他详细介绍了加菲尔德、克拉克（Clark K. E.）等学者对引文率与诺贝尔奖获得者之间关系的证明性研究，并介绍了他们确定引文法是评价科学管理工作的可靠方法的过程[18]。1983 年，汤世国结合美国的相关案例论述了引文分析法在评价科学家劳动成果、研究学科结构、预测学科发展方向、管理科研计划等方面的应用，并提出引文分析作为科学管理的一种新工具，必然会得到更多人的重视和利用[19]。1984 年，吴尔中在《图书情报工作》中发表"利用 SCI 评选杰出科学家的情况分析"的论文，详细介绍了加菲尔德三次利用 SCI 开展杰出科学家分析的情况[20]；李蔚介绍了国外教育心理学领域的学者初步利用 SCI 洞察领域方向、了解发展趋势的情况[21]；吴绳楷编译介绍了加菲尔德 1982 年在一次科学政策研讨年会上的发言，他从文献计量角度分析第三世界在国际科学共同体中的发文量、文章平均引用率、文章语言分布、文章发表机会、文章发表杂志数量及被引用等情况[22]。1986 年，孟连生借访问匈牙利科学院图书馆的所见所闻，详细介绍了 20 世纪 80 年代匈牙利科学院图书馆利用 SCI 开展科学计量学及其在科学政策的制定和科研管理工作中的应用[23]。黄本笑发表论文全面论述引文索引的应用领域，包括：科学管理科技人员，展现各科研单位和高等学校实际研究水平及竞争力，反映国家在世界科学体系中的地位并为制定国家科技发展战略提供依据，推动人才学、科学学等社会科学领域的学科向定量化发展等[24]。

这些推介性研究为我国学者深入了解并尝试利用 SCI 开展科研评价工作提供了重要参考。随着对 SCI 及引文索引相关研究的推进，我国学者对 SSCI、A&HCI 的学习与研究也逐步展开。

（二）引文索引在我国发挥科研评价作用

1985 年，中共中央颁布《关于科学技术体制改革的决定》，对科技管理工作的科学化程度提出了越来越高的要求，由此科技体制改革不断深化。1986 年 2 月 14 日，国家自然科学基金委员会成立；2 月 18 日，国务院发布《关于实行专业技术职务聘任制度的规定》；5 月 23 日，基金委发布《关于申请项目评审工作暂行办法》；10 月 9 日，国家自然科学基金委员会发布《关于重大项目评审管理暂行办法》。[25]随后，各级科技基金制度建立、科技人才竞争机制逐步形成、科技成果评价体系不断完善、科技成果奖励制度逐步实施……这些都从不同方面推进了科研绩效的客观评价。

在国家政策的影响下，1987 年，中国科技情报研究所①（简称中信所）对我国科研人员在 1983—1986 年期间以第一作者身份发表在 3 300 多种 SCI 科技期刊上的论文数据进行调查研究，统计了收录我国作者论文的 SCI 期刊列表，并剖析了我国论文的学科分布、机构分布、行政区

---

①　中国科技情报研究所：1958—1992 年间用名中国科技情报研究所；1992 年起，更名为中国科技信息研究所，并合并国家科委信息中心，简称中信所。本书均采用其简称。

域分布、作者分布情况。这次尝试采用文献计量方法了解我国各学科科研成果及其在世界的影响力[26],[27]。同年，中信所成立中国科技论文统计与分析课题组。课题组根据国家科委①新技术局的要求，采用文献计量学方法在 SCI、ISR② 及 ISTP 三种检索系统中统计分析了其收录的1983—1986 年间我国科技论文数据。这项工作受到了广泛重视，取得了预期效果，并得到国家科委的持续支持，逐年开展[28]。文献追踪结果显示，这项工作一直持续至今。课题组早年以 SCI、ISTP、EI、ISR作为数据源统计分析我国的科技论文，经不断尝试，发现 ISR 收录的论文与 SCI 有较多重复，且收录我国论文偏少，自 1993 年起课题组确定SCI、ISTP、EI 三大引文索引为数据源。1990 年以前，课题统计结果以期刊论文、媒体报道等形式在全国发布，之后，开始编制出版《中国科技论文统计与分析》专题研究报告。报告从受基金资助论文、高产作者、全国高校发文量排序、国际发文量等维度进行统计分析[29],[30]，从国家层面判断我国科技发展水平与动向，为我国科技决策与规划提供参考依据。

经过各种各样的尝试，作为一种较为实用、客观、公允的定量评价方式，中信所按引文次数评价科研成果的水平、按发文量和引文量统计评价科研机构/地区的科研水平和能力的做法，逐渐为我国科技界所接受。《中国科技论文统计与分析》研究报告的发布和各单位奖励激励机制的建立和实施，有力地推动了我国的科研水平，特别是基础研究水平的提高，三大引文索引收录的我国论文的数量多年来均保持了较高的年

---

① 国家科学技术委员会（State Scientific and Technological Commission，简称国家科委），是中华人民共和国国务院曾经存在的一个部门，管理国家科技事务。我国最早于 1956 年成立了科学规划委员会和国家技术委员会，1958 年，两个委员会合并为国家科学技术委员会，1970 年与中国科学院合并，1977 年 9 月再度成立国家科学技术委员会，1998 年，改名为科学技术部。

② ISR：ISI 在 1974 年创刊《科学评论索引》（*Index to Science Review*），收录世界各国科技期刊及专著丛书中有价值的评述。

增长速度，有效促进了我国的科技进步，提升了我国的国际影响力[31]。尽管此种方法还存在某些局限性，甚至片面性，但仍不失为一个反映科研状况、引导科研方向的重要方式。

（三）我国引文索引数据库的建设

1. 研究倡导阶段

1978 年 A&HCI 发行后，很多国家意识到，从科技评价角度讲，SCI 可以使本国的科学家和决策者看到本国在世界科学技术发展过程中所处的位置，却满足不了分析和评价本国内部科学技术活动的需要[32]。世界上一些发达国家如苏联、意大利等都纷纷开始研制建设本土化的科学引文索引[33]。在我国，SCI 收录中国论文少的客观状况加大了这种影响。众所周知，科研绩效的客观评价依赖于适合的评价工具及合理的评价指标体系。SCI 可以满足中国用户对国际论文和引文的检索需求，却无法提供大量中文论文和引文，并且其评价标准是国际评价标准，与中国本土的科研绩效管理有所差距。鉴于以上原因，使用 SCI 评价本国科研水平并不乐观，也无法真实反映中国的科研水平[34]。

20 世纪 80 年代至 90 年代初，我国科技管理部门对国外的一些权威性文献检索系统有了比较深入的了解，能够根据不同的评价对象选用不同的检索工具。自那时起，我国的科研机构及学者就开始积极着手研制中国的引文索引。20 世纪 80 年代初，中国科学院图书馆①开始进行中国科学引文数据库（Chinese Science Citation Database，CSCD）的研究[35]。1981 年，王崇德发表《我国科技期刊的引文分析》一文，开创了对中国的科技文献进行引文分析的先河[36]。此后，孟连生[37]、黄本

---

① 中国科学院图书馆，也称中国科学院文献情报中心、国家科学图书馆、国科图。

笑[38]、邓世荣[39]、杨亭郊等呼吁研制"中文引文索引"（Chinese Science Citation Index，CSCI）；靖钦恕[40]、邱均平[41]等进行了 CSCI 的试编制；邵品洪[42]、任安良[43]等利用微机建立 CSCI 的系统分析和模拟试验；此外，国内还有许多专家进行了建立和编制学科性或专题性 CSCI 的试验研究。

2. 实质开发实践

1989 年，中国科学院图书馆在国家自然科学基金委的支持下着手建立 CSCD 试验工作，取得了若干可供参考的基础数据和实践经验。1990 年，国家自然科学基金委和中国科学院设立 CSCD 研制课题，中国科学院图书馆成立课题组，正式立项建设中国科学引文数据库[44]。我国引文索引数据库建设由此拉开序幕，这也凸显了我国科技管理部门对定量评价工具的强烈需求[45]。1994 年，CSCD 正式开始向社会提供服务，1995 年出版印刷版《中国科学引文索引》试刊号，之后以季刊出版。至 20 世纪 90 年代末，CSCD 就被国家主管部门指定用于青年科学家奖、杰出青年基金（以下简称"杰青"）、院士申报、重点实验室评估、学位点评估等方面，成为我国自建的能用于高校、科研机构及个人科研能力与水平评价的重要工具[46]。2003 年，CSCD 网络版开始提供服务[47]。

中信所在 1987 年起开展的中国科技论文统计分析工作的基础上，与万方数据公司合作开发"中国科技论文与引文分析数据库"（Chinese Scientific and Technical Papers and Citations Database，CSTPC），1996 年 CSTPC 光盘面市[48]。2001 年，中信所重庆分所与维普公司合作，在《中国科技期刊篇名数据库》的基础上获得《中国科技期刊数据库》（全文版、文摘版、引文版）的出版许可，该数据库几经改版，2010 年，以全新的《中国科技期刊数据库》（引文版）（Chinese Citation Database，CCD）上线使用[49]。1995 年 8 月，《中国学术期刊（光盘版）》正式立项。1996 年 12 月 24 日，经新闻出版署批准，清华大学光盘国家工程研究中心与北京清华信息系统工程公司联合创办了我国第一部大规模集成化学术期刊全文电子检索系统——《中国学术期刊（光盘版）》（CAJR2.0），并于 1997 年 1 月起开始定期出版发行[50]。1999 年 3 月，《中国学术期刊（光盘版）》（CAJR2.0）升级为中国知识基础设施工程（China National Knowledge Infrastructure，CNKI），后续逐步推出 KNS1.0、KNS2.0，KNS3.0……CNKI2.0 等版本。2000 年 10 月《中国期刊全文数据库（引文链接版）》立项研制[51]。2007 年《中国引文数据库》正式发布，该库以 CNKI 收录的各类学术文献的文后参考文献和注释为对象建立的规范引文数据库，涵盖科技和社科各领域中外文引文，包括期刊、图书、博/硕士学位论文、国际/国内会议论文、专利、标准、年鉴、报纸等中外文资源。2015 年，《中国引文数据库》发布 1.0 版。2018 年，在对市场和用户充分调研的基础上，《中国引文数据库》2.0 版进一步完善了检索平台，增加了文献传播范围以及影响力分析等服务。2021 年，产品再次升级。

　　人文社科领域，1996 年开始，中国社会科学院文献信息中心开始进行社科期刊论文的量化分析研究和相关理论方法的研究。通过完成国家社会科学基金资助的国家"九五"重点项目《中国人文社会科学论文统计与分析研究》，建立了社科论文统计分析数据库。1999 年，中国社会科学院文献信息中心与《中国学术期刊（光盘版）》电子杂志社（CNKI）签订《中国人文社科文献计量评价研究项目》合作协议，2002 年左右推出《中国人文社会科学引文数据库》（*Chinese Humanities and Social Science Citation Database*），简称 CHSSCD（2000 版）[52]。1997 年底，南京大学中国社会科学研究评价中心提出研制开发电子版《中文社会科学引文索引》（*Chinese Social Sciences Citation Index*，CSSCI）的设想。1998 年上半年，该设想被作为重大项目在南京大学正式立项。1999 年 4 月 23 日，南京大学蒋树声校长、香港科技大学吴家玮校长在香港科技大学签订了两校共同研制、开发 CSSCI 的协议。1999 年 7 月 25 日教育部社政司在南京大学召开项目论证会。1999 年 8 月 20 日教育部正式发文，将 CSSCI 列为教育部重大项目[53]。2000 年 5 月，CSSCI（1998）光盘正式出版发行[54]。

　　上述数据库的研制填补了我国引文数据库建设的空白，建立了适用于我国的多样的自然科学及人文社会科学的文献计量和引文分析工具，这些工具被广泛用于文献计量研究、期刊评价、成果申报、项目评估、人才选拔、科研院所和高等学校的绩效评价。现阶段，从我国高校和科研机构的使用情况来看，CSCD、CSSCI、CNKI 的中国引文数据库等，以其期刊收录质量优秀或范围广泛、检索途径众多、用户界面友好、各项功能完备等特点而深受广大用户喜爱，成为目前利用率最高、影响范围最广的三大中文引文数据库。与此同时，我国引文数据库的研制、改进工作仍在继续。2009 年 4 月，CSCD 通过 ISI Web of Knowledge 平台面向全球提供服务[55]，这也使得我国的论文走向国际，加大了中国科技论文的国际影响力；2012 年 9 月，南京大学建设的国内首个《中国图书引文索引·人文社会科学》（CBKCI·H&SS，CBKCI）示范数据库在南京大学发布[56]；2015 年 7 月 22 日，中文学术图书引文索引项目第一阶段成果发布[57]，2017 年 12 月 28 日，中文学术图书引文索引成果正式发布[58]。凭借这些文献数据库，论文、著作等科研成果产出的数量与质量变得可以被计量，逐渐成为衡量一个单位科研实力的重要方面之一。

三、引文索引对大学科研评价的影响

随着文献计量学的发展，以定量方法对高校科研水平与实力进行客观评价并排序的研究活动，获得了新发展，大学排名开始流行。大学排名即为了某种需要，依据一定标准，采用一定的方法，对反映大学状况的要素进行综合或单项评估后，按评价结果与所选定标准的接近程度，对大学进行排序[59]。在众多的评估要素中，科研实力与水平始终被人们认为是大学声誉和社会地位的主要衡量标准，因此大学科研评价被认为是大学综合评价的切入点，是大学选优排序的重要依据。而文献计量学的发展为大学科研评价提供了理论和方法基础，其评价的科学性得到了一定的共识，加之其在成本和效率方面的优越性，使文献计量学在大学评价中的作用逐渐受到重视[60]。

为此，各种形式的大学定量评价在世界各国迅速展开。1980年起，瑞士洛桑国际管理开发研究院与著名的达沃斯《世界经济论坛》一同开发并每年发布《国际竞争力报告》[61]；1983年《美国新闻与世界报道》率先推出全美大学排名榜；1986年《泰晤士报高等教育副刊》公布了英国各学科的高校排名；1989年德国《镜报》周刊首次公布德国大学评估排名；1993年日本《钻石周刊》公布了日本大学前10名[62]。至20世纪90年代末，几乎所有发达国家都在进行大学排序[63]。各国新闻媒体不断公布大学排名已成为当时世界高等教育发展的一大潮流，社会各界也通过这些排行榜来认识世界各国的知名大学。科研量化评价和大学排名逐渐成为大势所趋[64]。

目前，全球性、全国性、区域性大学排名仍在广泛开展。为使排名更为科学、客观，大学评价指标体系也在不断完善。国内外的科研评价和大学排名活动表明，基于文献计量学的科研评价已成为推动科研、大

学发展的重要手段[65]。文献计量学指标并不是要取代专家评议（同行评议），而是为了能够对研究工作进行观察和评论，从而使专家掌握足够的信息，形成根据更充分的意见，并在更高的信息集成水平上彰显权威性[66]。

第二节　我国高校科研评价工作

我国大学排序始于 1954 年确立重点大学[67]。这是政府教育行政主管部门对高等学校发展的宏观管理而开展大学选优的开端，这项活动曾分批进行过几次，至 1963 年国家选定重点大学 68 所。"文化大革命"后经恢复和扩大，1981 年底重点大学达 98 所。此时，我国的大学排序还是政府部门主导下的"只选优不排序"的行政性行为。改革开放后，随着《中共中央关于教育体制改革的决定》（1985）、《国家教委关于加快改革和积极发展高等教育的意见》（1992）、《中国教育改革和发展纲要》（1993）等政策的发布及落地，我国高等教育事业飞速发展，高等教育评价研究迅速兴起，高等教育评估活动也不断扩大。据统计，1987 年至 2005 年间，国内有十几家机构先后发布了 30 多个中国大学排行榜[68]。在这些排行榜中，对我国高校产生较大影响、并与图书馆工作有关联的如下。

一、以科研量化与评价为基础的大学排序尝试

（一）以引文索引为数据源的国内大学学术榜

20 世纪 80 年代中后期，我国的相关机构开始尝试研究基于量化指标的大学排序。1987 年，中国管理科学研究院科学学研究所以 SCI 为

数据源，按照文献计量指标对全国各科研、教育单位进行排序，并在《科技日报》公布了我国 87 所重点大学排序[69]。

中信所在 1987 年《中国科技论文统计与分析》的工作基础上，自 1991 年起，增加基金资助论文、高产作者、全国各科研机构发文量、国际发文量等分析维度，基于 SCI、ISTP、EI 所收录全国各科研机构的学术论文数量（即发文量），对全国各科研机构进行排序，并通过《中国科技期刊研究》《人民日报》进行发布，形成了当时轰动一时的学术排行榜（简称学术榜）[70]。此后，中信所利用国际、国内刊物上发表论文数及被国际刊物引用次数三项指标，按照国家科委的要求每年向全世界发布中国大学排名情况。

这两项评估活动被认为是我国最早的大学学术排行，是我国最早对大学科研状况的评价，也是在我国高校影响面最广的科研评价工作，它打破了此前评估"只选优不排序"的局面，引起了高校及其主管部门的强烈反响[71]。很多高校在这两项评价活动的启发下，开始委托中信所或本校图书馆利用引文索引工具，结合学校二级单位等情况，开展本校科研发展水平的分析或评估，以此了解本校的科研状况。

（二）以引文索引为数据源的世界一流大学排名

1984—1985 年，国务院先后批准 16 所重点大学为国家"七五"期间重点建设项目；1985 年 5 月 27 日颁布的《中共中央关于教育体制改革的决定》中提出"根据同行评议、择优扶植的原则，有计划地建设一批重点学科。"根据这一要求，国家教育委员会①于 1987 年 8 月 12 日

---

①　中华人民共和国国家教育委员会，State Education Commission of the PRC，简称国家教委。国家教育委员会作为国家教育管理行政机构的起止时间为 1985 年到 1998 年，所以用国家教委称谓的国家教育行政机构约 14 年。之后又更名为中华人民共和国教育部，受中华人民共和国国务院领导。

发布了《国家教育委员会关于做好评选高等学校重点学科申报工作的通知》，开展高等学校重点学科评选工作[72]。重点学科建设是体现高等学校教学、科研水平的重要标志，是带动学校整体水平提高的有效途径。"八五"期间（1991—1995年），国家教育委员会进一步立项研究高等教育领域重点建设工程的可行性问题，委托中信所立项研究世界一流大学的地区分布及排名情况。研究结果令人惊讶：在综合性大学中，北京大学排在500名之外；而工科性大学中，我国也只有5所进入前206名（其中清华大学99位、天津大学136位、北京科技大学159位、上海交通大学171位）。这是我国官方组织的世界范围大学科研实力评价研究。该研究结果具有历史性的重要意义，它从根本上改变了我国"211工程"建设目标的提法（从建设100所重点大学改为重点建设100所高校和一批重点学科）[73]。1995年11月，"211工程"正式启动，这是新中国成立以来国家在高等教育领域进行的规模最大的重点建设工程，为高等学校特别是重点学科建设提供了前所未有的发展契机。其中，重点学科建设是"211工程"建设的核心[74]。

重点学科的建设目的是使我国的学科走向世界，具有与国外相同学科的竞争能力。其评选和建设必须靠科学手段来保证。国家相关单位的"211工程"重点学科评估也提出文献计量学要求。如按卫生部①"211工程"重点学科点评估指标体系的最低标准要求评选的学科近五年来SCI论文索引数不少于5篇[75]。各高校在准备"211工程"申报材料时，开始纷纷采用文献计量学的方法进行预估。

---

① 卫生部，1954年11月—2013年3月作为国务院组成部门主管国家卫生工作。2013年3月，根据第十二届全国人民代表大会第一次会议审议的《国务院关于提请审议国务院机构改革和职能转变方案》，将卫生部的职责、国家人口和计划生育委员会的计划生育管理和服务职责整合，组建国家卫生和计划生育委员会，不再保留卫生部。2018年3月，根据第十三届全国人民代表大会第一次会议批准的国务院机构改革方案，设立中华人民共和国国家卫生健康委员会，不再保留国家卫生和计划生育委员会。

二、研究生一级学科整体水平评估

进入新世纪，我国开始有组织、有计划地开展高等教育评估。其中影响大、范围广的评估工作，一是教育部普通高等学校本科教学工作合格评估，简称"本科教学评估"，二是教育部学位与研究生教育发展中心的研究生一级学科整体水平评估，简称"学科评估"。对于高校科研评价来讲，学科评估工作影响范围广、意义深远。

学科评估，即是教育部学位与研究生教育发展中心按照国务院学位委员会和教育部颁布的《授予博士、硕士学位和培养研究生的学科、专业目录》，对除军事学门类外的全部一级学科进行整体水平评估，并根据评估结果进行排名。此项工作于 2002 年首次在全国开展，至 2019 年已完成四轮，详见表 1-1。

学科评估的指标体系与国际主流的教育排名评估指标体系接轨，同时结合我国学科建设的实际情况，与国家级重要评估项目相关指标体系的要点保持相对一致。为了加强不同学科门类的分类评估、体现学科特色，各个学科指标体系的基本结构保持一致，只是具体的指标有所不同，不同学科的同一个指标拥有自己的特色指标项。这样既反映出了不同学科的特色，又保持了评估体系基本框架的一致性[76]。

学科评估强调和突出参评学科点的整体水平，对各参评单位的一级学科整体水平进行评估并排名。这种整体水平，从学术队伍、科学研究和人才培养等不同角度设计一级指标，一级指标下设二级指标及具体说明。无论指标如何修改、完善，科研指标都是其中重要的内容，而且对科研的量和质不断提出新要求。这也为高校图书馆参与其中提供了机会。

从目前已经完成的四次学科评估来看，每一次都在广泛、深入、全面、细致调研的基础上，不断完善创新改革指标体系和评估模式。其评估结果受到从政府到高校、从国内到国外的普遍肯定，结果也得到了更加广泛实际的应用，现已形成我国高等学校评估工作的品牌[77]。可见，学科评估是教育主管部门加强对学科进行宏观指导和管理的一项措施，是缩小我国与世界一流大学学科水平差距的一项战略。学科评估不但能够衡量学科建设水平、诊断学科建设现状、检验人才培养质量，而且能够促进学科改进与建设、加快学校改革与发展，不断提高学科建设成效和水平、不断发现和凝练办学特色，促进世界一流大学的生长[78]。

表1-1 我国研究生一级学科整体水平评估（学科评估）发展概况表[79]

轮次	分批年份	分批情况	参评单位（学位授予单位）	一级学科数	参评学科数	备注
第一轮	2002—2004		229		1336	自愿申请，且每年单位有交叉
	2002	第一批	89	12	309	
	2003	第二批	157	42	620	
	2004	第三批	131	26	437	
第二轮	2006—2008		331		2369	自愿申请，且每年单位有交叉
	2006	第一批	193	31	1067	
	2008	第二批	248	50	1302	
第三轮	2012	第一批	391	95	4235	近3 000个具博士学位授权的一级学科自愿申请参评（参评率超过80%）；与第二轮相比涨幅达79%；按新学科目录进行，原历史学、建筑学等拆分学科的相关学科必须同时参评
第四轮	2016	第一批	513	95	7449	按照"自愿申请、免费参评"的原则，采用"客观评价与主观评价相结合"（绑定参评）；全国高校具有博士学位授权的学科94%申请参评（比第三轮增长76%）。依据动态调整政策撤销学位授权的学科可不绑定参评，2012年（含）后新增列的学科可不绑定参评
第五轮	2019—2020	不详				

第三节　高校图书馆开展研究影响力
评价服务的条件及必要性

一、高校图书馆的自身优势

（一）工具基础

高校图书馆是大学信息资源的中心，承担着高校信息资源建设及服务的重要任务。1961 年，SCI 创刊，最初只发行印刷本，随着计算机技术、通信技术、高密度存储技术的发展，陆续出现 Dialog 国际联机版（SciSearch）、光盘版（SCI-CDE）。计算机及互联网的迅猛发展更促成了 SCI 版本更新换代，1997 年 Web of Science（即 SCI Web 版，Science Citation Index Expanded，SCIE）推出[80]。无独有偶，EI Compendex PLUS、INSPEC 等数据库，也受技术因素影响经历了类似发展历程。1999 年 12 月，清华大学、北京大学、南京大学、复旦大学和西安交通大学等国内 5 所大学图书馆引进了 Web of Science，通过国际专线提供检索[81]；2011 年初又引进了包括 Web of Science Proceeding（含 ISTP 网络版）在内的 WOS 资源体系①[82]。可以说，从纸版引文索引工具问世以来，各种载体的引文索引工具均由图书馆负责引进、存储、部署，并面向校内外师生提供服务。

---

① WOS 资源体系主要包括：SCIE、SSCI、A&HCI、ISTP（后改名 CPCI）。

自 2011 年 WOS 资源库引入我国以来，以科睿唯安①为代表的公司不断开发出具有计量分析功能的数据库（详见表 1-2）。这些商业数据库，除 Bookmetrix、Wizdom. ai 外，国内高校图书馆已陆续引进。丰富的信息资源和快捷的服务平台表明：高校图书馆的馆藏资源已与国际接轨[83]，各高校图书馆具备了开展研究影响力评价服务的基础，也开始陆续尝试利用这些工具开展基于文献计量的科研评价工作。

表 1-2　外文计量分析工具推出时间概况表

类型	工具名称	公司或个人	推出时间
商业数据库	Web of Science	Clarivate Analytics 科睿唯安	1997 年
	ESI		2001 年
	InCites		2011 年
	BkCI		2012 年 5 月
	Scopus	Elsevier 爱思唯尔	2004 年 11 月
	SciVal		2009 年
	Bookmetrix	Springer Nature	2015 年 4 月
	Wizdom. ai	Taylor & Francis	2018 年
免费工具	GoogleScholar	Google	不详
	Altmetrics	J. Priem 和 D. Taraborelli	2010 年[84]

① 1961 年，加菲尔德成立美国科学情报所（Institute for Scientific Information，ISI）；1992 年，加拿大汤姆森公司（The Thomson Corporation）的分公司 Thomson Scientific & Healthcare 收购 ISI，于是有了知名的 Thomson ISI；2008 年 4 月 17 日，汤姆森公司与路透社正式合并，汤森路透（Thomson Reuters）诞生；2016 年 10 月 3 日，Onex 公司（Onex Corporation）与霸菱亚洲投资基金（Baring Private Equity Asia）完成对汤森路透知识产权与科技业务的收购，并成立独立新公司科睿唯安（Clarivate Analytics）；2018 年 2 月 7 日，科睿唯安宣布，在其科学与学术研究业务部门（Scientific&Academic Research Group）重新组建声名卓著的科学信息研究所（Institute for Scientific Information，ISI）。这一重新组建的机构将致力于创新科学计量分析方法并加强与学术界的合作。

（二）业务优势

图书馆馆员在实际业务中运用文献计量学的历史由来已久。早在20 世纪 70 年代，被引次数指标还没有广泛应用于科研评价时，图书馆馆员就利用引文分析的方法管理并发展馆藏。在科研评价业务中采用文献计量的方法，只是创新了文献计量学在图书馆情报行业的应用场景，或者说科研评价是文献计量学在图书馆应用的新形式[85]。从科研评价服务的业务角度讲，图书馆馆员站在各类检索工具使用的前沿，在长期的查收查引、代查代检、情报咨询等业务实践中积累了大量的经验，对各种引文索引工具、各版本的引文索引工具在收录范围、检索性能等方面的特点有很好的把握。如，利用著者途径检索收录与引用情况较为烦琐，许多科研人员、评价部门甚至专业人员都不是特别清楚，但确实关系到科研个人的职称申报、科研报奖等切身利益，对查全查准都要求很高[86]。图书馆馆员在使用工具的过程中，不断对工具及指标等内容进行深入研究，解决这些问题驾轻就熟。这不仅保障了科研评价过程中的数据准确性，也充分证明并彰显了图书馆馆员专业性。这种专业性使图书馆馆员能够对文献计量指标的局限和作用给予研究人员详尽的解释，充分发挥了图书馆员的教育职能和角色[87]，也为进一步利用工具和指标进行科研评价奠定了业务基础。

我国各类型图书馆也积极开展基于文献计量方法的科研成果影响力评价工作。中信所自 20 世纪 80 年代持续至今的《中国科技论文统计与分析》工作为高校图书馆开展相关服务提供了很好的前期基础。在此项工作的基础上，越来越多的图书馆开始效仿其做法，并结合本校实际情况积极开展业务尝试，探索适合本馆、本校的科研评价服务。

2002 年，学科评估工作起步，由于学科评估工作的持续性及不断改进的特点，在准备大量基础数据时需要耗费一定的时间和人力；而且，由于其评估指标不断改进，对于利用多种工具收集科研数据的难度不断加大，越来越多的图书馆在第二轮至第三轮（2008—2012 年）学科评估期间参与其中。浙江大学图书馆、北京大学图书馆、复旦大学图书馆、上海交通大学图书馆、华东师范大学图书馆、华中科技大学图书馆等积极围绕学校学科建设、人才建设等任务开展服务。其中，北京大学图书馆在多年积累的多维文献计量和情报分析基础上，运用海量的文献资源、高效的科研评价分析工具，为北京大学的 43 个博士点一级学科/30 个"双一流"学科进行了学科竞争力分析与梳理，先后完成了 2016、2017 年两版学科竞争力分析报告[88]，这在业界取得了良好反响。

（三）身份优势

图书馆作为校内非科研管理部门，即校内科研评价工作第三方，与评价主客体之间没有利益关系，能以较为冷静和客观的方式，保持中立的评价观点，遵循科学发展的自身规律，针对本校学科发展、科研评价需求，做出有效得体的评价[89]。图书馆的这种身份优势，能够促进校内学术评价活动的持续发展，促进学校形成开放、互动的学术评价氛围。另外，相对校外的商业机构，高校图书馆是大学机构内二级单位，其服务宗旨在于服务高校教学科研。鉴于此，图书馆能更准确地了解学校的目标定位，并及时跟踪学科现状、发展思路等，便于与学校行政职能部门、各院系沟通合作，针对学校科研管理的目标及需求定制服务内容及产品，为学校决策提供有力支持[90]。

二、高校图书馆的外部因素

（一）国外高校图书馆研究影响力评价服务的示范

英国、美国、澳大利亚、新西兰、韩国等国家，早在 20 世纪 80 年代就积极开展国家层面的科研评价活动。在国家政策的影响下，很多高校积极应对，各国高校逐步形成科研绩效评价的习惯，并逐渐走向规范化和制度化。无论是应对国家层面的科研评估，还是进行自发的自我评估，以上国家的高校图书馆均陆续积极参与学校的科研评价工作。如在韩国的高校中，浦项工科大学①最早开始实施学术评价制度。该校于 1986 年示范性地实施了学术评价，并规定学术研究成果评价是教师业务评价的主要内容之一。20 世纪 90 年代中期，随着韩国高校自主评价制度的实施，学术评价成为大学评估项目之一。这样的评估项目开始在韩国所有 4 年制大学推行，并一直延续至今[91]。浦项工科大学图书馆自 20 世纪 90 年代起，就在大学评估的过程中发挥着重要作用，该馆每年与学校研究事务管理部门合作开展本校教师的科研绩效评估，还为学校提供与韩国对标高校科研产出比较分析报告[92]。时至今日，英国、美国、澳大利亚、加拿大、新西兰等国家的高校图书馆都普遍开展研究影响力评价服务。这对我国高校图书馆开展科研评价服务起到了很好的示范、引领作用。

---

①　浦项工科大学（Pohang University of Science and Technology，POSTECH），又称浦项理工大学、浦项科技大学，成立于 1986 年，是韩国第一所研究导向型大学、目前韩国工科实力最强的大学之一、环太平洋大学联盟成员。学校以"提供最好的教育，进行最尖端的科学研究，服务国家乃至全世界"为其办学理念，如今已发展成为世界顶尖的研究导向型科技大学。

（二）大学排名全球化发展影响

当前，世界范围内各类大学排名层出不穷，如英国《泰晤士高等教育》排名（THE）、《美国新闻与世界报道》（USNEWS）、QS 全球教育集团的"世界大学学科排名"、美国科技信息所"ESI 学科排名"、上海软科"世界一流学科排名"等。这些排名使用主、客观指标，以及来自大学或公共部门的数据，对大学的学科、专业等按照各自之间的相对水平进行"质量评定"[93]。在排名所使用的科研评价数据中，也大多利用 WOS、ESI、Scopus 等评价分析数据库的数据源或相关指标。

据粗略统计，全球各类大学及学科排行榜有 50 余个，既有全球、国际、区域、国内等类别之分，也有大学、学科、院系等范畴之别[94]。虽然人们对这些排行榜褒贬不一，但因其指标综合、角度多维、国际通适等特点，各排行榜对于开展学科评价、把握世界一流学科发展动态、认清学科差距是极其有益的。如 2007 年，澳大利亚新南威尔士大学（The University of New South Wales，UNSW①）副校长提出的学校新发展战略方向之一就是提高科研产出与绩效，保持 UNSW 在 Go8② 研究型大学的竞争优势。该校"研究分析、绩效与学术档案办公室"（Research Analysis，Performance and Profile Office）的工作内容之一就是关注本校在世界范围内各种排名中所处的位置、分析本校科研绩效数据、为科研管理与决策提供依据[95]。

---

① 新南威尔士大学（The University of New South Wales，UNSW），澳大利亚一所世界顶尖级研究学府，澳大利亚名校联盟"八大名校"之一，创立于 1949 年。

② 澳大利亚八校联盟（Group of Eight，Go8）是由 8 所澳大利亚顶尖大学（西澳大利亚大学、阿德莱德大学、墨尔本大学、莫纳什大学、澳大利亚国立大学、悉尼大学、新南威尔士大学和昆士兰大学）组成的联盟，成员皆是综合性大学，并以研究作为大学发展的重要使命。八校联盟的优势在于整合各校优势资源、吸引多渠道的经费资助，同时利用政府协调力量获取在全球竞争中的收益，尤以研究合作体现研究型大学的特色。

近年来，我国国家及高校各级科研管理部门或决策人员逐渐意识到：基于适用于本学科的国际相关排名，深度了解自身发展现状、对标国内外相关机构以发现学科的长项短板、分析学科竞争力，是国家、学校在学科规划与建设过程中非常重要的基础性工作。

（三）我国高等教育发展战略导向

2015 年 11 月，国务院正式印发《统筹推进世界一流大学和一流学科建设总体方案》。这是我国继"211""985"工程之后，由政府直接主导实施的教育发展战略，旨在提升我国高等教育综合实力和国际竞争力，推动一批高水平大学和学科进入世界一流行列或前列，实现我国从高等教育大国到高等教育强国的跨越。方案提出："坚持以绩效为杠杆"的学科建设原则，强调要"建立激励约束机制，鼓励公平竞争，强化目标管理，突出建设实效，构建完善中国特色的世界一流大学和一流学科评价体系，充分激发高校内生动力和发展活力，引导高等学校不断提升办学水平"。2017 年 1 月 24 日，教育部、财政部、国家发展改革委联合印发《统筹推进世界一流大学和一流学科建设实施办法（暂行）》提出，"参考有影响力的第三方评价，对建设成效进行评价""每五年一个建设周期，建设高校实行总量控制、开放竞争、动态调整"。这表明高校学科评估、大学评价将持续、动态化开展。2018 年 3 月 28 日，中央全面深化改革委员会第一次会议进一步提出"深化项目评审、人才评价、机构评估改革是推进科技评价制度改革的重要举措。要遵循科技人才发展和科研规律。统筹自然科学和哲学社会科学等不同学科门类、科学设立评价目标、指标、方法"。这为高校学科评估、大学评价指明了方向。

与此同时，图书馆知识产权信息服务的号角吹响。2017 年 12 月 25

日，国家知识产权局办公室联合教育部办公厅联合印发《高校知识产权信息服务中心建设实施办法》，强调各高校图书馆设立知识产权信息中心，为高校知识产权的创造、运用、保护和管理提供全流程的服务，支撑高校协同创新和优势学科建设，促进高校科技成果转化。此后，众多高校图书馆纷纷成立校级知识产权信息服务中心，积极承担本校知识产权信息及相关数据文献情报的收集、整理、分析工作。2018 年 1 月28 日，国家知识产权局公共服务司和教育部科技司联合发布首批高校国家知识产权信息服务中心遴选名单。2018 年 3 月 13 日，国家知识产权办公室、教育部办公厅公布了首批高校国家知识产权信息服务中心名单。这对高校图书馆科研评价服务提出了更高的要求。

三、我国高校图书馆研究影响力评价服务势在必行

各种内外部因素促使高校图书馆不断探索如何利用自身的业务及身份优势配合学校开展研究影响力评价服务。

作为衡量学科发展状况的一个核心因素，科研在整个学科评估中占据的重要地位已形成共识。2018 年 8 月 8 日发布的《关于高等学校加快"双一流"建设的指导意见》指出，要健全高校"双一流"建设管理机构，创新管理体制与运行机制，建立内部监测评价制度。大学评价及学科评估的灵活性增大，需要高校寻找更加符合自身优势的自我评估方法以应对国家评估的考验。一部分高校已将学科国际评估作为高校自我评估和学科建设的重要组成部分。各学校开始从学科自我评估方案的设计与构建的角度，从多维视角探讨学科自我评估的内生发展需求和驱动机制，总结学校学科评估的指标设计特点，树立学科评估与学科建设的科学理念[96]。

建设世界一流大学的首要任务是确立大学的科研发展目标，以世界

一流大学和学科为标杆，以同型比较的方式确立大学学术发展目标。越来越多的高校图书馆开始尝试开展研究影响力评价服务并持续拓展、提升，为学校制订科研规划、开展科研管理、进行管理决策提供依据。研究影响力评价服务已成为高校图书馆学科服务的重点工作，并成为学校制订科研计划、开展科研管理的重要支撑。我国高校图书馆开展研究影响力评价服务势在必行。

第二章
我国高校图书馆研究影响力评价服务研究

第一节　研究影响力评价服务概述

一、研究影响力评价服务的定义

现阶段，我国高校图书馆在业务实践及理论研究两个层面对于研究影响力评价服务的定义均众说纷纭，但无论是业务名称界定还是理论概念定义，均可从如下几个维度进行梳理。

（一）从服务目的出发的定义：决策支持服务

北京大学、复旦大学、华东师范大学等图书馆的同行，在研究论文或在图书馆主页服务栏目，以决策支持服务界定此项服务内容。

北京大学图书馆李峰等认为，决策支持服务是以管理部门的需求为目标驱动，以图书馆丰富的文献资源、数据资源为基础，图书馆馆员利用专业的文献搜集技能和情报分析方法，对多渠道信息进行筛选归纳、数据统计、综合分析，形成系统的决策知识产品，供管理部门的决策者在短时间内全面掌握信息，提高决策效率[97]。

华东师范大学图书馆周健等认为，决策支持服务即图书馆基于文献资源和人力资源开展有价值数据的采集、梳理和统计分析，为学校管理层提供决策所需的客观统计数据和情报分析结果。通过开展决策支持服务，使图书馆从传统的为教学、科研服务拓展到为学校教学、科研、管理决策提供服务[98]。

复旦大学图书馆王乐等认为，高校决策支持服务是在其丰富的文献资源、智力资源及技术资源的基础上，以决策用户的需求为目标驱动，图书馆馆员凭借其具有的高度专业化的知识技能，筛选、组织、重组、分析有关信息内容，提供用户决策所需要的问题解决方案或形成决策知识产品的服务。狭义上讲，是指面向学校职能部门管理人员的决策支持服务[99]。其服务产品主要用于支持学校人才评估、学科发展、科研评估、学校评估等，从而进一步展示图书馆价值，扩大图书馆在学校的影响[100]。

（二）从方法出发的定义：文献计量服务或计量分析服务

武汉大学图书馆、山东师范大学图书馆等从科研评价服务所采用的方法进行定义，如文献计量服务、计量分析服务等。

武汉大学图书馆刘颖等认为，计量分析服务是基于 ESI 等分析型数据库，利用文献计量和情报分析方法，对个人、团体的科研绩效及学科发展态势等进行统计、评估和预测，为科学研究和科研管理提供决策支持[101]。

山东师范大学图书馆孙玉伟认为，文献计量服务是以文献计量为基础，基于著名的分析型数据库（如 SCI、SSCI、ESI、InCites、Scopus、Google Scholar、CSSCI）及情报分析方法，对个人、机构或学科科研绩效及学科发展态势等进行客观评估和分析预测，通过提供各种分析报告，辅助科研管理者的科研决策（如科研奖励、基金分配、人才评估等）和研究者的科学研究（如学科发展规划、探测研究前沿、学科发展态势等）。文献计量服务开展的目的是为科研决策和科学研究服务，决定了面向对象是科研职能部门（科技处、社科处、人事处、研究生院等）[102]。

（三）图情学科角度的定义：情报分析、竞争情报等

在图书馆业务实践中，浙江大学图书馆采用该定义，其网站相关栏目中定义如下：围绕学校人才培养、科学研究、发展决策和社会服务的需求，依托图书馆丰富的资源与人才优势，借助先进专业的信息分析与挖掘工具，为各类服务对象提供基于事实数据、科技信息、文献资料等的高度定制化的情报挖掘与分析服务[103]。

刘春艳认为，高校竞争情报就是有关高校自己、竞争对手、竞争环境，以及由此引出的相应策略的情报研究，是高校为获得和维持竞争优势而采取决策行动所必需的信息[104]。付佳佳等认为，情报分析服务即面向一线科研人员、院系管理决策人员和学校职能部门的管理决策人员，根据其服务需求开展个性化、定制化、知识化服务，进而帮助这些用户实现准确、科学的决策及判断等信息行为的服务[105]。孙玉伟认为，面向科研决策的信息分析服务，基于海量数据，利用信息分析方法（如：文献计量、知识图谱、社会网络等方法）对科学数据进行加工并生成揭示研究机构的科研竞争力、影响力，以及学科发展定位、发展态势等客观化、知识化、个性化、嵌入化的情报产品，从而为高等教育决策部门进行科学化科研决策、制订教育规划提供参考[106]。李明等认为，学科情报服务是对高校外部环境带来的机会和威胁及高校内部优势与劣

势信息进行搜集、分析、研究的过程。学科情报作为高校学科建设战略决策的信息保障，有着不可替代的作用[107]。

（四）从科研管理及评价角度：科研评价、学科分析

1. 学科评价与分析服务，科研评价服务

以重庆大学图书馆为代表，认为学科评价与分析服务是图书馆面向学科建设发展推出的深层次服务，采用多种文献计量学方法分析某一学科的发展现状、本校现状、未来热点等，为学校的学科建设与发展提供决策支持和重要基础数据参考[108]。

肖红认为，科研评价指利用 SCI 网络版、EI 网络版、ISTP 光盘版、CSCD 光盘，检索作者、团体、期刊被以上四个数据库收录及被引的数据，对他们的作品进行科研水平的评价[109]。

王飒认为，科研评价服务是借助情报分析工具，为用户提供基于科研文献、事实型数据、专利等基础数据的学科分析和科研绩效评价的服务。科研评价服务已成为高校图书馆利用计量学进行研究和工作的重点，成为制订科研计划、开展科研管理的重要支撑工具[110]。

2. 研究影响力评价服务

研究影响力评价服务（Research Impact Measurement Services，RIMS）是澳大利亚新南威尔士大学（UNSW）图书馆所创立并使用的服务命名。该馆于 2006 年开始尝试该服务，延续至今，不仅在校内取得了很好的反响，也在全球范围内产生了广泛的影响。国外高校图书馆的研究影响力评价服务产生于不断发展的学术环境，随着评价分析工具的不断涌现、文献计量学的快速发展及学术交流的逐渐加深，其服务内容和形式也不断扩充，并形成一定的体系。这些内容将在本书第三章进行介绍。目前，国内尚无学者或者图书馆采用该概念定义我国高校图书

馆的相同服务，但通过广泛的国内外调研，笔者认为，研究影响力评价或研究成果的影响力评价这一概念更为贴切。

概括地讲，研究影响力评价服务指针对学者、学院或大学管理人员的多样需求，利用文献计量学及替代计量学的工具和方法，以论证或证明、并提升研究者或团体、机构等科研影响力的服务，其服务形式，可以是报告，也可以是咨询或者培训，还可以是技术支持，但凡是在图书馆服务的各环节能够涉及研究影响力评价或者能够为研究影响力评价提供支撑的服务，均可以成为研究影响力评价服务的内容。

（五）本书定义：研究影响力评价服务或基于文献计量学的科研评价服务

由上所述，学科分析、科研评估、文献计量服务、计量分析服务、研究咨询或决策咨询、情报分析、情报信息服务、科技情报服务或情报咨询、学科知识服务等层出不穷的服务命名表明，虽然现阶段各高校图书馆对此项服务的定义各有不同，但对此项服务的实质内容、所采用的方法等都高度一致。

科研评价的内容相对更为宽泛，且是从用户角度出发的服务定义，更便于用户理解。但科研评价方法有定性评价和定量评价。本书所述的高校图书馆科研评价，主要是利用文献计量学的方法和工具对科研成果进行统计和分析。文献计量分析的对象可以是各类文献本身及其所表现出来的各种特征，如题名、作者、出版年、文献内容、参考文献等[111]，这使得基于文献计量的科研评价具有客观、量化、易于比较等特点，因此在高校图书馆的科研评价服务中，通过对图书、期刊等多种数据进行文献计量分析，可以对评价对象的学术产出、学术影响力、学术竞争力及发展趋势等进行分析。所以，从科研评价或科研管理角度对此项服务定义，"基于文献计量学的科研评价服务"则更为确切。而决策支持是此项服务所产生的效果或作用；文献计量是在开展此项服务工作中必备的知识及技能；情报研究及信息分析服务，则是从图书馆本位出发对服务的定义；学科评价是指科研管理机构站在学科宏观角度，采用科学的评价方法，对某一学科（专业）确定评价范围内的教学或科研整体状况进行评估的活动[112]。学科评价是科研评价的一个重要内容[113]。

综合上述各种定义，笔者采用研究影响力评价服务统称前述各服务，其基本内涵是，基于用户需求，利用文献计量学的方法，借助各类评价分析数据库或有评价分析功能的数据库，对科研论文、著作、专利等学术文献的基础数据进行统计与分析，以反映某种程度或某个层面的研究成果的影响力，从而为学校学科发展、科研管理与决策提供依据。所以，研究影响力评价服务亦可被视为基于文献计量学的科研评价服务。在本书中，这两个概念意指同一项服务。

研究影响力评价服务是图书馆针对用户需求高度定制化的深度服务，是高校图书馆参与学校发展及学术活动、为研究人员和管理人员提供创新服务的理想领域，其服务的目的在于为学校学科发展和科研决策提供依据。研究影响力评价服务是高校图书馆服务拓展的重要方向，也是图书馆学科服务不断向纵深化发展的具体体现，现已成为高校图书馆界共同关注的话题。

二、高校图书馆研究影响力评价服务的特点

（一）研究影响力评价服务是根据服务对象的需求进行高度定制的差异化服务

研究影响力评价服务的对象不仅包括科技处、社科处、人事处、研

究生院、发展规划处等学校科研职能部门，也包括各院系、研究所的科研管理及决策人员，甚至是某一位研究者或研究者所在的研究团队。这些用户群体涉及不同部门、不同领域，其问题、需求和目标都不相同，甚至同一类型的用户，在不同课题、不同阶段的需求也有差异，图书馆需根据用户的实际情况量身定制服务内容，这使得服务产品具有明显的差异性。

（二）数据来源多元，结果客观、量化、易于比较

学术文献是科研成果的重要形式，能够反映科研发展状况和学术水平。高校图书馆的研究影响力评价服务的数据来源包括图书、期刊、会议文献、专利文献等多种文献来源。这些类型的数据，现阶段都有较为权威和通用的评价分析数据库可以获取，通过对这些数据来源进行文献计量分析，可以在较大范围内对评价对象的学术产出、学术影响力、学术竞争力及发展趋势进行较为客观的比较、分析，从而达到一定的评价效果。

（三）工具规范并普及，在一定范围内具有通用性

随着数据库的发展与普及，网络数据库已经成为科研评价的主要工具。根据这些工具进行评价而产生的评价结果才具有可比性。常用的国外工具有科睿唯安的 Web of Science 核心合集（包括 SCI、SSCI、A&HCI、CPCI、BKCI）、基本科学指标数据库 ESI、InCites，爱思唯尔的 Scopus 和 SciVal，EI 等数据库。国内评价工具常用的有中国科学引文数据库（CSCD），中文社会科学引文索引数据库（CSSCI）等。这些工具已经成为国际及国内高校开展科研评价时所采用的通用工具。本书第四章会详细介绍各类数据库及其评价指标。

（四）服务产品多样

基于用户的问题、需求及目标，图书馆提供的服务内容多元，形式各异。其服务产品，既包括各种分析或评价报告、根据一定周期制作的动态型或报道型快报、研究影响力评价的专题网站，也包括以提升学术影响力为目标的各类讲座、培训、沙龙等。从整体上讲，则是基于研究影响力生命周期的图书馆多类型服务的体系。

（五）服务复杂程度、难度明显加大

研究影响力评价服务要求图书馆馆员基于论文、著作、专利等海量科研文献数据，利用文献计量学的方法，借助文献分析、内容分析等工具对文献进行深度分析及挖掘。图书馆馆员需具备高度专业化的知识技能、一定的沟通交流技巧，以分析或敏锐捕捉用户的信息需求，并结合专业技能满足用户需求，最终提供用户决策所需要的依据或方案。相对于图书馆已有的服务而言，研究影响力评价服务的复杂程度及难度明显加大。

（六）服务过程更强调交互性

研究影响力评价服务从用户的问题、需求和目标出发，以用户管理决策为导向，其服务过程要求用户与馆员之间及时、频繁地交互。一方面，用户与图书馆馆员需全面、深度地沟通需求、明确目标，积极参与服务过程；另一方面，图书馆馆员应关注用户动态、参加内部会议和活动，主动推送服务内容，以保证服务的有效性、生命力和持续性。

（七）定制报告产品或结果有限公开

现阶段，各高校图书馆完成的各类定制报告均不公开或有限公开。

报告内容或仅公开摘要及目录，或在校园 IP 范围内获取。如北京大学图书馆完成的学科竞争力分析报告、学科前沿报告、专利分析报告仅公开其报告前 7 页或者报告目录，纸质版也主要提供给学校相关职能部门。重庆大学图书馆的学科分析报告不定期不定学科进行发布，公开范围根据学科、报告时间而定。学科分析报告纸质版主要提供给学校相关职能部门[114]。武汉大学图书馆"国际论文分析及投稿指南"栏目所涉及的"武汉大学 SCIE /SSCI /AHCI 论文动态""武汉大学国际论文统计与分析""ESI 与学科服务动态""高影响力学术期刊投稿指南"等，均需要登录"我的图书馆"之后方可查阅。

三、研究影响力评价服务的作用

图书馆基于文献计量的科研评价服务，可以为研究者科研职业的发展提供全面的服务，可以协助学科、机构的科学决策，助力各层面的评估，并为学科发展与规划寻找方向。

（一）助力研究者科研职业的发展

就研究者的科学研究而言，基于文献计量方法的科研评价可以满足研究者的多种需求。

其一，助力研究者科研过程。在研究开题/立项阶段中，可帮助研究者掌握学科方向，寻找研究热点，激发新的研究思路，寻求研究合作伙伴[115]；在研究过程中，可以随时关注研究热点、研究机构。

其二，助力研究者论文写作与投稿。在研究过程中，研究者需要管理大量文献，掌握论文写作技巧，寻找合适的期刊投稿；成果发表后，研究者要跟踪了解自身及相同领域学者的研究成果影响力[116]，如被引次数、被何人引用，从而找到潜在合作者，助力研究者科学衡量职业发展。

其三，助力研究者科研职业生涯的全流程发展。研究影响力评价服务可以帮助研究者了解个人/研究团队的成果及影响力、准确评估自身科研成就，为研究者申请高级岗位、晋升职称、申请高层次人才计划、申报奖项、申报项目等提供依据[117]。

（二）为科研管理提供数据支撑

文献计量方法对研究人员进行考核提供了较为客观的指标，是科研管理的有效工具。现已成为对研究人员学术质量进行实际评价的必不可少的工具。

利用文献计量工具，可以快速锁定优势学科背后的高绩效团队、了解学科领域中学术带头人的学术表现、观测学科发展基础与潜力。为此，基于文献计量学的科研评价服务，可以为学校策划组织杰出人才与优秀团队、申报科研项目及科研奖项等工作提供支持；可以为学校引进和选拔人才、人才的考核和管理提供数据支撑；可以对科研成果进行统计分析，为管理决策部门客观地评价科研绩效、合理地制定激励措施提供参考；可以为学校科研评估、学校评估提供有力数据支撑，从而展示图书馆价值，扩大图书馆在学校的影响[118]。

（三）为学科及学校发展与规划提供依据

基于文献计量的科研评价，不仅可以对学科过去的成绩做出鉴定和比较，还可以对未来的发展趋势进行预测和规划[119]。基于文献计量的科研评价，可以明确机构全球定位、揭示机构学科优势、深入了解学科布局并透视学科相对影响力，据此，可以为学校整合学科资源、开展重点学科及重点基地建设、培育新的学科增长点提供依据。如浙江农林大学图书馆通过对学校 ESI 学科竞争力的全面分析，建议学校从完善科研奖励制度、人才引进、资源整合与配置、促进学科融合、凝练学科方向、优化学科结构、加强国际合作、加强研究生培养等方面重点优先支持植物与动物学科、农业科学学科、工程学科的发展，争取尽快进入 ESI 全球前 1%；将环境与生态学科、化学学科作为第二梯队进行扶持发展，充分利用现有科研人员力量，逐步提高[120]。

对学科前沿的预测不是停留在学科层面上，而要深化到学科中具有战略意义的热点主题，利用多角度、多渠道的文献数据对其发展态势和发展规律进行深度分析和综合解读。上海交通大学图书馆完成的"120 项颠覆性技术预见"项目的前沿热点探测与分析、北京大学图书馆参与校科学研究部承担的教育部重大项目"基础研究和交叉前沿优先支持方向战略研究"等，这些项目均是对学科"研究前沿"进行文献调研，通过抽取热点主题、词频分析、共现分析、聚类分析等方法进行计量分析，并结合学科专家意见，对分析结果进行评价、确认或修正，最终形成热点主题的研究脉络、发展方向、发展建议的综合报告[121]。

第二节　我国高校图书馆研究影响力评价服务的发展

我国高校图书馆的研究影响力评价服务始于 20 世纪 80 年代中期中信所编辑《中国科技论文统计与分析报告》。由于此项工作所带来的深远影响，中信所自 1986 年逐年发布相关报告起，我国高校就开始逐步尝试推进科研评价服务。在我国高校科研评价工作（见第一章第二节）的影响下，历经几十年，我国高校图书馆的研究影响力评价服务大致包含如下几个发展阶段：1. 基于引文索引工具的论文收录查询及简析服务；2. 基于检索工具的个人收录引证/查收查引服务；3. 基于多样化工具的研究影响力评价服务。其中 1 和 3 为顺序发展的两个阶段，2 贯穿于 1 和 3 发展的始终。目前，三个阶段服务并存。

一、基于引文索引工具的论文收录查询及简析服务

如本书第一章所述，中信所自 1987 年起开始尝试并逐年完善《中国科技论文统计与分析》专题报告工作。在此基础上，以发文量、引用量为指标的科研机构水平及能力评价逐渐为我国科技界所接受。1985 年我国科技制度改革以来，文献计量指标在科研评价中的作用逐渐受到重视。1987 年、1991 年，中国管理科学研究院科学学研究所和中信所先后发布了基于文献计量方法的大学排序，该尝试在国内引起轰动。1992 年 7 月 18 日，时任中共中央政治局委员、国务委员兼国家教委主任李铁映在国家教委直属高校工作咨询委员会第三次全体（扩大）会议上强调"高等教育体制的改革要与科技体制的改革相适应"[122]，高校正式加入国家科技体制改革的浪潮。

在上述各项工作的广泛影响下，一些高校开始率先尝试据此了解本校科技论文的发展情况。起初，由于很多高校没有引进光盘版的引文索引，资源基础较为薄弱，大部分高校都是依据中信所的报告，摘录报道本校科研成果。如东北师范大学[123]、山西大学[124]、西北大学[125]、山东大学[126] 等学校分别依据中信所数据报道整理本校 1983—1988、1986—1987、1983—1987、1985—1990 年期间被 SCI 等检索工具收录本校论文的情况。还有一些高校，如湖南大学科研处为了解本校科研活动的基本情况，特别是本校教师在国内外发表论文的情况，委托中信所利用 SCI 等几种检索工具系统检索本校的科研论文并整理公布，检索结果引起了学校各级领导和广大教师的关注[127]。在此影响下，湖南大学科技情报研究室将这项工作继续开展起来，使之逐步常规化，每年定期利

用 SCI 对本校的科研成果进行统计、分析、评价、排序，并通过《科研快报》《情报通讯》等内刊逐年公布本校学术论文水平态势报告，为学校的科研管理提供了重要参考依据[128]。

随着以论文数量等量化指标为要素的学术成果考核评价体系在高等院校及科研院所的逐渐推行，相关单位开始纷纷引进引文索引等检索工具。1986 年，我国国家海洋科技情报所首次引进 CD-ROM 数据库 ASFA（水科学与渔业文摘），各大学和研究所相继开始引进有关学科的光盘数据库[129]。清华大学图书馆 1988 年成为国内最早引进三大检索数据库（光盘版），并最终将其推向读者使用的单位之一。1992 年，清华大学图书馆成立科技查新站。作为国家教委审定的查新机构，查新站面向本校、北京市及周边地区，充分利用清华大学馆藏资源优势，理工、情报、外语等各学科的人才优势，为科技立项、成果鉴定、报奖等开展高质量的查新服务[130]。1994 年开始，清华大学图书馆通过馆内局域网和校园网提供了免费的 CD-ROM 光盘数据库检索服务，并对校内外用户提供科研立项和科技成果查新服务[131]。1998 年 4 月，EI 公司在清华大学图书馆建立了网络版《工程索引数据库》（Ei Compendex Web）的镜像站点，向中国高校用户提供基于 Web 方式的 EI Village 服务[132]；1999 年 12 月，清华大学、北京大学、南京大学、复旦大学和西安交通大学等国内 5 所大学图书馆引进 Web of Science，通过国际专线提供检索[133]；2011 年初又引进了包括 Web of Science Proceeding（含 ISTP 网络版）在内的 WOS 资源体系。另外，EI、SCI 还可通过国际联机 Dialog 系统检索，方式是用户提交申请，由专业馆员代理检索[134]。

随着国内高校陆续引进引文索引工具，一些有实力的高校如第四军医大学[135]、杭州大学[136]等率先开始尝试统计、分析本校科研成果。根据现阶段笔者所收集到的文献可知，在 1991—1992 年间，同济大学图书馆研究辅导部受学校科研处委托，利用 SCI、EI、ISTP、ISR 收录该校 1980—1990 年间的论文，从发表年、学校机构、论文作者、论文出处等角度展开分析[137]。1996 年 1 月，深圳大学图书馆首次通过国际联机检索了 SCI 收录深圳大学学术论文情况和个别教师的论文被引用情况[138]。后续，越来越多的高校图书馆开始开展基于引文索引工具的全校学术论文统计、通报服务。1999 年，清华大学图书馆设立"SCI 咨询中心"，建立了一支专业检索团队，长期从事文献计量、论文统计与投稿指引工作，面向校职能部门、院系师生提供基于文献计量的决策支持与咨询服务，也进行学术评价领域的研究探索[139]。

二、基于检索工具的个人收录引证服务

（一）收录引证服务发展概况

收录引证服务[140]，又称查收查引服务[141]、引证检索服务[142]、论文收录及被引用检索服务[143]，即为了证明科研人员或科研团队的科研实力，由引证检索机构（检索证明机构）根据委托人提供的已发表文章的题名、作者、出版时间等信息，在国内外知名的引文索引数据库中进行检索，针对科研人员或科研团队的科研成果被收录、被引用的情况而出具的，代表专家或团队科研实力的证明材料。收录引证服务的服务产品是一份报告，是科研人员或科研团队进行评职报奖以及申请基金等的重要依据。

自 20 世纪 80 年代中期以来，文献计量指标在科研评价中的作用逐渐受到重视。在使用程度上，科研评价从部分使用文献计量指标，到完全使用文献计量指标，再到使用高级文献计量指标；在应用领域方面，文献计量指标被广泛应用于职称评定、院士申报、长江学者申报、各类

项目基金申报、课题组报奖、科技成果审核等方面，并与绩效奖励挂钩。20 世纪 90 年代初，我国在评定国家自然科学奖时，把作者发表的论文是否被 SCI 等国际权威性检索工具收录列为重要的必备条件之一。机电部排重点院校时也将各校 SCI 收录量列为条件之一[144]。1994 年，国家自然科学基金委员会实施的国家杰出青年科学基金项目受理申请书要求提供"论文收录与被引用情况统计表"[145]。中国科学院及北京大学、清华大学等高校率先将 SCI 引入科研评价体系，以 SCI 收录的文章数量评价院系的科研投入与产出，随后其他高校和科研机构也广泛采用。

文章的收录引用，可在一定程度上反映科研工作者的科技成果、学术水平、学术影响力及社会贡献，是科研绩效评价的重要指标。SCI 的引进为我国科研人员查阅资料、了解各学科领域的最新动态提供了极为便利的条件，也为高校科研管理机构开展科研管理提供了重要的工具。到 20 世纪末，SCI 已经发展成为我国科研成果和人才评定的基本依据。高校的科技管理部门、研究生管理部门、人事处等多个校内管理部门的人才评估、科研成果评价及管理等工作，均需要图书馆的查收查引/收录引证工作给予支持。以清华大学为例，20 世纪 90 年代末，学校在建设世界一流大学的过程中，校内许多部门涉及科技论文管理工作。其一，科技管理部门每年需制订全校科技论文的发展计划、奖励政策、评估方案，需统计、核对、公布三大索引收录论文；申请、评定及管理国家自然科学基金及其他各类校内外基础性研究基金；建设、验收和评估国家和部委开放实验室等；其二，研究生院博导确立、博士点的评估、新重点学科点的设置、研究生毕业论文的写作能力的培养等；其三，人事处各类专业人员职称的晋升、院士的推荐、国内外优秀人才的引进等[146]。为上述学校各职能部处的相关工作提供数据支持，逐渐成为各高校图书馆的工作常态，收录引证服务逐渐发展成为高校图书馆的重要业务。

(二) 高校图书馆收录引证服务发展变化

2011 年 7 月 14 日，科技部发布《国家"十二五"科学和技术发展规划》，并给出"十二五"时期科技发展主要指标，其中一项为"国际科学论文被引用次数世界排名（位次）① "[147]。近年来，高校图书馆收录引证服务发展迅速。以人才评价为例，越来越多的人才项目申报均需要申报者提供收录引用证明，以国家及北京市的各种人才项目申报情况为例（详见图 2-1）即可感受此项服务的广泛程度及重要程度。

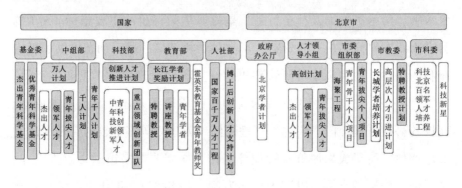

图 2-1　近年来国家及北京市各种人才项目申报所需收录引证服务概况②

从业务数量而言，其发展变化之快也令人惊叹。以北京邮电大学图书馆为例，该馆 2007 年接受检索报告仅 224 份，2013 年达 1 220 份，增幅 421%。复杂度也在增加，一些"985"高校单篇他引动辄上千次，一个报告费用上万亦不奇怪。虽然 SCI 和 EI 的收录仍为查收查引工作

---

① 国际科学论文被引用次数：指被 SCI 收录的学术论文在发表后的一段时间内被引用的次数之和。该指标是评价国际科学论文质量的重要指标，也反映了一个国家或地区国际科学论文的影响力。

② 本图为北京科技大学图书馆李雅茹老师原创。表中粗体加灰色背景的项目每年都需提供文献查收查引报告。

量的主要来源，然而仔细分析其类型分布，已涉及更为复杂的被引、刊源、影响因子、分区甚至转载[148]。在科研评价政策的影响下，图书馆收录引证服务呈现出更加多样化、个性化的服务需求。如，人文社科领域的评价工具除了 CSSCI，还需考虑人大复印报刊索引、新华文摘等文摘、索引数据库；有些学科领域单纯采用以往的报告形式进行评价已经变得片面。

收录引证服务是国内高校科研成果评价最有效的一种方式，越来越多的图书馆在此项工作的基础上，结合国家教育战略，主动发掘用户潜在需求，为用户提供深层次、个性化服务，如将查收查引服务与机构知识库建设工作互融互通等[149]。

三、基于多元工具的多样化研究影响力评价服务

（一）基于基础数据的深度挖掘

20 世纪 90 年代，基于印刷版或光盘版检索工具，各大高校在本校科研成果统计分析的基础上开始尝试对基础数据进行深度挖掘，包括同类院校对标分析、省及地区范围内高校科研成果比较分析、国家层面的科研成果对比分析等。如同济医科大学人事处与医学情报研究所合作，利用 SCI 报道分析了该校重点学科建设的情况，通过手工检索 1991—1994 年及 1995 年 1—2 月的数据，分析比较了我国主要医科院校 SCI 论文收录情况，分析本校被 SCI 收录文章的数量及各二级单位贡献、论文收录期刊、各二级学科文献被引用等情况，根据数据提出本校应加强重点学科建设，争创"211"的建议[150]；白求恩医科大学医药信息学系王伟等利用 CBMidsc 和 Medlien CD-ROM 针对白求恩医科大学 8 个重点

学科学术论文进行计量分析，并对卫生部①属 10 所高校相应学科论文状况进行横向比较，分析内容包括：重点学科及主要研究方向的论文量统计、论文量时序频次分布统计，基于主题的国内外论文统计、国内论文著者发文统计[151]；华薇娜等选择了北京大学、复旦大学、南京大学、清华大学和中国科技大学国内 5 所重点高校，根据 SCI 的机构索引，并核查来源索引，以第一著者为据，检索并统计了（1990—1995 年）6 年间各校被 SCI 收录的全部文献记录，并据此从文献数量、著者（各校第一著者人数、发表两篇以上文章的著者数及论文数，以及占论文总量比值的统计）、各校各学科文献量等方面进行分析和比较，以便于各校间科研信息的充分交流[152]。

21 世纪初，各大高校分别引进 WOS 平台，此项工作推进逐步加快，除了不同层面的对标分析外，基于同一学科主题科研成果的分析逐渐开展。如清华大学图书馆花芳利用 WOS 的数据统计分析功能对碳纳米管领域的研究现状进行分析，然后将影响力较大的 2 000 篇文章分别按国家、出版年份、研究机构及期刊名称排序，从中得出在该领域处于世界领先地位的国家为美、日、中、法、德、英 6 国；并从文章数量及影响力两个方面，进一步对这 6 个国家的研究实力做比较分析，以了解我国的研究水平[153]。

（二）基于多元分析工具的多样化研究影响力评价分析报告

自 2011 年，WOS 资源库引入我国以来，以科睿唯安为代表的公司不断

---

① 卫生部，1954 年 11 月—2013 年 3 月作为国务院组成部门主管国家卫生工作。2013 年 3 月，根据第十二届全国人民代表大会第一次会议审议的《国务院关于提请审议国务院机构改革和职能转变方案》，将卫生部的职责、国家人口和计划生育委员会的计划生育管理和服务职责整合，组建国家卫生和计划生育委员会，不再保留卫生部。2018 年 3 月，根据第十三届全国人民代表大会第一次会议批准的国务院机构改革方案，设立中华人民共和国国家卫生健康委员会，不再保留国家卫生和计划生育委员会。

开发各类具有文献计量功能的工具，随后爱思唯尔等公司也陆续加入此行列。这些科研分析工具的不断发展，使我国高校图书馆具备了开展研究影响力评价工作的基础，全国高校图书馆开始陆续引进这些工具，并基于不同类型的检索工具开始尝试以多样化报告为形式的研究影响力评价服务，以了解学科情况、发现学科特色及竞争力、发掘科研生长点，从而有力地推动学科发展。具体涉及的报告类型及内容，详见本章第三节。

第三节　我国高校图书馆研究影响力评价服务现状

一、现阶段我国高校图书馆研究影响力评价服务简况

（一）现阶段我国高校图书馆研究影响力评价服务简介

本节以 2019 年度 QS 中国大陆地区高校排名为依据，选择前 20 名图书馆作为调研对象，在 2018 年 6—9 月期间调研这 20 所高校图书馆的网站及微信公众号，对 20 所高校图书馆的研究影响力评价服务进行对比分析。如表 2-1 所示，在 20 所高校图书馆中，有 12 所在网页设有科研支持相关的服务栏目，占比达到 60%。其中，还有 3 所图书馆，虽然没有专门的栏目设置科研支持服务，却提供有专利分析服务。提供研究影响力评价分析报告服务的高校图书馆达 75%。需要明确的是，国内很多高校图书馆虽然在网页上没有明确给出服务介绍，但实际已开展研究影响力评价服务。

表2-1 国内部分高校图书馆研究影响力评价支持服务栏目设置概况

图书馆所在学校	研究影响力评价服务栏目		是否提供相关服务	服务内容				
	有/无	名称		影响力评价分析报告	快报服务	学术规范与投稿指南	知识产权服务	其他
北京大学	✓	研究支持	是	✓	✓	✓	✓	
清华大学	✓	文献计量分析	是	✓	✓	✓	✓	高被引
上海交通大学	✓	科研支持	是	✓	✓		✓	
浙江大学	✓	情报信息服务	是	✓		✓		云中课堂
中国科学技术大学	✓		不详					
复旦大学	✓	研究支持—情报研究	是	✓	✓		✓	自建平台
中山大学	✓	无	是	✓	✓			
南京大学	✓	无	不详					
武汉大学	✓	国际论文分析及投稿指南	是	✓	✓	✓		
同济大学	✓	情报分析与服务	是	✓	✓		✓	
华中科技大学	✓	科技情报服务	是	✓	✓		✓	
北京理工大学	✓	科研服务	是	✓	✓		✓	
南开大学	✓	无	是		✓		✓	
北京师范大学	✓	科研服务	是	✓	✓			

续表

图书馆所在学校	研究影响力评价服务栏目		是否提供相关服务	服务内容				
	有/无	名称		影响力评价分析报告	快报服务	学术规范与投稿指南	知识产权服务	其他
吉林大学		无	不详		√			
哈尔滨工业大学		无	不详				√	
西安交通大学		无	是		√		√	
上海大学	√	情报服务	是	√	√			
天津大学	√	情报分析与研究	是	√	√	√		
厦门大学		无	不详		√			

从栏目命名看，主要分为两类，一类以研究支持、科研支持、科研服务为大栏目，包含科技查新、论文收录引证服务、研究影响力分析报告服务等；另一类则以情报分析、情报服务、文献计量分析为栏目名称，同传统的科技查新服务、论文收录引证服务分开设置。应该说，这两类栏目命名代表了目前国内高校图书馆开展研究影响力评价服务的趋势。在具体栏目设置上，有的图书馆专门设置了单独的网页，如同济大学图书馆的"情报分析与服务"、浙江大学图书馆的"情报信息服务"。

如表2-1所示，现阶段，各图书馆普遍提供研究影响力评价分析报告服务、快报服务；一些图书馆开展学术规范与投稿指南服务；随着知识产权信息服务的兴起，大多数图书馆都开始提供专利情报分析。

其中，研究影响力评价分析报告类型丰富。如清华大学图书馆在其"文献计量分析"栏目下介绍该服务时提到："基于科学计量方法和国内外权威文献统计评价工具，可以通过客观的文献计量数据进行学科发展态势分析、科研绩效评价、学术影响力评价、学术热点与学术带头人挖掘、出版物影响力评价。"虽然各馆的服务介绍并不完全一样，提供的分析报告类型也不相同，但是都可以归纳为基于文献计量方法和国内外权威文献统计评价工具，进行学科发展态势分析、科研绩效评价、学术影响力评价、学术热点与学术带头人挖掘、出版物影响力评价。与此同时，虽然目前专门建立相关网站的图书馆较少，但已经或即将建立专门栏目来提供研究影响力评价服务的图书馆却越来越多。

现阶段，我国高校图书馆研究影响力评价服务的主要服务形式为各类型研究影响力评价分析报告。值得一提的是，北京大学图书馆、清华大学图书馆、华中科技大学图书馆、同济大学图书馆等还在网页上展示了部分成功案例。

（二）研究影响力评价分析报告的类型

现阶段，各高校图书馆制作完成的研究影响力评价分析报告的种类多样，按照不同的标准可划分如下：

从科研评价的单元/角度分类，可分为：①宏观大尺度的评价，如以国家/地区为单元的科研评价；②中观尺度的评价，即以研究机构为单元的科研评价；③微观尺度的评价，即以某个机构的某个科研团队或者个人为单元的科研评价。

从科研评价的内容来看，可分为：①研究对象的科研整体评价，即针对研究对象（国家/地区、机构、团队、个人等）的整体科研情况，进行分析和评价；②研究对象的某个或某几个学科分析评价，即仅对某个学科或某几个学科进行分析和评价，包括学科竞争力分析、学科前沿热点分析等；③研究对象的某种类型数据的分析评价，如专利分析评价、SCI 期刊论文分析评价等。

按科研评价的时间段/目的分类，可分为：①科研前的评价，即在科研行为前，以了解科研现状及前沿热点为目的的科研评价；②科研中的评价，即在科研中期，以追踪同行研究，促进科研顺利完成为目的的科研评价；③科研后的评价，即在科研后，以统计科研成果、评估成果学术影响力、对标科研机构为目的的科研评价，常见的科研后评价包括院系贡献度分析、机构整体科研水平分析、引进人才学术产出评估等。

按科研评价的研究对象，可分为：①单一研究对象的科研评价，包括针对某一个机构、某一个院系或者某一学科、某一项技术的科研分析；②多个研究对象的比较分析与评价，主要包括对标机构竞争力分析、多个学科比较分析。

按照科研评价服务的目的，可以分为机构影响力/竞争力评估、学科影响力/竞争力评估、人才评价、学科前沿预测等。

按提供服务的方式，可以分为根据用户需求提供的定制服务和图书馆主动制作、定期发布的分析快报服务等。

在实际工作中，基于文献计量学的科研评价经常会综合上述多种类型进行多角度的分析评价。

二、高校图书馆研究影响力评价分析报告服务的体系

如上所述，高校图书馆为了支持学校"双一流"建设，提供的科研支撑服务也越来越全面、完整。本节将基于上述研究影响力评价服务的分类，结合目前国内高校图书馆的服务情况，除了依据高校图书馆网站外，另参考各种会议课件、文献资料、与相关的馆员面谈交流等多渠道积累的材料，梳理、总结目前我国高校图书馆研究影响力评价报告服务体系（详见图2-2），力求通过该体系，使读者能够全面了解此项服务，并找准出发点，制作研究影响力评价报告。

如图2-2所示，从服务深度来看，现阶段，我国高校图书馆提供的研究影响力评价报告服务可以分为四个层次：①以科研成果产出数据收集整理和传统查收查引报告为主的基础数据收集服务；②基于基础数据的快报服务；③基于多种数据的全面的统计分析评价报告；④以前沿热点探索、学科潜力优势挖掘为主的深层决策咨询报告。

（一）基础数据收集服务

全面准确地收集科研基础数据，是开展决策支持服务的关键工作，是提供权威决策信息的保障[154]。很多高校图书馆一直在为学校、院系、科研团队、个人提供数据收集整理的工作，一方面是因为需求驱动，像

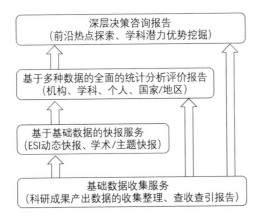

图 2-2　我国高校图书馆研究影响力评价服务的体系

机构评估、学科评估、科研立项、奖励申报、考核绩效等工作都需要用数据说话；另一方面，图书馆在长期的论文查收查引工作中，积累了娴熟的获取科研成果数据的能力。很多图书馆都针对科研成果数据尤其是本校的科研成果数据进行了大量的收集、整理工作。

根据对象的不同，基础数据服务又可以分为针对机构或科研团队提供论文数据统计、针对某个学科进行学科数据统计等。很多高校图书馆都在学科评估或者学校科研绩效评估等工作中为学校、院系、学科提供学术成果的统计工作。如每年年底，清华大学要向教育部上报年度学术成果统计数据。自 2008 年起，清华大学图书馆承担全校论文统计工作，从数据库中自动抓取并进行院系划分，教师进行少量补充。这不仅改变了传统手工统计模式，使统计更全面准确，也为科研院、教师和院系科研管理人员节省了时间精力；对学校掌握自身科研产出水平，指导科研管理发挥作用[155]。华东师范大学图书馆从 2009 年开始，开展全校1 000多名文科专任教师学术论文产出被引数据的采集和统计分析工作，2010 年又根据学校需求，开展理工科教师 SCIE 论文和文科教师学术专著的产出被引数据采集及统计分析，以及学校学科状况的统计分析，并逐步发展为在学术论著数据的基础上，整合科研项目、承担教学任务、科研获奖、教学获奖等数据，建立全校专任教师绩效数据库，全方位展示专任教师的各类科研绩效[156]；复旦大学图书馆则从 ESI 数据库抓取本校全部数据，利用校人事系统的教师邮箱将该数据与教师信息关联匹配，建立一个基于 QlinkView 的 ESI 学术监控展示平台[157]，后因软件功能原因，更换为 Tableau，建立了 ESI 数据 Tableau 展示平台，快速展现本校与对标院校的科研产出状况。

（二）基于基础数据的快报服务

随着基础数据收集的发展，利用这些基础数据进行简单的统计分析，并主动、定期发布分析快报，成为高校图书馆开展研究影响力评价服务的第一步。尤其是随着国家"双一流"政策导向及各种学科、机构排名的不断涌现，越来越多的高校开始关注排名，并通过排名定位自身、寻找差距。高校图书馆积极参与，针对不同的高校排名，采用对应评价工具，跟踪并周期性报道各期信息，为高校制定相关科研绩效政策、调整整体学科布局、有针对性地弥补学科不足等提供决策依据。

1. ESI 动态快报

ESI 通过发文量、被引量、引文影响力、高被引论文、热点论文、Top 论文等指标进行不同学科、不同机构的排名。由于 ESI 数据的易获取性和指标体系的接受度较高，对于一般的高校图书馆来说，较容易开展 ESI 动态快报服务，同时结合 InCites 等分析工具，可进一步进行潜力分析，ESI 快报服务的体例，一般都会结合 ESI 的三大排名指标和两大论文评价，即论文量、被引量、篇均被引和高被引论文、热点论文、高水平论文，如图 2-3 所示。

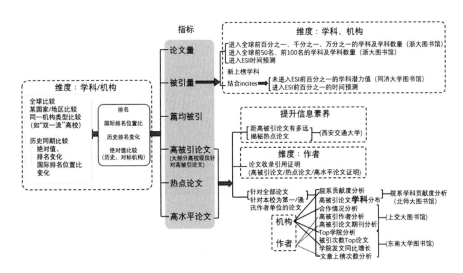

图 2-3　ESI 快报服务体例

大多数高校图书馆都会通过网页或者微信发布 ESI 动态快报，如武汉大学图书馆根据学科建设和学校综合改革的需求，定期推出《ESI 及学科服务动态》，供校内读者下载阅读[158]；北京理工大学图书馆在其"科研服务"栏目下提供"ESI 信息通报"专栏，从 2012 年 7 月开始，定期每两个月提供一期《ESI 国际学科排名最新统计结果》[159]；北京师范大学图书馆、上海交通大学、复旦大学、同济大学、西安交通大学等高校的图书馆也通过微信定期发布本校 ESI 动态快报。

高校图书馆通过定期发布 ESI 快报，一方面积累了数据和科研分析的经验；另一方面，也宣传了图书馆的科研支持服务，扩大了图书馆在学校的影响力，得到了学校管理层的信任，由此逐步拓展了科研支持服务。

2. 学术快报

除 ESI 快报服务，也有图书馆尝试开展主题更为宽泛的动态快报服务。如北京大学图书馆于 2015 年创立的"未名学术快报",就是及时展示及分析学校相关科研成果的信息和数据,以支持科研、服务学术的动态快报服务。未名学术快报的选题范围包括:①北大优秀科研成果展示及分析,如基于"杰青"等日常收引工作的总结性统计公报,北京大学发表国际顶级学术期刊 NSC 论文等;②北大科研奖项荣誉报道及分析,如北京大学荣获国家科学技术奖项情况,某年份北京大学获得高被引学者榜单等。此选题从近年来北大所获的科研项目、专利等学术成果或科研人员荣誉、奖励的报道及多维分析;③北京大学及其优势学科的全球表现。包括北大在国际四大大学排名(QS/THE/ARWU/CWUR)的表现及深度分析、基于 ESI 的学科研究前沿梳理、Nature Index 相关学科排名分析。此选题注重与国内外高校进行对标分析,挖掘不同院系对优势学科科研成果的贡献度;④科研分析报告快递,对北京大学图书馆完成的科研分析报告进行概览性报道;⑤北京大学科研支持服务动态:对北大围绕研究支持服务开展的各类培训、学科支持服务的各项动态、学科支持服务开展情况等动态报道[160]。未名学术快报服务,每 2 个月发行一期,每年发行六至七期,旨在从客观角度汇集和分析数据,展现北大的科研学术成果,佐证专家的学术判断,支持学者开展学术研究。

与未名学术快报部分内容相仿的是,厦门大学图书馆根据"爱思唯尔 2018 年中国高被引学者榜单"摘录本校高被引学者并予以报道;浙江大学、南开大学两校图书馆也根据大学排名数据,关注学校的全球表现。

除此之外,还有图书馆尝试开展主题更为宽泛的快报服务。如针对中国科学院科技战略咨询研究院、中国科学院文献情报中心与科睿唯安联合发布的《2018 研究前沿》报告、《2018 研究前沿热度指数》报告,吉林大学图书馆摘其要点并通过官微发布；北京师范大学图书馆制作 ESI 高被引论文、热点论文的小图微课并通过图书馆官微和学校企业微信号进行发布，向全校师生介绍研究影响力的相关指标。各高校图书馆围绕研究影响力不断尝试快报服务。

（三）全面的数据统计分析报告

全面的数据统计分析是在基础数据收集和分析服务的基础上发展而来的，基于文献计量方法和国内外权威文献统计评价工具，结合多种信息分析工具及评价方法，对收集的信息、数据进行综合分析，形成全面、系统的分析报告，这类统计分析服务一般是根据用户需求定制，包括针对机构/团体、学科、个人、国家/地区等不同对象的整体发展和竞争力分析报告。

1. 机构/团队整体发展水平和竞争力分析

对某个机构或者某个科研团队的整体科研学术成果进行统计分析，以了解其整体水平，同时与对标机构/团队的科研状态和发展趋势进行客观比较，使机构/团队能够明确自身优势和不足，对于高校而言，能够帮助管理者从宏观战略的高度把握学校的发展。

高校图书馆开展的学校层面的科研分析较多，如北京大学完成的《北京大学科研实力分析报告》；华中科技大学完成的《华中科技大学学术影响力分析报告》[161]《武汉光电国家实验室（筹）国际学术论文态势分析》[162]；同济大学的《SCIE/SSCI/A&HCI 论文统计及对 ESI 学科贡献情况分析报告》[163]；浙江大学图书馆制作的《浙江大学与国内外一流大学比较分析报告》和《浙江大学与亚洲一流大学比较分析报告》；复旦大学图书馆的《复旦大学与兄弟院校自然科学论文产出比较分析》；武汉大学图书馆每年都发布的《武汉大学国际论文统计与分析年报》；清华大学完成的《清华大学专利分析报告》[164]等。

2. 某学科发展水平和竞争力分析

学科建设是高等院校提高教学质量和科研水平的重要基础。随着学科评估和"双一流"学科的发展，针对某机构的某一个或多个学科进行学术影响力和科研绩效的评价，也成为高校图书馆探索的方向。如清华大学图书馆应数学系的人事制度改革和学科规划需求完成的《数学学科文献计量分析系列报告》[165]；北京大学为43个博士点一级学科/30个"双一流"学科制作的系列学科竞争力分析报告[166]；同济大学图书馆完成的《土木工程学科合作与竞争优势分析》《同济大学人文社会科学发展报告（2011—2016年）》[167]；武汉大学图书馆制作的《新闻传播学研究态势分析》；华中科技大学图书馆完成的《华中科技大学入选ESI优势学科及高影响论文分析》[168]；复旦大学图书馆的《复旦大学社会科学20年全景分析报告》[169]等。

3. 以个人为对象的人才引进和科研绩效评估分析

个人是科研的主体，对个人的论文、专著、专利等科研成果进行统计分析，进而对个人的学术影响力与科研绩效进行综合评价，对于当前高校人才竞争至关重要。这不仅可以在选拔、引进人才阶段提供客观数据支撑，也可以对不同阶段、不同层次的科研人员进行客观评价。这一工作早在图书馆开展个人论文收录引证服务时，就已初见雏形，随着研究影响力评价服务的发展，高校图书馆针对个人学术影响力和科研绩效的评价分析服务逐渐清晰。

如同济大学图书馆将拟引入人才的论文与C9或"985工程"高校同学科学者以及本校教师比对，确立该人才的学术位置，还应学校要求进行学者的科研绩效评估工作；清华大学图书馆与人事处建立了长期合作关系，进行引进人才的前评估和已引入人才的后评估；上海交通大学图书馆的人才评估工作包括引进人才前、三年中期考核和六年续聘三个时期[170]；复旦大学制作的《某某个人学术表现力报告》[171]等。

4. 国家/地区整体发展水平和竞争力分析

以上三种科研分析服务都是面向机构自身及机构内部开展的，对于一些实力较强的图书馆而言，还会承担一些国家层面的宏观的研究影响力评价工作，如北京大学图书馆受教育部及北京大学委托完成的《中国大陆科研论文发表分析报告》[172]，还有复旦大学制作的《中国高校基于论文产出的学科竞争力评价体系研究报告》等[173]；同济大学图书馆制作的《基于科研论文计量的上海地区高校学科评价研究》；浙江大学图书馆的《世界一流大学年度分析比较》等。

（四）深层决策支持分析报告

以上三个层次的研究影响力评价服务，主要是对已有科研成果进行统计分析，即评价后的分析为主，而对于管理机构和学科发展进行决策支持而言，更重要的是预测未来的发展方向，这就需要对文献数据进行深层次挖掘，通过对文献数据的文本内容、引文关系等进行深度挖掘，对学科或技术的发展态势和发展规律进行多角度深入分析和综合解读。深层决策支持不仅需要图书馆馆员具备文献计量、数据统计分析的能力，还要求具备一定的专业背景，同时需要学科专家的介入，才能对学科前沿进行有效的预测。

如北京大学图书馆与学校科学研究部合作，依托教育部重大项目"基础研究和交叉前沿优先支持方向战略研究"，利用图书馆多种数字资源和分析工具，对由学科专家通过经验预测的 23 个特定主题（如发动机实验、太赫兹、超导、忆阻器等）的"研究前沿"进行文献调研和计量研究，并在初步数据分析的基础上，与学科专家沟通，对分析结果进行评价、确认或修正，综合文献分析结果和专家意见，形成多个学科的《北京大学学科前沿报告》，以综合展现热点主题的研究脉络、发展方向和建议[174]；上海交通大学图书馆制作的《一个甲子的畅想——面向未来120项科技预见》等。

大数据时代的到来，为图书馆开展研究影响力评价服务带来了巨大的机遇及挑战。研究影响力评价已经从以往单纯对"发文量"和"被引频次"的统计变为对引文质量的精细区分和权重分析，图书馆馆员将传统的文献计量学与大数据的收集、挖掘、分析结合，突破以往的评价思路，利用新技术、新方法、新手段更好地挖掘科研成果的价值，客观地对其进行评价和分析[175]。

三、高校图书馆研究影响力评价拓展服务

除了上述各类报告服务外，我国高校图书馆还在积极开拓基于研究影响力的拓展服务。主要表现为：其一，基于用户通用性或一般性需求的分析、预测，武汉大学图书馆等推出了培训、咨询等服务，一方面希望满足用户的通用性需求和部分个性化需求；另一方面则希望展示图书馆的服务能力，从而推介服务和吸引潜在用户[176]。其二，为研究影响力评价服务提供更好的数据支撑，开展系统建设。

（一）咨询服务

学术规范与投稿指南服务是开展较为普遍的服务内容，该服务旨在提供各种期刊指标、收录情况及核心刊信息，帮助用户了解本学科相关期刊分布及质量情况，提供投稿咨询指导。如北京大学、清华大学、浙江大学、武汉大学等高校图书馆均提供投稿支持服务。中国矿业大学图书馆提供"投稿指南"服务，其中涉及论文投稿指南、论文写作指南、

写作与投稿推荐文章、影响因子最高的期刊、源刊目录及查询系统等几大板块的服务内容[177]。华东师范大学图书馆也提供中外文核心期刊指南服务[178]。北京师范大学图书馆借助微信平台，通过"2017—2018年CSSCI收录期刊变化""2018年被剔除的SCIE期刊"等推文，向校内外读者介绍期刊评价的最新进展。

（二）培训与业务研究

针对计量工具使用与计量指标获取、文献管理工具、论文写作与投稿等主题开展培训与讲座服务。现阶段，文献管理工具、论文写作与投稿等主题的培训开展较为普及，各馆均根据学科特点有针对性地开展计量工具使用与指标获取内容的培训。如武汉大学图书馆每年面向教师及研究生授课约60次。北京大学、清华大学、上海交大、复旦大学等单位图书馆，也在开展多种形式的信息分析讲座。复旦大学图书馆还开展馆员数据素养教育培训。

在开展服务的同时，各高校图书馆还围绕业务实践积极开展业务研究。复旦大学图书馆开展文献计量、学术评价、数据分析与可视化等相关研究；清华大学图书馆参与多项校内外课题研究，如图书馆与科研院合作申请并完成"基于合著关系的研究型大学国际科技合作研究"、与高教所和政策研究室合作完成"一流大学研究"课题等研究项目[179]。

（三）相关系统建设

在报告服务、咨询、培训等服务的基础上，图书馆根据用户需求及自身业务发展需求，主动开展相关系统的建设工作。

1. 学科竞争力分析系统

由武汉大学图书馆与商业机构合作开发，基于教育部学科评价指标体系建立学科评价指标数据库，人工搜集了四大类指标数据，可快速建立学科分析模型，生成基于学科的竞争力评价分析报告与学科竞争力分析系统[180]。

2. 高影响力国际学术期刊投稿指南系统

武汉大学图书馆针对特定学科开展投稿高影响力国际学术期刊分析，推荐投稿期刊，为教师和学生投稿国际期刊提供指引。

3. 研究影响力评价服务的数据支持系统或平台建设

多数高校图书馆基于文献计量学的科研评价服务目前尚缺乏有效的数据存档机制。服务产生的数据分散在工作人员的工作用机中，不利于数据的复查、共享和复用。为了解决上述问题，一些图书馆做出了积极且有效的尝试。如华东师范大学图书馆建立全校专任教师绩效数据库；清华大学图书馆为本校教师建立学术唯一标识，构建汇集教师学术文章及被引情况的系统；武汉大学图书馆已提出今后需要建立计量数据的存档机制，保证有价值数据的长期保存。一方面应建立工作规范，明确存档数据的类型、存档数据集的标引规则、存档时间及保存期限等要求；另一方面应建设计量数据存储系统，实现对存档数据集的标引、存储、检索和长期保存[181]。复旦大学图书馆已于 2015 年建成 ESI 监控 Tableau 整合平台，学科评价与产出数据平台（人文社科）、复旦大学学术典藏平台。其中 ESI 监控 Tableau 整合平台以图形化展示的方式，向校内教师、科研管理者、高层决策者等不同类型的用户直观展示 ESI 数据。平台中不仅有本校院系发文量、学者发文量、期刊发文量、数据的显示，更有复旦大学与对标学校在 ESI 排名、高被引论文数、入榜学科数、入榜学科排名百分位、ESI 发文学科领域分布及年份分布等相关数据的比较分析[182]。西安交通大学图书馆建设了基于 ESI 历史数据的学科情报分析平台，该平台可根据一定的数据存档标准对所有 ESI 数据进行完整的保存，以便于在更长的时间跨度内对 ESI 数据进行深度的挖掘和分析，能够快速、精确地完成各期高被引论文的查找，能够自动计算、及时推送 ESI 简报，可实现对热点学者成果的自动跟踪、对不同组别或层次对标机构的动态监测。该平台不仅为基础的查收查引服务提供了极大的方便，也极大地提升了学科情报分析工作的效率，为学校"双一流"建设提供了有效的决策支持①。

上述服务咨询及培训服务具有用户需求相对简单的特点，通常通过少量交互及工作在现场即可完成，但特别重视服务规范化和质量控制；系统建设任务，通常需要与各学校机构知识库甚至全校数据平台的建设进行统筹考虑。在大数据环境下，高校图书馆应积极参与学校的数据建设、信息化建设工作，与学校的发展规划部门、科研管理部门、网络信息中心、校务数据中心等机构积极沟通合作，发挥图书馆收集、清洗、筛选、汇总、挖掘和分析科研数据的作用，利用新技术、新方法、新手段更好地挖掘学术成果的价值，从而对学校的科研发展和规划起到监督、统计与自我评估的作用，促进学校学术发展[183]。

第四节　高校图书馆研究影响力评价分析
报告的制作方法与流程

一、高校图书馆研究影响力评价分析报告的制作方法

对于大多数高校图书馆而言，其最直接的服务对象就是各自的学校、院系、学科和科研人员。现阶段，国家和各高校都在逐步重视并加

---

① 根据 2019 年高校图书馆发展论坛陈雅迪老师《西安交通大学图书馆基于 ESI 历史数据的学科情报分析平台的实施案例》的报告整理。

强研究影响力评价工作，但是由于学科差异，科研成果多样、复杂及科研成果提交不规范等因素，研究影响力评价工作尚处于起步探索、逐步发展的阶段，本部分拟结合实践及现有的研究成果，梳理并总结在机构、学科、院系、人才四个层面完成研究影响力评价报告的方法。

需要强调的是，不管哪个维度的研究影响力评价，都需要关注科研方式方法的发展动向、科研评估工具的发展动向及全球范围内大学评价及学科评价的发展方向，以寻求新的评估指标，尝试新的数据分析方法，从而完善现有的科研评估[184]。

（一）机构、学科、院系、人才四个层面影响力评价分析报告的共性问题

1. 评价层次

纵向上看，一个机构的研究影响力可以从机构整体、学科、院系、人员等多种层次进行衡量，以便从宏观到微观了解学校的科研发展态势。学科是大学的基本构成单元，学科影响力是大学影响力或竞争力的基础，根据比较的范围可以分为国际、国内和校内三个角度[185]。院系是大学内部完整的工作体，是大学承上启下的中间层，其核心任务是负责组织学院教学科研、学科建设、人才培养，承担着大学发展的目标。学科的校内影响力是院系层研究影响力评估的重要内容。由于各学科的特点大相径庭，在进行学科影响力分析时，需增加专门的评价指标，反映其科研产出特点，以尽可能地体现学科价值观，从而围绕学科发展的规律提升学科影响力。学科和院系层的研究影响力评价是各机构自身进行深度分析的重要工作，也是展示机构影响力的重要内容，助力机构发展的动力。人员是科研的主体，是推动学科和院系发展的根本因素。从人员、院系、学科三个层次的评价，

方可全面展示机构的影响力。

横向上看，机构层面的科研评估，其目的：一方面是客观评价校内各学科的科研情况和发展态势，因此应该建立一个较为统一的评价体系，这样才能保证评估在各个学科之间具有一定的横向可比性；另一方面，除了机构内各学科之间的横向比较外，更重要的是与国内外具有可比性的机构之间进行比较，以准确了解自身的优势与不足。

2. 文献计量方法与同行评议方法的结合

客观而全面地评价高校的科研实力，是需要全面考量、严肃对待的科学问题。现阶段，同行评议和文献计量相结合的方式在全球范围内被普遍接受。

文献计量方法提供了学术活动的一般特征信息，是保持同行评议过程诚信的重要工具[186]。基于客观数据的文献计量评估结果，是同行评议的重要参考，也是实现公平客观、科学合理的科研评估的有效保障[187]。但是，基于数据库数据和文献计量方法的科研评估，在数据来源的完备性和数据统计结果的解读方面在一定程度上存在不足。所以，科学、合理的科研评估离不开客观的定量分析及与各学科专家的定性分析的有效结合[188]。所以，在各馆开展研究影响力评价时，均会在不同阶段征求不同层面的学科专家的意见。

3. 评估周期

各学科科研过程和成果发表习惯各不相同，利用文献计量方法进行评估时，评估周期的选择十分重要[189]。人文社会科学学科的科研周期和成果评估周期较长，如果选择评估周期过短，则无法准确反映其学科科研成果的学术价值和影响力，也会为此引导学科内部急功近利地开展科研；如果选择的评估周期太长，则降低了评估的时效性，无法及时发现学科发展中的问题并及时改进；而在进行机构整体的学科评估时，如果确定不同的评估周期，在同一机构内学科之间的可比性则无法保证。为此，综合各学科特点，恰当地选择较为合理和统一的评估周期十分重要[190]。

4. 数据来源

研究影响力评价的数据来源包含作者提交和数据库获取两个途径。其中作者提交往往是由学校或院系组织，通过绩效奖励等方式要求作者提交。两种途径的数据获取来源之间存在一定的差异或各有问题，笔者对之进行了大致梳理并比较（详见表 2-2）。

表 2-2　研究影响力评价分析报告的数据来源渠道比较

特点 ＼ 数据获取途径	作者提交	数据库获取
数据完整性	基于评估或激励机制，可以确保机构整体数据的相对完整，但由于提交数据需要作者的配合，因此也存在一定的遗漏	会出现漏检、错误记录情况
科研成果形式多样化	基于评估或奖励要求，可以获得除了期刊论文之外的其他类型数据，如著作、基金项目等，但也很难保证绝对全面；能够反映各学科科研成果特点	取决于数据库的收录资源类型及时限，现阶段仅包含期刊论文、会议论文等
数据处理成本	无法保证数据字段及格式完整性，整合困难	对漏检及错误记录进行整理、院系归并的工作量较大
时间范围	遵循数据提交的时间跨度	可限定时限，但各分析数据库数据时限及更新频率略有不同
数据时滞	取决于评估或奖励周期，时滞较长	取决于数据库的数据更新周期，时滞较短

鉴于用户提交数据的复杂性，图书馆在进行研究影响力评价时，一般采用数据库获取为主，用户数据为辅的数据收集方法。在此过程中，图书馆应注意如下问题：

（1）数据的全面客观性

国际主流的学科排名及重要期刊发文信息数据的收集、整理工作是研究影响力评价中最为基础和关键的工作，必须从完整、准确和连续的角度保证数据的全面客观性。商业数据库因为之间的竞争关系，其数据来源通常仅局限在自身数据库，并不能全面收录和覆盖不同学科的论文。图书馆应尽可能充分地收集不同语种、不同类型、不同数据库的数据，通过结合不同来源的数据，更加全面、公平地展现机构的研究影响力。在进行机构的全学科分析时，一般会选择统一的数据来源，如WOS、ESI 数据等。有些图书馆订购的资源比较丰富，也会同时选择Scopus 数据，并与 WOS 数据之间进行去重合并，从而形成更加全面的数据；在下载数据时，要注意各数据库的更新周期，如 WOS、InCites、ESI 的数据更新周期各有差别（详见第四章第一节 ESI 数据库介绍部分），在利用三种工具进行研究影响力分析时，应根据数据更新周期确定下载数据的时间，以尽可能减少数据误差。

（2）学科针对性

一方面，图书馆应充分了解高校自身的建设情况和发展规划，参照数据库或大学排名等指标设计更加有针对性的评价指标和内容，从院系和人员等多角度深化、细化评估层次[191]；另一方面，不同学科的科研成果存在较大差异，对于英文发文量小的学科应增加更符合其特点的数据来源；有些学科也会选择学科专业数据库补充学科数据，如生命科学和医学领域会将 F1000 数据库的数据作为参考等。

5. 学科分类和映射

对于基于学科的研究影响力评价分析工作，学科分类与映射问题至关重要。现阶段，学科分类体系多样，按照制定部门，可分为数据库、排名机构及国家三方所制定的不同的分类体系。评价工具多采用一种或多种学科分类体系，可根据不同的需求选择。

经过一个多世纪的变化和摸索，我国在学科的分类和大学专业设置上逐渐形成和确立了相对稳定的体系。到目前为止，现行的学科分类标准主要有 5 种：即，国家技术监督局 1992 年发布的《国家标准学科分类与代码》（GB/ T13745-92）、国务院学位委员会和国家教育委员会 1997 年颁布的《授予博士、硕士学位和培养研究生的学科专业目录》、教育部 1998 年颁布的《普通高等学校本科专业目录》、国家社会科学基金项目申报代码（即由国家社科基金与社科院系统制定的学科级别分类目录，简称《社科院目录》）、《中国图书馆分类法》[192]。除此之外，数据库也有自己的分类体系。

国外的学科分类体系也有多种，有图书文献的学科分类体系，也有数据库的分类体系，还有像一些著名大学学科排名的分类体系。如科睿唯安的 ESI 学科分类和 WOS 学科分类，爱思唯尔的 Scopus 学科分类 ASJC① 等。

不同学科分类体系分类标准不同。如 WOS、ESI 及 ASJC 分类体系依据期刊分类，每本期刊在 WOS、ASJC 中可被归入多个学科，在 ESI 中则被归入单一学科；Google Scholar 则不提供学科分类标准及期刊所属学科信息[193]。标准不同，学科分类的结果也不同。如 WOS 包含的学科分类约为 250 个，ESI 包含 22 个；ASJC 则划分为 27 个学科大类，下

---

① ASJC，英文全称为 All Science Journal Classification，爱思唯尔制定的所有学科期刊分类代码。

分 334 个学科小类。

由图 2-4 主要学科分类体系概览可见，不同评价工具选用的学科分类体系不相同；各评价工具采用一种或多种学科分类体系（种数标记于括号中），如 InCites 采用 GIPP、ESI、WOS、ANVUR 等 14 种，SciVal 采用 QS、THE、ASJC、FOS、UK REF（2014）、KAKEN（L1-L4）等 7 种；部分评价工具采用同种学科分类体系，如 Scopus、SciVal、SCImago 期刊等级、CWTS 采用 ASJC 学科分类体系，WOS-CORE、JCR、Eigenfactor. org、InCites 采用 WOS 学科分类体系。除 InCites 外，其他评价工具并未采用我国教育部和国务院学位委员会制定的《学位授予和人才培养学科目录》（China SCADC Subject，SCADC），即使 InCites 采用了 SCADC，也因为其国际通用性，一些中国特有的学科（如 0501 中国语言文学、0602 中国史等）也未能在其中显示出来。

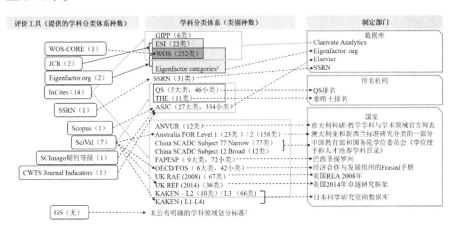

图 2-4　主要学科分类体系概览

鉴于以上情况，在开展基于学科的研究影响力评价时，即使采用相同数据，选取不同评价工具、不同学科分类体系，评价结果也会有所差异。因此，在开展研究影响力评价时，需明确学科的界定及分类映射。为了使研究影响力评价更加贴合本国本校的情况，提升高校在国内外的竞争力，图书馆应建立适用于本校的不同学科分类体系间的学科映射，以使研究影响力评价更加精准。国内有一些高校图书馆已经对国内外不同的学科分类进行了深入研究，并建立学科映射关系。如华中科技大学图书馆完成了该校部分学科与 SCI 学科类别对照表；重庆大学图书馆在其 2018 年前沿研究高级访问学者计划报名中提及，拟着手研究学术评价体系数据基础理论，主要搜集整理行业主流学科分类体系，并深入研究各分类之间的对照关系，以建立一套综合型的学科评估体系[194]。

6. 指标体系

科学、合理、全面的指标体系是保证结果权威性并具有可比性的基础，是学校分析自身整体学科发展现状与趋势、了解各学科发展中的优势与劣势、明确科研实力与预想目标之前的差距，以及制定下一步发展规划和资源配置方案的参考[195]。

指标体系的设置要处理好整体性与特色化之间的关系。所谓整体性，即机构层、学科层、院系层、人员层的评估，其目标均为提升机构的研究影响力，并更好地进行机构内的学科规划及发展战略。院系层或学科层的评估是对机构层评估的有效补充[196]，是对机构进行更加全面或者更深层次评估的方法，所以在具体实施评估时，因为均采用文献计量学的方法，其评估体系应大体上保持统一。所谓特色化，即指标体系的设置，要考虑数据可获取性、学科之间的差异性、不同评价工具的学科映射。所以，机构、学科、院系三层评估体系在具体的指标计算方式上会有一定的差别，部分指标的设置也会有所不同。

7. 结果应用

如何将研究影响力评价与科研管理工作相关联，是图书馆开展研究影响力评价服务时最主要的目的，但也是目前图书馆此项工作所面临的困难之一。为了克服该困难，保证此项工作的意义，在开展任何层面的研究影响力评价时，首先，应积极与用户沟通、明确需求和目标，这是保证图书馆此项工作成效性的关键。其次，在实际工作过程中，要积极与学科专家或科研管理部门进行沟通交流，进行良性互动，争取在工作的过程中，确保数据能够真实或接近真实地反映学科实际情况。第三，在数据获取、清洗的各工作环节，要加强数据规范的制定、注重与院系自有的科研数据进行互补完善，保证数据的准确性、全面性。第四，基于数据的分析结论需要广泛征求用户意见，力争实现对数据恰如其分地解读。以上各方面齐头并进，以避免研究影响力评价工作停留在对过往事实的总结和评价上，而真正实现为今后的学科发展和布局提供有效的信息，切实对学校统筹学科结构、优化学科布局起到参考作用[197]。

（二）基于通用指标体系的机构、学科、院系、人才研究影响力评价的个性分析

1. 通用指标体系的维度

在自身实践及理论研究成果的基础上，现阶段高校图书馆所制作的研究影响力评价报告，其指标体系的设计，一般会涉及学术成果产出、学术影响力、学术交流等多个维度。

（1）学术成果产出

学术成果产出是指在学术发展过程中形成的图书专著、期刊论文、会议文献、学位论文、专利等文献形式，学术成果产出是衡量和评价学术科研水平非常重要的一项指标，通过对这些学术文献的作者、作者机

构、关键词、学科分类等信息进行统计分析，可以从不同角度分析评价学术水平。尤其在自然科学领域，"科学计量指标为科学绩效评价提供了可靠的证据与科学活动的全貌图，通常用论文发表数测度科学产出"[198]。如从作者角度，某位作者的学术产出数量较大，说明该作者的学术创作力比较活跃；从机构角度，某一机构的学术产出数量较大，说明该机构的学术创作力活跃，如果某个机构的某一学科的学术成果产出数量较大，则说明该学科在该机构占有一定的优势；等等。学术成果产出常用的指标：国内（期刊、会议）论文数量、国际（期刊、会议）论文数量、专利数量、核心期刊论文数量、被重要引文索引收录的论文数量、第一作者论文数量、图书出版量及引用量等。需要说明的是，就图书这类学术成果的产出而言，现阶段其数据获取难度较大。业界仅有华东师范大学图书馆以该馆建设十余年的教师绩效数据库为依据，收集、掌握了本校教师较为全面的著作产出数据。

（2）学术影响力

研究的学术影响力是学术界关注的重点，通常体现在同行关注与引用情况上，在一定程度上体现了学术价值和学术水平[199]。尤其是引用分析，作为国际上评价学术期刊、论文、学术机构及学者的学术影响较为公认的方法之一，一直用来客观评价学术影响，具体的指标包括引用次数（总引用次数、他引次数等）、期刊影响因子、引用分（CiteScore）、篇均被引、高被引论文、H 指数等。由于被引次数受到学科、出版时间、文献类型等因素的影响，也出现了很多归一化的指标，如 InCites 数据库的学科规范化的引文影响力（CNCI），Scopus 数据库的学科归一化影响力（FWCI）等。除文献、期刊引用相关的指标外，随着社交媒体的发展，越来越多的替代计量学指标也用来进行学术影响力评价。

（3）学术交流

学术交流是学术评价的一个重要方面，反映了研究在发展过程中参与国际、国内交流的活跃程度。学术期刊论文本身就是学术交流的一种方式。从文献计量角度来看，学术成果的合作研究是反映学术交流的重要形式，对于合作学术产出的绝对值、占比、合作成果的影响力进行分析，可以作为评价学术交流成效的重要指标。合作发表学术论文，包括期刊论文和会议论文，可以反映出国际、国内学术交流的情况。常见的指标，如国际合作期刊/会议论文数量/占比、国内合作期刊/会议论文数量/占比、机构内合作期刊/会议论文数量/占比等。

（4）其他

学术创新性。学术创新是学术的生命，是学科建设的核心。因此在进行研究影响力评价时，有必要从学术创新性的维度进行评价。对于理工类学科领域而言，常用的评价指标有专利数量、科研成果数量、国内外专利授权数等。但是对于人文社会科学来说，还缺乏较为成熟的计量指标。

非学术影响。非学术影响主要是指研究成果对经济、社会、公共政策、文化或生活质量产生的影响程度及范围[200]。与学术界专注学术影响不同，随着社会和政府对大学和学术问责的不断强化，学术成果的公共价值和社会影响也越来越多地被提及，并作为学术成果评估的重要内容[201]。比如 2014 年英国高等教育基金委员会公布的"科研卓越框架"（REF），新增加了大学科研的非学术影响力指标，并将其权重定位为20%，以反映大学科研所产生的良好的社会效益和经济效益。这里的"非学术影响"类似我们通常所理解的科研成果的实际应用价值，比如专利成果的转化情况等。

2. 研究影响力评价报告的通用指标体系

现阶段，图书馆完成研究影响力评价报告时，一般会根据国内外各类排名选择对标机构，并从学术成果产出、学术影响力、学术交流三个维度设计指标体系。在本节中，笔者结合已有实践及相关文献，拟出相对通用的指标体系（详见表 2-3），以供参考。

表 2-3　研究影响力评价报告的通用指标体系

一级指标	二级指标		三级指标
国内外排名影响力	整体影响力	国际排名	各大学排名体系中整体排名的具体位次
	学科影响力	学科影响力	教育部一级重点学科数量；ESI 全球前 1%、0.1% 学科数量
		学科排名	相关大学排名中涉及学科排名的具体位次
		学科潜力	ESI 前 1% 学科潜力、ESI 基线值、学科贡献度
学术成果产出	科研论文	数量	WOS 收录总量、WOS 逐年收录趋势；Scopus 收录总量、Scopus 逐年收录趋势；EI 收录总量、EI 逐年收录趋势
			CNKI、CSSCI、CSCD 收录量
		期刊层质量	顶级期刊（如 Nature、Science、Cell 及 NI）发文数量及趋势
			学科优秀期刊收录数量、收录比例、逐年收录趋势
			核心期刊（及分区）论文收录量；人大复印报刊转载量
			高发文量前 10 的期刊、高被引前 10 的期刊、论文来源期刊影响因子排名前 10 的期刊等
		作者层质量	第一作者、通讯作者论文数量
			共同第一作者、共同通讯作者、合作者（细分排位）
		项目层质量	受资助论文情况（如 WOS 基金论文）数量及占比
		主题表现	基于 WOS、Scopus、CSSCI 等数据的关键词分析；SciVal 研究主题表现

续表

一级指标	二级指标		三级指标
学术成果产出	著作	数量	出版量；学科相关图书产出量；BKCI、cBKCI 收录数量
	专利	数量及质量	授权专利数量、高强度专利数量
	项目	质量及数量	各类项目获批情况、国家社科基金优秀成果奖
	获奖	质量及数量	国家自然科学奖、国家科学技术进步奖、国家技术发明奖、高等学校科学研究优秀成果奖等；各学科类奖项（如孙冶方经济科学奖）
学术影响力	论文影响力		WOS 被引总数（他引次数）、WOS 被引逐年趋势、WOS 篇均被引次数，全球发文基准值
			Scopus 被引总数、Scopus 被引逐年趋势、Scopus 篇均被引次数
			人大复印报刊转载量
			ESI 高被引论文数、ESI 热门论文数
			H 指数
			归一化指标：CNCI、FWCI、IRW（相对于全球平均水平的引文影响力）
			CNKI、CSSCI、CSCD 被引次数
	著作影响力		BKCI、cBKCI 引用量
			著作获奖情况，如国家图书奖、中国出版政府奖、高等学校科学研究优秀成果奖等
	人员影响力		基于论文数据的高产作者数量、高被引作者数量
	期刊影响力		主办 WOS 来源刊、主办一般来源刊、主办 CSSCI 来源刊或集刊等
学术交流	国际化发展		各学科中英文论文比
	国际合作现状及趋势		WOS 国际合作论文数量、国际合作率、国际合作逐年趋势
			合作国家、机构、人员比例，合作贡献度
	国际合作影响力		顶级期刊、学科优质期刊合作发文情况
			主导合作及从属合作比例
	国内合作		国内合作各数据库（WOS、CSSCI 等）论文数

备注：具体指标的选择需考虑：不同学科科研产出的差别，导致指标差异及评价工具差异；科研产出数据的可获取性。

3. 机构、学科、院系、人才四层面研究影响力个性分析

（1）机构层面的研究影响力评价

从科研产出的角度对机构整体的研究影响力进行评价，不仅衡量自身的情况，也会通过寻找合适的对标机构进行对比分析。数据库的收录和引用情况，可以客观衡量当前机构的科研实力及科研竞争力发展趋势，从宏观层面了解学校的发展差距、明确方向。对于机构的研究影响力分析，有助于学校科研管理部门准确把握各机构当前在国内外所处的位置，科学判断机构所面临的竞争态势，合理分配科研资源[202]。

在进行机构的综合竞争力分析时，可以从以下几个维度选择对标机构。其一，大学排名参考。很多高校图书馆在完成学校整体研究影响力分析时，参考教育部学科排名、QS 等排名寻找国内外对标院校。从各类排名中，筛选具有可比性的机构。其二，区域角度。考虑全球各区域的高校选择，以衡量自身在全球定位。其三，学校类型角度，师范类院校、外语类院校等，在完成机构影响力评价时，也会着重从学校类型角度筛选对标机构。

机构层面研究影响力评价，对于本机构，可以整合如 WOS、Scopus 等不同来源数据库的数据，但在对标分析时，通常无法整合对标机构的多来源数据库数据，也无法深入分析对标机构的院系影响力，只能依靠数据库自身的学科分类体系进行对标机构的学科发展对标分析；机构的学科竞争力需依据数据库中现有的学科分类进行比较；机构的院系研究影响力的评价，需采用人工干预的方式对机构数据从二级单位的角度进行清理。现阶段，在进行机构层研究影响力评价时，无法做到学科层、院系层的分析均符合各校校情。

（2）学科层面的研究影响力评价

学科建设是高校提高教学质量和科研水平的重要基础。学科发展策

略的制定，首先要对自身的学科发展情况进行客观准确的评估和分析。机构层面的建设不容易直接形成机构竞争力，这些建设只有转化为或者附着到学科竞争力中才能成为学校竞争力的组成部分[203]。这说明，学科影响力分析是评估机构影响力的重要组成。学科发展的水平在很大程度上反映着一所大学的办学水平。与此同时，学科角度更加适合机构间及机构内的横向比较。

学科层面的研究影响力评价是现阶段不同机构对比学科发展水平的重要形式。一般来讲，各图书馆在完成学科影响力评价时，先结合各机构的学科排名选择对标机构。所以，不同的学科所选择的对标机构有所不同。国外高校的选择会根据各学科的国际排名，国内高校的选择一般会参考教育部的学科评估或"双一流"学科。自 2002 年起，我国开展的学科评估就是对学科的系统性、科学性评估的重要实践。各高校据此完善自身学科体系、加强重点学科优势，进而提高学校科研竞争力和国际影响力。

学科的国内影响力分析，主要体现在一个学科在全国不同高校的所有学科点中的比较优势[204]。现阶段，因学科评估的广泛影响，图书馆所开展的学科评估是依据《授予博士、硕士学位和培养研究生的学科专业目录》也称《学位授予与人才培养学科目录》（简称学科目录），并结合本校实际情况而开展的一级学科的学科影响力分析。因考虑到每所院校在进行学科建设时，二级学科涉及面广，具有较好的普遍性，三级学科分类过于细致，各校数据不统一，不易进行数据收集统计。有些高校图书馆选择在二级学科的层面进行学科影响力评价[205]。

在指标设计上，不同学科各自的发展特色与重点不同，因此指标设置也会有所不同。在进行不同学科的学科影响力评价时，指标体系要反映各学科的发展特色。

就交叉学科的评估而言，现有的评估指标体系，对于学科间的交叉融合的发展重视程度远远不够。如何有效地反映学科间交叉融合的现状、对学校交叉学科的发展态势进行分析，是研究影响力评价所需进一步解决的重要问题之一。

（3）院系层面的研究影响力评价

院系层面的研究影响力评价是各机构自身进行深度内部分析的重要工作。院系层的研究影响力评估，表面上看是各院系之间的比较，实质上是学科校内竞争力分析，即在机构内部某一学科与其他学科相比较的相对优势[206]。院系层的研究影响力评价，可以帮助学校揭示机构内部的学科发展动力，为"双一流"建设提供可操作、可实施的具体措施[207]，逐步完善学科的战略规划和布局。

院系层研究影响力评价存在如下问题：其一，在机构内部，学科评估与实际的院系间存在错位，学科领域并不能准确评判到院系，很多院系的多学科发展很难在评估中被全面评价。其二，从评价工具而言，大部分科研成果的学科划分是参照来源数据库，通过期刊的学科划分定义的，而期刊的学科领域涵盖广度各不相同[208]。其三，由于国内外不同机构之间的院系设置差异较大，难以实现真正院系级别的比较，只能通过学科评估作为院系评估的参考[209]。在各高校各项资源的实际配置过程中，对于学科和院系的不对应、院系的多领域发展、几个或者多个院系进行横向评估和比较等需求日渐增强[210]。

院系层研究影响力评价，其主要方法是采用人工清洗的方法在机构整体数据中基于作者地址字段识别院系数据。在具体分析过程中，各院系、实验室、研究中心等单位名称均存在不规范现象，特别是院系英文名称不规范或科研人员的论文署名只包含实验室而不体现机构名称等情况尤为常见，与此同时，论文发表量大也带来极大的工作量。这些因素为数据清理带来了很多不便，也极大地影响了结果的准确性。一些图书馆如北京大学图书馆采用建立滚动式更新的院系署名地址库解决该问题，以应对评估日渐常态化的现状[211]。华东师范大学图书馆构建了院系数字字典，以实现快速、精准定位各院系研究成果。虽然通过人工的数据清理能够在一定程度上降低不准确性，但是从根源上需要各机构进一步规范其署名形式和要求，加强署名规范的宣传和培训，从而在今后的评估中得到更为全面、准确的机构成果数据，确保分析结果能够更为精确地反映实际情况。

院系层研究影响力评估需重点考虑下述指标：

① 学科贡献度：对于具有影响力的学科，各院系的贡献度。

② 院系合作度指标：加强校内合作不仅能够更充分地利用学校现有人力资源和学科资源加强某领域内的研究成果，而且也便于在学校层面推动和激活更多的跨学科领域的研究[212]。具体指标包括：WOS 论文院系合作比例、CNKI 期刊论文院系合作比例。反映合作比例较高的院系和学科。这些指标结合期刊影响因子、被引频次等指标进行对比分析可以反映院系合作的质量[213]。院系合作情况可以帮助学校科研管理层判断和选择可以重点加强和推动的合作领域。反映校内跨学科科研合作的整体趋势和方向，为学校进一步支持和加强跨学科研究工作提供参考数据。

③ 院系合作频次：根据中外文发表论文的院系合作频次，分析学校主要院系间的合作热点区域和待发展区域[214]。

④ 高被引论文、热点论文及权威期刊文章的院系分布：以此识别各学科中成果突出的科研人员、定位高影响力人才和一流的学术研究产出。

（4）人才层面的研究影响力评价

人才的科研水平直接决定着高校的科研水平及后续发展能力。长期以来，图书馆针对院士、杰青、优青、职称等申报所开展的查收引服务，即为人才层面研究影响力评价的基础业务。随着评价分析数据库功能的发展，利用 WOS、Scopus 等引文索引数据库，能够帮助学者了解其研究成果的被关注度、了解自己的成果在学科的影响力、掌握自己所在科研领域的人才状况。在"双一流"建设的背景之下，不仅学者的此种需求越发强烈，学校科研管理层也希望了解本机构的人才状况、学科的顶尖人才分布情况等，这些需求成为人才评价的重要基础。

现阶段，人才层面的研究影响力评价包含：其一，在完成机构整体或学科的研究影响力评价报告时，通过客观的数据分析，帮助科研管理人员了解学科的竞争优势及劣势，并据此确定各领域的领军人才和追踪重点人才、关注并发掘学科领军人才流动状况等；其二，基于文献计量方法从多角度设计指标，对人才的学术研究水平和产出进行定位，以支持机构师资队伍建设、为学校人才引进、考核、奖励、职务晋升等工作提供决策依据。2016 年 3 月，中共中央印发了《关于深化人才发展体制机制改革的意见》（中发〔2016〕9 号），强调深化多元化人才评价、制定积极开放的人才引进政策、扩大人才国际交流合作，这为图书馆开展人才层面的研究影响力评价服务提供了契机。上海交通大学图书馆以学者学术影响力分析为切入点，建立评价指标体系，对人才开展引进前评估和后评估。在文献计量数据分析的基础上，上海交通大学图书馆通过引进人才的期刊论文发文水平、期刊论文被引水平等评价指标，摸索并设计了"气泡定位图"以直观反映研究人员的学术地位，为学校的人才引进和评估提供了重要依据，也在一定程度上指导了科研资源的整合和分配。

在实际工作过程中，初期，各馆均在完成机构层的研究影响力评价报告，但在逐步推进的过程中，应逐步深入学科和院系的评估。在

"双一流"建设的背景下，越来越多的高校管理者认识到学科及院系的发展是助推大学前进的根本动力；而随着国家深化改革工作的推进，高校的内涵式发展、多元化评价已成趋势。图书馆要主动转型变革，主动与院、校合作，融入学校发展，助推院校提升管理决策。

二、高校图书馆研究影响力评价分析报告的制作流程

高校图书馆在制作研究影响力评价分析报告时都有各自的经验和方法。研究影响力评价分析报告涉及大量的数据收集、清理、统计和分析的复杂工作，从了解需求、确定方案、建立指标体系、确定数据来源与数据规范、数据检索与导出、数据汇总整理、统计分析、结果分析到最后分析报告的撰写和正式发布，整个过程还可能反复调整和修正。虽然不同的图书馆、不同的工作人员、不同的用户需求、不同类型的分析报告可能会在实际的流程中会有所不同。本节力求从上述不同之中梳理出较为清晰的工作流程和规范，以供参考。

（一）研究影响力评价分析报告服务流程

一般而言，研究影响力评价分析报告服务包含四个阶段，如图 2-5 所示。但需要明确的是，研究影响力评价分析报告的完成过程并非一蹴而就，如图 2-5 所示的流程中，一般都还会经历反复的过程。

（二）研究影响力评价分析报告分步解析

1. 明确需求，确定评价方案

研究影响力评价工作具有极强的针对性，因此明确评价的需求、围绕需求确定整体的评价方案是第一步。在这一阶段，重点是梳理需求，也就是明确研究影响力评价的目的、服务对象及最终目标。在明

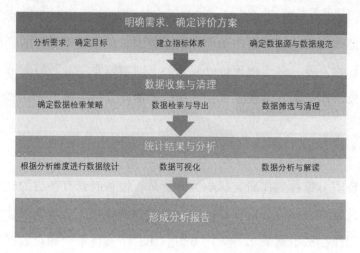

图 2-5　研究影响力评价分析报告服务流程图

确这些需求后，以此选择支撑的数据源和规范，并初步建立指标体系。

（1）分析需求，确定评价目标

首先需要明确研究影响力评价的服务对象和评价目的，在具体的工作中，研究影响力评价服务的需求是多样的。如有时为了解学校的科研整体水平，或者比较学校之间的学科发展水平，为学校管理决策者提供参考；有时需要明确某个院系或者某个学科的科研实力及其对学校贡献度，从而为院系或学科发展方向提供参考和数据支撑；有时是为了探寻学科领域研究前沿热点和发展趋势，为科研团队或科研人员提供参考借鉴。不同的评价目标，需要的评价维度可能不一样，需要的数据源也不一样，因此，明确需求和目标是开展科研评价服务的基础。

（2）明确评价维度，初步建立指标体系

研究影响力评价有多个维度，在研究影响力评价分析中，重点是从科研文献的发表、出版与被利用的角度进行评价。文献的写作、发表、出版与被利用的情况可以从一定程度上反映学术群体的研究实力和水平，因此，一般可以从学术成果产出、学术影响力和学术交流等维度来进行科研评价，围绕这些维度，可以初步建立起相对应的指标体系，关于评价维度和指标体系，详见本章本节第一部分。

（3）确定数据源与数据规范

在明确需求和评价目标后，围绕评价的目标，可以确定评价的维度，并初步建立起一个指标体系，结合这些内容，即可确定数据源和数据规范，包括数据类型、数据时间、数据源的选择等，这两部分可以同时进行。

关于数据来源，如为学校提供整体科研论文统计分析，通过沟通需求和评价目标，可以确定需求从学术成果产出、学术影响力、学术交流等维度进行评价。学术成果产出方面，需要统计哪些类型的成果？是否包括期刊论文、会议论文、科研项目、各种奖项？科研成果来源选择从数据库中获取还是从教师提交的科研数据中统计？一般来说，为了保证数据的完整性和对标机构的可比性，大多数的研究影响力评价报告会选择从一些权威的、有较高知名度、数据质量可靠的数据库（如 WOS 三大引文索引、Scopus、CSSCI、CSCD、EI 等）获取科研成果的数据，数据时间范围如何，是否需要从第一作者单位、通讯作者单位等角度进行分析？科研项目级别选择、合作的计算方式等都需要一一确定。

如果是为院系或学科提供某一个或几个学科的科研统计分析时，除了以上内容外，还需要分析不同学科和文献的特点，来确定文献类型、选择数据源和选取指标等。在第一阶段，这些都只是初步确立，在后续的数据收集和清理过程中，可能会根据实际情况进行反复的修订，尤其需要注意的是，当评价分析目标涉及学科分析时，还需要明确学科分类与映射关系。关于学科分类与映射，详见本节第一部分阐述。

如果是为了评价学校或学科在世界范围内的水平和影响力，可以参考世界四大大学排名中的科研数据来源，借助 WOS 数据库中的 InCites 和 ESI 数据，以及 Scopus 或 SciVal 中的数据。而如果是评价人文社会科学领域的一些学科的科研水平和竞争力，那么除了参考 WOS 和 Scopus 数据库外，中文数据库及图书专著也必不可少。

数据源和数据规范的确定，需要图书馆馆员从专业的角度提出建议，同时也需要深入与委托方进行沟通协商，以确保数据选取的完整性、准确性和规范性，以及对标机构之间数据的可比性。

在"分析需求、确定评价目标，明确评价维度、初步建立指标体系，确定数据源与数据库规范"这三项工作的基础上，可以初步建立研究影响力评价分析报告的体例。经过反复的调整修正后，在完成最终报告之后，可以确定同一类型评价分析报告的模板，当然，对于不同时间、不同对象的不同需求，模板需要不断进行调整。

一般来说，研究影响力评价分析报告的体例分为三大部分：数据说明、数据分析和结论建议。其中数据说明部分会对报告的整体数据来源、数据规范等概况进行介绍；数据分析部分是对数据进行详细的分析，一般根据评价目标，辅以翔实的图表进行全面的阐述和分析；最后会根据分析的结果，对评价对象的科研情况进行归纳、总结，并提出一些建议。当然，在具体的评价分析工作中，实际的报告体例会有较大的差异，但其实质内容一般都会涵盖以上三部分。

2. 数据收集与清理

数据是基于文献计量方法的科研评价服务的基础，现有的数据源主要是各个大型索引文摘数据库，这些数据库本身的数据质量不一，检索方法也不完全一致，因此，数据收集与清理的方法和策略不同，将会决定最终数据的不同，数据的收集与清理也就成为研究影响力评价服务流程中的一项非常重要的基础工作。

（1）确定数据检索策略

首先需要确定数据的检索策略，特别是在做论文数据收集时，需要从不同的数据库来源检索数据，因此需要根据不同数据库的检索规则制定统一的检索策略，包括文献类型、作者名称/机构名称/期刊名称的检索规范，除了检索式的构建，还可以充分利用数据库的结果聚类、分析等功能完善检索结果。由于目前数据库中的数据信息并不完善，因此对于深入学校院系或学科的评价分析来说，现有的 InCites、ESI、SciVal 等分析数据库并不能满足需求，需要从原始索引数据库，如 WOS、Scopus 中检索，再进行细致的清理。如需要从整体科研产出来进行评价，还需要对不同数据库的数据进行去重处理，因此还需要确定不同来源的数据优先级。

（2）数据检索与导出

检索策略确定后，还需要考虑数据库的更新周期，目前像 WOS、Scopus 等索引文摘数据库的更新周期都是在一周左右，因此，为了保证数据的一致性，数据检索和导出应该尽量在同一个周期时间内进行。

在数据下载时，也要注意不同数据库的数据或功能特点，从中摸索规律提高效率。如从 WOS 数据库下载数据时，要保证研究机构的无误，应该使用机构扩展功能检索；由于某些文章会出现几百位的合作者，所以在 Excel 或 Access 中打开会出现信息缺失现象，而使用 WPS 打开则能够保证信息的完整性；同时，WOS 的数据存在学科匹配不完整的情况，需要观察、研读学科信息缺失的数据，并给出所属的学科归类。在 Scopus 数据库下载数据时，需要使用归属机构进行检索，同时在检索结果中筛选隶属机构，以保证能够涵盖该机构下属的所有单位。从 CNKI

下载数据时，需要将被引次数、下载次数与文章的基金资助、作者所在机构等信息进行匹配、合并；以机构为单位进行数据下载时，需要去除题名里的优先出版数据；删除通知、通告、奖励、讣告、招生简章、庆典通报、启事、展览广告等数据[215]。CSSCI 数据库的下载数据仅提供TXT 格式，如果从 CNKI 数据库中导出 CSSCI 论文，会出现两个问题。问题一，CNKI 和 CSSCI 两个数据库对 CSSCI 期刊的定义并不一致；问题二，两个数据库采用的学科分类也各不相同。而这两个问题会对科研产出以中文期刊论文为主的学科的影响力评价产生影响。

数据导出有多种格式，一般优先选择 Excel 格式，尽可能选择所有字段，以便全面地了解数据、分析数据。对于下载的数据，需要我们观察梳理每个字段的数据规律，即了解哪个字段、什么样的数据。"哪个字段"，即数据对应的字段标签，如作者是 AU，每个字段都有自己的英文标签，这个标签可以使用数据库给定的，也可以自己命名；"什么样的数据"需要关注数据的格式，摸清数据的规律。如多个关键词是用"空格"还是"分号空格"区分；参考文献有哪些信息，这些信息是什么顺序，用什么来分割区分。如有不符合规律的数据就需要规范。不符合规范的数据，就需要利用工具进行分割、提取。如在 Bibexcel中，"频次"和"辅助工具"区的操作都是针对文献不同字段进行分割、提取的，如提取参考文献中的期刊名。

（3）数据筛选与清理

在实践中，所分析的文献数据均下载自各分析数据库，这些数据有各式各样的问题，并不是马上就可以使用，还需要根据已经制定的评价方案、指标维度和数据规范，对导出的数据进行筛选、规范和清理。一般来说，特别需要进行清理的内容主要包括作者、机构、基金、国家等字段。

作者数据清理：作者数据存在格式不同、作者重名、作者顺序及其他情况等问题，因此清理的难度最大。① 格式不同，一般需要手动统一拼写格式。② 作者重名很难解决，建议具体情况具体分析，可能匹配机构名有一定作用；即使是同一院系、同一学科领域，经常遇见出现同名同姓的情况，但是如果要对高产作者进行分析，就需要通过作者ID、邮箱等信息进行一一清理。③ 作者顺序：当需要统计第一作者的时候，有时候排在第一位的不一定是第一作者，需要了解数据库的数据情况。WOS 的 C1 字段在 2012 年前排第一的作者是通讯作者，2013 年后，排第一位的才是第一作者。另，有的期刊论文作者顺序是字母顺序而不是贡献度排序，这些在做第一作者分析的时候都需要注意。④ 其他问题：如在作者全称字段下载的作者，也会夹杂着缩写的作者名；从数据库下载的不同文章作者的拼写会有不同，例如 Tian Youyong、Tian You-yong、Tian You yong、Tian, You yong、Tian, Youyong 都是同一个作者，是否规范作者对作者频次统计影响很大。

机构数据一般是从地址里提取，需要注意机构、学院、城市、国家的顺序，另外是否带有缩写、邮编等信息，这些都会影响机构的统计数据。高校及其二级单位的机构名称也存在很多问题。① 各个高校的名称本身有多种变体或不同，一些中国高校的英文名称不规范、中外高校的体系层级，以及高校合并拆分等问题，都会造成对应成果数量的差异；② 分析时如果需要比较学校各二级院系的贡献度，则需要对二级院系进行清理，由于中国高校院系体系变化较大，其英文名称规范性较差，因此清理难度更大；③ 分析时经常还需要了解学校主导的发文，即以学校为第一机构或通讯机构的论文情况，而大部分数据库中都没有直接给出该字段，因此经常需要对第一机构或通讯机构进行清理。

其他情况，如在国家名称方面，归属于同一主权国家的不同地区需要注意合并，如英格兰（England）、苏格兰（Scotland）、北爱尔兰（North Ireland）和威尔士（Wales）合并英国（UK）；同一基金有不同表述法，例如国家自然科学基金就有至少 100 多个不同的表述，如 National Natural of Science Foundation of China、China National Natural Scientific Fund、NSFC、China NSF，等等；英文文献的参考文献导出时，有些还会带有中文翻译，需要把中文信息删除，删除时注意保留格式，如是否有中括号、分号等。

关于数据清理，经常需要借助一些工具来实现，如 DDA、Openrefine 等，本书第五章第一节对这些工具略有介绍。

3. 统计结果与分析

清理好的数据需要进行统计分析，这里的统计分析包括直观的计量数据表现和定性的解读说明。对于定量评价结果，需要从统计学的角度对数据进行计量，并辅以恰当的图表展现；对于定性的解读说明，则需要同评价分析的需求方及学科专家进行深入沟通，才能给出准确的阐述和明确的结论。

（1）数据可视化

在对计量数据进行定量评价时，数据可视化的工作必不可少。在大数据时代，越来越多的数据可视化工具涌现，为研究影响力评价分析工作提供了有效的工具。本书第五章对数据可视化工具有概要性介绍，此处不再赘述。

（2）数据分析与解读

对于图书馆馆员来说，数据分析与解读可能是整个评价分析工作中最为困难的一部分内容。虽然图书馆馆员对于文献评价的指标、数据的计量方法和计量标准非常清楚，但是如何从专业的角度正确地理解指标，解读相关数据的含义，需要通过专家咨询等方式进行论证。如果定性与定量结果相吻合或者有合理、科学的解释，则评价工作达到目标，如果二者有较大的差异且无法找出合理、科学的解释，则需要对评价方案进行调整和修正，甚至重新进行评价工作[216]。

4. 形成分析报告

研究影响力评价分析工作的最终表现形式一般以分析报告的方式来体现。因此最后需要撰写完整的分析报告，修改报告体例，给出分析的结论和建议，需要注意的是，对于数据的来源、检索方式、数据获取时间、数据规范等信息要予以说明，必要时还需要附上原始数据。最终的分析报告还需要经过多次审改和美化。

第三章

国外高校图书馆研究影响力评价服务研究

　　在知识经济时代，全球众多发达国家都旨在通过科研评价来促进本国科研实力的提升。虽然各国采取的科研评价形式不同，但这些评价都服务于一个共同目标，即促进科研产出和提升科研质量，实现国家科研实力和创新力的可持续增长。在世界各国中，英国、美国、澳大利亚、荷兰的科研评价体系不仅历史悠久，而且各具特色[217]。从 21 世纪初，随着各国科研评价计划的发展并在各大学广泛实施，研究影响力评价服务作为科研支持服务的生长点，受到越来越多的高校图书馆重视，并作为支持科研工作的重要内容被纳入图书馆战略规划。国外高校图书馆逐渐开始尝试将一直应用于馆藏评估的文献计量学的方法应用于研究支持服务。至 2019 年，英国、美国、澳大利亚、加拿大、新西兰、爱尔兰等国家的高校图书馆都普遍开展研究影响力评价服务，其服务内容不仅嵌入整个科研生命周期，还从各个方面考虑科研人员的切实需求，从各个角度为研究人员提供研究支持。这种专业性与创新性的服务不仅加强了教师及学校对图书馆的信任，也从一定程度上提高了图书馆的学术地位与价值。本章旨在对国外高校图书馆所开展的此项服务进行粗浅的比较研究，从而为我国高校图书馆科研评价服务提供经验性借鉴。

第一节　国外高校图书馆研究影响力
评价服务产生的背景

一、证明图书馆自身价值的新思路

随着数字资源的普及，图书馆的传统服务对用户而言越发不可见，衡量图书馆的传统方法（如图书/期刊数量、年购书量、到馆人数、参考咨询量等）已无法证明图书馆的价值，这使得高校图书馆面临人员和经费削减的困境[218]。自 2012 年起，向学校展现价值被列为高校图书馆发展十大趋势之一[219]。近年来，图书馆为了证明其价值做了很多尝试，如何评价图书馆的价值及影响越来越受到各国高校图书馆的关注。在图书馆转型或尝试证明其价值的过程中，支持研究及管理决策的角色尤为得到审视[220]。衡量高校图书馆价值的新标准将更多地强调图书馆对学校科研产出及教学支持的影响。世界一流高校图书馆普遍重视为研究人员提供科研支持服务，科研支持服务将是未来高校图书馆发展的重大战略方向之一。各高校图书馆提供的科研支持服务内容有所不同，主要服务内容包括科研数据管理、学术出版、研究影响力评价、研究导航、研究咨询、研究工具推荐[221]。

二、各国各级科研评价制度的实施

随着各国政府科研政策的调整，各国以政府主导的高等教育科研评估体系或评估制度经历了不断的变革。英国的"科研卓越框架"（Research Excellence Framework，REF）、澳大利亚的"科研卓越项目"（Excellence in Research for Australia，ERA）、新西兰的"高校绩效科研基金"（Performance Based Research Fund，PBRF）等国家性科研评估体系逐步推行，一方面使得国家全盘掌握科研水平状况，发现潜在优势领域，另一方面也为政府科研经费的分配提供参考。除政府主导的科研评估体系外，一些国家，如美国、联邦政府委托高水平的评价中介机构开展科研评价事务。另外，国家层面的评估结果决定着政府对各大学科研拨款金额的比例，而本校声誉也依赖于自身的科研实力，因此，各高校本身也会定期或不定期按照自身特点进行科研评价。

以上三个层面的高等教育科研评价活动，为高校图书馆开展研究影响力评价服务提供了重要契机。各国的高校图书馆都想方设法地开展相关服务。

三、研究人员及科研管理人员自身因素

基于绩效的研究资金分配机制、推陈出新的科研评估项目，激发了研究及管理人员对科研评价指标与方法的兴趣和需求，越来越多的研究人员需证明自身学术的价值及贡献，科研决策及管理人员则需了解计量指标、应对科研评价、寻找决策依据。而这两类人群工作繁忙，没有时间了解文献计量工具及指标，也缺乏开展计量评价所需的技能。图书馆馆员已经具备的文献计量学的必备技能在馆藏建设及评估中发挥了很好的效果和作用，图书馆馆员基于文献计量学、替代计量学的研究影响力评价尝试恰逢其时[222]。

为此，英国、美国、澳大利亚、爱尔兰、新西兰等国家的高校图书馆普遍开展研究支持服务，即针对研究者、科研管理人员的需求提供定制化服务，主要包括：研究成果存储、管理及报道，数据管理，出版/版权建议，研究影响力评价等。其中，基于文献计量学的研究影响力评价服务（Research Impact Measurement Services，RIMS）是研究支持服务

的重要内容。

第二节　各国高等教育科研评价制度概况

在上述三个背景因素中，最具决定性的因素是各国各级科研评价制度的完善与实施，这决定了政府对各大学科研拨款金额的比例，使得很多大学都将科研工作放在首位，并将实施目标落实到大学的长期规划。本节概述英国、美国、澳大利亚等主要发达国家的科研评价体系的发展及现状，以说明这些国家高校图书馆研究影响力评价服务的背景。

一、英国科研评价概况

（一）发展简况

20 世纪 80 年代，英国政府在采纳新公共管理理论的基础上，不断改革高等教育管理制度。1986 年，政府要求当时的第三方机构——大学拨款委员会（University Grants Committee，UGC），分开拨款其管辖范围的教学经费和科研经费。教学经费分配主要依据在校人数与学校规模；科研经费引入评估机制，采用公式化计算模型进行竞争性分配[223]。1986 年，英国第一次开展全国范围的科研评价，名为科研选择评价制度（Research Selectivity Exercise，RSE）；1989 年又实施一次RSE。1992 年更名为科研水平评价制度（Research Assessment Exercise，RAE），之后分别在 1996、2001、2008 年实施 RAE。2014年，更名为科研卓越框架（Research Excellence Framework，REF），并于 2021 年实施第二次 REF。英国国家科研评价制度发展概况如表 3-1所示。

表 3–1　英国国家科研评价制度发展概况表[224]

年份	名称	中英全称	主要变更情况	次数说明
1986	RSE	科研选择评价制度 Research Selectivity Exercise		英国第 1 次开展的全国范围的科研评价
1989			评估体系更加清晰和完整；正式将同行评审作为评价体系；由大学自行确定评估单位；每位教授提交两份出版物	
1992	RAE	科研水平评价制度 Research Assessment Exercise	更名；分配经费增加；引入遴选活跃科研人员方式；每位活跃科研人员提交两份出版物和两份其他类型的科研产出，以及所有成果的数量；设置评价等级 1—5；27 个评估单位	
1996			每位活跃科研人员提交的出版物由两个增加至 4 个；评价等级改为 1，2，3，3b，3a，4，5，5*；69 个评估单位	
2001			更加强调问责制，公开评价结果；有特殊情况的科研人员允许提交更少的科研成果	
2008			引入质量档案，可以识别和奖励高质量研究；评价等级改为 1*，2*，3*，4*；研究环境描述	
2014	REF	科研卓越框架 Research Excellence Framework	更名；新增评价指标"研究影响"；在特定小组引入引文信息的使用，作为同行评审的补充；加强促进平等和多样性的措施；36 个评估单位	英国举行的第 7 次全国性科研质量评估项目
2021				第二次 REF

　　1986 年和 1989 年实施的 RSE 构建了全国性科研质量评价体系，虽然在评价方法和评估指标设置方面较为简单，但基本奠定了大学科研质量保障和评价体系，具体体现为：①确定以学科为科研质量评估单位；

②确定科研评估结果等级制；③鼓励学术界以外人士参与科研质量评价；④政府设定指导价格间接实现绩效拨款。

1992 年，英国政府颁布《1992 年继续和高等教育法》(*The Further and Higher Education Act*)，结束了大学与多科技学院的区分，授权多科技学院的大学身份，并拥有参与科研评价的相同权利。随后，成立四个地方高等教育基金委员会，即 HEFCE①、SFC②、HEFCW③ 和 DEL④，由 HEFCE 领导其他三个基金委员会共同开展科研评价。1992 年，HEFCE 负责全面组织实施面向全体高校的科研评价体系，并更名为 RAE。RAE 更强调以质量标准为驱动的科研竞争理念，体现为：① 注重完善体现成果质量的学科评估指标；② 科研质量评估等级的标准逐渐提升；③ 选择以"代表作"为主的科研成果评价方式；④ 确立基于评估单元与学科特点的双重评估；⑤ 确立以科研评估结果等级为依据的科研经费拨款核算方式，增加科研经费拨款的透明性和公正性[225]。

鉴于 RAE 造成的高昂人力和经济成本，以及同行评议中可能存在的马太效应；2006 年，HEFCE 应政府要求建立新的科研评估和资助体系取代 RAE，主要目的是更多地利用定量指标。其中最引人关注的改革要点之一，提议对自然科学领域的研究成果的质量评估开发一个新的文献计量指标。2009 年初，正式宣布 REF 将取代 RAE。2009 年 9 月，HEFCE 发布《Report on the Pilot Exercise to Develop Bibliometric Indicators for the Research Excellence Framework》报告，通过对 RAE2008 的研究成果的引用进行试验性分析和专家意见，得出如下结论：① 现阶段，文献计量学还不够健全，无法公式化使用或取代同行评审。不过，引用信息可

---

① HEFCE, Higher Education Funding Council for England, 英格兰高等教育基金委员会。
② SFC, Scottish Funding Council, 苏格兰基金委员会。
③ HEFCW, Higher Education Funding Council for Wales, 威尔士高等教育基金委员会。
④ DEL, Department for Employment and Learning, Northern Ireland, 北爱尔兰就业与学习部。

在一定范围内使用，为专家评审提供参考。② 文献计量学的鲁棒性（抗变换性）在不同研究领域有所不同，覆盖率低会降低引用信息的代表性；而在期刊作为主要学术交流方式的研究领域，引用信息对研究成果更具代表性[226]。2012 年，《Panel Criteria and Working Methods》指南发布，该指南是 REF 2014 最终采用的总体评价指标和工作方法。对于引用信息在研究成果评价中的指导原则：所有学科组都采用同行评审方法对研究成果进行评价，各学科组（REF 共设有 36 个学科组）自行决定是否利用引用数据作为供专家评审的参考信息，但所有学科组不使用期刊影响因子。最终，11 个学科组①选择使用引用数据作为判断研究成果学术重要性的参考依据。引用数据由 REF 统一提供，数据源来自 Scopus。值得一提的是，小组 11 原计划在 Scopus 基础上将 Google Scholar 作为其引用数据的补充来源。但遗憾的是，Google Scholar 因与出版社的相关协议，而无法提供批量访问其引用信息的适当流程[227]。除了引入计量指标外，REF 增加了一个新的评价指标，即研究影响指标，重点评价研究成果对社会的辐射效应，即对经济、社会、文化、公共服务和公民生活等方面所形成的广泛影响力和有效应用价值[228]。

（二）REF 2014 概况

REF 2014 的主要目的是对高等教育机构的科研质量进行评估，并将评估结果应用于：① 四个高等教育基金委员会将利用评估结果，确定在 2015—2016 年期间对其资助机构的科研经费分配；② 为公共经费科研投资的可靠性和益处提供证据；③ 为高等教育部门和公众提供基

---

① 11 个学科组分别是：第 1 小组：临床医学；第 2 小组：公共卫生、健康服务和初级医疗；第 3 小组：联合健康专业、牙科、护理和制药；第 4 小组：心理学、精神病学和神经科学；第 5 小组：生物科学；第 6 小组：农业、兽医和食品科学；第 7 小组：地球系统与环境科学；第 8 小组：化学；第 9 小组：物理；第 11 小组：计算机科学与信息学；第 18 小组：经济学与计量经济学。

准信息和建立声誉标准[229]。

REF 2014 包含三大评价要素：① 研究成果（权重：65%）：由同行评审进行评估，为评审专家（酌情）提供引用信息。评估研究成果质量的标准是独创性、重要性和严谨性。② 研究影响（权重：20%）：评估研究对经济和社会产生的益处。评估研究影响的标准是可达性和重要性。③ 研究环境（权重：15%）：考虑研究战略、基础设施和环境，包括研究收入和研究生学位授予。评估研究环境的标准是活力和持续性[230]。

总体而言，在 REF 2014 研究成果评估中，文献计量指标发挥的作用远不如在 REF 创议之初设想的重要。即使在 11 个使用引用数据的学科组，文献计量指标的定位也有所差异。例如，在小组 1—6、18 的指南中明确说明，引用数据作为衡量研究成果学术意义的一个积极指标，但只作为同行评审的参考依据之一，并不作为主要的评估工具。对文献计量指标最予以认可的是小组 7—9、11，原因是专家认为在这些学科领域，引用数据被广泛使用并具有代表性；专家评审会利用引用数据，作为专家评估研究成果质量时参考的指标之一；但即使认可度最高的小组，研究成果质量评估方式依旧为专家评审[231]。

2018 年 11 月，REF 2021 宣布选用科睿唯安作为其引用数据的提供方，共有 11 个小组表示会使用引用数据作为专家评估的参考信息，并强调遵循 2015 年发布的《Metric Tide》① 报告设立的原则，在科研评估过程中负责任地使用引用数据。从该报道中可以看出，引用数据在 REF 2021 中发挥的作用将与在 REF 2014 中的相似，并不会有重大变化[232]。

科研评价体系作为英国高等教育科学研究绩效管理的重要手段之

---

① 　https：//webarchive. nationalarchives. gov. uk/20180319114556/.
　　http：//www. hefce. ac. uk/pubs/rereports/year/2015/metrictide/.

一，其主要目的是引导科学研究符合社会与经济发展需求，维持并提高英国科研在国际学术领域的地位，提升国家科学研究能力。英国科研评价体系的发展体现了不同时期英国高等教育政策的调整，对学科发展和科研创新，以及推动英国科研质量不断提升起到良好的引导作用。

二、美国科研评价概况

（一）国家层面的评价

国外的科研评价工作最早起步于美国[233]。美国科研评价活动可追溯至 19 世纪末 20 世纪初，针对科研活动的分析、研讨、座谈、商榷等，被认为是美国科研评价的萌芽。1914 年，美国成立国会研究服务部（Congressional Research Service，CRS），这是美国科研评价的雏形。

美国高校科研评价起初采用的是定性评价，即同行评议法。同行评议法利用相关学科领域权威专家，以小组评议和通信评议两种形式对该领域研究者的研究成果和科研项目进行评价。小组评议即同行专家以会议形式集中讨论；通信评议即各专家自行评价，将结果寄回评议组织单位[234]。该方法在项目申请、评价、验收、奖项申报及运行等各环节有着其他方式一时无法望其项背的优势[235]。20 世纪 70 年代末 80 年代初，人们发现同行评议也不是每一次都行之有效，有时会出现个人主观因素的影响，难掩未必客观的瑕疵。20 世纪 80 年代，伴随着美国学者林达·达林·汉姆德（Linda Darling Hammond）提出绩效评价四个基本目标，即教师专业发展、学校人事决策、发展定位、学校地位判断，正式推动了绩效制度在美国高校的应用[236]。为了使高校教师科研绩效评价工作有法可依，美国国会于 1993 年通过《政府绩效与结果法案》

（Government Performance and Results Act，GPRA），规定美国高校的科研绩效评价工作主要由美国国家科学院创建的民间非营利组织国家科学研究委员会（The National Research Council，NRC）承担。同时，美国国家科学基金会（National Science Foundation，NSF）开始建立科研绩效评价指标，将量化指标纳入其中，定量评价应运而生，并应用于高校人文社会科学在内的所有科研评价活动之中。SCI、SSCI、EI、ISTP 等投入使用，让科研评价避免重大学术分歧和盲点[237]，并有效评价研究者研究成果的学术质量，另外，针对社会科学应用于社会发展的研究成果，美国高校还积极采用政策效果评估、民意测验及社会实验等评价方法[238]。

至此，美国高校科研评价采取同行评议、文献计量分析，以及近年来逐步应用的模糊综合评价及网络计量等，从建立国会咨询服务部到如今引入第三方评价机构，通过逐步加入法律要求必须实施，使得美国的科研评价逐渐走向体系化、规范化和制度化[239]。

（二）高校自评

在国家政策的影响下，美国高校都会定期或不定期地按照自身情况评价科研活动。如加州大学伯克利分校（University of California，Berkeley）为保证高水平的师资力量制定了严格而持续的教师绩效评估制度。教师的绩效评估贯穿于教师管理的全过程，大体包括人事决策的评估（如聘任、续聘、晋升）和日常性评估（包括终身教授的职后评价）两类。每隔 2—3 年，学校会对每一位教师的教学、科研和服务情况进行一次全面评估，并将评估结果与任命、晋升以及终身教职的授予和获得终身教职后的晋升紧密结合。同时，设计"阶梯状"的教师等级工资制度，将教师评估与工资待遇相挂钩，并对教师的工资级别和晋升的评估年限做出明确的划分，以鼓励不同职位的教师孜孜不倦地提高教学水平、发展学术研究、提高专业能力并提供更多的校内外服务工作[240]。

三、澳大利亚科研评价概况

自 20 世纪七八十年代，澳大利亚联邦政府成立"澳大利亚研究委员会"（Australian Research Council 或 Australian Research Commission，ARC），统一管理教育和科研经费及相关事项。随后，以政府为主导的科研评价在澳大利亚逐步发展。ARC 开展的科研评价经历了从"综合指数"（Composite Index，CI）到"科研质量框架"（Research Quality Framework，RQF），再到"澳大利亚科研卓越项目"（Excellence in Research for Australia，ERA）的转变[241]。

（一）综合指数（CI）

ARC 成立之初，澳大利亚联邦政府依据科研数量向各高校分配科研经费，这种方法简单易行，有效地促进澳大利亚科研成果数量的提升。20 世纪 80 年代后期，澳大利亚科研成果的质量出现明显问题并引起广泛关注，即以引用率为指标的科研成果质量下降[242]。1995 年，ARC 转而利用 CI 对科研活动的投入和产出进行综合考察。CI 以大学为评价单元，投入指标为科研经费数目，评价占比约 82.5%；产出指标包括学术出版数量、硕士及博士学位授予数量，约占 17.5%[243]。CI 并未扭转澳大利亚科研影响力下降的问题。研究表明，虽然澳大利亚的科研产出在 1992—1996 年间每年至少提升了 8%，发表的 SCI 论文每年增长 2%，但在 1988—1993 年间，该国科研成果的文献引用率在经济合作与发展组织（Organization for Economic Co‐operation and Development，

OECD）国家中从第 6 下滑至第 11；虽然论文发表数量在上升，但其引用影响（Citation Impact）仍在下降[244]。

（二）科研质量框架（RQF）

2004 年，时任总理约翰·霍华德（John Howard）宣布将逐步建立全面评价科研质量和影响力的评价体系，从国家层面对高校科研评价做尝试性、变革性的顶层设计。RQF 由此而生，并被作为"国家实力支撑"（Backing Australia's Ability）政府计划的重要组成部分之一[245]，当时，英国科研评估体系（The Research Assessment Exercise，RAE）和新西兰高校绩效科研基金（Performance Based Research Fund，PBRF）已成功推行并取得显著成果，澳大利亚联邦政府向世界各国各界专家公开咨询意见多轮，2007 年，RQF 的评价原则、程序、方式等最终确定[246]。

（三）澳大利亚科研卓越项目（ERA）

RQF 还未及实施，新一届政府于 2008 年宣布以 ERA 取代 RQF，并在 2008 年底至 2009 年初试用[247]。ERA 结合文献计量数据及同行评议，对学科开展评价。内容包括：① 科研质量（Research Quality）；② 科研数量及活动（Research Volume and Activity）；③ 科研应用（Research Application）；④ 声誉（Recognition）[248]。与 RQF 所有学科采用统一评价指标体系不同，ERA 每个学科的指标体系不同，并更强调科研成果质量；ERA 不仅关注传统的文献计量学指标，还关注各类社交媒体环境中的替代计量学指标[249]。2010—2012 年，ERA 全面展开，政府依据其评估结果重点资助具备国际竞争力的院校和学科，这掀起了各大学间激烈的科研竞争，科研评价逐渐成为各大学的必备工作。如前文所述，新南威尔士大学（UNSW）在学校设置专门的部门"研究分析、绩效与学术档案办公室"（Research Analysis, Performance and Profile Office）关注本校在世界范围内各种排名中所处的位置、分析本校科研绩效数据、为科研管理与决策提供依据。

四、加拿大科研评价概况

2008年，加拿大外交与国际贸易部（Department of Foreign Affairs & International Trade, DFAIT）开始使用文献计量学辅助政府决策，通过合作发文量、分享数量、概率分析、平均引文影响力等，建立了一套文献计量指标，并分析了加拿大与自然科学与技术相关领域的20多个优选国家的合作研究水平，以协助DFAIT更新"国际S&T"合作项目，并为今后加拿大寻求相关领域合作国家提供客观的数据支撑，之后又在2010年对新增的几个国家进行了评估。而加拿大渔业与海洋局（Department of Fisheries and Oceans Canada, DFO）也通过类似的指标体系分析了国内的科学现状、加拿大的国际合作关系，潜力合作国家等，为DFO的国际科学决策提供依据[250]。

在基金资助层面，作为同行评议的重要客观补充，文献计量学被纳入评估框架内。如加拿大国家癌症研究所（National Cancer Institute of Canada, NCIC）通过文献计量学有效地评估由NCIC资助的研究人员的科学表现，以助于解决难以用客观的方法回答的问题，如NCIC基金获得学者是不是加拿大杰出的癌症研究科学家，NCIC基金是否有助于提高受支持研究者的科学表现等[251]。

在高校层面，加拿大安大略高等教育培训部（Ministry of Training, Colleges and Universities）已经与每个省的大学签订了战略授权协议（Strategic Mandate Agreement, SMA）。这些协议概述了机构目标及每个机构如何达到目标，确定以出版物的数量（五年全职和全职教职员工），引文数量（五年总和全职教职人员），引用影响作为评估其进展的指标[252]，并与其他大学签署高校战略授权协议（2017—2020年）[253]。2011年，加拿大的高校图书馆开始逐渐建立文献计量服务的意识。加拿大研究图书馆协会（The Canadian Association of Research Libraries，CARL）①，于2018年3月签署科研评价的旧金山宣言（San Francisco Declaration on Research Assessment），以促进科研评价标准的改进[254]。安大略图书馆协会（Ontario Library Association，OLA）也在其2017—2020年的战略计划中指出，图书馆和信息服务专家正在建立远远超出传统物理图书馆空间的角色，并把"建立评估和研究能力"作为阶段战略重点。让图书馆馆员以更积极的态度参与评估和研究，展示图书馆工作的影响和价值[255]。2012年，滑铁卢大学（University of Waterloo）图书馆、研究办公室（Office of Research）、制度分析与规划办公室（Institutional Analyse and Planning，IAP）、院系代表建立了文献计量工作组，提供战略指导，数据分析和影响报告，以支持大学需要；发布文献计量白皮书，确定将文献计量学应用于各类评估，包括机构评估、教师绩效评估等。这些政策的颁布和实施确立了文献计量学在加拿大科研体系中的重要作用，也明确了其作为其他评估措施的重要补充[256]。

第三节　国外高校图书馆研究影响力评价服务的发展与现状

本节中，笔者从个案研究及整体概况两个角度对国外高校图书馆研

---

① 加拿大研究图书馆协会（The Canadian Association of Research Libraries，CARL），囊括加拿大29所高校图书馆及加拿大国家图书馆。

究影响力的发展及现状进行较为全面的介绍。针对一些学校或简略或详细的个案研究,追踪国外高校图书馆研究影响力评价服务的发端,观察国外高校图书馆研究影响力评价服务的发展路径。与此同时,利用文献调研及网站调研的方法,较为全面地调研了英国、美国、澳大利亚等国高校图书馆研究影响力评价服务的现状。

一、基于个案的国外高校图书馆研究影响力评价服务的发展历程研究

(一) 国外高校图书馆研究影响力评价服务的发端

研究影响力评价服务或基于文献计量学的科研评价服务何时在国外高校图书馆产生并发展,至今仍无明确论断。根据 Elsevier 公司在 2007 年 5 月发布的 Library Connect 快讯报道,韩国浦项科技大学①图书馆在 20 世纪 90 年代时,就在学校的科研评价过程中发挥重要的作用。至 2007 年时,该馆研究影响力评价服务的主要内容包括:提供评价分析数据库访问服务;培训教师如何获取研究影响力的数据并解释;与学校的研究事务办公室 (Office of Research Affairs) 及其他部门进行合作,为评价教师的研究绩效提供统计数据;服务学院及学校的科研管理需求,从学院和大学两个层面开展国内外对标机构的分析。该校的行政管理人员希望图书馆在学校的研究绩效评估中发挥重要的作用[257]。

美国高校图书馆是较早就关注到大学研究环境的变化,并积极参与提供研究支持服务的先行者。2002 年,麻省理工学院 (Massachusetts

① 浦项工科大学 (Pohang University of Science and Technology, POSTECH),又称浦项理工大学、浦项科技大学,成立于 1986 年,是韩国第一所研究导向型大学、目前韩国工科实力最强的大学之一、环太平洋大学联盟成员。学校以 "提供最好的教育,进行最尖端的科学研究,服务国家乃至全世界" 为其办学理念,如今已发展成为世界顶尖的研究导向型科技大学。

Institute of Technology，MIT）图书馆成立了一个研究支持服务小组，以发挥图书馆馆员作为科研伙伴和创新者的作用，将学科馆员的角色从馆藏建设和参考咨询服务转变为研究支持服务及工具角色[258]。

2007 年时，奥地利国家图书馆（Oesterreichische Zentralbibliothek）和贝鲁特美国大学（The American University of Beirut）也已开展文献计量服务；美国伊顿大学图书馆（The Eaton University Library，EUL）向伊顿公司（Eaton Corporation）的所有雇员提供服务，包括：在线使用图书馆的所有资源；图书馆订购 EI 专利数据库（Ei Patents）以帮助研究者关注其专利申请状态及跟踪其专利公开后的使用状态。图书馆在知识产权方面的专业服务也得到了用户的认可与肯定[259]。

2007 年 2 月，爱思唯尔文献计量学研讨会在悉尼举办，来自澳大利亚和英国的 57 名代表参加。本次论坛的重要议题是传统与新兴的文献计量分析工具的整合。伦敦大学学院（University College London，UCL）的 Berenika Webster 博士以科研评价中的文献计量学为题做了报告。澳大利亚国立大学（The Australian National University，ANU）介绍了澳大利亚科研评估框架。Scopus 产品经理 Niels Weertman 介绍了爱思唯尔公司在研究产出评价（Research Output Evaluation）中，作为出版商和数据库商能够发挥的责任。与会者就利用 Scopus 定制机构报告等问题进行了热烈讨论。会议就出版商和用户之间要密切合作达成一致意见[260]。

以上案例表明，国外高校图书馆在 21 世纪初就开始积极尝试研究影响力评价服务或基于文献计量学的科研评价服务，甚至是专利信息服务；在全球范围内，澳大利亚高校图书馆的研究影响力评价服务在 2007 年时就已有良好的基础，为此爱思唯尔公司才会选择该国作为文献计量学研讨会的举办地。

（二）澳大利亚新南威尔士大学图书馆研究影响力评价服务

在国外高校图书馆的实践中，澳大利亚新南威尔士大学（UNSW）图书馆研究影响力评价服务（RIMS）发端较早、影响较大，加之该馆馆员重视经验总结，使该馆 RIMS 发展路径有据可查。本部分将详细介绍新南威尔士大学（UNSW）图书馆研究影响力评价服务（RIMS）发展的概况，以期通过该馆的个案研究，了解国外高校图书馆研究影响力评价服务的发展历程。

1. 2005—2009 年，服务起步及发展[261]

1) 服务变革之准备

2005 年，UNSW 图书馆全面重构组织结构，以更加灵活的方式应对不断变化的信息环境，并开拓新服务。在此之前。该馆的服务局限在参考咨询、信息素养教育等传统内容。重构后，成立信息服务部（Information Service Department，ISD），并下设服务创新组（Service Innovation Unit，SIU），规划并定义新的服务类型及内容。SIU 通过广泛的文献及网络调研了解到当时世界范围内的高校图书馆的服务均停留在传统套路，没有专门针对研究的服务，极少开展基于文献计量的研究成果或研究影响力评价服务，他们敏锐地意识到，这便是转型期图书馆新的服务生长点。

2006 年 12 月，SIU 向学校相关部门提交了一份报告，详细论述了图书馆在 RQF 评估中可能向学校和教师提供的支持服务。在此基础之上，图书馆与学校研究办公室（Research Office）合作举办了一场"研究成果评估"（Measuring Research）专题研讨会，内容主要为如何使用评价数据库了解研究影响力。此次研讨会吸引了学校 300 余位教师的关注。图书馆认识到：大多数教师不了解文献计量指标，但是他们认为文献计量指标对于提升研究影响力很有帮助，图书馆是开展 RIMS 的最佳单位。研讨会成功地激发了教师对 RIMS 的兴趣和关注。2007 年底，UNSW 图书馆成立 RIMS 组。小组成员在文献调研的基础上设计并规划从期刊、作者、院系三个层面开展基于文献计量学的研究影响力评价服务。

2007 年，学校公布新的战略规划，战略目标之一即是提升研究绩效，尤其是要与 Go8 高校进行标杆对比。在此导向之下，图书馆便开始尝试制作报告以支持学校的发展战略。当时，利用文献计量学方法开展图书馆服务的文献和实践均非常有限，图书馆尝试与汤森路透（现科睿唯安）合作，摸索完成了一份科研成果统计报告（Publication Activity Report，PAR），该报告在校内外引起极大反响，以此为基础，图书馆开始尝试向药学院、核心研究者定制报告。

2）报告服务的系列化发展

基于澳大利亚整体科研评价政策的影响，研究者对于评估自身研究影响力的需求逐渐扩大。新南威尔士大学（UNSW）图书馆根据教师、研究团队、院系及学校的需求开发了专业化、产品化、系列化的报告服务（详见表 3-2）。到 2009 年，UNSW 图书馆雇用了 6—7 位全职馆员每月完成 30 余份报告。这些报告除了向教师提供期刊影响因子、H 指数等传统科研评价指标及说明，还酌情介绍替代计量学指标及工具。研究影响力评价报告得到了教师、学院及大学行政管理人员的认可，越来越多的教师向图书馆寻求帮助，以"讲述影响力的故事"。

表 3-2　UNSW 图书馆研究影响力评价报告类型

报告对象	报告中英文名称	文档类型	学科领域	数据源	报告完成时限（周）	月均请求量（次）

	H 指数 报告	HI	可视化图表 （spreadsheet）	自然科学 医学 工程学	Scopus WOS	4	10
研究 人员	简版 H 指数报告	sHI				1	10
	研究影响 力证明	RIS		社会、艺术、 人文学科	多种引文数据 库，包括 Google Scholar	3	6
	引用次数 报告	CC		非自然科学 领域		4	1
	基金申请 陈述报告	GAS	含表格的文档 （document with table）	所有学科	综合多种评价 数据库	3	4
学院 或学 校的 管理 人员	期刊影响 力报告	JIR	电子表格 （tabular format）		JCR，Scopus， ERA 期刊排名	4	2
	研究趋势 报告	RTR	可视化报告		Scopus WOS	4	1
	科研成果 统计报告	PAR	含图、表及分析的文档		WOS	4	2

如表 3-2 所示，UNSW 图书馆的研究影响力评价报告根据学科的不同特点选择了多样的影响力评价工具，产生了不同类型及用途的报告。

①H 指数报告（HI）：面向自然科学、工程及医学领域的研究者。虽然 H 指数通常可从单个数据库中直接获得，但考虑到单篇文献在多数据库中均有引用的情况，为使 H 指数的结果更加全面，馆员综合不同来源数据库的引用情况，经过数据去重，重新计算研究者的 H 指数，并给出每篇出版物及其施引文献的详细信息。此类报告时间周期较长。后来，图书馆使用电子表格计算和呈现 HI，以提高工作效率。

② 简版 H 指数报告（short H-index，sHI）：经过几个月尝试，图书馆发现并非所有的教师都需要详细的支撑数据。简版 H 指数报告，仅提供教师成果的概要性评价信息，即形成 sHI。该报告完成周期短，

在科研评价高峰时特别受教师欢迎，主要用于人员招聘、晋升及获取终身教授职位。

③ 研究影响力证明（Research Impact Statement，RIS）：人文、社会及艺术学科研究影响力评估不同于自然科学，且较为复杂。图书馆自创了不同于自然科学的评估方法，即选取研究人员前5—10篇文献（文献选取篇数取决于该研究人员发表的总篇数），综合来自 WOS、Scopus、Google Scholar 等不同数据库的引文数据提供 RIS。

④ 引文次数报告（Citation Counts，CC）：面向非自然科学学科，方法类似 H 指数报告，但 CC 更侧重展示每篇文献的详细引用信息。

⑤ 基金申请陈述报告（Grant Application Statement，GAS）：专门为教师在申请项目或基金时证明其研究影响力的概要性评估报告，通常包括教师在某一时间段内的发文总量、H 指数、期刊平均影响因子（WOS）、期刊 ERA 排名中值（Median ERA Ranking）、篇均被引次数、总引文量、单篇文献最高被引量、被引量高于 25 的文献、被引量高于 50 的文献等一系列指标，GAS 报告的周期为两周，旨在方便教师快速填报基金申请的研究影响力数据。

很多教师，特别是处于职业生涯早期阶段的教师，会将 RIMS 报告信息复制到相关申请材料。在某些情况下，教师也会要求图书馆制作竞争对手的研究影响力报告，以对比、衡量研究潜力。

上述面向个人层面的报告，从多角度反映教师的影响力，有效地指导教师根据不同的目标选择最能展示其影响力的评价数据。

⑥ 期刊影响力报告（Journal Impact Report，JIR）：利用 JCR、Scopus、ERA 等期刊排名工具提供某期刊的影响力，以帮助教师了解期刊情况，从而有针对性地投稿。

⑦ 研究趋势报告（Research Trend Report，RTR）：提供某学科的发

展趋势，发现新兴研究领域、高产机构或个人及重要出版物。

⑧ 科研成果统计报告（Publication Activity Report，PAR）：以可视化方式分析本校与 Go8 高校、本校院系/学科与 Go8 对标院系/学科的科研成果，用以学校管理层或院系领导评估自身与 Go8 对标机构的科研差距。

报告服务有效地帮助教师回顾科研成果、辅助教师晋升职称及申请科研基金；面向机构人才引进或晋升进行人才评价；帮助管理层准备科研评价或认证材料，并针对不同层面的对标单位进行对比分析，以更好地了解自身现状及发展方向[262]。报告服务产生之初，主要面向教师个人提供 H 指数报告，后续渐渐转向 GAS、PAR 报告。报告服务重新定义了图书馆参与大学学术研究的方式，提升了图书馆在学校的地位、作用及显示度；也充分证明图书馆此次机构重组的成功。在服务过程中，馆员通过研究出版和引用模式，不断反思馆藏资源的保障情况，使馆藏建设与研究者的需求联系更加紧密，提升了图书馆文献资源的价值。

2. 2010—2019 年，服务演变[263]

1）服务反思

研究影响力评价服务产生于不断发展的学术环境。在实践初期，该服务并没有明确的定义，其基本内容是利用文献计量评价工具，基于多样化的需求，面向学者个人、学院或学校行政管理人员提供证明其科研影响力的报告。随着评价分析工具的不断涌现、文献计量学的快速发展及学术交流的逐渐加深，报告内容发生了变化。表现为：其一，基于人工处理的服务内容逐渐减少；其二，随着基金申请或职称晋升，报告服务呈现显著周期性；其三，服务普及后，更多服务可通过联络馆员以现场解答或邮件咨询等方式得以解决。为此，图书馆可以不必完全专注于报告服务，在前期大量报告产品的积累下，馆员认识到：基于报告的影响力，只是对结果的证明，而不能提升影响力，并提出可否在此服务的基础上，寻求提升研究影响力的服务。

在此初衷下，一方面，2010 年图书馆开展新一轮组织结构调整，在原有学术服务组（Academic Services Unit，ASU）服务的基础上，将 ASU 的外联团队（Outreach Team）及服务团队（Service Team）整合，重新划分为两个学科小组，并各设一个组长，根据学科特点开展更有针对性的服务。通过反思、回顾服务需求、服务产品的特征及基本要素，对服务进行再组织。在服务重新架构的过程中，ASU 将研究影响力评价服务划分为四个部分：基于指标的个人产品（Metric Based Products for Individuals），基于影响的个人产品（Impact Based Products for Individuals），期刊影响产品（Journal Impact Products），机构或学科影响产品（Institutional or Disciplinary Impact Products）。回顾过程中，ASU 绘制当前业务流程、精简并合理化当前服务内容，寻找新服务灵感，驱动服务可持续发展。

与此同时，图书馆面向全校开展问卷调查，重点了解研究影响力评价服务的责任归属及校内各类人员的关注重点。调查表明：第一，图书馆研究影响力评价服务更多面向教师个人及院系，学校层面的相关工作由研究部（Division of Research）完成。但图书馆的专业性已在校内得到认可，图书馆的服务为教师证明其研究影响力发挥了重要作用。第二，教师对图书馆服务的请求持续走高且需求不断多样，教师认为馆员是解答研究影响力问题的专业人士。第三，教师为图书馆服务的发展与转型给出启发性、建设性的意见，即图书馆的服务不能仅利用结果证明研究影响力，而应该开创新服务，指引教师更好地理解研究影响力，并为提高研究影响力提供策略。

2）服务转型

教师的意见与馆员的反思不谋而合，图书馆明确了研究影响力评价服务的新思路。

其一，将报告服务转为咨询服务

从服务发展角度而言，报告是在成果发表后证明结果的产品化服务，而贯穿在教师科研过程始终的咨询服务能更好地引导教师关注研究影响力。

由于人工服务的特性，质量控制成为一个主要关注点。为了持续保持图书馆服务的专业性，必须加强服务质量控制。不仅是报告产品需要质量控制，咨询、培训性质的服务更应该强调质量控制。

应开发在线资源，为馆员开展研究影响力深度咨询服务提供支持。

其二，在合作与拓展中打造"学术影响力"工作坊

加强与校内各单位的合作以拓展服务。ASU 的管理团队开始寻找各种机会与学校相关部门合作，拓宽服务范围，主要包括：参加人事晋升圆桌讨论（Information Sessions for Promotion Rounds）、科研管理系统讨论（Workshops for The Research Administrator Network）、博士后及正式研究者培训项目（A Post‐Doctoral Academy and Formal Researcher Training Programs）。

2008—2012 年，图书馆与学校的研究培训办公室（Research Training Office）合作，以研讨会形式开展"早期研究职业生涯项目（Early Career Researcher Program，ECR）"。最初，该研讨会的重点在于衡量出版物的影响，后逐年扩展至出版策略、管理研究成果、学术出版中的问题（如开放获取）等内容。五年来，该项目每次都收获高度评价，与教师产生了广泛、高度共鸣。

在 ECR 成功后，受学校新成立的研究发展部（Researcher Development Unit，RDU）之邀，图书馆于 2012 年加入学校"研究人员培训和

发展框架"（UNSW's Researcher Development Framework）。该项目围绕教师所需的研究技能，确定研究能力发展框架，以帮助教师尽快从早期职业生涯发展成为研究领军人物。2013 年，图书馆在前期培训经验的积累下，推出第一期工作坊（First Iteration of Workshop Series）。工作坊的宣传均由学校研发部完成，极大地节省了图书馆自我摇旗呐喊的成本，并将图书馆服务有机地纳入学校科研管理。工作坊预告一经发布，就得到全校教师的积极响应。注册名额很快爆满。为有针对性地设计内容、保证效果，图书馆针对工作坊的四部分内容开展了预调查，了解教师的需求和现状。结果显示，教师对四部分培训内容的需求程度降序排列为：社交媒体和职业化存在（Social Media and Professional Presence，67%）、跟踪研究影响（Tracking Research Impact，52%）、出版策略（Strategic Publishing，41%）、学者身份工具介绍（Researcher Profile Tools，36%）。通过开放问答，图书馆了解到教师很少关注如何更好地传播其研究成果，对于学者身份工具、研究影响跟踪、科研成果管理等内容也并不了解。而图书馆所设计的工作坊，四部分内容相互关联、交互影响，有效地回答了教师在科研成果发表、管理及评价等各环节所关心的问题。

3）凝练并整体性提升研究影响力评价服务

首期工作坊大获成功，图书馆的服务进一步得到教师认可。在不断参与、举办校内各类论坛，并与教师广泛接触、深度沟通的基础上，图书馆充分认知到：就教师而言，研究影响力评价服务不能仅停留在研究工作坊的四个部分，而应通过全局的整体化设计将四部分进行整合，形成一体化的研究影响力服务。影响研究影响力的因素很多，涉及多个环节。若只注重从结果计算研究影响力，片面且也不利于科研成果的质量提升。结合影响研究影响力的多种因素，UNSW 图书馆从系统化、整体性角度出发，提出"研究影响力生命周期"（Research Impact Cycle）。

新南威尔士大学图书馆提出的"研究影响力生命周期"框架，不仅使得 UNSW 图书馆的研究影响力工作坊更有整体性、全局性，也成为馆员开展服务的重要参考资料，更成为全球范围内高校图书馆所借鉴、效仿的原型。

二、各国高校图书馆研究影响力评价服务概况及现状

（一）英国高校图书馆研究影响力评价服务

1. 英国高校图书馆研究影响力评价服务概况

2012 年，英国研究图书馆协会（Research Libraries UK，RLUK）开展了一项调研，调研学科馆员及联络馆员在有效支持研究者信息需求的过程中所需的技能，结果显示，文献计量学的培训及素养，引用报告，研究影响力评价，基金申请支持，人才引进、晋升，教授资格认证，学科发展趋势报告，H 指数计算等内容是学科馆员和联络馆员所急需的知识和技能。在调查的结果中，51.5% 的被调研者认为所在图书馆已开展上述服务，21.5% 的被调研者计划开展此项服务[264]。

在 REF 中，图书馆主要发挥支撑性角色，最为显著的作用是协助科研管理部门提供研究成果相关数据。根据 REF 2014 要求，所有提交的期刊文章、会议文章类型的研究成果必须包含 DOI 或 URL，确保 REF 小组可访问。其他类型的研究成果如图书、研究报告，有需要时机构必须提供电子版，如无电子版，必须提交纸质版作为凭证[265]。然而，即将到来的 REF 2021 对提交的研究成果要求更为严格，指出开放获取政策适用于 2016 年 4 月—2020 年 12 月期间发表的所有期刊文章、

会议文章。这些研究成果必须被存储、可发现、免费阅读和下载[266]。为符合 REF 2021 规定，英国高校纷纷制定本校的开放获取政策，发展机构知识库或科研信息管理系统，为提交科研成果数据建立可信的、可持续的管理系统。

2. 服务现状

为了更好地研究英国高校图书馆在科研评价中发挥的作用以及提供的服务，笔者对英国罗素大学集团（The Russell Group）的 24 所英国一流的研究型大学在 REF、开放获取、机构知识库/科研信息管理系统、研究影响力评价的工作，以及图书馆在其中发挥的角色和开展的服务进行调研。

（1）REF 栏目建设

除伦敦玛丽王后大学（Queen Mary University of London）外，其余 23 所大学在官网上设有 REF 专栏，可见英国高校对 REF 的重视程度。REF 专栏主要包括本校在 REF 2014 的评估结果、对 REF 2021 政策说明。例如，伦敦大学学院（University College London）对 REF 的发展历史进行介绍并指出其对本校的重要意义，同时介绍学校负责 REF 工作的组织架构[267]。伦敦国王学院（King's College London）专门设有 REF 2021 专栏，介绍 REF 2021 评估指标、管理架构、工作时间表[268]。虽然伦敦玛丽王后大学没有设置了 REF 专栏，但是部分院系如 Wolfson Institute of Preventive Medicine 设置 REF 栏目做相关介绍[269]。

（2）开放获取服务

24 所大学都设有开放获取专栏，主要包括 REF 对研究成果的开放获取要求、资助机构对其资助项目的学术产出的开放获取政策、本校的开放获取政策等。例如，牛津大学设立 Open Access Oxford 项目，由研究服务部、图书馆、技术服务部、牛津大学出版社和学术部门共同参与，致力于有关开放获取全部事务的监督和协调工作，并就优先事项和核心问题向学者提供咨询[270]。

图书馆通常提供开放获取的背景介绍以及出版社对开放获取的政策，为研究人员提供开放获取培训，以及协助研究人员与出版社就知识产权条款进行协商，部分图书馆如伯明翰大学图书馆负责全校开放获取出版费申请的处理[271]。

（3）机构知识库/科研信息管理系统

24所大学都设有机构知识库或科研信息管理系统。其中20所大学是由图书馆负责此项工作，另有3所高校是由学校科研部或信息服务部负责。机构知识库所使用平台为DSpace、EPrints等，也有一些学校已采用Pure、Symplectic、Worktribe等科研信息管理系统。笔者以访客身份访问各高校机构知识库/科研信息管理平台，发现这些平台并未提供文献计量信息，例如被引次数、期刊影响因子、学者H指数等。有趣的是，近一半平台集成Altmetrics功能，有助于了解该研究成果被社交网络关注的情况。这些平台在科研评价中的作用主要是支持研究成果的长期保存和开放获取，并作为提交给REF的研究成果数据源。

（4）研究影响力评价服务

笔者通过访问罗素集团的24所大学图书馆官网调研各馆是否开展研究影响力评价服务，以及服务的具体内容。总体而言，英国高校图书馆研究影响力评价服务所包含的内容主要为咨询、培训和报告三种形式的服务。其中，伦敦经济学院、杜伦大学、伦敦大学学院、诺丁汉大学、南安普顿大学、曼彻斯特大学、约克大学、伦敦大学国王学院、纽卡斯尔大学、利兹大学、谢菲尔德大学等11所高校图书馆提供研究影响力评价服务，其中伦敦经济学院、杜伦大学、伦敦大学学院、诺丁汉大学、南安普顿大学、曼彻斯特大学共6所学校提供相关培训服务，根据用户需求提供报告服务的只有伦敦经济学院、杜伦大学。

值得思考的是，在 11 所设有研究影响力评价服务栏目的图书馆，这些栏目内容除了对文献计量学、替代计量学、计量指标的定义、平台/工具使用方法等进行详尽介绍外，英国高校图书馆都重点强调：①遵循《旧金山科研评价宣言小组》和《莱顿宣言》；②强调"负责任的计量"（Responsible Metrics）①，指出不使用基于期刊的计量指标（如影响因子）作为替代指标来评估单个期刊论文的质量，而应基于论文的研究内容本身的学术价值进行评估；③正确认识文献计量指标的局限性，计量指标不应作为衡量研究质量的唯一标准，而应作为提供专家评审的参考依据。在不同学科，文献计量指标的适用性不同，诸如在艺术、人文、社会科学、计算科学和工程等不太依赖期刊出版的学科中，文献计量指标与学术成果的质量不那么相关。总体而言，英国高校图书馆对文献计量学在科研评价中的应用持中立态度，提供的研究影响力评价服务以培训和咨询为主，少数图书馆在"负责任的指标"的框架下提供引文分析报告和基准分析服务，这与英国 REF 对文献计量指标的立场与应用一致。

---

① https：//responsiblemetrics.org/

（二）美国高校图书馆研究影响力评价服务

1. ARL 广泛调研及其结果

为了全面了解美国研究图书馆各成员馆在评价科研产出和影响力时所采取的方式和方法，同时为其他图书馆提供案例和支持，预测科研评价发展趋势，为成员馆开展研究影响力评价服务提供参考，研究图书馆协会（Association of Research Libraries，ARL）做了两项全国性的调查。其一，2009 年，对美国和加拿大的高校图书馆支持 E-science 的基础设施服务进行调研，发现当时有 21 家图书馆提供相关服务，另有 23 家打算提供此服务[272]；其二，2015 年 1—2 月，ARL 以问卷调查的方式全面调查美国和加拿大高校图书馆开展研究影响力评价服务的情况，调研结果在 2014 年出版为《研究图书馆协会成员馆科研产出评价活动报告（Scholar Output Assessment Activities，ARL SPEC Kit346）》。其调查结果表明，研究图书馆协会的大部分成员馆都在开展科研产出评价服务，服务内容包括：研究影响力评价的方法和工具；与教师一起设立正式的研究影响力评价项目；提供实时的信息服务，包括资源、工具和测量。研究图书馆在工具使用方面提供大量的专业技能，他们帮助研究者管理研究成果，提供生产和推广研究成果的方法，帮助作者跟踪影响力，提供资源和工具帮助作者评价学术影响，生成出版物报告和社会网络地图，针对新的趋势和工具提供导引和培训。调研结果显示，就 ARL 美国成员馆而言，研究影响力评价服务已逐渐成为图书馆服务的有机组成部分。

2. 服务现状

在上述基础上，为了更加深入地了解美国高校图书馆当前研究影响

力评价服务进展，根据 ARL① SPEC Kit346 评价报告中参与调研的成员
馆，选取 20 所美国高校图书馆，并利用图书馆主页调研其研究影响力
评价服务开展情况。20 所美国高校图书馆中有 15 所图书馆在主页上对
该馆研究影响力评价服务进行了详细的揭示和组织，服务内容丰富
（详见表 3-3）。

在网络调研中，15 所美国高校图书馆均采用 LibGuides 组织研究影
响力评价服务内容，在各馆主页 Guides 或者 LibGuides 栏目下，与该馆
的其他服务导航一起进行展示和组织。也有学校主页下方呈现图书馆
Guides 内容，更方便全校师生发现和使用，如埃默里大学（Emory Uni-
versity）。

研究影响力评价服务的主页一般都包括服务内容、馆员联系方式、
指南检索等。研究影响力评价内容主要包括两个部分：一是如何评价研
究影响力，二是如何扩大研究影响力。研究影响力评价的内容一般从评
价对象来进行组织，包括论文影响力、作者影响力、期刊/来源影响力、
机构影响力、图书影响力、笼统的引文分析等。扩大研究影响力的内容
包括：作者唯一标识符/学者学术档案的建立、科研作品的发表、替代
计量等。除了以上这两部分主要的内容，每个图书馆还会根据自己所在
高校的特点和需求提供其他服务，如机构知识库、开放获取、馆藏评价
工具等。

---

① ARL 成立于 1932 年，目前是由来自美国和加拿大的 124 所研究型图书馆（包括高校馆、
公共馆和专业馆）组成的非营利性组织，致力于协调开展图书馆间的活动或解决一些共性问题。
ARL 自 1973 年开展 SPEC Kit 调查，截至 2019 年 3 月已完成 361 份调查报告。ARL SPEC Kit 是对
ARL 成员馆在当时当刻对某一特定主题领域的当前实践的规范性调查，内容包括问卷执行摘要、
基于主题问卷的数据统计分析、基于开放问题调查的精选答案；来自调查参与者的最佳代表性文
件，如政策、程序、手册、指南、网站、记录、手册和声明；以及基于现状调查而发现的所需深
度研究的主题。ARL SPEC Kit 已成为美国和加拿大地区研究性图书馆开展相关业务的指导性工具。
详情见 https：//publications. arl. org/SPEC_ Kits。

表 3-3　美国高校图书馆研究影响力评价服务内容一览表

图书馆所在大学名称	研究影响力评价服务名称	Lib Guides 平台	评价研究影响力									扩大研究影响力		其他
			论文	作者	机构	期刊/来源	引文	图书	数据	国别	科研出版	作者唯一标识符/作者文档	替代计量学	
耶鲁大学	Research Impact	√	√	√	—	√	—	—	—	—	—	√	√	
雪城大学	Scholarly Impact	√	—	—	—	√	√	—	—	—	—	√	√	
匹兹堡大学	Citation Searching and Bibliometric Measures	√	—	—	—	√	√	—	—	—	—	—	—	
北卡罗来纳大学教堂山分校	Measure Your Research Impact	√	√	√	—	√	—	—	—	—	—	√	√	
纽约州立大学奥尔巴尼分校	Scholarly Metrics	√	—	—	—	√	√	—	—	—	—	√	√	机构知识库
亚利桑那州立大学	Citation Research and Impact Metrics	√	√	√	—	√	—	—	—	√	√	—	√	
加州大学欧文分校	Research Impacts Using Citation Metrics	√	√	√	√	√	—	—	—	√	—	√	√	馆藏评价工具
加州大学洛杉矶分校	Impact Metrics and Scholarly Attribution	√	√	√	√	√	—	—	—	—	—	—	√	

续表

图书馆所在大学名称	研究影响力评价服务名称	Lib Guides 平台	评价研究影响力								扩大研究影响力			其他
			论文	作者	机构	期刊/来源	引文	图书	数据	国别	科研出版	作者唯一标识符/作者文档	替代计量学	
爱荷华州立大学	Promotion & Tenure Resource Guide	√	—	—	—	√	√	√	—	—	√	√	—	—
堪萨斯大学	Impact and Bibliometrics	√	√	√	—	√	—	—	—	—	—	—	—	开放获取期刊
肯塔基大学	Research Impact Metrics	√	√	√	—	√	—	—	—	—	—	—	√	—
马里兰大学	Bibliometrics and Altmetrics: Measuring the Impact of Knowledge	√	—	—	—	√	√	—	—	—	—	—	√	晋升和任期
纽约大学	Scholarly Metrics	√	—	—	—	—	—	—	—	—	—	√	√	
奥克拉荷马大学	Research Impact Metrics	√	√	√	—	√	—	—	—	—	—	—	√	
埃默里大学	Impact Factors and Citation Analysis	√	√	√	√	√	—	—	√	—	—	—	√	

（三）澳大利亚高校图书馆研究影响力评价服务

在政府科研评价框架的引导下，澳大利亚的高校图书馆开始积极尝试研究影响力评价服务。在 ARC 设计 RQF 时，澳大利亚的研究者对基于文献计量学的服务产生了迫切需求，高校图书馆便开始积极参与学校科研评价工作[273]。RQF 强调研究影响力，那么寻找评价研究影响力的合适方法十分重要。在此背景下，南澳大利亚大学（University of South Australia，UniSA）① 图书馆和新南威尔士大学（UNSW）图书馆率先开展尝试帮助学校衡量、评价其科研产出。2005 年，UNSW 图书馆主动迎接挑战，全面重构组织结构，提高图书馆服务的灵活性，以提供研究支持服务。2007 年，该校图书馆开始尝试基于文献计量方法的研究影响力评价服务（Research Impact Measurement Services，RIMS）以更好地配合学校战略目标，为学校应对竞争日益激烈的研究环境而提供支持[274]。2007—2008 年，UniSA 图书馆以 H 指数报告的形式向本校教师提供文献计量服务（Bibliometric Services）。2008 年左右，该馆设立专项工作，收集本校所有教师发表论文的信息，并编写程序自动收割引文增长数据，以帮助全校教师关注影响力[275]。在两馆的引领下，澳大利亚的其他高校图书馆紧随其后纷纷尝试。在逐步实践的过程中，RIMS 成为澳大利亚高校图书馆研究支持服务的重要内容。

2011—2012 年，希拉·科拉尔（Sheila Corrall）针对澳大利亚、爱尔兰、新西兰、英国等四国高校图书馆的研究影响力评价服务开展问卷调查。调查结果显示，该服务在四国高校图书馆普遍开展。该调查进行时，澳大利亚 39 所高校图书馆有 35 所完成问卷，这些图书馆 RIMS 的

---

① 南澳大利亚大学图书馆（University of South Australia，UniSA）该校在 2018 年 QS 世界大学排名中位列全球第 279 位，澳大利亚第 16 位。

对象是教师/研究者、从事研究的学生、学院及大学的行政管理人员。如表 3-4 所示，澳大利亚高校图书馆 RIMS 服务的 7 项服务内容按普及程度递减排序依次为文献计量培训、引文报告、研究影响力证明、H 指数计算、基金申请支持、学科趋势分析、人才评价[276]。

表 3-4 澳大利亚高校图书馆研究影响力评价服务开展情况

服务内容		35 所高校图书馆 RIMS 开展情况（%）		
		当时已开展	计划开展	总计
（1）	文献计量培训	77.1	20	97.1
（2）	引文报告	55.9	20.6	76.5
（3）	研究影响力证明	51.5	21.2	73.7
（4）	H 指数计算	66.7	6.1	72.8
（5）	基金申请支持	41.2	17.6	61.8
（6）	学科趋势分析	26.5	23.5	50
（7）	人才评价	21.2	3	24.2

2014 年，查尔斯·达尔文大学①（Charles Darwin University）图书馆研究服务协调员（Research Services Coordinator）杰瑟瑞·曼托拉（Jayshree Mamtora）利用网站调查法，调研澳大利亚 39 所高校图书馆研究影响力评价服务。研究结果表明，其中 36 所提供研究影响力评价服务，并呈现如下特点[277]。① 注重研究影响力评价服务的揭示及便捷获取。29 所高校图书馆使用 LibGuides 开发研究影响力评价服务页面，并可通过图书馆网站 Subject Guides 等栏目揭示，内容包括：引文分析、

①　查尔斯·达尔文大学位于澳大利亚北部，是北领地唯一的一所大学。该校 2018 年 QS 世界大学排名中位列全球第 651—700 位，澳大利亚第 29 位。

期刊影响及排名、指标计算方法等。② 注重提供文献计量指标的扩展内容。包括 Web of Science（WOS）、Scopus、Journal Citation Reports（JCR）等评价数据库链接及使用方法或指南，MyRI① 简介及链接，文献计量学相关学术论文、视频或报告。这些内容不仅是研究人员了解文献计量工具及指标的渠道，也是馆员学习业务知识和方法的重要途径。③ 提供相关支持服务，如被引文献检索咨询，确定期刊影响因子、研究影响力评价、如何选刊发表等主题的培训或咨询服务。④ 提供替代计量学内容。包括相关工具介绍、博文、音视频信息等。⑤ 在政府支持下，澳大利亚高校图书馆的机构知识库普遍具有文献计量功能，以帮助教师观测研究影响力。

2014 年爱丽丝·凯勒（Alice Keller）在澳大利亚进行了为期 7 周的调研，在这期间她利用网站调研及访谈法调研澳大利亚 6 所高校图书馆研究支持服务现状。研究结果表明，澳大利亚高校图书馆研究影响力评价服务围绕研究影响力生命周期的五个阶段开展全面服务，服务形式包括 FAQs、在线培训教程、培训及咨询、主要评价数据库的访问权限及各种在线工具。最初，此项服务的对象是教师个人。随着服务影响力的扩大，澳大利亚的高校图书馆也面向学校管理决策层提供学校整体或某一学科的计量分析报告。在教师个人服务对象层面，自然科学和医学领域的研究者对文献计量学的知识和指标较为熟悉；资历较浅的研究人

---

① MyRI，即 Measuring your Research Impact，是爱尔兰 NDLR（国家数字学习资源）资助爱尔兰地区的梅努斯大学、爱尔兰国立都柏林大学、都柏林城市大学、都柏林理工学院基于 CC 协议开发的免费、在线文献计量学培训教程。该教程于 2010 年 7 月—2011 年 3 月期间开发完成并开放使用，后不断维护更新，旨在帮助图书馆馆员、研究者，特别是早期研究者了解与研究影响力有关的文献计量学知识。主要包含的内容：在线教程，包括文献计量学概况、期刊排名、文献计量学如何支持研究策略及生涯；资源：各类文献计量工具的相关资料产生背景、指标及其内涵等；视频：各行业专家采访视频，涉及不同学科科研影响力评价、文献计量方法局限、文献计量学与大学和学科排名等；链接及新闻：关于计量工具的相关研究机构及最新研究进展文献推荐。详情可访问 http://myri.conul.ie/。

员及人文社会科学的研究者较多地依赖图书馆的支持和咨询。影响图书馆馆员开展研究影响力评价服务的主要原因在于缺少充分的知识和技能，以及随之而来的馆员信心的不足[278]。

这三项研究表明，国家科研评价项目的导向、基于绩效的研究资金分配、不断涌现的评价工具等一系列因素使澳大利亚高校图书馆普遍开展 RIMS，使研究者、研究团队、院系及学校整体了解其研究影响力情况。该服务是高校图书馆体现并证明其价值的有效方式，也使得高校图书馆持续不断地融入大学的战略发展[279]。

（四）加拿大高校图书馆研究影响力评价服务

1. 服务概况

根据 2018 年 QS 世界大学排名，笔者选定进入 QS 排名的前 7 所加拿大高校的图书馆网站进行调研，分别为多伦多大学（University of Toronto，UofT，UT）、麦吉尔大学（McGill University，McGill 或麦大）、英属哥伦比亚大学（University of British Columbia，UBC，又名"卑诗大学""不列颠哥伦比亚大学"）、阿尔伯塔大学（University of Alberta，UA）、蒙特利尔大学（Université de Montréal ，UdeM）、麦克马斯特大学（McMaster University）　（含健康科学图书馆）、滑铁卢大学（University of Waterloo）。

在调研的 7 所高校图书馆中，均设置了专门的栏目介绍如何使用文献计量学进行科研评价。其中除滑铁卢大学图书馆及蒙特利尔大学图书馆的栏目仅有单一路径可获取外，其他图书馆均设置了两条或两条以上的获取途径，以增加可见度。其中大部分图书馆将该内容放置在"学术交流与版权"或是"科研支持"的主栏目下。而麦吉尔大学和麦克马斯特大学健康科学图书馆设置了"工作坊"（或称"工具箱"）栏目，将文献计量学指南作为研究工具供用户查询。

在组织形式上，大部分图书馆根据文献计量学的用途和类型进行组织，即进行学者评价、期刊评价、替代计量学及论文层面计量。此外阿尔伯塔大学及麦吉尔大学还涉及机构层面的计量。

麦克马斯特大学健康科学图书馆和滑铁卢大学图书馆与其他高校图书馆的组织形式不同。麦克马斯特大学健康科学图书馆从评价指标、评价数据库或工具两方面进行介绍。每个方面再分为引文计量、替代计量、期刊评价及高级指标计量四个子类进行对应介绍。滑铁卢大学的介绍最为详细，分成学术产出计量、引文数据库及其指标体系、替代计量学、如何跟踪学术足迹四部分。

2. 主要服务内容

加拿大高校图书馆的研究影响力服务涉及如何提升学术影响力及如何评价影响力两个部分。各校图书馆研究影响力服务概况详见表3-5。

表3-5　加拿大高校图书馆研究影响力服务概况

高校图书馆名称	作者标识符				影响力评价的介绍、目的	评价影响力				
	Research ID	Scopus唯一标识符	ORCID	Google Scholar Profile		作者层面	期刊层面	替代计量学	论文层面	机构层面
多伦多大学图书馆	√	√	√		√	√	√	√	√	
麦吉尔大学图书馆	√	√	√	√		√	√	√	√	√
英属哥伦比亚大学图书馆	√		√	√	√	√	√		√	
阿尔伯塔大学图书馆	√	√	√		√	√	√	√		√
蒙特利尔大学图书馆					√	√	√	√		
麦克马斯特大学健康科学图书馆	√		√	√	√					
滑铁卢大学图书馆			√					√		

（1）如何提升学术影响力

多伦多大学图书馆将如何提升学术影响力作为单独的模块进行介绍，其他高校图书馆虽未有单独模块介绍，但在介绍评价工具和评价指标中将其内容蕴含其中。建议主要包括：

① 尽早确认作者学术身份。作者唯一标识符主要包括 Research ID、Scopus 唯一标识符、ORCID、Google Scholar Profile 四种。除蒙特利尔大学图书馆外，其他高校馆均有涉及，但涉及种类不同；

② 选择合适的期刊，包括能够识别同行评议和被广泛收录期刊、开放存取或自存档期刊。也可进一步通过期刊评价指标了解和寻找合适的期刊；

③ 通过选择 OA 期刊或是提交机构知识库提升自身学术影响力；

④ 通过多种渠道，包括学术圈社交网络及社会媒体分享自身的研究成果。

（2）评价指标及评价工具/数据库

在调研的 7 所加拿大高校图书馆中，均涉及各个层面评价指标和评价工具/数据库的介绍。如作者层面的 H 指数及期刊层面的期刊影响因子等评价指标，科睿唯安、爱思唯尔及 Google Scholar 相关数据库、Altmetrics. org、ImpactStory 等替代计量学工具。而不常用的或算法较为复杂的其他评价指标，如特征因子、Google Scholar Metrics 等，或如 Eigenfactor. org 这类不常用的评价工具/数据库等，不同图书馆侧重不同。介绍范围主要包括指标含义、用法、优势、局限性等，并且链接至指标出处，方便用户进一步研究。有些图书馆还提供了参考文献。

不论以何种组织形式，由于数据库的评价指标体系涉及不同评价主体，因此在每一个子模块下，内容会相互交叉。例如，在作者层面的评价指标中涉及 H 指数，其涉及的评价工具/数据库包括 WOS、Scopus 和

Google Scholar。而在期刊层面计量学中也同样涉及此 3 种评价工具/数据库。

第四节　国外高校图书馆研究影响力评价服务的分析

第三节的研究表明，国外高校图书馆普遍开展研究影响力评价服务。在众多图书馆的实践中，新南威尔士大学（UNSW）图书馆的实践超前，效果良好，不仅在澳大利亚形成了良好的示范效应，也在世界各国产生了广泛影响。2011 年初，该馆在悉尼召开了一次主题为研究影响力评价的工作坊，介绍服务经验，收效良好。Robyn Drummond 在2009 年发表的论文《RIMS：The Research Impact Measurement Service at the University of New South Wales》至少被 10 个国家不同学科的研究人员参考引用[280]。该馆在 2010 年提出的"研究影响力生命周期"更被全球的高校图书馆所引用、借鉴。美国、英国、加拿大等国家的高校图书馆都普遍采用该流程图介绍并宣传本馆的研究影响力评价服务。从几国高校图书馆研究影响力评价服务的发展来看，研究影响力评价服务的发展经历了形式及内容的不断发展变化，现阶段已经形成基于成熟的"研究影响力生命周期"的全面服务体系。围绕研究影响力的生命周期，国外高校图书馆开展了全面的研究支持服务。研究影响力评价服务是研究支持服务的重要内容。

一、国外高校图书馆研究影响力评价服务内容及形式的扩充与完善

（一）国外高校图书馆研究影响力评价服务的发展历程

基于新南威尔士大学图书馆的个案研究，笔者认为，研究影响力评

价服务的影响因素众多。其一，文献计量学基础知识及众多评价分析工具涉及的内容繁多；其二，不同学院及学科的需求各不相同，研究影响力评价服务是针对需求的高度定制；其三，不同用户针对服务的需求深度也不相同。这些影响因素，不仅为服务拓展提供了空间，也充分表明，研究影响力评价服务随着实践的发展、工具的演变、认识的深入而不断发展。

概括地讲，研究影响力评价服务是指针对学者、学院或大学管理人员的多样需求，利用文献计量学及替代计量学的工具和方法，以论证或证明、并提升研究者或团体、机构等的研究影响力的服务。具体而言，国外高校图书馆研究影响力评价服务的发展经历了如表 3-6 所示的发展阶段。

表 3-6　国外高校图书馆研究影响力评价服务发展历程

发展阶段	服务内容	服务类型
起步期	报告服务	引文报告；研究影响力说明；基金申请支持报告；人员招聘、晋升评价报告；学科或专业主题研究趋势报告；H 指数报告等
发展期	多主题、但互不关联的培训或咨询服务	与文献计量评价指标与方法、各类评价分析工具使用、论文发表策略等相关的主题咨询或培训
成熟期	"研究影响力生命周期"的重要环节	集报告、咨询、培训、技术支持等服务为一体的整体性、系统化的服务框架，旨在基于研究影响力的生命周期，选择最佳工具和评价方法，通过报告、咨询、培训、技术支持等各种服务形式展示和扩大研究影响力

（二）基于研究影响力生命周期的研究影响力服务

研究影响力生命周期是由澳大利亚新南威尔士大学图书馆在多年的研究影响力评价服务过程中所创建的服务模型。该模型自 2010 年发布以来，被全球高校图书馆广泛使用。

如图 3-1 所示，该模型认为：研究成果的影响力具有生命周期性，包含"设计研究与出版策略""管理与维护研究成果""维护个人学术档案""评价研究影响力""展示并扩大研究影响力"五个部分。研究影响力是各部分相互关联的总和，其生命周期始于设计研究与出版策略；管理与维护研究成果、维护个人学术档案对于研究成果影响力的彰显具有重要作用；评价研究影响力则是对研究成果的实际测度；展示研究成果影响力有助于研究人员重新思考研究成果的出版策略与传播方式，从而开始新一轮的研究成果影响力的生命周期活动[281]。国外高校图书馆研究影响力服务是基于教师科研成果发表、管理、评价、展示的流程，围绕设计研究与出版策略、管理与维护研究成果、维护个人学术档案、评价研究影响力、展示并扩大研究影响力等环节，整体性、系统化设计的图书馆相关服务的整合方案。研究影响力服务旨在通过全流程建设，全方位、多角度、动态性地助力学者科研、支撑学校决策。

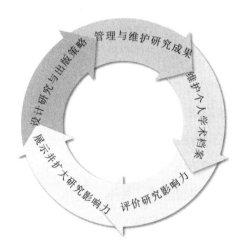

图 3-1　研究影响力的生命周期

二、基于研究影响力生命周期的研究影响力服务框架及内容

（一）研究影响力服务的框架

国内学者叶兰基于新南威尔士大学图书馆的研究成果影响力生命周期，结合我国高校图书馆的业务现状，提出了我国高校图书馆面向研究影响力生命周期的科研评价服务体系[282]。笔者基于四国高校图书馆的调研，依据国外高校图书馆现阶段开展研究影响力评价服务的实际情况，勾勒现阶段国外高校图书馆的研究影响力服务框架（如图3-2所示），以期全面认识和理解国外高校图书馆研究影响力服务的现状。

（二）研究影响力服务的内容

1. 设计研究与出版策略

设计研究与出版策略是研究影响力生命周期的起点，国外高校图书馆注重为研究者提供研究出版策略服务。研究出版策略包含研究策略和出版策略两部分。

（1）研究策略

研究策略服务强调研究者在研究过程中，在阅读、积累研究文献时，图书馆可帮助研究者积累如下几方面经验：

① 本专业领域主要研究成果的发表形式或途径。若主要研究成果为期刊论文，则需关注期刊选择、关键词选择、合作者选择等信息；若发表会议论文，则需关注会议名称、获取会议信息的途径、会议成果分享的形式、通过社交网络获取信息的渠道。

② 推荐研究工具。包括数据分析工具（SPSS、Python等）、数据及图片管理工具（Figshare等）、引文管理工具（包括桌面版，如

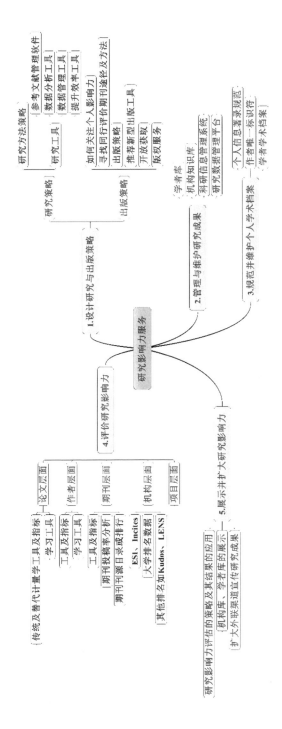

图3-2　国外高校图书馆研究影响力服务框架

Endnote、Reference Manager；网页版，如 Endnote Web；浏览器版，如 Zotero）、图书馆服务的便捷工具（如移动服务、Libx 等）、效率提升工具（如 RSS 等）；其中，引文管理工具是国外高校图书馆普遍推荐的工具，因为该工具是保证有效组织信息资源、防止转录或印刷错误并快捷创建参考文献的利器。

③ 研究咨询服务，包括各类数据库的推荐、培训，如何利用各类数据库积累研究经验等。

（2）出版策略

有策略地出版，强调在研究过程中的出版策略或出版规划。对于个人研究者而言，包括明确自身研究过程中的战略目标、培养自身的研究整体性规划，并在此规划之下提出相关的行动方案。

① 回顾过往绩效并让自己的研究成果变得更加可见，包括以往发文期刊的情况、目标期刊的载文量等。介绍如何让研究成果易于被发现的方法，如为期刊论文撰写有效的标题及文摘，使得研究成果在数据库中更加可见；图书成果，则需要对图书的章节进行 DOI 标引；如何让研究成果中的图、表、数据及音视频等非文本资料变得更加易得；使用网站或博客宣传自己的研究成果等。

② 介绍寻找同行评价期刊的途径。重点介绍综合的期刊选择或评价工具，如 JCR、Ulrichsweb Global Serials Directory①、Science Gateway②、ANE③；个别图书馆会结合学校学科特色，有针对性地介绍学科期刊查

---

① 乌利希国际期刊指南，订购类数据库，包含世界范围内出版的超过 300 000 种期刊，可以用来确认期刊是否同行评议和被哪些数据库索引，可以通过高级检索按学科查找期刊。

② Science Gateway，包括高影响力期刊列表和美国大学排名，数据基于 SCImago，最开始只包括生物医学，后来扩展到科学和社会科学领域。

③ JANE，Journal/Author Name Estimator，网址为 http：//jane.biosemantics.org/。

询工具如 Biomed Central、ABS Guide to Academic Journal Quality①、ERIH PLUS②、Journal Quality List③、RepEC-Research Papers in Economics④、Harzing. com-Journal Quality List⑤ 等。

③ 有些图书馆还会介绍期刊投稿接受率等内容，如美国奥克拉荷马大学（University of Oklahoma）图书馆等也介绍期刊接受率，推荐的工具包括：Cabell's Directory of Publishing Opportunities、MLA Directory of Periodicals、APA Journal Statistics and Operations Data。

④ 推荐开放获取服务。国外高校图书馆普遍认为开放获取具有如下优势：允许潜在的研究合作者、合作伙伴或受众不受付费限制访问研究者的研究成果；研究成果在开放教育环境中公开使用，允许其他研究人员尽早借鉴研究成果；通过搜索引擎检索到研究成果，提高引用率等。鉴于这些优势，国外高校图书馆比较注重开放获取服务，内容包括：推介学校或者国内的 OA 政策；提供世界范围内的 OA 平台链接，包括 SHERPA/RoMEO、SHERPA/Juliet、Directory of Open Access Journals（DOAJ）、Directory of Open Access Books、OpenDOAR、University Code Repository 等；建设本校的 OA 平台。伯明翰大学（University of Birmingham）图书馆负责全校开放获取出版费申请的处理[283]。

---

① ABS Guide to Academic Journal Quality，商业学校协会发布的学术商业期刊排行。

② ERIH PLUS，European Reference Index for the Humanities and Social Sciences，并非期刊排名，但能够为 ERIH P LUS 收录的期刊必须达到一定的标准。

③ Journal Quality List，经济、财务、会计、管理和市场类学术期刊，包括各种来源的期刊排名。

④ RepEC-Research Papers in Economics，经济学方面的 26 000 名作者的联系方式和出版物列表。

⑤ Harzing. com-Journal Quality List，从各种来源搜集经济、财务、会计、管理和市场类的期刊排序。http：//harzing. com/resources/journal-quality-list。

⑤ 推荐新型出版工具，包括：Mendeley①、Publish or Perish②、在线作者共同体网站③、CiteULike④、ResearchID⑤。

⑥ 版权服务。帝国理工学院（Imperial College London）图书馆分别面向学生、研究人员、讲师提供有针对性的版权服务。其中，面向研究人员的版权服务则从数据和数据库权限、文本和数据挖掘、出版协议、知识共享许可、社交媒体和学术网络等方面开展指导。

图书馆开展研究出版策略相关的服务可最大化科研成果的传播与共享，提高教师、学生和大学的知名度和影响力。

2. 管理与维护研究成果

全面准确地收集科研成果元数据，是开展研究影响力评价服务的基础；有效地管理科研成果，是研究影响力评价服务获取丰富可靠数据的源泉。从四国高校图书馆相关服务的调研来看，机构库、研究数据存储系统、科研信息管理系统是国外高校图书馆普遍建设的基础设施。

（1）机构库：管理研究产出的文献出版物、演示文稿、软件、视频、学术博客、文章等。在英国高校图书馆的调查过程中，笔者发现24 所大学都设有机构知识库，其中 20 所大学是由图书馆负责此项工作，另有 3 所高校是由学校科研部或信息服务部负责。所使用平台有机

---

① Mendeley，免费的参考文献管理软件和在线的学术社会网络，用户主要为科学领域的研究人员。

② Publish or Perish，免费下载的个人非商业使用软件，数据从 Google Scholar 抽取，不仅提供发表的出版物列表和引文频次，还包括一些统计，如 H 指数等。支持作者影响力和期刊影响力的检索和分析。

③ 在线作者共同体网站，允许建立自己的文件夹和生成出版物列表，可看到其他研究人员建立的列表。

④ CiteULike，用于管理参考文献和发现新的文献的服务。可以存储参考文献、与同行分享参考文献，查看同行正在看的文献。参考文献可以在线找到或者上载 PDF。

⑤ ResearchID，与 WOS 有关的作者唯一标识符，允许每个作者建立一个唯一的文件夹并链接到他们发表的论文和著作等，即管理自己的出版物，以避免作者之间的误标识。免费但要求注册。主要测量来自 WOS 数据的影响力。与 ORCID 有互动。

构知识库如 DSpace、EPrints 等。

（2）研究数据存储系统，即对科研产出的研究数据进行保存与管理，是近年来国外高校图书馆适应数据密集型科学研究而开展的服务项目。所提供的服务内容包括：制订数据管理计划、科研数据共享和保存、数据最佳实践、案例分析、数据存储和备份、数据管理咨询与培训、数据机构库使用指导等，以帮助研究者进行数据组织、管理和监护。由于此项服务的开展，也催生了国外数据馆员职位的产生与发展。

（3）科研信息管理系统（Research Information Management System）是对科研成果元数据（即学者、产出、机构、资助、设备等要素）进行整合、管理与利用的系统。因此，科研信息管理系统并不是对科研人员在研究过程中所产生的研究数据进行管理。美国高校图书馆界应用广泛的是 Converis① 及 SHARE②；英国图书馆界使用较多的是 Pure③ 及 Elements④，还有些高校使用 Worktribe 等系统。

3. 维护个人学术档案

维护个人学术档案包含两方面内容。其一，创建作者标识符；其二，建立学者学术档案。这两项工作是开展科研的重要准备工作内容，对于彰显研究成果的影响力具有重要作用。

（1）作者唯一标识符

作者唯一标识符能有效解决作者名称的不规范性，为科研产出归属问题提供有效解决方法，促进学术科研传播交流，提高作者影响力。现阶段，国外高校图书馆较为重视作者唯一标识符的详细解读和展示。很

① Converis，科睿唯安开发。

② SHARE，SHared Access Research Ecosystem，研究图书馆协会（ARL）和美国大学协会（AAU）于 2014 年初合作开发。

③ Pure，Elsevier 联合圣安德鲁斯大学、亚伯丁大学等高校共同开发。

④ Elements，英国 Symplectic 公司推出。

多图书馆（如加拿大阿尔伯塔大学图书馆）将作者唯一标识符的介绍作为"姓名消歧"（Name Disambiguation）服务的重要内容；当前在国外比较有代表性的作者唯一标识符包括：ORCID①、Google Scholar Citation②、ResearchID③、ISNI④ 等。

随着作者标识符的流行，国外图书馆非常注重向用户推广这些标识符，重点比较不同工具之间的差别及介绍具体的使用方法。如纽约州立大学奥尔巴尼大学图书馆引用了马丁·芬纳（Martin Fenner）对当前较常用的 AuthorClaim、LATTES、VIAF、NARCIS、ArXiv Author ID、Scopus Author ID、Names Project、Research ID、ORCID、Pubmed Author ID 等十种作者标识符进行汇总比较[284]，以帮助研究者结合各自的学科特点选择合适的作者标识符。其中，ArXiv Author ID、Scopus Author ID（Elsevier）、Pubmed Author ID、ResearcherID 等是 ArXiv、Scopus、Pubmed、Web of Science 等数据库所提供的链接标识符（Link identities），支持 ORCID 和扩展链接。

（2）学者学术档案

建立学者学术档案可以帮助作者证明其学术权威、研究领域和专长，并发现潜在的合作者。创建和管理自己的学术档案可以维护个人相

---

① ORCID：Open Researcher and Contributor Identification，开源作者标识符，提供一个永久的数字标识符，用于区别不同的研究人员。ORCID 的主要优势是能和许多其他的作者标识符系统（WOS、Scopus、INSI）及许多系统（Plum Analytics、DataCite、CrossRef 等）之间进行协调和互操作。因为有出版社、学术机构和基金的支持，ORCID 的登记和服务对于个人免费。

② Google Scholar Citation：向读者提供其所发表的出版物在 Web（通过 Google Scholar）上的信息，跟踪参考文献。这比从 ResearchID 上获取的信息要更准确，因为 ResearchID 上包括更多的会议文献、政府报告和非同行评议资源。

③ ResearchID：与 WOS 有关的作者唯一标识符，允许每个作者建立一个唯一的文件夹并链接到他们发表的论文和著作等，即管理自己的出版物，以避免作者之间的误标识。免费但要求注册。主要测量来自 WOS 数据的影响力。与 ORCID 有互动。

④ ISNI 是 ISO 认证的全球标识符，用来确认数百万的作者和他们的产出，包括研究人员，发明家，作家，艺术家，演员，制片。网址为 http：//www.isni.org/。

关信息，保证他人找到自己正确、完整的研究和职业信息。

学者学术档案通常都带有作者标识符。学者学术档案可以为学者提供研究著作概况、作者同行评议的出版物列表，也包括其他出版物、数据、报告等。学者学术档案通常也会提供一些关于这些出版物的测量评价。现阶段，有四种类型的学者学术档案平台：① 研究人员社区，如 Academia. edu，ResearchGate；② 有社交功能的参考管理工具，如 Mendeley；③ 有作者文档的搜索引擎，如 Google Scholar Citation①，ResearchID；④ 还有学校，如哈佛大学图书馆利用专门系统 Open Scholar，为本校学者创建学术型个人主页，以集中展示与学者学术身份相关的一切信息，如简介、履历、课程、活动、科研成果、演讲等。图书馆应充分利用以上工具帮助科研人员维护学术主页与履历，扩大研究成果的传播与利用范围，最终增强其研究成果的影响力。如不列颠哥伦比亚大学图书馆建立专门的"创建与管理学术履历"的 Libguide，并列出了利用 Academia. edu、ResearchGate、Mendeley、LinkedIn 等已有学术社区创建学术主页与履历的步骤及示例。

（3）个人信息著录规范

部分高校图书馆还建议学者在投稿时规范著录个人信息，包括规范学校及二级单位名称，以避免在数据库中出现机构歧义。

4. 评价研究影响力

研究影响力评价服务是对研究成果的实际测度。与国内高校图书馆所开展的研究影响力评价服务主要集中在评估研究成果的影响力不同，国外图书馆侧重介绍影响研究成果影响力的各种指标及工具，一方面帮助研究人员了解这些工具和指标，以更好地回顾自己的科研绩效；另一

---

① Google Scholar Citation 为作者提供了简单的方式来跟踪他们的学术产出。

方面，也通过工具及指标的介绍，帮助研究人员更好地提高影响力。现阶段，国外高校图书馆侧重从论文、作者、期刊、机构、项目五个维度介绍相应的评价工具及指标。

（1）论文评价

论文评价包含评价单篇论文的影响力如论文发表、使用、下载、被引用、共享和被讨论情况；还包括基于论文集合的科研评价指标，即作者、机构、国家/地区、学科或期刊的文献，都可以看作一个论文集合。在研究影响力评价中，除 JIF、CiteScore 这类仅用于单一层面评价的指标外，其他如 H 指数、i10 指数、引文影响力、学科规范化的引文影响力等，也可扩展至论文集合的评价。

论文评价方法有传统文献计量方法和替代计量方法。传统文献计量方法主要统计论文发表和引用情况。替代计量的方法则强调学术成果通过网络进行浏览、下载、共享、引用等行为，反映了研究人员学术成果的影响力。替代计量是利用社交媒体信息或非传统出版的信息来测量学术影响力。替代计量关注公共政策文件、主流媒体、博客、同行评议论坛（如 PubPeer、Publons）、Wikipedia、引文管理服务（Mendeley、CiteUlike）、社交媒体（Facebook、Twitter、Google+、YouTube、Reddit）、Scopus 的引文数据。替代计量分值可以在很多数据库里找到，如 Library One Search①、Experts ASU② 以及一些出版商网站上。

（2）作者评价

作者评价（作者影响力级别测量）包括作者的科研产出数量和科研产出影响力两个部分。引文测量即通过被引频次揭示研究者的影响

---

① Library One Search，https：//lib. asu. edu/.

② Experts ASU，https：//weblogin. asu. edu/cas/login? service＝https%3A%2F%2Fezproxy-config. lib. asu. edu%2Fauth.

力，判断学者在本领域的地位，帮助学者提供学术价值证明，适用于聘用、晋升等方面；可以帮助学者发现本领域的关键研究人员，跟踪同行和竞争者发表的学术产出。

作者评价指标在国外高校图书馆普及率较高，主要包括发文量、JIF、H 指数、G 指数、i10 指数、e 指数。详细的指标含义及用途可参见第四章第二节。

（3）期刊评价

期刊评价服务包括期刊影响力测量方法和工具、期刊投稿接受率、期刊源目录。大部分图书馆会从科研产出阶段——选择合适期刊发表开始，帮助科研人员提高影响力。期刊评价从期刊层面反映科研实力，在好的期刊上发文越多，科研实力越强。期刊的好坏通过不同角度期刊层级科研评价指标体现。

期刊层级评价指标始于 1975 年 Thomson Reuters 定义的 JIF。在 2009 年发布的 JCR 增强版中，特征因子（Eigenfactor）作为新的期刊评价指标出现，并以 EF 及 AI 呈现[285]。该指标由 Thomson Reuters 与华盛顿大学 Eigenfactor 实验室合作开发，并由华盛顿大学和加州大学圣塔芭芭拉分校的 Bergstrom 等人构建并完善研究团队。JIF 及 Eigenfactor 主要用于评价 SCI 及 SSCI 收录期刊。

2008 年，Scopus 推出期刊评价新指数 SJR[286]，之后与荷兰莱顿大学科学与技术研究中心合作，分别于 2010 年、2014 年将 SNIP 及 Impact Per Publication（IPP）纳入 Scopus 期刊评价指标体系。2016 年，IPP 更名为 CiteScore。

2012 年，Google Scholar 基于 H 指数发布 h5 指数、h5 中位数及 h5 核心，用于评价期刊影响力。

这些指标大部分都建立在 JIF 基础上，并通过自身算法进行归一处理，尽管如此，所有的指标都存在缺陷。

本书第四章第二节将详细介绍上述指标。

还有一些图书馆介绍能够评价图书影响力的工具及指标，这些工具指标，除了 WOS 平台的 Book Citation Index（简称 BKCI）外，还有如下工具被国外高校图书馆同行尝试使用，主要包括：

Springer Bookmetrix：Springer Nature 公司在 2015 年 4 月开发的 Bookmetrix，目前已经发展到 Bookmetrix 2.0。该工具可计算 Springer 平台电子图书及其章节的引文数量（Cititions）、下载量（Downloads）、图书评论数量（Rrviews）、在新闻或维基词条中被提及的数量（Mentions）及读者数量（Readers）等指标，以展现图书的影响力；还可以通过 SCP[①] 和 CCP[②] 指标帮助馆员分析电子馆藏。

WorldCat Identities：WorldCat Identities 是一个收集图书作者信息的免费网站，展示作者的聚合信息，包括作者的作品、作品在全球图书馆的馆藏，可根据网站信息制作者总结。这一工具在美国高校图书馆使用较多。我国学者何明星利用 WorldCat 数据研究中国图书海外馆藏影响力，其方法认为：当一个国家或地区的图书馆中拥有中文图书的数量越多，则意味着中华文化在这个国家、地区的影响力越大[287]。

Google Scholar：类似于 WOS，可以添加本地引文，包括书、学术网站上的结果、期刊出版商网址、大学主页等。

（4）机构评价

机构影响力工具除了普遍使用的 ESI、InCites，还有高校图书馆介

---

① SCP 即 Subject Collection Performance，某一学科的图书被引量超过该学科所有图书平均被引量所占百分比。

② CCP 即 Collection Citation Performance，2014 年和 2015 年所出版的电子馆藏在 2016 年被引用总量除以 2014—2015 年间同一个电子资源馆藏集合中所出版图书的总量。

绍如 Kudos Toolkit①、The Lens②；有些图书馆汇总了大学和学院排名，供机构评价参考，如 Shanghai Ranking of World Universities、Times Higher Education Rankings 、Best 361 College Rankings on The Princeton Review③ 等大学和学院排名。

大学和学院排名有许多种来源和方法，有一些排名有争议，因为并不能代表学术排名。研究人员必须仔细审视来自每个来源的方法，使用多维方法综合判断。

（5）项目评价

加州大学欧文分校（University of California，Irvine，UC Irvine 或 UCI）图书馆还提供了对各学科的学术项目评价，包括：A Data-Based Assessment of Research - Doctorate Programs in the United States④、PhDs. org⑤、America's Best Graduate Schools（U. S. News&World Report）⑥。

---

① Kudos Toolkit，基于作者自我注册分享的数据，从研究人员、出版商和机构三个角度查看排名，排名的指标包括 citations、downloads 及 Altmetrics 指标。

② The Lens - In4M1：International Innovation and Industry Influence Mapping - In4M 国际创新和行业影响映射：从全球专利文献中抽取和标识十万余条学术论文，以此证明机构学术能力和论文科技创新等工具。

https：//about. lens. org/lens-use-cases/。

③ Best 361 College Rankings on The Princeton Review：可以通过学校或者类别来检索排名。Princeton Review 是一家私有公司用来帮助备考和选择出版物。与 Princeton 大学没有关系。

https：//www. princetonreview. com/college-rankings/best-colleges。

④ A Data-Based Assessment of Research-Doctorate Programs in the United States，美国国家研究委员会提供的一份基于数据的对研究博士项目的评价。每十年出版一次。最新一版是 2006 年完成，2011 年美国学术出版社发布。

https：//www. ncbi. nlm. nih. gov/books/NBK83404/。

⑤ PhDs. org，基于美国国家研究委员会的数据，个性化对研究生项目进行排序。网站最开始由 Dartmouth 大学制作，目前面向读者私下发布。

http：//www. phds. org/。

⑥ America's Best Graduate Schools（U. S. News&World Report），涵盖商业、教育、工程、法律、医学和其他学科的研究生项目，U. S. News&World 是一家公司发布高等教育机构排名。

https：//www. usnews. com/best-graduate-schools。

5. 展示并扩大研究影响力

展示研究影响力主要是为研究人员应用与选择评价数据以展示其研究成果的影响力提供策略，包括：① 指导研究人员选择最能展示其影响力的评价数据。研究人员搜集的评价数据可以从多种角度反映其影响力，但有的评价数据可能相互矛盾。图书馆可以帮助研究人员根据其目标（如申报基金、申请终身职位等）选择合适的评价数据。② 建议研究人员提供影响力数据的背景信息以阐述该数据在影响力评估中的重要性。

此外，图书馆还需要指导科研人员提高其学术影响力，增强学术产出的显示度。以下几种方法是国外图书馆常用的帮助科研人员扩大其成果影响力的方法，包括：① 使用作者唯一标识符；② 利用在线社交网络分享研究成果，如 Figshare、SlideShare、WordPress 等；③ 参与学术社区，如 Academia. edu、LinkedIn、Mendeley、ResearchGate、VIVO 等，并在这些学术社区建立学术主页与履历维护；④ 将研究成果存储至机构库、数据存储库或其他开放知识库；⑤积极参与开放获取出版。

总之，随着新型学术出版、学术网络与学术合作的发展，科研人员已不再局限于传统的学术交流方式，科研人员可通过广泛的研究社区及其他方式推广其研究成果，扩大研究成果的影响力。为此，图书馆应了解新的学术交流方式，鼓励科研人员充分利用这些新型方式宣传其研究成果。

三、国外高校图书馆研究影响力评价服务的主要特点

（一）服务命名形式多样且内涵统一

国外高校图书馆对于研究影响力评价服务的定义在理论与实践层面也尚未统一。但无论如何，这项服务的本质是利用文献计量学及替代计

量学的方法开展研究成果影响力评估或科研评估工作。从当前所收集到的材料看，国外高校图书馆对于研究影响力服务的定义大致可以从如下几个维度进行梳理总结。

1. 科研评估角度出发的定义

Elsevier 公司在荷兰阿姆斯特丹的 Scopus 产品经理海伦·德莫伊吉（Helen de Mooij）使用 Research Performance Measurement（RPM）一词定义研究影响力评价服务。他认为，RPM 等同于文献计量学（bibliometrics），20 世纪 60 年代，影响因子是研究绩效评价的主导指标，进入 21 世纪，2005 年 H 指数诞生，此后期刊评价指标 Eigenfactor 及谷歌学术排名 Page Rank 出现，使得研究绩效评价在 21 世纪初进入快速发展阶段[288]。韩国首尔科技政策研究所（Science & Technology Policy Institute）副研究员 Seogwon Hwang 使用 R&D Performance Evaluation 一词定义此项服务[289]。澳大利亚新南威尔士大学图书馆的 Robyn Drummond 等使用 Research Impact Measurement Service 一词[290]。在各国高校图书馆的服务栏目中，也有体现此种特色的服务命名，如 Evaluating Your Research（杜伦大学）、Evaluating Research（伦敦大学国王学院）、Measuring Research Impact（利兹大学）、Research Impact（耶鲁大学图书馆）、Scholarly Impact（雪城大学图书馆）、Impact & Esteem Measures（悉尼大学图书馆）等。

学者 John MacColl 强调了图书馆在科研评价过程中能够发挥的作用或充当的角色，文中也提及需要使用文献计量学的方法，但没有使用科研评价一词来定义此项服务[291]。

2. 文献计量角度的定义

Rafael Ball 使用文献计量学分析（Bibliometric Analysis）定义此项服务[292]；Nancy Herther[293] 曾发文探讨引文分析与科研评价之间的关

系，Carole Gibbs（2009）[294]、Dean. Hendrix[295]、Jenny Delasalle（2011）[296]、Christan S Gumpenberger（2012）[297]、Sheila Corrall（2013）[298]、Marta Bladek（2014）[299]等使用 Bibilometrics Services 定义该服务。

在图书馆业务实践中，也使用 Bibliometrics（伦敦大学学院图书馆）、Citation Analysis and Bibliometrics（约克大学图书馆）、Metrics Hub（谢菲尔德大学图书馆）、Citation Searching and Bibliometric Measures（匹兹堡大学图书馆）等命名服务。

3. 整合型定义

有图书馆将文献计量学与科研评价或学术出版进行整合定义服务栏目，如 Research Impact and Bibliometrics（伦敦经济学院）、Impact Factors and Citation Analysis（埃默里大学）、Research Impact Metrics（奥克拉荷马大学、肯塔基大学）、Publication & Metrics（诺丁汉大学、南安普顿大学）、Research Metrics（曼彻斯特大学）、Scholarly Metrics（纽约大学）、Research Impacts Using Citation Metrics（加州大学欧文分校）、Impact Metrics and Scholarly Attribution（加州大学洛杉矶分校）、Citation Research and Impact Metrics（亚利桑那州立大学）、Researcher and publication impact（墨尔本大学）。

4. 其他命名形式

有图书馆使用影响力评估所能达到的作用进行命名，如 Maximise and Measure（纽卡斯尔大学）、Promotion & Tenure Resource Guide（爱荷华州立大学）；还有图书馆在栏目名称中揭示替代计量学内容，如 Bibliometrics and Altmetrics：Measuring the Impact of Knowledge（马里兰大学）、Citations，Altmetrics and Researcher Profiles（西澳大学）。

（二）国外高校图书馆研究影响力服务较国内情况而言相对成熟

根据对英国、美国、澳大利亚、加拿大四国高校图书馆研究影响力评价服务的调研，笔者认为，现阶段，国外的高校图书馆的研究影响力评价较国内情况而言相对成熟。理由如下：

1. 围绕研究影响力生命周期开展整合性服务

国外图书馆研究影响力服务的命名各不相同。总体而言，都是基于研究影响力生命周期开展相关的服务。各环节的服务内容，各国各馆根据其实际情况，开展程度或深度各不相同；对具体服务内容在各环节的归属上也有差别。但无论如何，图书馆研究影响力评价服务都是研究影响力生命周期中的重要环节。主要内容包括：① 如何进行科研影响力评价，内容一般从评价对象来进行组织，包括论文影响力、作者影响力、期刊/来源影响力、机构影响力、图书影响力、数据影响力、国别影响力和笼统的引文分析；② 如何扩大科研影响力，内容包括作者唯一标识符/作者文档的建立、科研作品的发表、替代计量等。除了以上这两部分主要的内容外，每个图书馆还会根据自己所在高校特点和需求提供其他服务：如机构知识库、开放获取等。

2. 服务形式以咨询和培训为主，报告为辅助

结合前述新南威尔士大学图书馆研究影响力评价服务的个案研究来看，现阶段，全球范围内的高校图书馆均以研究影响力生命周期为框架开展整体化、系统化服务。现阶段的服务状态为，以广泛开展咨询和培训服务为主、报告服务为辅。在调研过程中，仅有少数的图书馆会在 Guides 中提及报告服务。如在英国，只有伦敦经济学院、杜伦大学根据用户需求提供报告服务。

3. 指标梳理规范或模式高度统一且完善，业已形成行业规范

现阶段比较成熟的分析、评价类数据库包括 WOS、JCR、InCites、Scopus、SciVal 及 Google Scholar。每个数据库各自建立了基于自身数据的评价指标体系，并受到自身数据库学科分类体系及数据的限制。加之不同指标体系存在含义类似但算法不同的指标，且不同指标的使用范围、方法及局限性不同，国外高校图书馆研究影响力评价服务偏重对于这些评价指标的分类和对比，现已形成从期刊层级、作者层级、论文层级等几个维度对指标进行比较分析，且已成为国外大部分高校图书馆研究影响力评价服务的基础内容。

4. 服务平台高度统一

各国高校图书馆均利用 LibGuides 对科研评价服务内容进行组织，在各馆主页 Guides 或者 LibGuides 栏目下，与该馆的其他服务导航一起进行展示和组织，也有的在学校主页下方呈现图书馆 Guides 内容，更方便全校师生发现和使用。研究影响力评价服务的主页一般都包括科研评价内容、馆员联系方式、指南检索等。

5. 注重对文献计量学基础知识或基础工具的揭示

国外高校图书馆较为注重对于文献计量学基础或指标的揭示。其揭示方法大致有两种，其一，各馆在相关的 LibGuides 中从期刊层级、作者层级、论文层级等几个维度梳理科研评价过程中常用的指标；其二，有些馆会引用或者借助第三方在线教程介绍文献计量学基础知识或各项计量指标。如澳大利亚莫纳什大学等几所大学的图书馆使用的 MyRI，

加州大学欧文分校、爱荷华州立大学等几所高校图书馆使用 Metrics-Toolkit①。这些文献计量学基础知识或工具的揭示不仅可以为研究人员了解评价指标提供帮助，也成为图书馆馆员学习文献计量学基础知识的重要途径，节省了图书馆馆员四处查询翻找资料的时间。

（三）各国高校图书馆研究影响力评价服务各有差异

1. 参与程度不一

希拉·科拉尔（Sheila Corrall）针对澳大利亚、爱尔兰、新西兰、英国等四国高校图书馆的研究影响力评价服务开展问卷调查。从问卷回收率来看，希拉·科拉尔在 2011—2012 年发放问卷，澳大利亚 39 所高校，有 35 所回复，问卷回收率达 89.7%；英国 163 所高校图书馆仅 88 所回复，问卷回复率仅为 54.9%；而同期调查的爱尔兰和新西兰，这两国的问卷回复率均为 100%[300]。这表明，该服务在四国高校图书馆普遍开展，但各国高校图书馆开展研究影响力评价服务的状态各不相同，爱尔兰、新西兰的高校图书馆此项服务的开展更为普遍。澳大利亚图书馆的开展情况良好，英国仅有一半多的高校图书馆开展此项服务。

OCLC 的研究报告表明：丹麦的高校图书馆已经非常适应将自己作为机构内部评估的一部分，已在不断地跟进新的国家级的评估项目；在英国，

---

① Metrics-Toolkit，是由 Altmetric 公司、印第安纳大学-普渡大学印第安纳波利斯联合分校（IUPUI）、Force11 公司三家单位联合开发并于 2018 年 1 月 30 日推出的、面向研究人员和评估人员提供在线查询计量指标的工具性网站。该网站的各项指标，由 27 位来自美国、英国、墨西哥等多国的专家共同编写，旨在帮助研究人员和评估人员理解和使用引文、网络计量和替代计量等。Toolkit 提供基于事实的跨学科的研究测量信息，包括每种测量计算方法、获取途径及应用场景。用户可以通过两种方式查找指标。其一，从作者、图书章节、图书、数据集、期刊论文、期刊、软件/代码/脚本几个维度浏览指标；其二，利用指标类型、研究目标、学科三个限定条件筛选指标。使用该工具网站，可以帮助研究人员和评估人员快速了解指标的含义、计算方法、获取途径，以及如何在基金申请、制作简历时快速了解相关的指标信息。另外，也可结合网站上提供的案例，了解指标的适用情景。http：//www.metrics-toolkit.org/。

科研评估更多地由教师和院系来参与，图书馆参与较少。但随着英国高校图书馆机构知识库所发挥的潜在作用，这种情况正在逐渐改观，图书馆在研究评估过程中得到越来越广泛的认可；澳大利亚的高校图书馆不管是在学校内部还是在国家层的科研评估中，都发挥了重要作用，并且在不断参与的过程中强化图书馆在科研评估工作中的核心作用。OCLC 研究报告显示，图书馆能否成功地在科研评价中发挥作用或者作用发挥到何种程度，不仅需依赖于图书馆馆员的相关技能，更重要的在于馆长的领导技能。成功的图书馆领导者，能够使得图书馆积极地帮助大学应对其内部的及国家级的研究评估过程。图书馆馆员的专业技能，则决定着图书馆与学校的相关部门能够建立多深的联系，图书馆作用发挥的程度[301]。

2. 服务内容差异

针对所开展的具体服务项目而言，各国差异也十分明显。根据希拉·科拉尔 2013 年的研究，澳大利亚和英国的高校图书馆对文献计量培训、引文报告等 7 项服务的开展程度并不相同，如表 3-7 所示。

表 3-7　澳大利亚与英国高校图书馆 RIMS 服务开展情况对比表[302]

服务内容		两国高校图书馆 RIMS 开展情况（%）					
		澳大利亚（35 所）			英国（88 所）		
		当时已开展	计划开展	总计	当时已开展	计划开展	总计
（1）	文献计量培训	77.1	20	97.1	47.1	19.5	66.6
（2）	引文报告	55.9	20.6	76.5	39.1	20.7	59.8
（3）	研究影响力证明	51.5	21.2	73.7	22.4	16.5	38.9
（4）	H 指数计算	66.7	6.1	72.8	13.3	13.3	26.6
（5）	基金申请支持	41.2	17.6	61.8	4.9	3.7	8.6
（6）	学科趋势分析	26.5	23.5	50	8.4	7.2	15.6
（7）	人才评价	21.2	3	24.2	21.7	7.2	28.9

OCLC 研究报告显示，英国、澳大利亚、丹麦等五国的高校图书馆在国家级及学校自身的科研评估的主要服务内容为：机构知识库建设，元数据核实，文献计量学的知识。但实际服务内容各国差异较大，如英国高校图书馆主要提供文献计量学的相关知识，根据学校相关部门的要求帮助院系检查、核实所提交的科研成果的 DOI（唯一数字标识）或其他元数据信息，定位并且购买资源最终提交评估小组；而澳大利亚高校图书馆的相关服务，如机构知识库的建设对研究评估发挥着重要的作用[303]。

（四）图书馆研究影响力评价服务在学校科研评估工作中的作用和角色

1. 图书馆研究影响力评价服务的中立角色

2009 年，OCLC 发布的题为《A Comparative Review of Research Assessment Regimes in Five Countries and the Role of Libraries in the Research Assessment Process》的调研报告。通过对科研管理者（学校/院系领导者、科研管理人员）、科研人员、图书馆馆员的访谈，了解到三方对科研评价的优、缺点的基本看法，如表 3-8 所示。

表 3-8　科研管理者、科研人员、图书馆馆员三方对科研评价的基本看法

人员类型	优点	缺点
科研管理者	帮助管理层将本校与其他高校进行基准分析，有助于制订科研战略规划	实施 REF 产生高昂的人力和经济成本，以及对如在评估中表现不佳将直接导致科研经费减少的压力
科研人员	认同科研评价有助于提升个人的科研表现，以及所在院系如在评估中表现优异，将有助于提升声望和获得更多的科研经费	科研人员面临巨大的更快速发表研究成果的压力

人员类型	优点	缺点
图书馆馆员	科研评估提升英国的科研在全球的影响力、促使高等教育领域的从业者关注科研评价方法，提供机构间基准分析的方法	评估产生高昂的经济成本，促使科研人员倾向于向高质量但昂贵的期刊投稿，使得图书馆界推进的开放获取行动变得更为艰难

总体而言，图书馆在科研评价体系中面临的主要问题是如何在实现科研评价目标和维护学术自由中做好平衡，图书馆倾向于发挥中立的咨询角色[304]。

2. 科研评价服务的目的广泛

国外高校图书馆研究影响力评价服务的目的包括：① 帮助科研人员在应聘、晋升、评奖、申请基金或项目、绩效考核等各阶段中应用评价指标及相关数据源；帮助研究者了解自己的研究影响，如被引次数、被何人引用，从而找到潜在合作者，助力作者科学衡量职业发展；协助研究者进行基金申请；协助研究者深入了解研究主题；协助学科、机构的科学决策，助力各层面的评估。② 帮助院系了解科研产出及影响力，综合对标机构数据分析竞争力，深度分析与其他院系及院系内部实验室或科研团队间的优势及差别，以制定战略目标，明确发展方向。③ 帮助学校科研管理部门关注学校整体的学科影响力、国际竞争力及学科发展态势，支持学科层面的竞争力分析，以支持本校学科建设，辅助管理决策。④ 帮助人事管理部门进行人才引进及管理各阶段的人才评估。

（五）研究影响力评价的工具丰富、多元

在学术评价工作中，各种科研评价指标和工具是重要利器。国外高校图书馆所使用的评价工具类型多元，除了国内图书馆现阶段常用的评

价分析数据库（如 WOS，Scopus，Google Scholar，InCites 等）、期刊评价工具（JCR，Eigenfactor™ Score，SCImago Journal Rank 等），国外高校图书馆所使用的工具还包括：① 普遍使用各种替代计量工具（ImpactStory，Altmetric.com，Plum Analytics 等）；② 将各类大学排名（如 U. S. News and World Report，QS World University Rankings，Shanghai Ranking of World Universities 等）作为机构评价工具进行推介；③ 广泛使用图书评价工具（Springer bookmetrics，Web of Science Book Citation Index，WorldCat Identities 等）；④ 面向不同的学科，各校则会根据自身学科特点，选购特定的检索工具。如生物及医学学科领域见长的高校，常会选择 Faculty of 1000（简称 F1000)①；商学学科见长的高校图书馆，会整理商业学校协会发布的期刊排行 ABS Guide to Academic Journal Quality 为师生提供参考。

各种以数据为基础的工具和指标是科研评价工作中的重要组成部分，熟练掌握和利用各种工具和指标对于挖掘科研过程中的各种信息有非常重要的意义。国外高校图书馆的这一服务现状，与国际范围内科学研究的趋势十分吻合。近年来，用以支持学术交流的各阶段研究工作流程的网站和在线工具层出不穷，但研究人员在多大程度上使用这些工具，并不为人所知。为了寻找答案，2015 年 5 月 10 日—2016 年 2 月 10 日，荷兰乌得勒支大学②（Utrecht University）图书馆的两位馆员博斯曼·杰罗恩（Bosman Jeroen）和克莱默·比安卡（Kramer Bianca），在全球范围内进行了一次在线调研，收集了 17 项研究活动所涉及研究工具的使用情况、开放获取和开放科学的立场，以及学术交流中最重要发

---

① Faculty of 1000：生物和医学的顶级论文的网站，被 5 000 位科学家和临床研究人员推荐。
② 荷兰乌得勒支大学（Utrecht University）是世界顶尖公立研究型大学，是欧洲最古老的大学之一，是荷兰最好的 3 所 "U 类大学" 之一，USNEWS 排名多次为荷兰第一，是荷兰综合实力最强的大学之一。

展的预期。该调查提供 7 种语言，来自全球的研究人员、图书馆馆员、编辑、出版商和其他参与研究的团体等合计 20 663 人参加了本次调研。研究结果表明，整个研究工作流程中，在发现、分析、写作、出版、宣传、评估 6 个环节中，涉及 101 个典型的学术交流创新工具[305]。国外高校图书馆在研究影响力评价服务过程中所利用到的工具和指标，与这 101 个创新工具有很大的交集，这在一定程度上体现了国际学术交流的现状和趋势。

第四章
研究影响力评价服务所需各类工具介绍

第一节　评价分析类数据库介绍

随着技术的发展，涌现出越来越多的评价分析类数据库，现阶段，能够用于评价、分析研究影响力的数据库大致分为如下四大类。

其一，具有计量分析功能的文献数据库，常用的 WOS、Scopus、EI、CSSCI、CSCD、CNKI 等引文索引数据库，以及基于 WOS 和 Scopus 引文索引数据库的数据而建立的科研评价工具 InCites、ESI、SciVal。这些数据库不断改进功能，现已成为图书馆开展研究影响力评价服务的必备工具。WOS、InCites、ESI、Scopus 更成为全球范围内各大学排名的数据源。

其二，在开展某一学科的研究影响力评价时，学科数据库 SciFinder、MathSciNet 等也是必备工具；很多专业数据库（如生物学、医学领域的 F1000）也具有计量分析功能，这些都是国外很多高校图书馆推介使用的评价分析工具。

其三，现阶段，仍有数据库商不断推出具有计量分析功能的数据库，或丰富已有全文数据库的计量功能。如 Taylor & Francis 研制并推出的 Wizdom. ai，Springer 推出的 Bookmetrix 等。

其四，动态监测类数据库。除了上述传统的文献数据库外，近几年还涌现出一些动态监测类数据库。如上海软科的学科发展水平动态监控数据平台、超星集团推出的中国学科期刊指标分析平台（Chinese Essential Science Indicators，CESI）、第三方数据机构青塔推出的高校全景数据平台、学科动态分析平台和院系绩效评估平台。

上述工具目前不仅是研究过程中查找重要文献的途径，也是图书馆及高校评估研究影响力的重要参考。本部分着重介绍引文索引工具（一至十一）及动态监测类数据库（十二至十四）。对引文索引工具，本书力求着重介绍在开展研究影响力评价服务时所需注意的方法与技巧。

一、Web of Science™核心合集

（一）数据库简介

Web of Science（WOS）是美国科睿唯安的综合学科全球高质量核心期刊论文及全球会议文献的检索工具。Web of Science 平台收录多个数据库，主要是 Web of Science™核心合集、中国科学引文数据库ᔆᴹ、MEDLINE®、SciELO Citation Index 等。每周更新数据。

1. Web of Science™核心合集简介

Web of Science™核心合集利用功能强大的引文检索功能，访问高质量、全面、多学科的核心期刊、图书及会议信息。通过 Web of Science™核心合集可以直接访问如下数据库。

（1）三大引文数据库：科学引文索引（Science Citation Index Expanded，SCI-E①）、社会科学引文索引（Social Sciences Citation Index，SSCI）和艺术与人文引文索引（Arts & Humanities Citation Index，A&HCI）。

（2）两大国际会议录引文索引：美国《科学技术会议录索引》（Conference Proceedings Citation Index-Science，CPCI-S）和美国《社会与人文科学会议录索引》（Conference Proceedings Citation Index-Social Sciences & Humidities，CPCI-SSH）。

（3）两大科技图书及专著的引文索引：Book Citation Index-Science（BKCI-S）和社会科学及人文索引 Book Citation Index-Social Sciences & Humanities（BKCI-SSH）。BKCI 所收录的图书是具有完整章节的英文图书，且图书必须经过同行评审出版。为此，现阶段 BKCI 所收录的中文图书数量较少。据试用了解，目前只有中国学者用英文出版的部分著作被 BKCI 收录。

（4）新兴资源引文索引（Emerging Sources Citation Index，ESCI）。ESCI 是 2015 年 11 月推出的一种新的期刊引文索引数据库——新兴资源引文索引。相较于 SCI，SSCI 及 A&HCI，ESCI 主要表现为三方面不同：① ESCI 侧重收录新兴交叉领域的期刊，为科研人员提供了新兴研究领域中科研文献和引证活动的相关视野，帮助科研人员以更广阔的视

---

① SCI 和 SCI-E（SCI Expanded）分别是科学引文索引及科学引文索引扩展版（即网络版），主要收录自然科学、工程技术领域最具影响力的重要期刊，前者收录期刊量少于后者。SCI 相当于 EI 核心，而 SCI-E 相当于 EI 非核心。虽然偶尔 SCI-E 期刊的影响因子会比 SCI 期刊高，但就其影响价值而言仍不如 SCI。ISI 通过严格的选刊标准和评估程序挑选刊源，而且每年略有增减，从而做到其收录的文献能全面覆盖全世界最重要、最有影响力的研究成果。在我国，经有关部门研究，自 2000 年起，SCI 论文统计改为 SCI-E。即，某位作者的论文被 2000 年版以后的 SCI-E 收录，就算是被三大检索刊物之一的 SCI 收录了。也就是说在中国统计 SCI 成果是以 SCI-E 收录为标准，SCI-E 收录等于 SCI 收录。

角了解科学研究的新兴趋势。目前，ESCI 收录了超过 7 700 本严格遴选的高质量、高影响力学术期刊，并且每星期都在不断增加和更新。三大数据库在选刊收录时也会以被 ESCI 收录为重要的参考，以 2018 年 SCI-E 新收录的 15 本中国期刊为例，其中 13 本期刊直接遴选于 ESCI 数据库。② 从覆盖的区域来看，ESCI 非常好地扩展了 WOS 核心合集对于区域性高质量学术成果的收录范围，更多地收录了拉美、非洲、东南亚等地区的期刊，为科研人员提供更加兼具全球性和区域性的文献检索和阅读视角。③ ESCI 涉及丰富的学科领域，更多地涵盖了社会科学、人文与艺术等领域的高质量学术期刊，为学术研究提供了更加完整的学科资源，也能够更有力地支持跨学科和交叉学科研究。目前，ESCI 所收录的 7 700 余种期刊，人文社科类期刊占到一半。ESCI 和 SCI-E、SSCI、A&HCI 相比而言，相同点在于：① 纳入的期刊均具有多学科性；② 采用相同的引用指数评价体系；③ 期刊论文的系统评价。

从具体的选刊标准而言，ESCI 仅需要满足 SCI 收录期刊的第一级标准（First level），即满足同行审议、伦理标准、发行语言为英文，以及所发表论文以 PDF 或 XML 网页形式等最基本要求。ESCI 数据库是对收录期刊 2015 年及之后所发表的论文进行评价。被收录的 ESCI 期刊的论文都可以在 WOS 的核心数据库中查到，但是每年的 JCR 中不报道这些 ESCI 期刊的影响因子。ESCI 并不影响 SCI 期刊的收录及标准；相反，ESCI 使得 SCI 期刊收录过程由原来的一步变为两步，所有新的期刊都需要先满足 SCI 期刊收录的第一级标准，先被 ESCI 数据库收录，然后等满足了 SCI 期刊收录的更高标准后才被 SCI 数据库收录。被 SCI 收录的期刊在重新评估时，如果不能保持 SCI 期刊所要求的标准，但能达到第一级标准就会被降级为 ESCI 期刊；如果完全不能保持 SCI 期刊所要求的标准，甚至连第一级标准也达不到，那么就会被降级为普通期刊。同样地，若 ESCI 期刊不能保持所要求的第一级标准时就会被降级为普通期刊。ESCI 亦是评价期刊质量的一种工具。它是否能够被用来评价科研机构和个人的科研和学术水平则取决于各科研管理部门和科研单位[306]。所以，三大索引在选刊收录时也会以是否被 ESCI 收录为重要参考。在利用 InCites 分析机构时，若需做全面的分析，也可以将 ESCI纳入分析范围。

（5）除八大索引外，Web of Science™核心合集还包括了两大化学信息数据库：检索化合物 Index Chemicus® 和检索化学反应 Current Chemical Reactions®。

2. Web of Science™核心合集八大索引收录资源概况

Web of Science™核心合集的八大引文索引所包含的数据情况如表4-1所示。

表4-1　**Web of Science™核心合集八大索引收录资源概况表**

分类	数据库	数据时限	数据类型及数量
三大引文索引	SCIE/ SSCI	1900—2019 年	18000+权威期刊
	A&HCI	1975—2019 年	
两大国际会议录引文索引	CPCI-S	1990—2019 年	18000+会议录
	CPCI-SSH		
两大图书及专著引文索引	BKCI-S	2005—2019 年	50000+图书年新增 10000 种
	BKCI-SSH		
新兴资源引文索引	ESCI	2005—2019 年	7700 种期刊

需要说明的是，各馆访问的八大索引的权限及各数据库的时间范围取决于各馆订购情况。订购 SCI、SSCI 及 A&HCI 的机构用户，可以免费访问 ESCI 在 2015—2019 年的数据，使用 ESCI 在 2005—2015 年的回

溯数据则需订购。

（二）Web of Science™核心合集检索方法与技巧

数据库提供"基本检索""被引参考文献检索""高级检索""作者检索""化学结构检索"等几种检索方式。

检索时首先选择所要检索的数据库，点击"更多设置"，选择数据库。可访问的数据库由各高校图书馆的订购权限决定。

1. 基本检索

基本检索界面可检索特定的研究主题、某个作者发表的论文、某个机构发表的文献、特定期刊特定年代发表的文献等。提供主题、标题、作者、作者识别号、团体作者、编者、出版物名称、DOI、出版年、地址、会议、语种、文献类型等检索字段，可根据掌握的文献线索和检索经验选择使用。

（1）Author（作者）字段

首先输入姓氏，再输入空格和作者名字首字母，例如，查找作者"张李三"，可输入"zhang ls"。可以使用 AND、OR 和 NOT 算符，也可以使用通配符（＊和?）。检索姓名时姓名不区分大小写。虽然数据库中的姓名与来源出版物中完全相同，但在检索姓名时仍然建议使用姓名的各种形式。例如，"Johnson"可查找"Johnson A""Johnson JL"和"Johnson JMB"。

（2）Publication Name（出版物名称）字段

输入完整或部分出版物名称，后跟通配符（＊ ? ＄）。例如，"Cell Biology＊"可找到"Cell Biology International""Cell Biology International Reports""Cell Biology Research Progress"。用引号（" "）将期刊标题引起，可以查找精确匹配的期刊标题。也可点击"从索引中选择"，在页

面的"出版物名称索引"中浏览和查找。

（3）Address（地址）字段

输入机构名/地点名。例如查找"北京师范大学"，可输入"beijing norm＊univ＊"。

通过在作者地址栏中输入机构和/或地点的完整或部分名称，可以检索"地址"字段。例如，"Univ"和"University"可查找记录中的地址字段出现检索词"Univ"的机构。输入全名时，不要在名称中使用冠词（a、an、the）和介词（of、in、for）。例如，可以输入"UNIV Pennsyvania"，但输入"University of Pennsylvania"将导致错误信息。常见地址检索词可能在数据库中采用缩写形式。例如，单词"Department"可能缩写为"Dept"或"Dep"。

（4）限定文献类型

在研究影响力评价服务中，对于期刊文献的检索，通常要限定"文献类型"为 Article 和 Review。

2. 作者检索

作者检索，可通过输入作者姓名、选择研究领域、选择组织，可检索某一机构的作者在某一研究领域发表的文献。检索技巧同作者字段。

3. 高级检索

高级检索提供更加复杂的检索策略。使用字段标识、布尔运算符、括号和检索结果集来创建检索式。

4. 被引参考文献检索

通过被引参考文献检索可以了解该研究领域的最新进展、某位作者发表文献的被引用情况。提供被引作者、被引著作、被引标题、被引年份、被引卷＊、被引期＊、被引页＊等检索字段。

例：了解作者侯建国 1999 年在 Physical Review Letters 期刊发表有关硅表面碳 60 晶格取向的研究成果被引用情况。

（1）在被引作者处输入作者信息"Hou JG"，输入被引期刊名称："Phy ＊ Rev ＊ Lett ＊"，输入被引用文献发表年份："1999"，点击检索如图 4-1 所示。

图 4-1　WOS 检索作者在指定期刊所发表论文的检索操作

（2）选择被引参考文献并单击"完成检索"如详见图 4-2 所示。

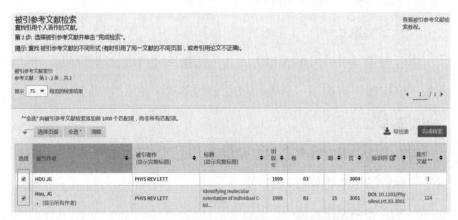

图 4-2　WOS 检索结果中选择被引参考文献

每篇引文文献的"施引文献 ＊＊"列显示该文献被引用的次数，该数字是指该文献被 WOS 数据库中的所有文献（引用文献）引用的次数;若查 SCI 引用情况,需要在某一引文条目左侧的方框内做标记,点击"完成检索",在结果中可查看所有引用此篇引文文献的来源文献(引用文献)。

(三) 检索结果的分析与下载

1. 精炼/分析检索结果

WOS 提供强大的分析功能,可以使用"精炼检索结果"功能,从学科类别、出版年、数据库、来源出版物、文献类型、基金资助机构、开放获取、作者等途径进一步精炼结果,缩小查找范围,提高检索效率。多个维度地精炼/分析统计功能,方便了解某研究课题的总体发展趋势、潜在的合作者或合作机构等,如图 4-3 所示。

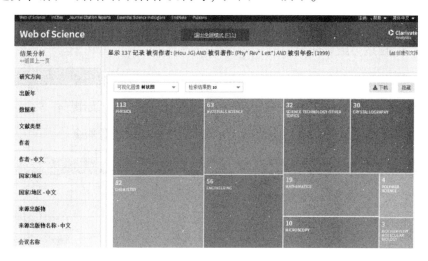

图 4-3 WOS 检索结果分析页面

2. 数据下载注意事项

在 WOS 数据库中下载数据,检索结果页面上方,点选"保存为其他文献格式",设置"全记录与引用的参考文献",导出格式为"纯文本",点"发送",如图 4-4 所示。WOS 一次只能导出 500 条数据,超过 500 条的,记录数设置为 501 至 1000,1001 至 1500,以此类推。注意,如果文献数量不是整 500 条,需要输入准确的数字,如检索结果为 489 条,需输入 1 至 489,而不能写 1 至 500。

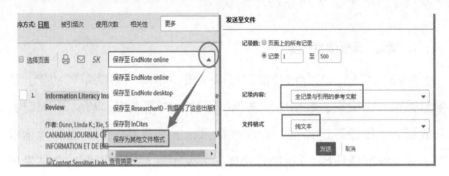

图 4-4　WOS 数据下载注意事项

3. 检索历史管理

每一次操作会记录在"检索历史",可以通过检索历史,创建定题服务,以通过邮件了解最新进展。在检索历史页面(如图 4-5 所示)可"组配检索式""保存检索历史"即可创建定题跟踪服务。

图 4-5　WOS 检索历史页面

4. 创建引文报告

在"检索结果"页面点击"创建引文报告"，可对检索结果集做综合引文统计，包括所有结果被引用的合计次数、每条结果被引用的平均次数、每条结果每年被引用的次数、每条结果在一年内被引用的平均次数等，有助于呈现某研究领域的总体趋势、快速锁定高影响力、高热点论文。

二、InCites

（一）数据库及其指标概述

1. 数据库简介

InCites 是在汇集和分析 Web of Science™核心合集七大索引数据库的数据基础上建立的科研评价工具，综合各种计量指标和 30 年来各学科各年度的全球基准数据。数据与基线每两个月更新一次。通过 InCites，能够实时跟踪机构的研究产出和影响力；将本机构的研究绩效与其他机构以及全球和学科领域的平均水平进行对比；发掘机构内具有学术影响力和发展潜力的研究人员，并监测机构的科研合作活动，以寻求潜在的科研合作机会。

InCites 与 Web of Science™核心合集的数据相互连接，采用更加清晰、准确的可视化方式来呈现数据，可以更加轻松地创建、存储并导出报告。

InCites 数据库需通过 WOS 账号登录，如果没有账号，可以点击"Register an email address"进行注册。在注册时需输入邮箱和个人的基本信息。

　　InCites 数据库分析包括人员、机构、区域、研究方向、期刊图书会议录文献和基金资助机构模块，如图 4-6 所示。每个模块的结构包括筛选区、图示区和结果区。

图 4-6　InCites 分析功能

2. 计量指标

　　InCites 包含了丰富的指标，可以对考察对象的科研表现进行全方位、多角度的分析。但需要注意的是，每个指标都仅能测量科研表现的一个或有限的几个方面，因此在使用文献计量学指标进行科研绩效分析时一直遵循的原则有：多指标优于单指标、相对指标优于绝对指标、长期表现优于短期表现、同类相比等。

　　InCites 数据库中独特的相对指标有：

　　（1）学科规范化的引文影响力（Categorynormalized Citation Impact，CNCI）：对论文的被引频次进行了学科、出版年和文献类型的标准化，因此该指标是跨学科可比的。

　　（2）被引次数排名前 10% 的论文百分比：一组论文集中被引次数

位于同年、同学科、同文献类型全球前10%的论文所占的百分比，是一个反映较高水平科研成果的指标。

（3）百分位：百分位反映了一篇论文的被引频次在同类论文中的相对位置。

（4）ESI高被引论文百分比：这个指标可以用来评价高水平科研并且能够展示某一机构论文产出在全球最具影响力的论文中的百分比情况。

（二）分析功能

InCites可以从人员、机构、区域、研究方向、期刊图书会议录文献和基金资助机构六个角度进行分析，以机构分析为例，每个模块的分析方法类似，可以从筛选区、图示区和结果区分别按照需求进行设置，得到最后的分析数据和图表。

1. 筛选区

在InCites中进行分析，筛选区的设置分为两步：

（1）Tile设置，即数据来源的设置，包括数据集、实体类型、出版年的设置。

① InCites中的数据集可以分为两大类，一类为系统默认的InCites Dataset，其数据包含InCites核心合集中七大索引数据库中1980年至今的所有数据，此外，还可以通过勾选"with ESCI"，选择ESCI的数据；另一类则可以通过在核心合集中得到的检索结果，保存至InCites中，保存后可以在数据集选项中直接选择该检索结果集进行分析。首先需要根据需求对数据集进行选择。

② 实体类型，即分析的角度，也是上文中提到的分析模块，主要包括人员、机构、区域、研究方向、期刊图书会议录文献、基金资助机

构六大实体类型。如果需要对机构进行分析和比较，即选择机构类型，如果是需要从研究方向来进行分析，则选择研究方向类型等。

③ 出版年，通过拖动时间选择框即可设定数据的出版年限。

（2）过滤器设置。过滤器设置会因为第一步中实体类型不同而有所区别，但总的来说，过滤器设置都分为过滤器和阈值两种设置方法。

过滤器设置方法即从属性、研究网络、研究产出三方面进行设置。不同实体类型的设置会有所不同，如图 4-7 所示，以机构为例，按属性可以从机构名称、机构类型、国家/地区、排名、机构联盟等方面进行设定，还可以通过点击设置框后的等号使其变为不等于的方式，排除某类属性；按研究网络则可以设定合作者、合作机构、合作国家/地区；按研究产出则可以从文献类型、研究方向、期刊、开放获取、出版商、基金资助机构进行设置。

图 4-7　InCites 过滤器设置

需要特别注意的是，在 InCites 中，"研究方向"设置时，有 Web of Science、ESI、中国 SCADC 等 9 种学科分类体系可供选择。

除了过滤器方式以外，还可以直接选择阈值进行设置。阈值主要从 Web of Science 论文、被引频次、每篇文章作者数、期刊影响因子（JIF）分区四个方面设定，如图 4-8 所示，前三项均可通过拖拉条自由设定，期刊影响因子（JIF）分区则直接输入进行设定。

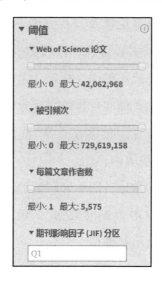

图 4-8　InCites 阈值设置

Tile 设置和过滤器设置完成以后，点击"更新结果"按钮，即会在图示区和结果区显示出设置以后的数据。

2. 结果区

结果区即以表格形式展示所有指标数据。一般默认显示的指标包括排名、Web of Science 论文数、学科规范化的引文影响力、被引频次、论文被引百分比。如需其他指标，可以通过点击齿轮图示自选配置指标，如图 4-9 所示。

图 4-9　InCites 指标设置

InCites 中的指标主要包括产出力、影响力、合作、荣誉和其他五大类：①产出力包含 WOS 论文数、JIF 期刊中的论文、JIF 各分区期刊中的论文及其百分比、高被引论文及其百分比等 16 个指标；②影响力则包含如被引频次、论文被引百分比、H 指数、学科规范化的引文影响力、引文影响力、期刊规范化的引文影响力等 10 个指标；③合作包含国际合作论文及其百分比、横向合作论文百分比等 3 个指标；④声誉包含全球教学声誉、国际学生、教学人员等 13 个指标；⑤其他则包含国家/地区、排名、机构类型等内容。

在结果区选择不同的指标，图示区则显示不同的图片。

结果区的数据可以点击"基准数据"，根据需求选择不同的基线，包括全球基准值和所有结果基准值。

结果区的数据可以导出保存为 CSV 格式。

3. 图示区

InCites 图示区可以设置条形图、地理分布、气泡图、树状图、饼图、趋势图、雷达图、5 年趋势图和散点图。其中除了散点图（设置 3 个指标纬度）和雷达图（设置多个指标纬度）外，其他图形都只能设置一个指标纬度。

图示区生成的图片可以导出为 PDF 格式。

（三）举例

1. 分析本机构的科研绩效和对标分析，明确全球机构定位

（1）分析本机构科研产出和影响力

选择"机构"模块，"筛选区"中通过"机构名称"输入本机构名称，系统会自动提示近似名称，如 Beijing Normal University，"筛选区"中通过"出版年"选择分析年份，例如，2008—2018 年，点击"更新结果"即可显示本机构的数据。

（2）同行机构对标分析

在上一步结果中，可继续通过"筛选项"选择对标机构，从机构名称、机构类型、国家/地区、排名、机构联盟等角度进行机构分析。例如选择对标机构名称为"East China Normal University"，如图 4-10 所示。

在"筛选项"利用其他选项来选择需要分析的数据。如选择"研究方向"，可选择需要分析的学科分类，InCites 数据库中有 9 种学科分类可供选择。点击"更新结果"后得到本机构和对标机构的数据，在图示区可选择图表类型和作图指标。

在分析结果中，点击"基准数据"可根据需求选择不同的基线，包括全球基准值和所有结果基准值。点击齿轮图示配置指标，InCites 的重要指标包括：学科规范化的引文影响力（Category Normalized Citation Impact，CNCI）、期刊规范化的引文影响力（Journal Normalized Citation Impact，JNCI）、论文被引百分比（% Documents Cited）、被引频次（Times Cited）等。可点击"导出"按钮下载检索结果和相应的指标，点击论文数查看每篇论文的详细信息。

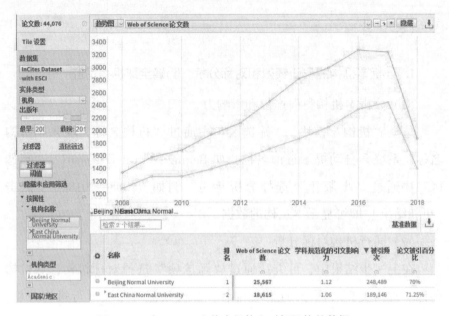

图 4-10　在 InCites 查找本机构和对标机构的数据

2. 分析机构的学科布局

选择"研究方向"可分析机构学科表现，优化学科建设进程。如图 4-11 所示，在"筛选项"的"机构名称"处输入机构名称，例如 Beijing Normal University，并点击"更新结果"，可查看北京师范大学在各个学科的表现，指标包括 Web Of Science 论文数、学科规范化的引文影响力、被引频次、论文被引百分比等。可在"筛选项"利用其他选项来选择需要分析的数据。需注意的是，在分析机构学科布局时，需在"学科分类体系"中选择合适的学科分类体系，InCites 支持 ANVUR、GIPP、Australia FOR Level 1、Australia FOR Level 2、China SCADC Subject 77 Narrow、China SCADC Subject 12 Broad、FAPESP 等十余个学科分类体系。

图 4-11　利用 InCites 查看机构学科表现

三、ESI

（一）数据库概述

基本科学指标数据库（Essential Science Indicators，ESI）是科睿唯安基于 Web of Science 核心合集中的 SCI 和 SSCI 数据建立的科研计量分析数据库，是衡量科学研究绩效、跟踪科学发展趋势的分析评价工具。目前，ESI 已成为当今世界范围内普遍用以评价高校、学术机构、国家/地区国际学术水平及影响力的重要评价指标工具之一。

ESI 收录的文献类型为 Article 和 Review，提供最近 10 年的滚动数据，每两个月更新一次，数据更新后，之前的数据无法调出。每一种期刊都按照 22 个学科进行分类标引。ESI 是对科研文献进行多角度、全方位分析的资源，可以帮助用户发现所需的信息。通过 ESI 可以实现：分析机构、国家和期刊的论文产出和影响力；按研究领域对国家、期刊、论文和机构进行排名；发现自然科学和社会科学中的重大发展趋势；确定具体研究领域中的研究成果和影响力；评估潜在的合作机构，对比同行机构。

　　ESI、InCites 两个数据库的数据均来自 WOS，且三个数据库的数据更新频率有所不同，在使用 ESI 和 InCites 时，需根据各数据库的数据更新频率选择下载时间。结合使用经验，WOS、ESI 和 InCites 三个数据库的数据更新情况梳理总结如表 4–2 所示。

表 4–2　WOS、ESI 和 InCites 数据及其更新情况比较

数据库/分析平台	WOS	ESI	InCites
更新频率	每周	每 2 月更新，一年 6 次	每月更新，一年 12 次
更新时间		奇数月（1/3/5/7/9/11 月）上中旬	每月中下旬
发布时间查看方式	进入 WOS 核心合集，点击"更多设置"，下方显示"最新更新日期"	ESI 主页右下角 InCites Essential Science Indicators dataset updated Sep 08. 2022. For more Information Click Here	InCites 主页右上角，点击"Help"，选择"Data and Subscription Notifications"
数据覆盖时间范围	取决于各馆订购年限	10 年 2 个月或 11 年的数据。如 2019 年 3 月数据覆盖范围为 2008 年 1 月 1 日—2018 年 12 月 31 日，为整 11 年的数据；2019 年 5 月数据覆盖范围为 2009 年 1 月 1 日—2019 年 2 月 28 日，为 10 年 2 个月的数据	1980—更新时间前 1 个月的全部数据。如 2019 年 2 月 27 日更新数据来源于 1980 年 1 月 25 日的数据①

---

　　① 如需与 ESI 的数据进行比对，如分析尚未进入 ESI 学科的潜力值时，需按照 ESI 数据覆盖范围调整 InCites 的数据时间，但时间粒度仅能到年。如 ESI 2019 年 3 月数据覆盖范围为 2008 年 1 月 1 日—2018 年 12 月 31 日，InCites 中对应选择 2008—2018 年。

续表

数据库/ 分析平台	WOS	ESI	InCites
数据覆盖 范围查看方式	检索页面的时间选择框	ESI 主页右下角，点击 "Click Here"	同 "发布时间查看方式"
数据覆盖 子库及 文献类型	WOS 核 心 合 集（SCI、SSCI、A&HCI、CPCI‑S、CPCI‑SSH、BKCI‑S、BKCI‑SSH）、CSCD、KCL、MEDLINE、RSCI、ESCI 的所有文献类型 收录及引用可分库查找	收录数据：来自 SCI、SSCI 的 Article 及 Review 引用来自：SCI、SSCI、A&HCI	收录数据：来自 WOS 核心合集七大引文索引的全部文献类型① 引用数据来源于以上七大引文索引的全部文献类型，并可勾选 ESCI

（二）ESI 使用介绍

在 ESI 主界面，可以选择 ESI 各学科所有机构的数据指标（Indicators）、基准值（Field Baselines）和 ESI 阈值（Citation Thresholds）三种不同的分析途径。在右上方可以分别点击三个按钮以下载 PDF、CSV 或 XLS 格式的数据文件，将结果发送到电子信箱，或保存在本地的文件夹中。

1. 指标分析

在指标（Indicators）界面，左边是筛选区，可以在 "Results List" 中选择多个选项筛选数据集，包括研究领域、作者、机构、期刊、国家/地区和研究前沿，可以增加筛选条件（Filter Results By），还可以选择不同的文献类型，包括高水平论文（Top Papers）、高被引论文（Highly Cited Papers）和热点论文（Hot Papers）。中间部分是图示区，

---

① 在与 ESI 进行数据对比时，InCites 中数据的文献类型需选择 Article 及 Review。

可以查看数据的可视化结果，通过点击 Show Visualization 和 Hide Visualization 来显示或隐藏可视化地图。下半部分是结果区，可以看到分析对象的详细指标表现，通过点击 Customize 自定义结果区中显示的指标。

2. 学科基准值分析

学科基准值（Field Baselines）：评价基准线，是指某一 ESI 学科论文的分年度期望被引次数。它是衡量研究绩效的基准，是帮助理解引文统计的标尺。

点击进入学科基准值（Field Baselines）选项，可以分别选择篇均被引次数（Citation Rates）、百分位（Percentiles）或者学科排名（Field Rankings）；同时提供学科基准值以及所选子项基准值的解释说明。结果区的第一栏为 ESI 的 22 个学科，分年度显示各学科论文的被引用情况是否达到了全球平均水平详见图 4-12。

3. 引用阈值分析

引用阈值（Citation Thresholds）：在某一 ESI 学科中，将论文按照被引次数降序排列，确定其排名或百分比位于前列的最低被引次数。点击进入引用阈值（Citation Thresholds）选项，可以分别选择 ESI 学科阈值（ESI Thresholds）、高被引论文阈值（Highly Cited Thresholds）和热点论文阈值（Hot Paper Thresholds）；同时提供引用阈值以及所选子项阈值的解释说明；结果区以 ESI 的 22 个学科为出发点，分别从作者、机构、期刊、国家等不同层面给出被引阈值（详见图 4-13）。在 ESI 学科阈值（ESI Thresholds）界面，可查看某机构未进入 ESI 排名的各学科的 ESI 门槛值，对比机构论文被引次数，以便发现最具发展潜力的学科领域。

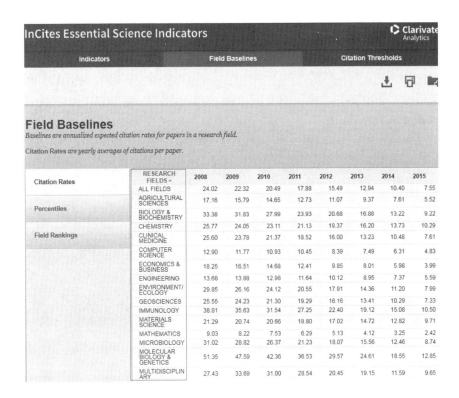

图 4-12　ESI 的学科基准值分析界面

（三）ESI 常见问题举例

1. 查找机构在 ESI 某学科中的影响力排名

在 "Results List" 中选择 "机构"（Institutions），可查找目前进入全球前 1% 的 ESI 学科所在的机构数和名称。也可通过自由组合其他指标来查找机构在 ESI 某学科中的影响力排名。

以查找机构在 ESI 学科中化学学科的影响力排名为例。在 ESI 主页面，点击指标（Indicators）选项，在指标选项界面选择机构（Institutions），在增加筛选条件（Add Filter）中点击研究领域（Research

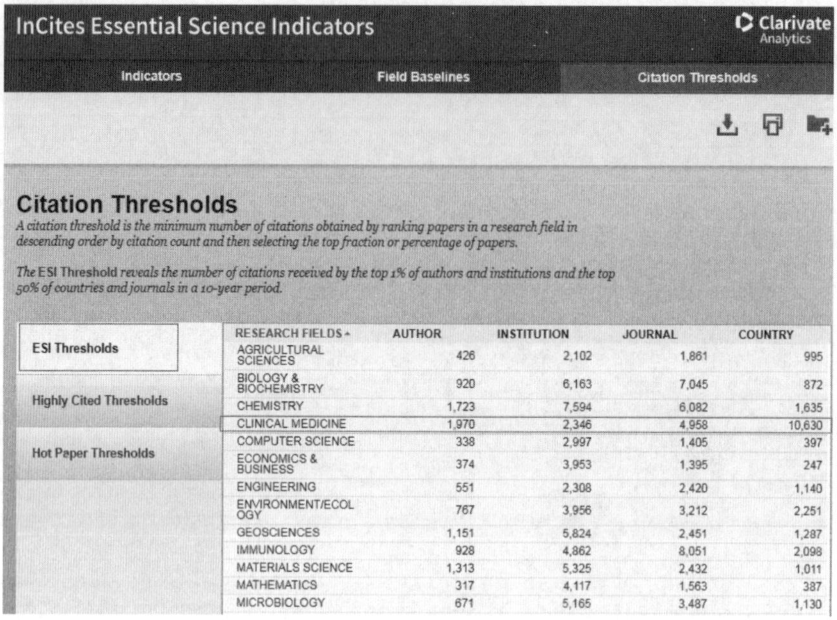

图 4-13   ESI 的引用阈值分析界面

Fields），系统会出现 22 个 ESI 学科的下拉菜单，选择目的学科化学（Chemistry）。在结果区从左至右依次显示了研究领域、论文数、被引次数、篇均被引次数、高水平论文或高被引论文或热点论文的数量。以 2018 年 9 月 27 日检索为例，排在第一的机构为中国科学院（Chinese Academy of Sciences）。如需查找特定机构的排名，可以点击结果区表头中的 "Institutions"，在下拉窗口的 Filters 后的输入框中输入需要查找的机构名称即可得到该机构的排名；如需查找特定国家/地区的排名，则相应地点击 Countries/Regions，输入国家或地区名称即可。

2. 查找某机构进入全球前 1% 的 ESI 学科

在 "Results List" 中选择研究领域（Research Fields），可以按研究领域对国家、期刊、论文和机构进行排名。在 "研究领域" 界面查找某机构进入全球前 1% 的 ESI 学科。

以查找北京师范大学进入全球前 1% 的 ESI 学科为例。在 ESI 主页面，点击指标（Indicators）选项，选择研究领域（Research Fields），在增加筛选条件（Add Filter）中选择机构（Institutions），输入目的机构名称的字符串 "Beijing Normal University"，系统会自动提示英文全称 "Beijing Normal University"，结果显示热点论文，页面右方立刻显示结果。

在结果区从左至右依次显示了研究领域、论文数、被引次数、篇均被引次数、高水平论文或高被引论文或热点论文的数量。可见，14 个学科进入 ESI 学科全球排名前 1% 的行列（注：最后一行是 all fields，不列入其中）。

3. 查找某机构在各学科的高水平论文、高被引论文或热点论文

如需获取机构在各 ESI 学科的高水平论文、高被引论文或热点论文，如图 4-13 所示，在左侧 "Include Results For" 下方对应选择 "Top Papers""Highly Cited Papers" 或 "Hot Papers"，选择后，点击结果区对应的 Top Papers 等字段下方包含有论文数目的条形图，即可进入查看具体论文信息的界面。如图 4-14 所示，通过选择 Customize Documents 来自定义各类指标和题录信息，点击论文题目时，ESI 会自动链接到 Web of Science 数据库中，获取每一篇论文的详细信息。点击被引次数时，将会显示被引趋势图，并可以将此趋势图导出、下载。点击作者、期刊、学科分别获得相关信息。可将所有入围学科的高被引论文导出，从引文数和发文数进行院系贡献度分析。

4. ESI 各学科的研究前沿

在 "Results List" 中选择研究领域（Research Fields），可以查找 ESI 各学科的研究前沿。以查找 ESI 学科中化学学科（Chemistry）的影

高校图书馆研究影响力评价服务实务
The Practice of Research Impact Measure Services in University Libraries

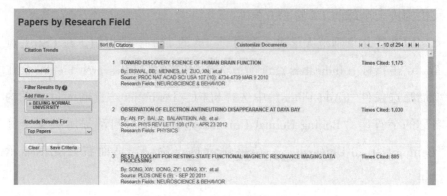

图 4-14　ESI 文档界面

响力排名为例。在指标选项界面，选择研究前沿（Research Fronts），在增加筛选条件中选择研究领域，选择化学学科（Chemistry）。结果显示选择高被引论文。在结果区从左至右依次显示了研究前沿的数量、研究前沿（Research Fronts）的具体内容、高被引论文数（Highly Cited Papers）和平均年（Mean Year）。可以点击包含高被引论文数的条形图，获取每一篇高被引论文的详细信息。

四、Scopus

Scopus 是爱思唯尔公司于 2004 年推出的、号称全球最大的同行评议科研文章摘要和引文数据库，提供多种工具用于追踪、分析学术发展趋势及展示可视化分析学术研究成果。它收录了来自全球超过 5 000 家出版机构的超过 22 000 种期刊和 750 万篇学术会议论文，覆盖自然科学、技术、医学、社会科学、艺术与人文等学科。Scopus 由研究人员和图书管理人员共同参与设计开发，并附有链接直接到论文全文、图书馆资源及参考文献管理软件等应用程序。

（一）Scopus 的资源

Scopus 资源非常丰富，包含 Elsevier 出版的期刊论文、来自其他出版商的产品和网上的免费资源，如 Springer、Wiley-BlacKFell、Taylor & Francis、SAGE、Wolters Kluwer、Emerald、Oxford、Cambridge 等。其学科包含健康科学（31%）、生命科学（15%）、自然科学（29%）和社会科学（25%）四大类，涉及 27 个一级学科，如表 4-3 所示，334 个二级学科①。Scopus 收录有期刊报告、会议论文、图书和专利四大文献类型。截至 2018 年 1 月，Scopus 收录了超过 23 700 种同行评议的期刊，其中完全开放获取期刊有 4 000 多种，收录约 600 余种中文期刊。Scopus 共计包含超过 7 100 万条文献记录，其中约 6 400 多万 1970 年以后的包括参考文献的记录，650 多万条 1788—1970 年的数据，除此之外，还收录了 14 亿篇回溯至 1970 年的参考文献，16.6 万多种图书，830 多万篇会议论文，主要来自五家专利局（世界知识产权组织 WIPO、欧洲专利局 EPO、美国专利局 USPTO、日本专利局 JPO 和英国知识产权局 IPO. GOV. UK）的 3 900 多万份专利②。

---

① 详细二级学科分类及 Scopus 期刊列表可访问 https：//www. scopus. com/sources. uri？zone＝TopNavBar&origin＝journalEvalPage，点击右上方"下载 Scopus 来源出版物列表"。

② https：//www. elsevier. com/_ data/assets/pdf_ file/0007/69451/0597-Scopus-Content-Coverage-Guide-US-LETTER-v4-HI-singles-no-ticks. pdf.

表 4-3　**Scopus** 四大类 27 个一级学科类目表

类别	Health Sciences	Physical Sciences	Social Sciences	Life Sciences
学科	Medicine	Chemical Engineering	Arts and Humanities	Agricultural and Biological Sciences
	Nursing	Chemistry	Business, Management and Accounting	Biochemistry, Genetics and Molecular Biology
	Veterinary	Computer Science	Decision Sciences	Immunology and Microbiology
	Dentistry	Earth and Planetary Sciences	Economics, Econometrics and Finance	Neuroscience
	Health Professions	Energy	Psychology	Pharmacology, Toxicology and Pharmaceutics
	—	Engineering	Social Sciences	—
	—	Environmental Science	—	—
	—	Materials Science	—	—
	—	Mathematics	—	—
	—	Physics and Astronomy	—	—
综合交叉学科	Multidisciplinary			

　　Scopus 数据库拥有一个国际化的公开、透明的第三方选刊委员会，始终独立负责 Scopus 内容评审和收录。数据库内容每天更新。

（二）Scopus 的检索

　　Scopus 提供一站式检索服务，其数据库的首页即文献检索界面，如图 4-15 所示，该界面提供了文献搜索、作者搜索、归属机构搜索和高级搜索四种检索方式。

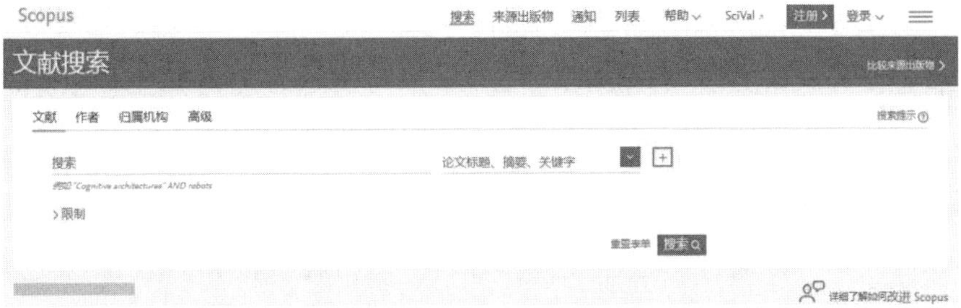

图 4-15 Scopus 文献搜索界面

1. 文献搜索

Scopus 的文献搜索可以自行添加检索框，在检索框中可以利用布尔逻辑运算符构造检索式，Scopus 对收录文献的特征标引详尽，因此用户可以从不同途径查找所需文献，文献搜索提供了作者、第一作者、来源出版物名称、论文标题、摘要、关键字、归属机构（归属机构名称、归属城市、归属国家/地区）、资金资助信息（资金赞助者、资金资助的首字母缩写、资金资助编号）、语言、ISSN、CSDEN、DOI、参考文献、会议、化学物质名称等 17 个字段，以及论文标题/摘要/关键字/作者、论文标题/摘要/关键字两个联合字段以及所有字段，便于用户全面检索到所需相关文献。

在文献搜索界面，用户还可以通过日期范围（出版时间和添加到 Scopus 的时间）、文献类型、访问类型对检索进行限定。

2. 作者搜索

作者搜索是 Scopus 的检索特色之一。Scopus 是全球唯一对收录论文按照作者进行自动分组的数据库。Scopus 建立了独特的作者辨识功能（Author ID），将同一位作者的所有著作归集于同一个作者标识符（即学者档案）。通过采用匹配算法将论文自动归入学者档案，再根据反馈对论文进行手工分类，通过使用来自行业机构的反馈主动对算法进行补充，包括开放研究者（Open Researcher）与贡献者身份识别码（Open Researcher and Contributor ID，ORCID）的反馈，以及来自 Scopus 作者反馈团队用于改进学者档案的反馈。因此，在作者搜索中，如图4-16所示，用户可以通过作者姓氏、作者名字、归属机构和 ORCID 来进行作者搜索。

图 4-16　Scopus 作者搜索页面

3. 归属机构搜索

归属机构搜索也是 Scopus 的特色之一，Scopus 对收录论文按单一归属机构进行自动分组。Scopus 给每个归属机构分配了一个唯一的编号，并将归属于某个组织机构的所有文献分为一组，从而起到了将归属机构区分开来的作用。因此，在归属机构搜索中，即使在引用时对组织机构采用了不同的称谓，也依然能将来自同一个组织机构的文献匹配在一处。

如图 4-17 所示，在归属机构搜索时，输入组织机构的名称即可进行检索。单击下方的"按归属机构检索文献"，则会打开"归属机构搜索"的页面，其中显示所输入的归属机构名称，同时还可以选择其他的相关归属机构字段，如"归属城市""归属国家/地区"等，以提高检索的准确性。

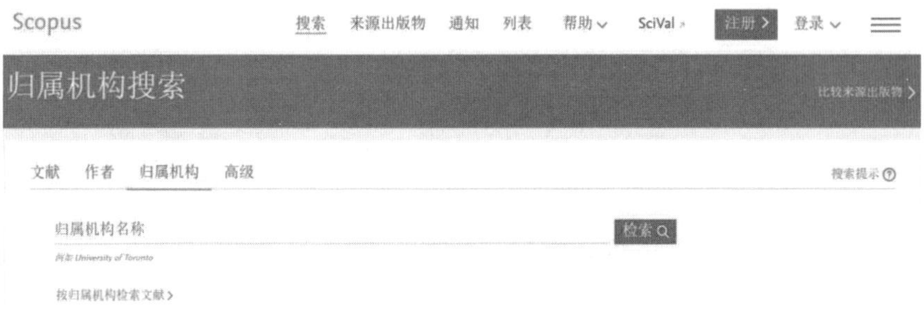

图 4-17　Scopus 归属机构搜索页面

4. 高级搜索

Scopus 的高级搜索即专业检索，需要输入检索式字符串。如图 4-18 所示，在高级搜索页面提供了字段代码、运算符和检索式示例，以便读者迅速掌握高级搜索的使用方法。输入检索式字符串时，在高级搜索页面的右侧已经列出所有的字段代码，点击对应字段代码右侧的"+"，即可自动将该字段代码添加到检索框中。在高级搜索中，输入检索式后，可以点击检索框下方的"大纲检索式"，将会以大纲的形式展示检索式，以便清晰展示检索式的逻辑关系。

5. 来源出版物

Scopus 的来源出版物页面提供按学科类别、标题、出版商、ISSN 查找来源出版物，其中，学科类别可以按照 Scopus 的 27 个一级学科和 334 个二级学科进行筛选。

Scopus 的期刊度量标准主要有三个：CiteScore（引用分）、期刊标准化指标 SNIP（Source Normalized Impact per Paper）和期刊声望指标

图 4-17　Scopus 高级搜索页面

SJR（SCImago Journal Rank）。CiteScore 是 Scopus 2016 年 12 月公布的衡量期刊影响力的重要指标，其定义可参见本章第二节。

期刊标准化指标 SNIP 于 2010 年初加入 Scopus 期刊分析系统，SNIP 是篇均来源期刊归一化影响力指数，考虑到了不同学科的特点，可用于比较不同领域的期刊。Scopus 中所有期刊的 SNIP 指标的全球均值为 1。

期刊声望指标 SJR 是一个基于声誉的指标，其算法与 Google PageRank 类似。这种指标根据引用论文所在期刊的领域、质量与声誉来计算引用文献的引用权重评估引用值，同 SNIP 一样，SJR 也考虑到了不同学科学术行为的区别，可用于比较不同领域的期刊，Scopus 所有期刊的平均 SJR 值也是 1。

如图 4-19 所示，Scopus 来源出版物检索结果页面会直接显示来源出版物名称、CiteScore、最高百分位数及最新 CiteScore 值的当年引文数量、近三年的文献数量、被引用比率、SNIP、SJR 和出版商信息。用户可以对检索结果进行筛选，如"仅显示公开访问期刊"、根据 CiteScore 最高千分位数来显示等，并可以根据来源出版物类型进行筛选。

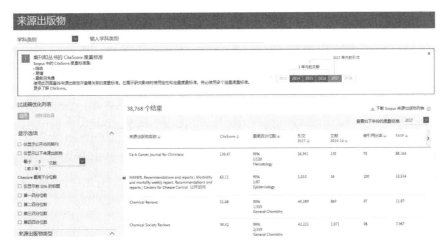

图 4-19　Scopus 来源出版物页面

　　某一种来源出版物详情页面，会显示来源出版物名称、Scopus 涵盖范围年份、出版商、ISSN 号、学科类别、最新的 CiteScore、SJR 和 SNIP，同时显示详细的 CiteScore 的计算信息、CiteScore 排名趋势和 Scopus 的内容涵盖范围。

　　（三）Scopus 检索结果的显示与处理

1. Scopus 文献搜索检索结果

　　Scopus 的文献搜索检索结果页面除了提供"在结果中搜索"外，还提供多种精简搜索结果的方式，主要包括访问类型、年份、作者姓名、学科类别、文献类型、来源出版物名称、关键字、归属机构、国家/地区、来源出版物类型、语言等，可以进行限制范围，也可以排除某些类。

　　检索结果可以根据日期（最新）、日期（升序）、施引文献（最多数量）、施引文献（最少数量）、相关性、第一作者（A—Z）、第一作者（Z—A）、来源出版物（A—Z）、来源出版物（Z—A）排序显示。

可以对选中的检索结果有多种导出方法，如图4-20所示，包括
Mendeley、RefWorks、RIS格式/EndNote等、CSV/Excel、BibTeX、纯文
本等，还可以直接导出至SciVal。导出的信息也非常丰富，包括引文信
息、题录信息、摘要和关键字、资金资助详情、其他信息等。最多可以
将1 000条记录导出到Mendeley，其他导出选项可以导出最多2 000条
项目，而在CSV文件中最多可以导出20 000条"仅限引文"格式的
记录。

图4-20　Scopus导出文献设置

Scopus还可以对检索结果直接进行分析，可以从年份、来源出版
物、作者、归属机构、国家/地区、文献类型、学科类别等角度对检索
结果进行分析，并以可视化的图表形式直观展现，便于读者对检索结果
的深入解读。

2. Scopus 作者检索结果

Scopus的作者搜索结果页面和文献搜索结果页面有很大的不同。检
索结果会显示不同的作者标识符（即学者档案）的作者，检索结果页
面的记录会显示作者、文献数量、学科类别、归属机构、城市、国家/

地区，可以对选中的作者显示文献、查看引文概览和请求合并作者，对作者的记录有多种排序方式。也可以根据来源出版物名称、归属机构、城市、国家/地区、学科类别精简搜索结果。

当点击某一条检索结果后，即可进入该作者（唯一作者标识符）的学者档案页面，显示作者的归属机构、城市、国家/地区、其他姓名格式、作者 ID、学科类别、文献和引用趋势图，可以获取引文通知、添加到 ORCID、请求修改作者详情、关注该作者等，还会显示该作者的 H 指数、文献数量、总引文数，可以分析作者的产出，查看引文概览等。

3. Scopus 归属机构检索结果

Scopus 的归属机构检索结果页面同作者检索结果页面较为类似，会直接显示归属机构名称中含有检索词的机构，读者可以根据机构名称、城市、国家/地区等信息确认是否为所需的机构，点击机构名称即可进入归属机构的全记录页面。在检索结果全记录页面，会有归属机构详情，包括机构名称、地址、归属机构 ID、其他名称格式、整个机构的文献数量（包含挂靠机构、分校等）、仅限归属机构的文献数量、归属机构作者等，同时提供对归属机构文献的分析功能，可以按学科类别划分文献、按合作的归属机构和按来源出版物划分文献来进行分析，并可视化分析结果。

（四）Scopus 的个性化服务

Scopus 提供注册用户的个性化服务，注册登录后，可以保存检索式、保存检索结果、设置检索通知、引文通知等，同时 Scopus 和 SciVal 可以通用爱思唯尔 Science Direct 数据库个性化服务账号登录，登录后，可以将 Scopus 的检索结果直接导出到 SciVal 中进行深入分析。

五、SciVal

SciVal 是爱思唯尔公司于 2014 年推出的研究表现分析工具，能够分析全球科研动态，对比不同研究机构的研究表现，帮助决策者优化研究战略和资金分配。目前，通过 SciVal 可以获得全球约 220 个国家和地区，大约 8 500 个研究机构研究表现的客观数据。可以直观展示研究表现，帮助研究者与同行对标、建立合作关系，并支持自由创建研究团队和研究领域，根据各种需要进行分析。

（一）SciVal 的数据源

SciVal 使用 Scopus 数据库 1996 年之后的内容，以确保在 SciVal 里展现的被引频次以连续年份数据为基础。

Scopus 数据库内容每天更新，而 SciVal 数据库内容每周更新。SciVal 采用 Scopus 数据，然后对其进行结构化处理，以优化其对 SciVal 指标与功能的支持。因此，SciVal 数据的更新程度可能略微滞后于 Scopus。

（二）分析模块

使用 SciVal 需要注册和登录，用户名和密码与 Scopus、ScienceDirect 等爱思唯尔产品共享。用户名即为注册的电子邮箱。

SciVal 由 Overview、Benchmarking、Collaboration、Trends 4 个不同的模块组成（详见图 4-21）。用户可以根据需要自由选择。在 SciVal 的各个分析模块中，都提供对分析图表的下载和具体数据的下载功能，数据一般提供 XLS、CSV 格式，此外还提供图片格式下载生成的分析图。

1. Overview：研究特定机构或研究人员的科研表现细节

在 Overview 模块，用户可以分析研究机构和研究人员的研究表现，

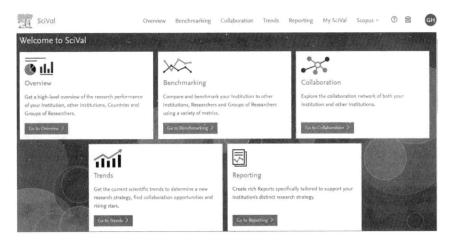

图 4-21　SciVal 首页面

了解新的研究主题。Overview 可以从 5 个模块中选择分析对象：Institutions and Groups、Researchers and Groups、Publication Sets、Countries and Groups、Topics and Research Areas。在 Overview 中，分析的时间范围选择较为固定，包括 3 年间、3 年间+当年、3 年间+当年以前、5 年间、5 年间+当年、5 年间+当年以前。

SciVal 学科领域分类体系包括 Scopus 学科领域分类法（All Science Journal Classification，ASJC）、QS 分类体系（Quacquarelli Symonds Classification）、THE 分类体系（Times Higher Education Classification）、REF 2014-Units of assessment（UOAs）学科领域。

在 Overview 中可以通过以下指标展示所选机构在各个方面的表现：Summary、Viewed、Topics、Cited、Awarded Grants、Economic Impact、Collaboration、Societal Impact、Published、Authors。

Topic Prominence：SciVal 在 2017 年发布的 Topic 功能。Scopus 数据库 1996—2019 年的约 7 500 万文献数据和 10 亿条直接引用链接，参与聚类，形成约 95 000 个主题，并根据新指标 Prominence 进行排序。

Prominence 是通过文章的被引用次数、浏览和期刊的 CiteScore 指标，计算出该主题的热门程度和发展势头。Prominence 与研究资金、补助呈现正相关关系；通过寻找 Prominence 高的主题，可以帮助科研人员及科研管理人员获得更多的基金资助。每个 Topic 的名称由 3 个词组成，前两个词来源于 Elsevier Fingerprint Technology（EFT）技术，第三个词一般是特异性词汇，一般为 Topic 所独有，能更详细地描述 Topic。简言之，Topic 就是具有相同关注点的文献集，Topics 大小不一，新旧程度不一，大多数 Topics 是多学科交叉的，每年会有新的 Topics 产生，但已经存在的 Topic 会一直存在。Topic 的组合指标 Topic Prominence，具体包括近两年发表文章的引用次数、浏览次数和平均的期刊影响力，可以体现主题的显著度，或者发展势头。

在 Overview 中点击"Topics"，可以根据用户选择的研究机构、研究人员及研究领域显示研究主题。Topics 有两种出现方式，其一，是表格呈现，使用"Table"可以看到用户选择的研究对象的 Topics 及其文献数量、文献占比、FWCI 和 Prominence Percentile；其二，是轮状呈现，使用"Wheel"可以直观地看到研究主题归属于哪个领域，如图4-22 所示，外围环形的不同颜色代表不同的一级学科，小圆圈代表一个文献聚合，即一个 Topic，其大小代表集群内的文献数量多少，小圆圈的不同颜色代表不同的学科，小圆圈距离圆心的距离代表其交叉程度和许可构成权重，通常来说，越靠近圆心，学科交叉越显著。

2. Benchmarking：比较多个机构和研究人员的研究表现

Benchmarking 适用于比较多个对象。其分析目标也可以从 5 个模块中选择：Institutions and Groups、Researchers and Groups、Publication Sets、Countries and Groups、Topics and Research Areas。与 Overview 不同的是，在时间设置上，可以自由选定 1996 年至当年年份之间的时间区

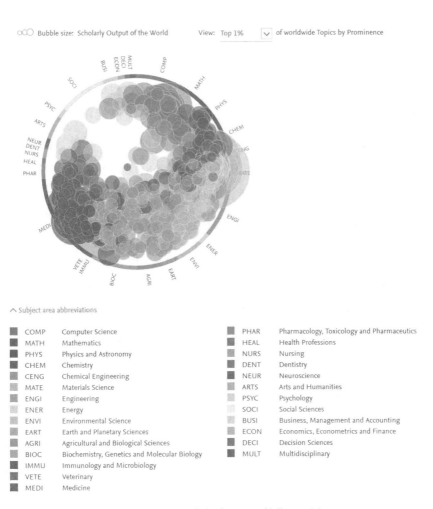

Bubble size: Scholarly Output of the World　　　View: Top 1% ▾ of worldwide Topics by Prominence

∧ Subject area abbreviations

COMP	Computer Science	PHAR	Pharmacology, Toxicology and Pharmaceutics
MATH	Mathematics	HEAL	Health Professions
PHYS	Physics and Astronomy	NURS	Nursing
CHEM	Chemistry	DENT	Dentistry
CENG	Chemical Engineering	NEUR	Neuroscience
MATE	Materials Science	ARTS	Arts and Humanities
ENGI	Engineering	PSYC	Psychology
ENER	Energy	SOCI	Social Sciences
ENVI	Environmental Science	BUSI	Business, Management and Accounting
EART	Earth and Planetary Sciences	ECON	Economics, Econometrics and Finance
AGRI	Agricultural and Biological Sciences	DECI	Decision Sciences
BIOC	Biochemistry, Genetics and Molecular Biology	MULT	Multidisciplinary
IMMU	Immunology and Microbiology		
VETE	Veterinary		
MEDI	Medicine		

图 4-22　SciVal 数据库 Topics 轮状呈现图

间进行比较。学科领域则同 Overview 模块一样。

在 Benchmarking 模块，默认值都以图表显示数据，用户可以更改 X
轴、Y 轴及气泡图的指标。

3. Collaboration：了解机构和机构之间的合作和研究的情况

Collaboration 模块可以基于文章的作者关系掌握合作研究的情况，

并将其用于合作研究的战略分析中。其分析目标仅限于 Institutions and Groups 和 Countries and Groups，时间设置和学科领域同 Overview 模块一样。查看时，可以选择查看当前合作和潜在合作，可以通过下拉菜单选择国家/地区，选择作者数量，再选择合作类型（包括所有、学术、商业、政府、医学、其他）。其呈现方式也有两种，一种是地图呈现，使用 Google Map 查看共同作者；另一种是表格呈现，包括机构名称、文献数量、作者数量以及相关的重要指标。

4. Trends：掌握研究领域的趋势

Trends 模块通过文献数量、FWCI、合作关系、关键词等多个角度了解研究领域主题或趋势。其分析对象仅限于 Publication Sets 和 Topics and Research Areas。其时间设置和学科领域和 Overview 模块一样。在 Trends 模块下，可以查阅该研究对象的摘要、机构、国家、作者、期刊、关键词和相关主题的趋势。以摘要为例，可以查看研究对象的文献数量、FWCI、国际合作文献率、影响力、引用数量、Prominence（仅用于主题）、关键词等。

（三）其他重要功能

1. Reporting：创建汇整多个页面结果的报告

在 SciVal 上述 4 个分析模块中，每个分析页面都会有一个 "+Add to Reporting" 选项，点击后，就会出现一条确认信息，表示分析结果已经添加到报告中，将所需的分布在各个模块的分析添加进 Reporting 后，点击上方菜单中的 "Reporting"，就可以查看已经添加进入 Reporting 的所有页面，选中相关页面，即可组合形成一份整合了多个分析页面的报告，用户可以编辑、复制、分享、下载该报告，报告中的信息会自动更新到最新的数据中。

2. My SciVal：创建自己的出版物集合或定义研究领域

除了上述 4 个模块中提到的直接针对 SciVal 已有的分析目标（如 Institutions and Groups、Researchers and Groups、Publication Sets、Countries and Groups、Topics and Research Areas 等）进行分析外，为了适应用户的个性化分析需求，SciVal 还提供了"My SciVal"的功能，以实现更灵活地创建个性化的出版物集合和分析对象。在上述 4 个模块各自支持的分析对象中，可以自行添加自定义项目，也可以在 Scopus 中登录后检索，把检索结果直接导入 SciVal 中进行分析，Scopus 检索结果导入 SciVal，当检索结果大于 1 000 条时，需要通过注册邮箱进行确认。

六、EI Compendex

（一）数据库介绍

美国工程索引（Engineering Index，EI）是世界著名的检索工具，由美国工程信息公司（Engineering information Inc.）编辑出版发行，该公司始建于 1884 年，是世界上最大的工程信息提供者之一，早期出版印刷版、缩微版等信息产品，1969 年开始提供 EI Compendex 数据库服务。

1995 年以来美国工程信息公司开发了称为"EI Village"（简称 EV）的系列产品。Engineering Village 是以 EI Compendex 等数据库为信息源的网上统一检索平台，现阶段，该平台提供 EI Compendex、Inspec、GeoRef、美国专利、欧盟专利、NTIS 等 12 个工程文献和专利数据库的访问权限。这些数据库均精心挑选，提供兼具广度和深度的内容[307]。具体可使用哪些数据库，由各馆订购权限而定。

其中，EI Compendex 是目前全球最全面的工程领域里的书目文献数据库。它收录了多篇论文的参考文献和摘要。这些论文出自 5 000 多种工程类期刊、会议论文集和技术报告。其范围涵盖了工程和应用科学领域的各学科，涉及机械工程、土木工程、环境工程、电气工程、结构工程、材料科学、固体物理、超导体、生物工程、能源、化学和工艺工程、照明和光学技术、空气和水污染、固体废弃物的处理、道路交通、运输安全、控制工程、工程管理、农业工程和食品技术、计算机和数据处理、电子和通信、石油、宇航、汽车工程，以及这些领域的子学科和其他主要的工程领域。用户在网上可检索到 1969—2019 年至今的文献。数据库每年增加工程专业的大约 600 000 条新记录。Compendex 的数据每周更新，以确保用户掌握其所在领域的最新进展。

2009 年以前，EI 收录包括三种类型：被 EI 核心收录、非核心收录（Pageone 收录）、会议论文。其中，EI Compendex 标引文摘（也称核心数据），它收录论文的题录、摘要，并以主题词、分类号进行标引深加工。有没有主题词和分类号是判断论文是否被 EI 正式收录的唯一标志；Ei Page One 题录（也称非核心数据），主要以题录形式报道。有的也带有摘要，但未进行深加工，没有主题词和分类号。所以 Page One 带有文摘不一定算为正式进入 EI。EI Compendex 数据库从 2009 年 1 月起，所收录的期刊数据不再分核心数据和非核心数据。但是还分为期刊检索和会议检索。也就是源刊 JA 类型，会议 CA 类型。

现阶段，EI Compendex 收录的文献涵盖了所有的工程领域，其中大约 22% 为会议文献，90% 的文献语种是英文。在检索时，若 Document Type 为 Conference Article（CA），则为会议论文；Journal Article（JA）则为期刊论文。

（二）检索方法

快速检索（Quick Search）能够进行直接快速的检索，其界面允许从一个下拉式菜单中选择检索字段。高级检索（Expert Search）提供更强大而灵活的功能，与快速检索相比，可使用更复杂的布尔逻辑（Boolean），该检索方式包含更多的检索选项。

在快速检索界面（详见图 4-23）可选择"Compendex"在 EI 中检索。系统提供的检索字段包括主题、篇名、摘要、作者、作者机构、会议信息、出版商、刊名、EI 控制词等十余项。点击"Add search field"可增加检索条件。关于"作者"检索字段，EI 引用的作者是姓名为原文中所使用的名字，因此，作者检索，尤其是中文作者检索时，需要考虑不同的拼写方式。一般姓在前，然后是名。例如，li yanyan, li yan-yan, yanyan li 等。

图 4-23　EI 快速检索界面

数据库中的查找索引可帮助用户选择用于检索的适宜词语，点击"Browse indexes"提供的索引包括作者（Author）、作者单位（Author affiliation）、刊名（Source title）、出版商（Publisher）、EI 控制词

（Controlled Term）。例如，EI 收录北京师范大学作者发表文献的情况，可应用词典索引，输入 beijing normal univ，点击 Find Submit（详见图 4-24），选择所要的单位 Beijing Normal Univ 开头的单位。系统会自动粘贴进行检索。

图 4-24　作者单位索引界面

（三）检索结果

以查找北京师范大学某一作者在 2000—2018 年发表的论文为例。作者字段设定为"ouyang wei or wei ouyang or ou yang wei or ou yang-wei"，作者机构字段设定为"Beijing norm ＊ univ ＊"，Date 日期字段设定为"2000—2018 年"（详见图 4-25、图 4-26）。

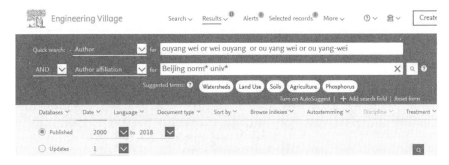

图 4-25　EI 检索字段设定

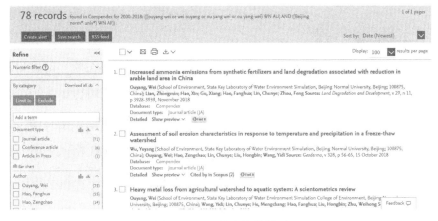

图 4-26　EI 检索结果界面

1. 浏览检索结果

在检索结果界面，可以执行多种操作。

（1）精炼检索：利用"Refine"可对检索结果按限定条件分类显示，限定条件为作者、语种、年代、主题词、文献类型等。

（2）标记记录：如果想选择某条记录，可在每个单独记录框旁边的复选框做标记，也可点击超链接短语"Select all records on the page"、Select all records（所有记录，最大值为 500），如图 4-27 所示。标记后，"Select Records"按钮可自动更新显示所标记的记录。

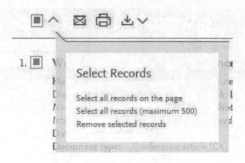

图 4-27　EI 标记记录选择选项

2. 输出检索结果

对于选定的记录可以点击 Email（电子邮件）输出选项，可以将检索结果发给自己或他人，此时将弹出电子邮件编辑框，可以输入邮件接收者的电子邮件地址以及用户想发送的任何信息。也可以点击打印按钮进行打印。当点击下载选项后，可以选择以 RIS 或 ASCII 格式下载所选记录。

3. 个性化服务

用户在数据库系统中进行注册。注册后，在页面右上方点击"login"。EI 个性化服务主要包括保存检索历史、邮件通告服务。邮件通告服务是指系统把符合用户需要的最新信息定期或不定期地发送至用户邮箱，以便于用户跟踪某一课题的发展状况，免去用户进库检索的繁琐。

七、中文社会科学引文索引（CSSCI）

（一）数据库介绍

中文社会科学引文索引（Chinese Social Science Citation Index，CSSCI）是由南京大学中国社会科学研究评价中心研制开发的人文社会科学引文数据库，用来检索中文人文社会科学领域的论文收录和被引用情况。

CSSCI 遵循文献计量学规律，采取定量与定性相结合的方法从全国 2 700 多种中文人文社会科学学术性期刊中精选出学术性强、编辑规范的期刊作为来源期刊，可为人文社会科学研究、科研成果评价与管理、人文社会科学期刊评价与管理等提供定量分析数据和决策依据。目前收录包括法学、管理学、经济学、历史学、政治学等在内的 25 大类的 500 多种学术期刊，现提供 CSSCI（1998—2018 年）21 年度数据，来源文献 100 余万篇，引文文献 1 000 余万篇。

点击数据库主页上的"期刊导航"，可查看"来源期刊、扩展版来源期刊"学科分类及每个学科下来源/扩展版来源期刊目录。点击数据库主页上的"来源文献"，可以检索到包括论文、综述、评论、传记资料、报告等类型的文献。点击数据库主页上的"被引文献"，可以检索到论文、专著、报纸等文献被他人引用的情况。

（二）CSSCI 来源文献检索与输出

1. 来源文献检索

来源文献检索主要用于检索刊载在该数据库所选用的 500 多种来源期刊上的论文。系统提供的检索字段包括篇名（词）、作者、作者（第一作者)、关键词、期刊名称、作者机构、中图分类号、基金细节、所有字段、英文篇名、文献类型、学科类别、基金类别及期刊年代卷期等十余项。系统提供基本检索（详见图4-28）和高级检索（详见图4-29）。

图4-28 CSSCI基本检索界面

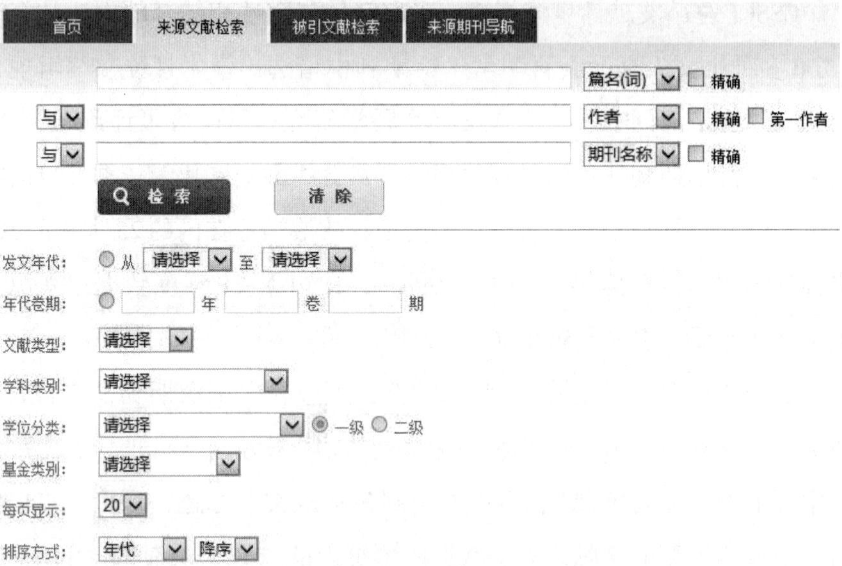

首页　来源文献检索　被引文献检索　来源期刊导航

		篇名(词) ☑ □ 精确
与☑		作者 ☑ □ 精确 □ 第一作者
与☑		期刊名称☑ □ 精确

🔍 检 索　　　　清 除

发文年代：　○ 从 请选择 ☑ 至 请选择 ☑

年代卷期：　○ 　　　年　　　卷　　　期

文献类型：　请选择 ☑

学科类别：　请选择 　　　☑

学位分类：　请选择 　　　☑ ⦿一级 ○二级

基金类别：　请选择 　　☑

每页显示：　20☑

排序方式：　年代 ☑ 降序☑

图4-29 CSSCI高级检索界面

　　在高级检索界面中，"篇名""作者""期刊名称"等多个字段可以进行逻辑组配检索，使用的逻辑运算符为"与""或"。系统默认各检索字段之间为逻辑"与"的关系，也可改为逻辑"或"。"精确"选项的作用是将检索词作为词组检索，并且要完全一致，否则即执行模糊检索，例如，在"作者"字段输入"张三"检索词，若不选择"精确"检索，会检索出作者名为"张三四"发表的论文；若选择"精确"检索，则只能得到"张三"发表的论文。

2. 检索结果浏览及输出

以"北京师范大学"作为检索词，在"作者机构"字段检索，文献类型设定为"论文"，发文年代以"2013—2017"年为例，如图4-30、图4-31所示（结果为2018年5月17日检索）。

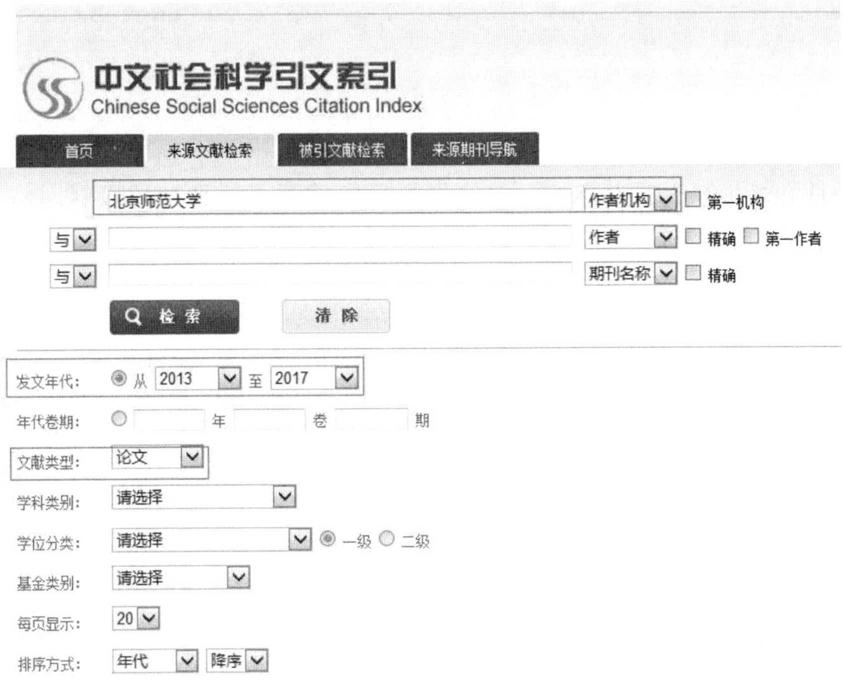

图4-30　CSSCI检索字段设定

3. 浏览检索结果

检索结果分年度显示，每年度下再按期刊名称排列。可点击右上方选择"篇名（词）""作者""升降序"重新排序。页面上方显示检索

高校图书馆研究影响力评价服务实务
The Practice of Research Impact Measure Services in University Libraries

图 4-31　CSSCI 检索结果界面

条件和结果数，左上方的二次检索区（含检索字段选择和检索词输入框），可用于添加新的检索条件，在现有的检索结果中进行二次检索。每篇论文依次列出来源作者、来源篇名、来源期刊、年代卷期页码。点击所需文献"查看"栏中的 PDF 图标，或在"来源文献详情页"点击文献名后的 PDF 图标，页面将自动跳转至"百度学术"的全文文献获取页面。"百度学术"会提示您所在机构购买过知网、万方等付费数据库，则可点击数据来源直接获取文献全文。

4. 输出检索结果

勾选欲输出论文序号前的复选框，点击"显示"，即可在新的窗口中批量显示所有勾选的论文的详细信息。点击"下载"按钮，可将检索结果直接保存为文本文件。

（三） CSSCI 被引文献检索与输出

1. 被引文献检索

被引文献检索主要用来查询作者、论文、期刊、图书等的被引情况。其检索途径包括：被引作者、被引作者（排除作者自引）、被引文献篇名（词）、被引文献期刊、被引文献细节、被引文献年代、被引文献类型等。系统提供基本检索和高级检索。在高级检索界面（详见图4-32），若查询某一作者在 CSSCI 来源期刊中被引用情况，建议选择"精确"选项，以避免误检。勾选"排除作者自引"，可以检索出其他作者引用该论文作者的情况。若要检索某篇较早发表的文章近 5 年的被引情况，可在被引年份勾选相应的年限。

图 4-32 CSSCI 被引文献高级检索界面

2. 被引文献检索结果浏览及输出

以检索"石中英．论教育实践的逻辑［J］．教育研究，2006（01）：3-9．"为例。以检索文章名"论教育实践的逻辑"作为检索词，被引年份设置为"2013—2017"年，检索结果如图 4-33 所示，通过此检索，可了解 2006 年发表的这篇文章《论教育实践的逻辑》的影响力，也可体现该文献的质量。

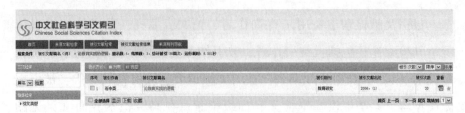

图 4-33　CSSCI 被引文献检索结果

页面上方显示检索条件和结果数，左上方的二次检索区（含检索字段选择和检索词输入框），可用于添加新的检索条件，在现有的检索结果中进行二次检索。点击被引文献篇名链接，可在新的页面中了解论文被引情况的详细信息，包括所有来源文献题录。

3. 输出检索结果

勾选欲输出论文序号前的复选框，点击"显示"，即可在新的窗口中批量显示所有勾选的论文的详细信息。点击"下载"按钮，可将检索结果直接保存为文本文件。

八、中国科学引文数据库（CSCD）

（一）数据库介绍

中国科学引文数据库（Chinese Science Citation Database，CSCD）创建于 1989 年，收录我国数学、物理、化学、天文学、地学、生物学、农林科学、医药卫生、工程技术、环境科学和管理科学等领域出版的中英文科技核心期刊和优秀期刊千余种，被誉为"中国的 SCI"。目前已积累从 1989 年到 2019 年 3 月的论文记录 4 999 282 条，引文记录 65 070 097条。系统除具备一般的检索功能外，还提供引文检索功能，以查询某篇科技文献被引用的详细情况。CSCD 的科研绩效评价功能，包括科研机构被收录的论文总量及其被引用的次数，可反映该机构的科研水平；个人的论文被收录的数量及被引用次数，反映其研究能力与学术水平。CSCD 还提供了数据链接机制，支持用户获取全文[308]。

CSCD 是我国第一个引文数据库。2007 年 CSCD 与美国 Thomson-Reuters Scientific（现科睿唯安）合作，以 ISI Web of Knowledge 为平台，实现 CSCD 与 Web of Science 的跨库检索。CSCD 是 ISI Web of Knowledge 平台上第一个非英文语种的数据库，可以用中文检索。年增长论文记录 20 余万条，引文记录约 250 万余条。

（二）检索方法

1. 简单检索

（1）来源文献检索

在来源文献检索界面中可根据需要查找作者、刊名等在 CSCD 的收录情况。来源文献检索提供三个检索输入框和字段限制选择，可供选择的检索字段有作者、第一作者、题名、刊名、ISSN、文摘、机构、第一机构、关键词、基金名称、实验室等。系统默认的三个字段为作者、第一作者和题名。检索框之间的逻辑组配关系有"与"和"或"，默认为"与"。输入检索词，选择运算符，进行多个检索字段的组合检索，也可点击"+"符号任意添加一个检索输入框。此外，可对论文发表的年限和学科范围进行限定，检索界面如图 4-34 所示。

（2）引文检索

在引文检索界面中可根据需要查找文章、来源、机构等被引用情

高校图书馆研究影响力评价服务实务
The Practice of Research Impact Measure Services in University Libraries

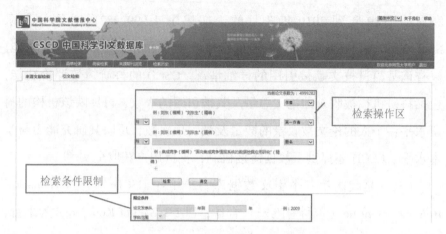

图 4-34 CSCD 来源文献检索界面

况。检索字段提供被引作者、被引第一作者、被引来源、被引机构、被引实验室、被引文献主编。默认的三个字段为被引作者、被引第一作者、被引来源，检索界面如图 4-35 所示。

图 4-35 CSCD 引文检索界面

2. 高级检索

高级检索可以根据系统提供的检索点，任意组配检索式进行检索。

高级检索也提供来源文献检索和引文检索。

在检索框中直接输入"字段名称"和"布尔逻辑运算符"以及检索词构造检索式。可在下方输入检索词，系统生成相应的检索式。来源文献检索界面如图 4-36 所示。

图 4-36　CSCD 高级检索——来源文献检索

3. 来源期刊浏览

CSCD 分为核心库和扩展库，其来源期刊每两年评选一次，评选结果可在数据库网页中查找。核心库来源期刊是各学科领域中具有权威性和代表性的核心期刊；扩展库来源期刊也经过大范围的遴选，是我国各学科领域较优秀的期刊。经过 CSCD 定量遴选、专家定性评估，2017—2018 年度 CSCD 收录来源期刊 1 229 种，其中中国出版的英文期刊 201 种，中文期刊 1 028 种；核心库包含期刊 887 种（以备注栏中 C 为标记），扩展库包含期刊 342 种（以备注栏中 E 为标记）[309]。

点击数据库主页上的"来源期刊浏览"可进入页面查找 CSCD 的来源期刊。页面提供中英文期刊名称字顺浏览，显示每本期刊的刊名、ISSN 和收录年代字段，如图 4-37 所示。点击刊名，即进入该刊详细信息显示页面，如图 4-38 所示，包括刊名、ISSN、年代范围和学科，以及数据库收录该刊论文的具体年、卷、期和文章篇数。点击卷/期名，可查看该期收录的文献。

也可在页面的"刊名检索"处通过刊名、ISSN 字段快速检索某期刊是否被中国科学引文数据库所收录。

图 4-37　CSCD 来源期刊浏览界面

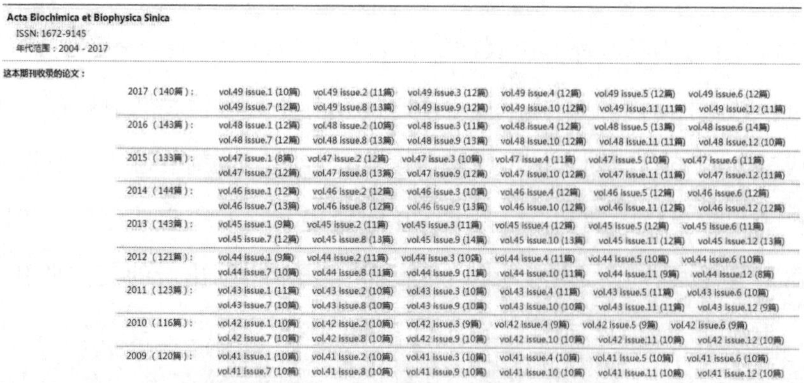

图 4-38　CSCD 来源期刊某刊详细收录页面

（三）检索结果

1. 来源文献检索结果及输出

以查询北京师范大学学者欧阳威于 2013—2018 年发表的论文收录情况为例。在"作者、机构"字段分别输入检索词"欧阳威、北京师范大学"，发文年代为"2013—2018"年，如图 4-39 所示。点击"检索"按钮，2018 年 8 月 24 日检索结果如图 4-40 所示。

图 4-39　CSCD 来源文献检索字段设定

（1）浏览检索结果

页面上方显示提交的检索式和命中结果数。显示结果提供 4 列信息，包括来源、年代、作者和学科，系统默认是按时间顺序显示前 3 条记录，通过点击"更多……"查看其他记录信息。

可通过检索结果分析工具对检索结果分析。点击"检索结果分

图4-40　CSCD来源文献检索结果界面

析"，可以选择分析字段（来源、年代、作者、学科）和设置显示数量，通过条形图方式，分析工具按记录条数和所占百分比多少进行排序，以"年代"作为分析字段，显示前10条记录，结果如图4-41所示。

点击"引文分析报告"，以柱状图显示每年出版的文献数和每年被引的文献数。在右上方可点击"查看引证文献、查看去除自引的引文报告"进一步查看。在页面下方使用各条记录的复选框可以从此引文报告中删除各条记录，输入年限，点击"提交"，系统将重新生成一个引文分析报告。如图4-42所示。

在检索结果分布部分，可以通过"结果限定"按钮，从来源、年代、作者和学科四个方面进行限定检索结果。

检索结果页面显示命中记录列表，包括题名、作者、来源和被引频次，点击相应字段名称，可以实现相应字段的排序。

（2）输出检索结果

在"结果输出"部分，可勾选欲输出论文序号前的复选框，点击

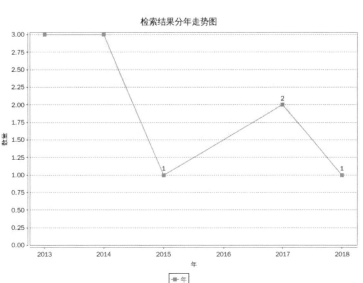

图 4-41　CSCD 检索结果分析

"打印"，在弹出的"打印"界面选择输出内容，即可在新的窗口中批量显示所有勾选的论文信息。点击"下载"按钮，在弹出的"下载"界面选择输出内容，可将检索结果直接保存为文本文件。也可点击"Email""输出引文格式""保存到 Endnote"按钮选择其他输出形式。

2. 引文检索结果及输出

以查询北京师范大学学者欧阳威近 10 年（2008—2018 年）发表的论文在近 5 年（2013—2018 年）被引用情况为例。在"被引作者、被引机构"字段分别输入检索词"欧阳威、北京师范大学"，论文发表年代为"2008—2018"年，论文被引年代为"2013—2018 年"，如图4-43所示。点击"检索"按钮，2018 年 8 月 24 日检索结果如图 4-44 所示。

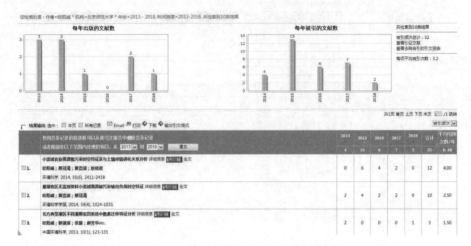

图4-42　CSCD引文分析报告界面

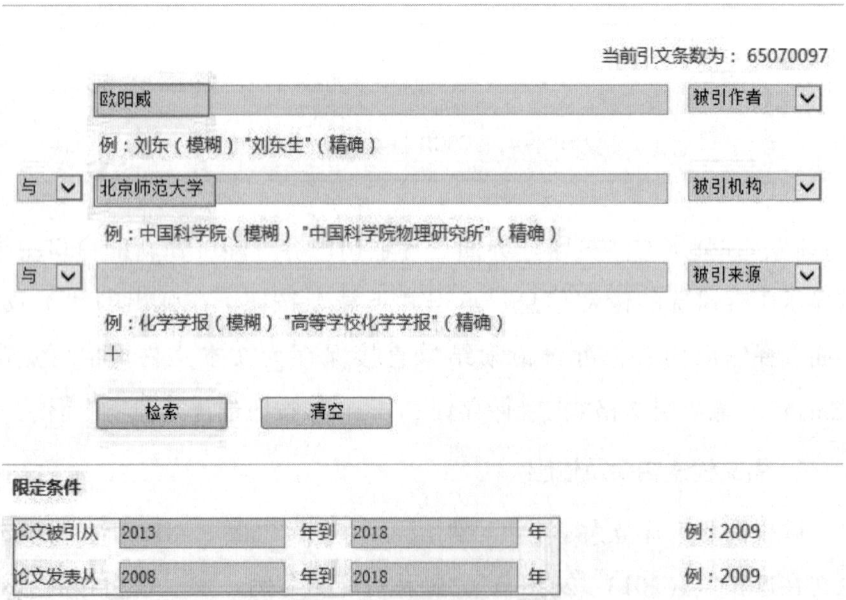

当前引文条数为：65070097

例：刘东（模糊）"刘东生"（精确）

例：中国科学院（模糊）"中国科学院物理研究所"（精确）

例：化学学报（模糊）"高等学校化学学报"（精确）

限定条件

| 论文被引从 | 2013 | 年到 | 2018 | 年 | 例：2009 |
| 论文发表从 | 2008 | 年到 | 2018 | 年 | 例：2009 |

图4-43　CSCD引文检索字段设定

图 4-44　CSCD 引文检索结果界面

（1）浏览检索结果

页面上方显示提交的检索式和命中结果数。显示结果提供 3 列信息，包括被引出处、年代和作者，系统默认是按时间顺序显示前 3 条记录，通过点击"更多……"查看其他记录信息。

点击"检索结果分析"，以柱状图显示各引文出版年相对应的论文篇数。在检索结果分布部分，可以通过"结果限定"按钮，从被引出处、年代和作者三个方面进行限定检索结果。

（2）输出检索结果

在"结果输出"部分，可勾选欲输出论文序号前的复选框，点击"完成检索"可查看选择的论文的施引文献。如勾选第 4 条点击"完成检索"的界面，可查看 12 篇施引文献，每篇施引文献提供"详细信息、全文"等链接，如图 4-45 所示。点击"Email""打印""下载"按钮，选择其他输出形式。

（四）中国科学引文数据库^{SM}检索与输出

中国科学引文数据库^{SM}即为 ISI Web of Knowledge 平台上 CSCD。其

图 4-45　CSCD 所收录某篇论文的施引文献页面

默认界面是"基本检索"，可点击"基本检索"旁边的下拉菜单，选择"被引参考文献检索、高级检索"分别进行检索，如图 4-46 所示。

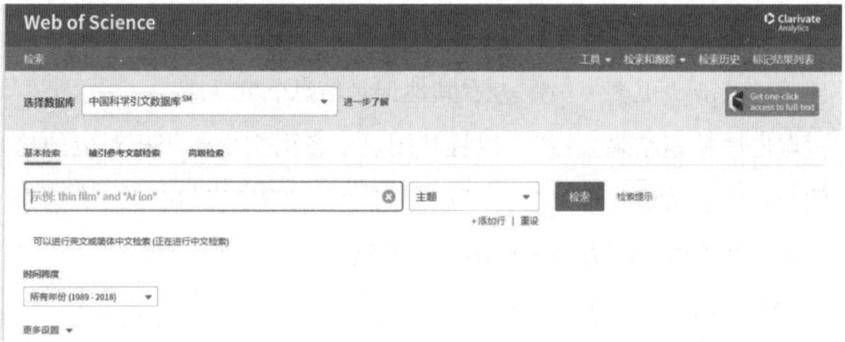

图 4-46　中国科学引文数据库^{SM}检索界面

1. 基本检索

通过"基本检索"，可检索某篇论文是否被中国科学引文数据库收录、某作者在该数据库中的发文情况、某研究课题的最新进展等。

检索步骤：①选择某一检索字段，点击"添加另一字段"可增加检索字段，各字段之间自动由"AND"来组合；②在检索框框内输入检索词，检索词中英文均可；③设置时间跨度；④点击"检索"即可开始检索。

2. 被引参考文献检索

引文检索可通过被引作者、被引著作、被引年份、被引标题等进行检索。

检索步骤：①选择某一检索字段（如被引作者），在检索框中输入作者中文姓名或姓名全拼，各检索词之间可使用运算符"OR"，例如检索作者张李三，则输入姓名：张李三 or zhang lisan or zhang li san，请注意不同形式变化的姓名拼写；②设置时间跨度；③点击"检索"，出现引文检索结果页面：列出命中的引文文献；④在检索结果页面中，在某一或多条引文条目左侧的方框内做标记，点击"完成检索"，在结果中可查看所有引用此篇引文文献的来源文献（引用文献）。

3. Web of Science 中的 CSCD 和 CSCD 自身平台的区别

从访问权限来看，某一机构购买了 CSCD 自身平台，再缴纳一定的平台费用，即便该机构未购买 WOS 中的 SCI-E、SSCI 等库，即可访问 Web of Science 中的 CSCD。

从检索方式和结果来看，WOS 的 CSCD 库中被引文献检索时支持被引标题字段检索，但有时存在引用不规范而造成漏检情况，建议结合被引著作、被引作者等字段进行检索；CSCD 自身平台不支持被引标题检索；WOS 的 CSCD 中某篇文献的被引频次包括 WOS 中所有数据库（CSCD、SCIE、SSCI 等），也可限定检索数据库，查找 CSCD 引用情况；在 WOS 的 CSCD 中可分析检索结果、创建引文报告、精炼检索结果等；CSCD 自身平台仅能检索到 CSCD 自身平台引用情况。

九、　中国人民大学"复印报刊资料库"

（一）数据库介绍

1. 数据库概况

中国人民大学"复印报刊资料库"，简称人大复印报刊资料或人大复印库，是中国人民大学书报资料中心①于 1994 年开始陆续开发的系列数据库产品，至 2007 年，中国人民大学书报资料中心开发了"复印报刊资料"的全文、摘要、索引、专题等系列数据库产品。经过 60 年的发展，书报资料中心与中国人民大学人文社科学术成果评价研究中心②、人大数媒科技（北京）有限公司③一体两翼，协同发展[310]。现阶段，中国人民大学"复印报刊资料库"，是人大数媒科技（北京）有限公司以人民大学书报资料中心的复印报刊资料系列数据库为内容基础，辅以先进的检索方式、优质的期刊、论文推荐而形成的人文科学、社会科学资料库[311]。

2018 年 3 月，中国人民大学复印报刊资料库（简称人大复印报刊）新版发布，访问网址为 http：//www.rdfybk.com/。数据库首页如图 4-

---

　　① 中国人民大学书报资料中心，简称书报资料中心，成立于 1958 年，是当代中国最早从事人文社会科学学术研究文献搜集、整理、评价、编辑、出版的学术信息资料提供和服务机构。60 年来，书报资料中心始终遵循"繁荣学术为本，服务教学科研"的宗旨，精选千家报刊，荟萃中华学术。

　　② 中国人民大学人文社科学术成果评价研究中心是 2008 年由中国人民大学批准成立的学术评价研究机构，以"创新与质量"为导向，以"服务科研与管理"为目标，开展"同行评议为主、文献计量为辅"的学术成果评价和研究工作，打造符合人文社科特点的"学术成果评价服务平台"。

　　③ 人大数媒科技（北京）有限公司成立于 2011 年，利用先进的数字化技术及现代企业运营理念，打造国家学术数字出版平台——"学者在线"，并通过强大的数字营销渠道体系的构建，形成"多层次产品提供，全方位知识服务"体系，矢志成为人文社科领域优秀的知识引擎。

47 所示。

图 4-47 中国人民大学"复印报刊资料库"首页

该数据库充分挖掘中国人民大学书报资料中心半个多世纪以来积淀的独特优势，由专业编辑和业界专家精选国内公开发行报刊上的重要论文，分类编辑、汇编成库，填补了人文社科出版领域的空白，现已成为国内人文社科界的权威品牌。

2. 内容详表

目前，人大书报资料中心共出版发行 115 种复印报刊资料，是从国内公开出版的近 4 000 种期刊和报纸精选人文社科研究成果，按学科分门别类进行编辑、出版的二次文献专题期刊；所选文献具有较高的学术创新价值、社会价值，含有新思想、新观点、新材料、新方法或具有一定的代表性，能反映学术研究的最新发展。其中既有全文复印、转载，也有观点摘要及目次索引，用户可使用的四大基本数据库如表 4-4 所示。

表 4-4　人大复印报刊资料数据库检索页面数据库内容详表

数据库名称	数据库收录内容	特点	收录年限
复印报刊资料全文数据库	该库内容源于"复印报刊资料"系列纸质期刊，囊括了人文社会科学领域的各个学科，包括政治学与社会学类、哲学类、法律类、经济学与经济管理类、教育类、文学与艺术类、历史学类、文化信息传播类及其他类。每个类别分别涵盖了相关专题的期刊文章	由专业编辑和学界专家依循严谨的学术标准，对海量学术信息进行精选整理、分类编辑，最终形成优中选优的精品成果库	1995—2019 年部分专题已回溯到创刊年
数字期刊库	各学科复印报刊资料系列期刊：政治学与社会学类（26）；法律类（7）；哲学类（9）；经济学与经济管理类（30）；文学与艺术类（11）；教育类（29）；历史类（8）；文化信息传播类（6）；其他类（2）	从国内公开出版的近 4 000 种期刊和报纸精选人文社科研究进展，按学科分门别类进行编辑、出版的二次文献专题期刊以原刊原版方式做内容呈现，同时展示年份与期数，便于查看具体刊物及内容	1995—2019 年
	原发刊系列：8 种。包括情报资料工作、国学学刊、社会学评论、政治经济学评论、公共管理与政策评论、文化产业导刊、新闻春秋、创新人才教育		
中文报刊资料摘要数据库	文摘内容是经高等院校和研究单位的专业人员提炼和浓缩的学术资料。包含人文社科文摘系列期刊 16 种，马克思主义文摘、哲学文摘、管理学文摘、社会学文摘、政治学文摘、法学文摘、经济学文摘、财会文摘、市场营销文摘、财政金融文摘、国际经济文摘、教育学文摘、文学研究文摘、历史学文摘、伦理学文摘及现当代文学文摘	数据量大，涵盖范围广，便于用户快速了解相关领域的研究状况，把握研究动态。追踪学术研究前沿，反映理论发展动态，选要文、摘要论，以浓缩的篇幅摘录文章新观点、新方法和新成果	1993—2019 年

续表

数据库名称	数据库收录内容	特点	收录年限
报刊索引数据库	以书报资料中心7种纸本报刊资料索引（年刊）为基础，将1978—2019年的国内公开发行人文社科报刊上的全部文献集中整理，制作而成的题录数据库。按专题和学科体系分为9大类，包括：法律类、经济学与经济管理类、教育类、历史类、文学与艺术类、文化信息传播类、哲学类、政治学与社会学类、其他类 每个条目包括篇名、著者、原载报刊及其年卷期页码等著录信息	700多万条数据包含专题代号、类目、篇名、著者、原载报刊名称及刊期、"复印报刊资料"专题期刊名称及刊期等多项信息。题录型数据库，可及时了解本专业的研究状况和热点问题	1978—2019年

3. 数据库功能

（1）检索功能

该平台对用户提供多种检索模式，用户可通过不同检索模式，根据自己的需求精准地查找到文献资源。检索方式包括：① 跨库一框式检索支持主题词、标题、作者、作者简介、原文出处、全文等多个字段；② 高级检索默认跨库检索，也可选择某个单库；支持更多检索字段、精确检索与模糊检索，还支持多个检索字段间的布尔逻辑运算："并且""或者""除非"；③ 学科分类导航检索。检索结果页面，既可进行二次筛选、排序，还可直接下载论文。

在阅读文献的过程中，可对文本进行复制粘贴、选择字体大小、打印论文、下载论文（Word 或 PDF 格式）；还可收藏论文、关注作者。注册用户可在线订阅期刊，当期刊内容更新时，用户会及时收到消息提醒，在第一时间查看期刊的最新内容。

（2）选题分析和学术评价

选题分析模块从选题预判、合作参考、文献推荐三个方面对用户关注的选题进行分析，可以针对目标科研课题做趋势预判分析，获取选题的研究热度分析、关联研究热点和空白点，避免盲目选题；并为用户的学术科研提供可参考合作的学者信息，快速定位合作学者，推荐与选题相关的参考文献，以帮助读者提升学术创新洞察能力。

学术评价专栏：主要发布中国人民大学人文社会科学学术成果评价研究中心研制并发布的学术评价系列成果。中国人民大学人文社会科学学术成果评价研究中心围绕复印报刊资料评价和转载数据，定期研制"年度复印报刊资料学术论文转载指数排名""复印报刊资料转载重要转载来源期刊""复印报刊资料转载重要转载来源机构""复印报刊资料转载重要转载来源作者"等成果，以彰显复印报刊资料的学术评价功能，准确反映中国人文社科学科发展的基本水平。

（二）人大复印报刊资料数据库的转载查询

转载量，即指某作者、某期刊或某机构在某一年度被复印报刊资料学术系列期刊全文转载的论文（不含转载的非学术文章）篇数之和。这个绝对量指标反映了作者、期刊或者机构被复印报刊资料转载优质论文的数量，可反映作者、期刊或科研机构的学术影响力。

1. 转载查询功能

人大复印报刊资料数据库的转载查询功能，可以从转载作者、转载来源期刊、转载机构三种途径进行检索，如图 4-48 所示。

转载来源期刊，即检索某期刊历年刊载的论文被人大复印报刊资料转载的情况；机构转载查询，即检索发文作者所在机构历年所发表的论文被人大复印报刊资料转载的情况；作者转载查询，即支持作者快速查

图 4-48　人大复印报刊资料数据库转载查询页面

询本人历年被人大复印报刊资料转载的论文，并可打包下载、获取转载证明。

2. 作者转载查询举例

以作者转载查询为例，在作者检索框下输入作者姓名，点击检索，则查找作者论文转载情况。如图 4-49 所示，可以根据作者的研究领域及年份精炼检索。

图 4-49　人大复印报刊资料数据库作者转载查询

作者论文转载结果，可以在数据库内"申请'人大复印'转载证明"的服务或"打包成册"服务。

如需证明某篇论文被人大复印报刊资料转载，可点击该论文"申请'人大复印'转载证明"。根据页面提示，填写论文标题、单位信息、手机号及验证码，可以在提交信息后，等待中国人民大学书报资料中心所颁发的转载证明；也可全选或者选择几篇文献，针对多篇文献打包开具转载情况的材料。将选择的多个论文打包在一个 PDF 文档做成合集，制作包含封面的转载证明。

十、中国科学引文索引数据库（CSCI）

（一）数据库介绍

《中国科学引文索引》（Chinese Science Citation Index，CSCI）是由中国科学技术信息研究所（简称中信所）推出的基于期刊引用的检索评价及原文传递服务的数据库，囊括了 2000 年来我国出版的科技类和部分社科类学术期刊约 9 000 余种（其中连续收录学术期刊 6 000 余种），累积论文 4 500 多万篇，引文记录 2 亿多条，CSCI 保持每月更新。CSCI 通过国家工程技术图书馆提供文献传递服务，同时对中文学术期刊进行统计（包括期刊相关来源与引用指标数据）。

CSCI 数据来源包括以下 5 种重要知名索引数据库覆盖的期刊论文：① 中国科技论文与引文数据库（CSTPCD）；② 中文社会科学引文索引（CSSCI）；③ 中国科学引文数据库（CSCD）；④ 中国人文社会科学引文数据库（CHSSCD）；⑤ 北京大学中文核心期刊目录（北大核心）。

数据库平台访问地址为 http：//csci. istic. ac. cn。数据库提供中国科学引文索引、中国期刊引证报告（扩刊版）、中国 SCI 论文（测试版）三个访问入口。

（二）中国科学引文索引

点击"中国科学引文索引"进入系统首页。用户可使用题名、关键词、期刊名称、第一作者、作者、作者单位等字段进行来源文献检索、参考文献检索和高级检索。在检索结果中可根据题名进行二次检索。时间跨度可选连续自然年或某些指定时间跨度。

1. 来源文献检索

如图 4-50 所示，在"来源文献检索"页面可使用题名、关键词、期刊名称、第一作者、作者、作者单位、基金等字段进行来源文献检索。

图 4-50　CSCI 来源文献检索

来源文献检索结果页面为中国科学引文索引系统提供了所有与检索词相关的结果页面，如图 4-51 所示，在检索结果中可根据题名进行二次检索。用户可在检索结果中对不同收录数据库、学科、出版年、期刊、第一作者、机构的期刊进行筛选。页面提供了对当前页面文献包含介绍及被引频次等在内的详情进行批量下载的功能。页面对每篇文献的收录来源加以标注，例如，CSTPCD、CSCD、北大核心等。

图 4-51   CSCI 来源文献检索结果页面

点击题名进入论文详情页面，如图 4-52 所示，可查询论文包含题名、作者、刊名、年卷期、关键词、受控主题词、分类号、摘要、英文摘要等在内的详细情况。页面详情提供了该篇论文的下载链接及其他来源的链接；提供了该论文被引频次，以及施引文献被各数据库收录的情况。点击快速传递按钮"✉"，输入邮箱和验证码，用户通过邮箱接收该篇论文的全文。

2. 参考文献检索

参考文献检索结果页面为所有与检索词相关的结果页面，并在检索结果中可根据题名进行二次检索。如图 4-53 所示，用户可在检索结果中对不同期刊、引文年代进行筛选。也可根据题名进入论文页面详情。

3. 高级检索

使用字段标识、检索式组配或同时使用二者来检索。允许使用逻辑运算符。

图 4-52 CSCI 论文详情页面

图 4-53 CSCI 参考文献检索结果页面

(三)中国期刊引证报告(扩刊版)

中国期刊引证报告(扩刊版)基本囊括了我国出版的学术技术类

科学技术期刊和理论研究性社会科学期刊，是一种专门用于期刊引用分析研究的重要检索评价工具。从中可以清楚地了解到期刊引用和被引用的情况，以及引用效率、引用网络、期刊自引等的统计分析。

如图 4-54 所示，在"中国期刊引证报告（扩刊版）"界面，可按学科、地区、年度查看各期刊的总被引频次、影响因子、即年指标、他引率、扩散因子、被引半衰期、来源文献量、平均引文数、引用半衰期等。也可输入刊名、CN、ISSN 等检索词进行精确检索。

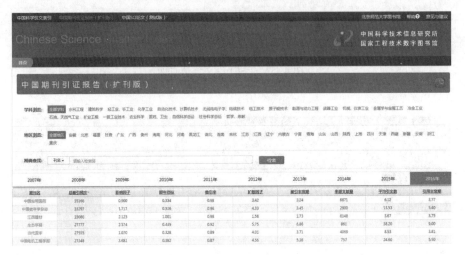

图 4-54　中国期刊引证报告（扩刊版）

（四）中国 SCI 论文（测试版）

"中国 SCI 论文"即中国作者在 SCI 上发表的论文检索。可以通过题名、第一作者、关键词等字段（详见图 4-55）进行论文检索，也可以根据中国机构名称进行检索，系统提供机构名称 A-Z 索引（详见图 4-56）。目前为测试版，数据不全面，如在中国机构检索界面只提供部分机构的检索。

图 4-55　CSCI 中国 SCI 论文（测试版）论文检索页面

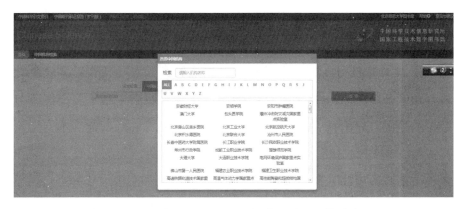

图 4-56　CSCI 中国 SCI 论文（测试版）中国机构检索页面

十一、CNKI 中国引文数据库

（一）数据库介绍

中国引文数据库是基于 CNKI 源数据库文献的文后参考文献和文献注释为信息对象建立的一个规范引文数据库。涵盖期刊（中外文）、博硕士学位论文、国内/国际会议论文、图书、中国专利、中国标准、年鉴、报纸等文献类型引文。通过揭示各种类型文献之间的相互引证关系，不仅可以为科学研究提供新的交流模式，而且也可以作为一种有效的科研管理及统计分析工具。

中国引文数据库的数据来源于期刊库参考文献、博士论文库参考文献、硕士论文库参考文献、会议论文库参考文献。同时为了保证数据的完整性，引文数据库也收录了未入编的期刊的参考文献[312]。

引文数据库的主要功能包括：① 多种检索途径：提供被引文献检索、被引作者检索、被引机构检索等 8 种检索途径，满足不同用户的不同需求。针对检索结果，用户能够进行引证报告、数据分析器、文献导出、结果分析等操作。② 引证报告：通过检索条件，为用户提供其想要获取的学者的引证报告，并且在报告中直接呈现相关被引用情况的详细数据。③ 数据分析器：可从期刊、出版社、学者、机构、基金、地域等角度开展结果分析。④ 文献导出：在某一检索主题下，支持部分数据的导出。导出格式包括 EndNote、CNKIE-Learning、纯文本自定义格式等。⑤ 引文分析：针对某一主题的检索结果，可以对作者、科研机构、来源出版物、科研基金、学科、地域、语种、出版年等进行引文分析。分析的结果，可以数据导出，也可以进行反复分析。

（二）检索方法

中国引文数据库的访问途径包括直接访问地址 http：//ref. cnki. net 和通过 CNKI 主页导航，点击"引文"链接访问。

1. 被引文献检索

被引文献提供三种检索方式：简单检索、高级检索和专业检索。

数据库的首页提供简单检索，如图 4-57 所示。在"被引文献"检索界面提供被引主题、被引题名、被引关键词、被引摘要、被引作者、被引单位等检索字段。

图 4-57　CNKI 中国引文数据库被引文献检索之简单检索界面

点击首页中的"高级检索"可进入高级检索界面（详见图 4-57），可选择学科类别、来源文献范围、被引文献类型和检索条件。学科类别是指 CNKI 的 10 专辑 168 专题。可选择全部专辑，也可在特定专辑或专题类别下进行限定检索。来源文献范围是指全部引文来自期刊、学位论文、会议论文这三个数据库。引文类型分为期刊类型、学位论文类型、会议论文类型、报纸类型、图书类型、专利类型、标准类型、年鉴类型及外文类型引文。检索条件包含主题、题名、关键词、摘要、作者、第一责任人、单位、文献来源、基金、参考文献等选项，可以限定出版时间和被引时间[313]。

点击"专业检索"可进入专业检索界面，如图 4-58 所示。根据检索需求编写检索表达式，进行专业检索。检索语句可点击"检索表达式语法"进行参考。

2. 被引作者检索

在首页点击"被引作者检索"可进入被引作者检索界面。在检索框中输入被引作者姓名，点击"检索"，则可进入被引作者检索界面。或者直接点击被引作者检索界面，如图 4-60 所示。① 在检索框输入作者姓名，系统自动推荐前 10 名同姓名作者。在勾选确定的作者单位信

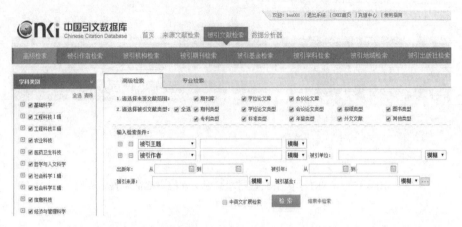

图 4-57　CNKI 中国引文数据库被引文献检索之高级检索界面

图 4-58　CNKI 中国引文数据库被引文献检索之专业检索界面

息后，系统将勾选后的单位信息，自动输入"作者单位"及"曾经单位"。② 可选择"核心期刊""SCI 收录刊""EI 收录刊"，得到相应检索结果。③ 点击"检索"即可得到需要的结果。

3. 被引机构检索

在首页点击"被引机构检索"可进入被引机构检索界面。在检索框中输入被引机构，点击"检索"，则可进入被引作者检索界面。或

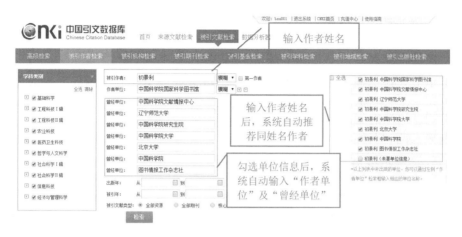

图 4-60 CNKI 中国引文数据库被引作者检索界面

者直接点击被引作者检索界面，如图 4-61 所示。① 在"被引机构"输入机构名，勾选确定的机构名称，点击"检索"，即可得到需要的检索结果。② 在"被引机构"检索框输入机构曾用名，曾用名多的机构可以点击，添加机构名称，勾选确定的机构名称，点击检索，即可得到需要的检索结果。③ 可限定某专辑、专题进行检索，得到该机构某专辑或某专题文献列表。④ 可选择"核心期刊""SCI 收录刊""EI 收录刊"，得到相应检索结果。

图 4-61 CNKI 中国引文数据库被引机构检索界面

4. 被引期刊检索

在首页点击"被引期刊检索"可进入被引期刊检索界面。在检索框中输入被引期刊，点击"检索"，则可进入被引期刊检索界面。或者直接点击被引期刊检索界面，如图4-62所示。① 在"被引期刊"检索框输入期刊名称；② 可选定出版时间或被引时间进行限定检索，点击"检索"，得到该刊全部或某时段文献列表。

图4-62　CNKI中国引文数据库被引期刊检索界面

5. 被引基金检索

在首页点击"被引基金检索"可进入被引基金检索界面。在检索框中输入被引基金，点击"检索"，则可进入被引基金检索界面。或者直接点击被引基金检索界面，如图4-63所示。① 在检索框输入某基金名称或关键词，如"自然科学"，则可得到符合该检索词的所有基金名称，勾选确定的基金名称，点击"检索"，即可实现基金检索。② 基金检索可限定某专辑、专题进行检索，得到该基金某专辑或专题的文献列表。③ 可选择"核心期刊""SCI 收录刊""EI 收录刊"，得到相应检索结果。

6. 被引学科检索

在首页点击"被引学科检索"可进入被引学科检索界面，如图4-64所示。可选择 CNKI 的 10 专辑 168 专题中的某专辑或专题进行检索，

图 4-63 CNKI 中国引文数据库被引基金检索界面

得到该专辑或专题在某时段的所有文献列表。

图 4-64 CNKI 中国引文数据库被引学科检索界面

7. 被引地域检索

在首页点击"被引地域检索"可进入被引地域检索界面，如图 4-65 所示。可在检索框中选择省（直辖市、自治区）进行检索，还可检索中国香港、澳门特别行政区及台湾地区的文献发表情况。

8. 被引出版社检索

在首页点击"被引出版社检索"可进入被引出版社检索界面，如图 4-66 所示。在检索框中输入某出版社名称或关键词，如"北京师范大学"，选择模糊检索点击，则可得到符合该检索词的所有该出版社出版的图书信息。

图 4-65　CNKI 中国引文数据库被引地域检索界面

图 4-66　CNKI 中国引文数据库被引出版社检索界面

（三）检索结果

在检索结果（详见图 4-67）页面，可进行多项操作。

① 结果分析：页面上方显示检索统计结果，显示文献总数、总被引次数、总他引次数、篇均被引、篇均他引数。

② 结果统计：对被引文献从作者、机构、出版物、基金、学科、出版年等维度进行分析。

③ 结果排序：对结果按相关度、出版年、被引次数等进行排序。

④ 结果呈现：检索结果默认呈现方式为列表，列出被引题名、被引作者、被引来源、出版年（期）、被引、他引、下载、预览等项。点击各项可在新的页面中了解其详细内容。例如，点击"他引"数字项，可在新的页面中查看引证明细。

⑤ 结果分组：在页面左列，可对被引文献类型、被重要期刊引用

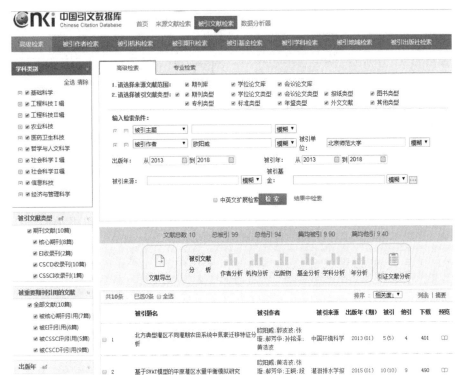

图 4-67　CNKI 中国引文数据库检索示例及结果

的文献、出版年进行重新勾选分组。

⑥ 文献导出：对检索结果筛选后，点击"文献导出"，选择记录条数，选择导出文件格式，支持参考文献、E‐learning、Refworks、Endnote、自定义等格式选择。

十二、学科发展水平动态监控数据平台

（一）平台介绍

学科发展水平动态监控数据平台是由上海软科公司开发，该平台可

以不依赖于学校内部的统计平台，从外部对学校各学科的人才、项目、成果等关键指标实施有效监控。该平台的特点在于不仅可以及时向学校提供各学科的指标数据和全国排名，还能够基于对学科竞争力的综合评价和发展趋势对学科进行定位诊断，帮助学校了解各学科的相对水平变化。

该平台可进行灵活的权限设置，既可赋予用户了解本机构全局情况的权限，也可仅为机构内二级单位设立仅观测本单位数据的权限。

平台数据更新频率不一，但总体上在 1—3 个月内会更新数据，数据更新后，会在登录平台后系统发布"数据更新通知"予以提示。

（二）功能模块

1. 学科总览

通过学科排名和学科热度两个维度组成四象限矩阵，帮助学校对监控学科点当前在全国所处的水平和发展态势进行系统的定位和诊断。

如图 4-68 所示，学科总览可从"中国最好学科排名"和"学位中心一级学科评估"两个维度进行；可以在绝对排名和相对排名两种模式间切换；可以选择定义不同优势学科标准；可以选择查看特定学科门类的学科风向球。当学科门类名称为灰色时，学科定位总览图中不呈现该学科门类的学科风向球。

其中四象限学科包括：① 雄鹰型学科：综合排名国内领先、主流学科/热门学科；② 孔雀型学科：综合排名国内领先、特色学科/小众学科；③ 大雁型学科：综合排名不够领先、主流学科/热门学科；④ 鹦鹉型学科：综合排名不够领先、特色学科/小众学科。

如图 4-69 所示：学科风向球上的名称代表该学科的简称，在示例图中，现以 A、B、C、D 替代学科名称，在实际的使用过程中，会显示

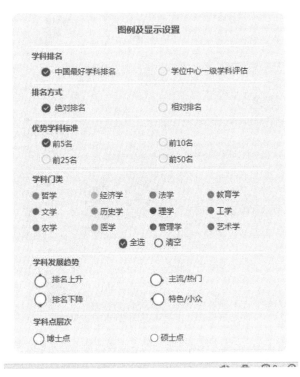

图 4-68　软科学科发展水平动态监控数据平台学科总览分析维度

具体的学科简称；学科风向球的不同对应不同的学科门类；学科风向球的位置代表该学科在中国最好学科排名中的位置，以及该学科的学科热度；学科风向球的大小代表该学科为博士或硕士学位授权点学科；学科风向球箭头的指向代表该学科的发展趋势。

A 在飞鸟图中定位为雄鹰型学科。该学科点整体水平在国内处于优势地位，同时在国际上属于主流发展或是研究热门学科。A 学科点属于工学门类，是学校的博士点学科之一，从近期趋势（箭头指向右上方）来看，该学科点整体水平，以及该学科点的国际热度均呈现上升态势。

B 在飞鸟图中定位为孔雀型学科。该学科点整体实力在国内处于优势地位，但属于特色学科或在国际上属于小众学科。B 学科点属于艺术

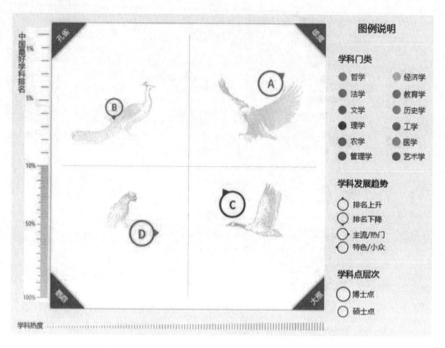

图 4-69 软科学科发展水平动态监控数据平台四象限图

学门类，是学校的硕士点学科之一，从近期趋势（箭头指向下方）来看，其整体水平有所下滑。

C 在飞鸟图中定位为大雁型学科。该学科点整体实力当前在国内不够领先，但在国际上属于主流发展或是研究热门学科。C 学科点属于理学门类，是学校的博士点学科之一，从近期趋势（箭头指向左上方）来看，该学科点整体竞争水平呈现上升态势，但该学科点的国际热度有所下降。

D 在飞鸟图中定位为鹦鹉型学科。该学科点整体实力在国内不具优势，且该学科点在国际上不属于主流热门学科。D 学科点属于农学门类，是学校的博士点学科之一，从近期趋势（箭头指向右方）来看，其整体竞争水平相对稳定，并呈现向热门学科演变发展的趋势。

2. 学科水平

学科水平又称"动态监控"，其界面展示了学科在高端人才、科研项目、成果获奖、学术论文、人才培养等五个指标的表现，并通过指标数据的总量与增量在全国的排名情况，全面了解学科的当前实力、密切监控学科的发展态势。图 4-70 是 2018 年 12 月北京师范大学环境科学与工程的学科动态情况。学科水平数据可以导出为 Excel 表。

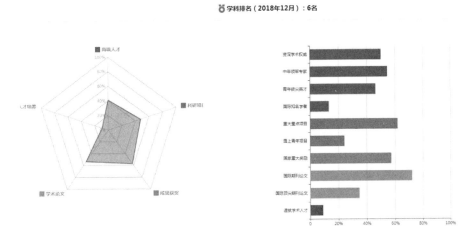

图 4-70　软科学科发展水平动态监控数据平台某一学科的动态监控界面

3. 标杆对比

"标杆对比"展示本校与标杆学校的学科指标对比情况，包括指标排名对比与指标数据对比。图 4-71 是 2018 年 12 月北京师范大学与标杆学校清华大学两校的环境科学与工程的学科数据对比情况。

在页面左侧的"学科切换"栏中选择某一学科后，点击"标杆对比"界面右上方的标杆学校名称选择标杆学校，学科发展水平动态监控平台将展示贵校与标杆学校在该学科的对比图，以及所有相关指标的数据对比结果。

学科整体得分情况展示了贵校与标杆学校某一学科各指标类别的总量和增量得分、该学科在中国最好学科排名中的排名情况，以及基于中国最好学科排名体系和增量数据进行计算分析得到的增量排名情况。点击右侧图标可单独查看总量或增量的得分和排名情况。

标杆对比图展示了本校与标杆学校某一学科的分维度和分指标排名对比情况，可以查看本校与标杆学校该学科指标排名的总量与增量，同时可以查看本校与六组基准值的对比情况，包括国家重点学科中值、一级学科博士点中值、中国最好学科前三名中值、中国最好学科前5%中值、中国最好学科前10%中值、中国最好学科前25%中值。

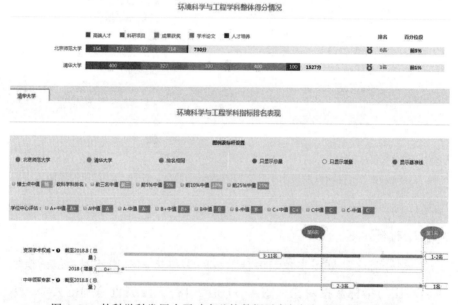

图4-71　软科学科发展水平动态监控数据平台与标杆学校对比的界面

学科对比表数据展示了某一学科中，本校、标杆学校及六组基准值（国家重点学科中值、一级学科博士点中值、中国最好学科前三名中值、中国最好学科前 5% 中值、中国最好学科前 10% 中值、中国最好学科前 25% 中值）的详细指标数据。也可以通过点击指标年份旁的"▼"图标，展开并查看单项指标的分年表现，以及与标杆学校和参考基准值的对比情况。

4. 趋势分析

"趋势分析"展示本校与标杆学校的总体排名及各指标的变化情况，包括总量趋势与增量趋势。涉及人才队伍、科研项目、科研获奖、科研论文等多项指标。图 4-72 是 2018 年 12 月北京师范大学与标杆学校清华大学环境科学与工程的学科排名变化情况。

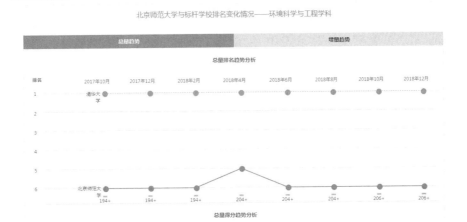

图 4-72　软科学科发展水平动态监控数据平台与标杆学校的排名变化情况

5. 数据明细

"数据明细"界面展示了学校所有学科的指标数据明细，并支持学校对学科发展水平动态监控平台上的指标数据进行下载与反馈。

十三、中国学科期刊指标分析平台（CESI）

（一）平台概述

1. 平台简介

中国学科期刊指标分析平台（Chinese Essential Science Indicators，CESI）依托超星集团元数据基础、期刊的资源优势、强大的数据分析能力和云服务技术，建立功能与逻辑相关联的学科评价分析系统，从而实现良好的信息交互功能和信息服务功能。

2. 平台的数据基础

平台的数据来自正式公开出版发行的期刊论文、专利成果（引文同样来自正式公开出版发行的期刊论文、图书），全部采用客观数据，避免因主观数据导致的误差；同时，各学校、各学科重点旨在同一指标维度进行比较分析，避免因多种不同维度的指标权重混合导致的误差。

中文期刊数据涵盖 10 年来全部 CN 刊号的中文期刊论文，引文数据涵盖全部 CN 刊号的期刊论文、全部 ISBN 图书。非正式公开出版发行的成果类型不列入统计范围。

外文期刊数据涵盖 10 年来的全部外文期刊论文发文，包含 10 年来 SCI、EI 收录的全部论文。

专利分析数据涵盖 10 年来我国申请的全部国内外发明、实用新型和外观设计三种专利。

WOS 及 ESI 分析模块是在使用学校已购买 SCI 和 ESI 数据库的基础上，对该校 WOS 发文情况、ESI 学科竞争力及学科潜力情况进行的分析（非本平台固有模块），数据来自该校权限范围内 WOS 及 ESI 自

2007 年以来 10 年的数据。

国际各类高校排行榜数据涵盖包括 QS、THE、自然指数 NI、荷兰莱顿大学排名等 10 种国际各类知名高校排行榜近五期的数据。

"双一流"资讯数据来自对 42 所一流高校的新闻网、职能部门的众多站点进行信息采集，每日自动更新，方便了解 42 所一流建设高校的重要政策和信息的动态，为本校的学科规划和学科建设提供参考。

（二）功能模块

如图 4-73 所示，中国学科期刊指标分析平台由以下几个功能模块组成：中文期刊分析、外文期刊分析、WOS 及 ESI 分析、国际知名高校排行榜、"双一流"高校发展动态分析、专利分析。

图 4-73　中国学科期刊指标分析平台（CESI）首页

1. 中文期刊分析

中文期刊分析是在基于中文期刊论文的学科分析系统（即中文期刊学科分析平台，属于本平台的子系统模块）的基础上生成的、以本校为中心的学科分析报告。中文期刊分析子系统及中文期刊分析报告，以中文期刊论文作为学科评价主体。在评价方法上，使用将学术成果论文与中国教育部 13 个学科门类 111 个一级学科一一对应的方法，涵盖教育部学科分类体系所有一级学科；在数据来源上涵盖拥有 CN 刊号的全部中文期刊的近十年来的论文，同时在引文数据上除了前述期刊论文外，还涵盖了全部 ISBN 号图书（全部正式公开出版发行的图书），数据来源广泛。

通过"中文期刊学科分析平台"，可以全面把握本校近十年的中文期刊发文详情和发文学者情况，按地区和一级学科等多维度地快速查找、筛选、分析各学科在全国和各地区各机构的详情。

通过《近十年中文期刊发文报告》可以全面把握本校近十年的学科和科研人才的发展情况，以及所在地区其他高校近十年的情况。

通过《中文期刊国内竞争力分析报告》可以明确本校进入全国核心竞争力的优势学科，了解本省（自治区、直辖市）其他高校进入全国核心竞争力的情况，也能对比本校的各优势学科在"985 工程""211 工程""双一流"等高校相同的学科发展情况和排名，以便更准确地把握自身的定位，找到优势和不足，为优势学科的发展规划服务。

通过《中文期刊潜力学科分析报告》可以基于中文期刊论文数据，掌握本校相关学科潜力情况，以便重点培养、扶持有潜力的特色学科及本校重点潜力学科发文作者，使本校有更多的潜力学科成为优势学科，提升本校的综合实力，争取在下一轮"双一流"评选中凸显更大的优势。

2. 外文期刊分析

中国学科期刊指标分析平台将外文期刊与教育部 13 个门类的 111 个一级学科按篇为分析颗粒度一一对应，从而进行学科统计分析。

外文期刊的学科分析系统旨在通过对国内高等院校近十年被外文期刊收录的全部科研论文进行分析，结合国际上通用的评价方法，重点对文章的被引用情况进行统计分析，包括"一个平台，三个报告"，分别是"外文期刊学科分析平台"，《近十年外文期刊发文报告》《外文期刊国内竞争力分析报告》《外文期刊潜力学科分析报告》。

"外文期刊学科分析平台"旨在全面把握本校近十年的外文期刊发文详情和发文学者情况，按地区和一级学科多维度地快速查找、筛选各学科在全国和各地区各机构的外文期刊发文情况。

《近十年外文期刊发文报告》旨在全面把握本校近十年的学科和科研人才的发展情况，明确所在地区其他高校近十年在各个学科的发文情况。

《外文期刊国内竞争力分析报告》旨在明确本校进入全国核心竞争力的优势学科，了解本省（自治区、直辖市）其他高校进入全国核心竞争力的情况，也能对比本校的各优势学科在"985 工程""211 工程""双一流"等高校相同的学科发展情况。高校可以更准确地把握自身的定位，找到优势和不足，方便为优势学科的发展规划服务。

通过《外文期刊潜力学科分析报告》可以结合本校一级学科在外文期刊的发文数据，计算本校相关学科的潜力情况，以便重点发掘本校潜力学科，扶持有潜力的特色学科和发文作者，使本校有更多的潜力学科成为优势学科，提升本校的综合实力，争取在下一轮"双一流"评选中取得更大的优势。

3. WOS 及 ESI 分析

本平台基于 WOS 及 ESI 的分析包括 ESI 学科国际竞争力分析报告、ESI 潜力学科分析报告、近十年 WOS 发文分析报告（本模块的使用需要学校本身已开通了 SCI 及 ESI 数据库）。

ESI 学科国际竞争力分析报告是对特定高校进入 ESI 前 1% 的学科及重点论文（高被引、热点、高水平论文）进行统计，与国内同类高校（省内、"985/211""双一流"等）进行竞争分析，帮助学校全面了解竞争情况，为本校提高学科竞争力服务。同时，也为学科人才的引进提供参考。

ESI 潜力学科分析报告利用高校 10 年的 WOS 文献，以及最新一期 ESI 学科阈值，对本校未进入 ESI 前 1% 的学科进行分析，找到本校有可能进入 ESI 前 1% 的潜力学科。分析未进入 ESI 排名的学科与已进入 ESI 排名的学科的差距，据此评价未进入 ESI 排名学科的发展潜力，并对潜力学科进行多维度详细分析，以便学校对潜力学科的相关二级机构、学者的情况进行更全面的了解，对后期制定扶持政策提供参考。

近十年 WOS 发文分析报告对特定高校 10 年 WOS 收录成果进行统计分析，帮助该校了解 10 年各学科领域的发文情况及影响力。同时，也对本校 10 年 WOS 发文的友好期刊进行分析，方便学者选择期刊发文。

4. 国际知名高校排行榜

本报告选取了国际知名的高校排行榜，并对他们近五次发布的排名进行了筛选和汇总，以便学校管理部门和研究人员系统地收集这些排名信息，比较自身、合作伙伴和竞争对手的排名情况，从而展开合作或竞争。

通过 US News 全球大学排名、QS 世界大学排名、THE 世界大学排名、自然指数 NI 排名、荷兰莱顿大学排名、西班牙世界大学网络计量排名等对机构国际排名，以及国内同类机构排名对比进行分析。包括各类型排行榜近五年排名分析、国际竞争情报分析、近五次国内机构国际和国内排名对比。

5. "双一流"高校发展动态分析

系统对 42 所"双一流"高校的新闻网、职能部门的众多站点进行信息采集，内置完整；配置参数，采集"双一流"高校的新闻资讯，以便能对 42 所"双一流"建设高校的重要政策和信息进行动态了解，数据支持每日自动更新。

（1）提供数据的多维度展示及服务：① 一站式检索及排序：系统提供一站式检索入口，支持对系统中的全部资讯进行一站式检索；② 聚类筛选：检索结果页面提供按资讯分类、学校、职能部门、关键词、热点等不同方式进行组合筛选；③ 数据展示：系统提供资讯快照功能，可迅速查看资讯内容。提供资讯来源链接，可跳回原网页查看；④ 题录保存：提供题录导出功能。

（2）资讯的统计分析：系统提供对资讯的统计分析，包括关键词、热点、类别、高校活跃度等多角度进行直观的展示。

（3）自定义分类及热点：系统支持自定义设置科技创新、人才培养等多种资讯分类，每种分类下支持自定义设置多种最希望关注的热点。

6. 专利分析

专利成果是衡量科技创新的关键因素，高校是国家科技创新的主要源泉，专利分析系统以 2008—2018 年中国知识产权局公布的中国专利为数据基础，和教育部 13 个门类 111 个学科对应，从创新规模、创新质量、技术影响力、技术运营水平四个方面量化评价、高校的科技创新能力，真实客观地展示了高校的创新水平和产学研相结合的科研转化率，体现了高校对国家和地区科技发展所做出的贡献。

专利分析系统通过对近十年中国专利进行大数据的统计分析，推出了一个平台和三个报告：专利分析平台、《近十年高校专利报告》《高校创新竞争力报告》《高校创新潜力报告》。

十四、青塔数据

青塔是专注于高等教育数据服务的第三方数据机构，致力于为高校和教育部门等提供专业和深度的高等教育数据服务。迄今为止，青塔已经为包括多所 C9（九校联盟）高校在内的众多大学提供数据服务。目前，青塔提供的数据服务主要包括高校全景数据平台、学科动态分析平台和院系绩效评估。

（一）高校全景数据平台

高校全景数据平台收录了高校基本面、科研项目、师资队伍、学科建设、教学建设、重要奖励、专利与成果、高校经费、平台基地等发展指标数据，为高校、科研机构等提供快速、多维的数据查询及数据分析服务，并在此基础上以可视化的方式呈现，从而支撑省级统计分析，单个学校历年纵向分析与跨校横向对标分析。

主要功能模块如下：

1. 核心指标

核心指标收录的数据包括"双一流"建设数据、师资队伍数据、科研项目数据、科研获奖数据、科研平台数据、学科建设数据、经费成果数据、教育教学数据等。在"核心指标"数据界面中，主要包括统计数据、明细数据、趋势分析、查询单位、数据说明和只看高校六个功能操作。

（1）统计数据：根据所选单位名称，按照年度区间、申请代码等各指标，自定义统计数量与金额，界面右上角有数据收录年度说明，统计表格右上方有导出数据到 Excel，统计表格末尾可以查看所选单位合计行。在统计数据界面点击蓝色字体突出的单位名称可以联查到该单位所统计的明细数据情况，无须切换到明细数据界面即可得到想要的数据。

（2）明细数据：在该界面可以根据所选单位名称，按照年度区间、申请代码等各指标专属字段，自定义查询指标明细数据，右上角有数据收录年度说明。

（3）趋势分析：在该界面可以根据所选单位名称，按照年度区间、申请代码等各指标专属字段，自定义统计所选年度区间的数量与金额趋势，界面右上角有数据收录年度说明，统计表格右上方有导出数据到 Excel。

（4）查询单位：在统计数据、趋势分析、明细数据等界面，点击"单位名称"会弹出"选择查询单位"窗口，弹出窗左边是已经设置的常用查询方案，点击设置可以新增或修改具体方案，中间是全部单位列表，可以按照高等院校、省份快速过滤，也可以手工输入单位名称，右边是已选单位列表。

（5）只看高校：在明细指标的统计数据、趋势分析、明细数据三个界面中设有"只看高校"勾选项，默认为勾选，一旦勾上查询结果将不含非高校单位的数据。

2. 省级指标

省级指标收录的数据包括国内各个省科技奖、基金项目、杰出人才等核心指标。查询方式和"核心指标"界面类似。

3. 智能分析

通过智能分析中预设的数据分析模型，能够快速进行对标单位相对差值分析、排名数据诊断、指标均值对比、高校全景分析，从而快速得到有价值的数据分析参考。点击"智能分析—相对差值分析"，设置对标高校，点击"分析"按钮，平台即可显示师资队伍、科研项目、科研获奖、教育教学等数据对比，如图4-74所示。

图4-74　青塔高校全景数据平台智能分析——相对差值分析

（二）学科动态分析平台

学科动态分析平台依据教育部学科评估体系，侧重学科发展动态监测，无须学校采集数据，可以快速获取学科动态发展状况。

该平台具有以下特点：

（1）基点为教育部第四轮学科评估结果：原始指标数据根据《第四轮学科评估指标体系及有关说明》采集整理，存储到青塔构建的高等教育大数据中心，并划分数据的所属学科。

（2）学科发展指数：依据教育部第四轮学科评估体系，平台通过制定系列指标体系和权重体系，并结合高校学科的发展数据，计算出对应学科从学科评估后至今的发展指数，发展指数越高，表明对应学科在学科评估后发展越快。学科发展指数是贯穿学科动态分析平台的核心评价体系，运用到学科总览、学科监控、标杆对比、趋势分析、多维分析、明细数据六大核心模块中。

（3）设立标杆：平台为高校设立标杆，提供全国同类学科、学科评估中同等级学科发展指数，精细分析本校全学科的水平分布状况，定位重点建设学科，呈现高校学科相对全国同类学科的发展差异。

（三）院系绩效评估

青塔联合南京师范大学评估处打造出高校院系发展性评估综合管理系统，期望通过信息化技术的应用，为高校院系发展评估提供科学、客观对比，帮助高校寻找学院相关学科与国内一流学科的差距；充分挖掘数据的深度价值，判断学院投入与产出比；从而帮助高校管理者有针对性地提出解决学院发展的建议与举措，实现从数据到信息再到辅助决策的目的。

该平台具有以下特点：

（1）指标库：平台汇总可参照的同类高校评价指标体系，形成指标库。指标库涵盖 5 个一级指标，包括人才培养、科学研究、师资队伍、学科建设、社会服务与国际化，以及 13 个二级指标。学校可以依据本校发展情况，进行灵活修改和添加。形成自己的指标库以后，管理人员便可以制订不同分类下（例如按文理科分类）的院系指标方案，设置每一个指标对应的权重，在评估过程中结合学科特点，各有侧重。

（2）用户类别：针对不同的部门权责，平台设置了三类用户：学校管理员、填报用户和浏览用户，拥有不同的权限。

（3）评估结果直观展示：评估结果的展示内容里包含了各学院整体的综合分析结果和不同层级指标的分析结果。帮助高校管理者在进行横向对比时看出每个院系在整体表现及不同指标下的优、劣势，从而更好地规划和调整院系的资源投入。

第二节　各分析、评价类数据库/
工具的学科分类及指标

如上一节所述，现阶段比较成熟的分析、评价类数据库包括 WOS、ESI、Journal Citation Rank（JCR）、InCites、Scopus、SciVal 及 Google Scholar。每个数据库各自建立了基于自身数据的评价指标体系，并受到自身数据库学科分类体系及数据的限制。加之不同指标体系存在含义类似但算法不同的指标，且不同指标的使用范围、方法及局限性不同，因此有必要对数据库学科分类及评价指标进行集中的分类和对比。

一、各分析、评价类数据库的学科分类

学科分类体系众多，包括数据库自行制定的，如科睿唯安的 Web of Science 分类体系、ESI 分类体系、GIPP 分类体系、Elsevier 的学科领域完整列表和所有学科期刊分类代码（ASJC），以及国家层面立足于本国科研情况所制定的适用于本国的学科分类体系，如我国教育部和国务院学位委员会制定的《学位授予和人才培养学科目录》、意大利科研/教学学科与学术领域官方列表 ANVUR 等。

由于制定学科分类体系考虑的因素不同、算法不同，因而在进行学科研究影响力分析时要根据目的选用学科分类体系，不同的选择会造成分析结果的差异。就我国而言，在学科评估时，按照国务院学位委员会和教育部颁布的《学位授予和人才培养学科目录》进行学科划分。因此利用 InCites 或 SciVal 进行学科分析时，需要将其自定义的学科分类体系与中国的学科分类体系相映射，才能准确地反映我国学科的科研情况。而中国的大学要走出国门发展成为国际高水平大学，需要与国外大

学相比较。单纯以国内标准评价，难以按论文客观地进行学科归类，也不利于实现学科的国际化[314],[315]。

（一）分析评价数据库常用学科分类体系

常用的学科分类体系包括 Web of Science、ESI 及学科领域完整列表和所有学科期刊分类代码（ASJC）。

1. Web of Science 学科分类体系

来源：Clarivate Analytics

类别：250 余个学科领域①

分类依据：期刊，每种期刊可被分入多个学科领域（一对多）

与 China SCADC Subject 映射：已有映射

查询链接：http：//ipscience-help. thomsonreuters. com/InCites2Live/filterValuesGroup/researchAreaSchema/chinaSCADCSubjCat. html

2. Essential Science Indicators（ESI）

来源：Clarivate Analytics

类别：22 个学科大类

分类依据：期刊，每种期刊被分入一个学科领域（一对一）

与 China SCADC Subject 映射：无

查询链接：http：//ipscience-help. thomsonreuters. com/InCites2Live/filterValuesGroup/researchAreaSche- ma/esiDetail. html

3. 学科领域完整列表和所有学科期刊分类代码（ASJC）

来源：Elsevier

---

① 科睿唯安官网显示 WOS 学科分类约有 250 个；InCites 导出 WOS 学科数为 254 个；在实际使用中，SCI 学科分类为 177 个，SSCI 为 57 个，A&HCI 为 28 个。

全称：All Science Journal Classification

类别：27 个主题大类，334 个小类

分类依据：按照论文参考文献的学科分布进行的分数化处理[316]

与 China SCADC Subject 映射：网站未给出

查询链接：https：//cn. service. elsevier. com/app/answers/detail/a_id/16242/KF/%E5%AD%A6%E7%A7%91%E5%88%86%E7%B1%BB/supporthub/scopus/

（二）其他的学科分类体系

其他分类体系如表 4-5 所示。

表 4-5　其他分类体系概况[317]

学科分类体系	分类情况	指定类型	数据库采用情况
ANVUR	12 个学科分类	意大利科研/教学学科与学术领域官方列表	InCites
GIPP	6 个学科分类	数据库自定义	InCites
Australia FOR Level 1	23 个学科分类	基于澳大利亚与新西兰统计局的报告	InCites
Australia FOR Level 2	155 个学科分类		
China SCADC Subject77 Narrow	77 个学科分类	中国教育部和国务院学位委员会《学位授予和人才培养学科目录》	InCites
China SCADC Subject12 Broad	13 个学科分类		
FAPESP	9 个学科大类 72 个学科小类	巴西圣保罗州定义	InCites
OECD	6 大类 42 个子范畴	在经济合作与发展组织（OECD）的 Frasasi 手册中使用	InCites
UK RAE（2008）	67 个学科分类	英国 REA 2008 年中的学科分类模式	InCites

续表

学科分类体系	分类情况	指定类型	数据库采用情况
UK REF（2014）	36 个学科分类	英国 2014 年卓越研究框架（REF）中利用的学科分类系统 UoA	InCites
KAKEN – L2（Bunya2 –H20）	10 个学科分类	来自日本科学研究资助数据库	InCites/SciVal
KAKEN – L3（Bunya3 –H20）	66 个学科分类		InCites/SciVal
FoR – Fields of Research（FoR）List	23 大类158 个子范畴	澳大利亚和新西兰标准研究分类的一部分	SciVal
科学技术领域（FOS）	6 大类42 个子范畴	在经济合作与发展组织（OECD）的 Frasasi 手册中使用	SciVal
REF 2014 – Units of assessment（UOAs）	36 个类别	用于英国高等教育经费理事会（ReFCE）的 REF 2014 exercise	SciVal
QS	6 大类63 个学科小类	QS 世界大学排名分类	SciVal
THE	11 大类	泰晤士世界大学排名分类	SciVal

二、各分析、评价类数据库的指标（Metrics-Toolkit）

（一）各分析评价类数据库/工具中评价指标概况

1. 概述

现行较为成熟的各层级评价指标，主要出自科睿唯安的 Web of Science、InCites、JCR，Elsevier 的 Scopus 和 SciVal，以及 Google Scholar。其各自的科研评价指标体系及学科分类体系如表 4-6 所示。随着文献计量学的不断发展，为了克服已有指标的局限性，使科研评价更加科学，维度更加多样，新的评价体系和指标也不断出现。如 Scopus 开发

SCImago Journal Ranking（SJR）作为新的期刊评价指数，打破了期刊影响因子长期以来占据的统治地位；自然出版集团以在职科学家的学术判断力为依据，建立全球自然指数期刊列表，开创了新的期刊评价模式；而随着开放存取平台及社交网络的发展，替代计量学及论文层面计量学也不断涌现新指标。

表 4-6　各分析评价类数据库/工具中评价指标概况

集团	数据库/ 分析平台	评价指标	学科分类 体系种类
科睿唯安	WOS 核心合集	出版物总数、H 指数、篇均被引次数、总被引次数、去除自引的被引次数、参考文献数	1 种
	Journal Citation Rank	论文数量、引用次数、被引半衰期、引用半衰期、期刊影响因子（JIF）、5 年期刊影响因子、排除期刊自引的影响因子、即时指数、标准化特征因子、可引用论文百分比（在期刊影响因子计算中被认为"可引用"的文献，即论文和综述所占的比例）、特征因子分值（EF）、论文影响分值（AI）、期刊影响因子百分排位数等	2 种
	InCites	指标体系包括产出力、影响力、合作、声誉及其他 5 部分。主要评价指标包括被引频次、引文影响力、学科规范化的引文影响力（CNCI）、H 指数、平均百分位、相对于全球平均水平的影响力、论文被引百分比、国际合作论文百分比、横向合作论文百分比等	14 种
爱思唯尔	Scopus 来源 出版物	被引次数、刊载量、论文被引百分比、引用分（CiteScore）、SCImago 期刊等级（SJR）、篇均来源期刊标准影响（SNIP）	1 种
	SciVal	被引次数、参考文献数量、H 指数、H5 指数、领域加权的引用影响（FWCI）、篇均引文数量、合作影响力等	7 种
Google	Google Scholar	H5 指数、H5 中位数、H5 核心、i10 指数	无

2. 指标类型划分

根据指标的评价主体，将指标类型按照期刊层级、作者层级及适用于论文集合的指标进行分别介绍。各层级指标如表 4-7 所示。通过这些文献计量学指标可实现在作者、科研团队、学科、机构等各层级的绩效评估。同时也能帮助作者了解自己的研究领域，为学科提供学科的热点、主题分析等，助力机构人员的决策。本书将分三部分介绍这些指标。

表 4-7　各层级指标比较表

指标层级	指标名称	来源	评价主体	推出时间	更新时间	查询渠道	最早数据
期刊层级	期刊影响因子（Journal Impact Factor）	科睿唯安	SCI 及 SSCI 收录期刊	1975	6 月中下旬	Journal Citation Rank	1997
	特征因子（Eigenfactor）			2009	6 月中下旬	Journal Citation Rank	1997
					未知	eigenfactor.org	1997
	引用分（CiteScore）	爱思唯尔	Scopus 收录期刊、丛书、会议题录及贸易出版物	2016	5 月底	Scopus 来源期刊列表	2011
	SCImago 期刊等级（SJR）			2010	未知	CWTS Journal Indicators	1999
					5 月底	Scopus 来源期刊列表	1999
				2008	未知	SCImago Journal & Country Rank	1999
	篇均来源期刊标准影响（SNIP）			2010	5 月底	Scopus 来源期刊列表	1999
					未知	CWTS Journal Indicators	1999
	H5 指数	Google Scholar	Google Scholar 期刊	2012	未知	Google Scholar	仅当年数据
	H5 中位数						

续表

指标层级	指标名称	来源	评价主体	推出时间	更新时间	查询渠道	最早数据
作者层级	i10 指数	Google Scholar	Google Scholar 学者	2011	无明确说明	Google Scholar	即时数据
	作者水平特征因子（Author level Eigenfactor）	SSRN	SSRN 学者	2012	每周	SSRN Top Authors	
	H 指数	—	最初用于评价学者，后扩展至机构或学科等	2005	每周	Web of Science	即时数据
					每天	Scopus 作者搜索	
					无明确说明	Google Scholar	
论文集合评价	引文影响力（Citation Impact）	科睿唯安	机构、学科、作者	—	—	InCites	即时数据
	篇均被引频次（Citations per Publication）	爱思唯尔		—	—	SciVal	
	学科规范化引文影响（Category-normalized Citation Impact, CNCI）	科睿唯安		—	—	InCites	
	领域加权的引用影响（Field Weighted Citation Impact, FWCI）	爱思唯尔		—	—	SciVal	

（二）期刊层级指标

期刊层级指标以期刊作为评价主体，用于评价期刊影响力，同时也可以作为衡量研究者、机构或学科水平的重要依据。现行较成熟的期刊影响力评价指标包括来自科睿唯安的期刊影响因子、特征因子、爱思唯尔的引用分、SCImago 期刊等级、篇均来源期刊标准影响及来自 Google Scholar 的 H5 指数系列。

1. 期刊影响因子（Journal Impact Factor）

含义：期刊前两年发表的论文在第 3 年的平均被引次数。

推出时间：1975 年

评价主体：SCI 及 SSCI 收录期刊。

计算方法：

（1）计算公式，如下所示：

$$IF(t) = \frac{Cit(t-1) + Cit(t-2)}{Pub(t-1) + Pub(t-2)}$$

t：年份。

Pub：载文量，包含 SCI、SSCI 期刊中 Article、Review 及会议论文。

Cit：被引次数，论文被 Web of Science 核心合集中所有文献类型引用的次数。

即，影响因子=某种期刊前两年发表的论文在该年被引用总次数/该期刊在前两年内发表的论文总数。

（2）时间窗口：2 年

（3）自引排除：否

（4）加权及加权方式：无

局限性：

（1）仅适用于期刊层级评价。

（2）仅限于相同主题领域期刊的比较。

（3）受期刊类型影响，如综述类期刊引用率更高，更具优势。

（4）两项指标受少数超高引用论文的影响[318]。

（5）不排除自引，期刊易通过人为操控提高被引频次。

期刊影响因子及引用分的比较：见"3. 引用分"。

数据更新及获得方式：

（1）更新时间：6 月中下旬发布上一年度期刊相关数据。

（2）获得方式：InCites Journal Citation Rank

（3）查询方法：最早可查询 1997 年期刊影响因子。两种方式获取：①JCR；②在 Web of Science 核心合集中进行 SCI、SSCI 论文检索时，通过点击期刊名可查询到影响因子，数据来源于 JCR[319]。

2. 特征因子（Eigenfactor）

华盛顿大学和加州大学圣塔芭芭拉分校的 Bergstrom 等人组成的研究团队所构建的创新评价指标，特征因子。特征因子以两个分值呈现：特征因子分值（Eigenfactor Score）和论文影响分值（Article Influence Score)[320]。

含义：

（1）特征因子分值：基于过去 5 年中期刊发表论文在 JCR 统计当年的被引次数，并考虑施引期刊情况及不同学科领域的引用差异。

（2）论文影响分值：通过每篇论文的被引情况测度期刊的相对重要性。指某期刊发表的论文在刊出后 5 年内的平均影响力。在数值表现上，论文影响分值为 1，表示期刊每一篇文章与论文影响分值平均水平持平，大于 1 表示高于平均水平影响力，小于 1 则表示低于平均水平影响力。

推出时间：2009 年

评价主体：SCI 及 SSCI 收录期刊。

计算方法：

（1）计算原理及公式，如下所示：

① 特征因子分值：类似 Google 网页排名的 PageRank 算法。基于引文链接，构建文献引用网络来评价和跟踪期刊的相对影响力。计算时给予来自高声望期刊的引用以更高的权重，并以此规则迭代计算至收敛。

② 论文影响分值：在特征影响分值的基础上除以期刊 5 年内发表论文数与全部期刊 5 年内发表论文数的比率"X"，论文影响分值计算公式[321]如下所示。

$$\frac{0.01 * \textit{EigenFactor Score}}{X}$$

（2）时间窗口：5 年

（3）数据来源：

①被引数据：SCI 及 SSCI 收录期刊论文；

②施引数据：基于 JCR 的近 8 000 种期刊，以及这些出版物提及的大约 110 000 种其他期刊、书籍、报纸和其他参考文献。

（4）自引排除：是

（5）加权及加权方式：加权

①对施引期刊赋予不同权重，高影响力期刊权重高；

②学科领域方面：只关注引文对来源文献的比例，而不考虑引文对来源文献的绝对值[322]。

局限性：

（1）仅适用于出版物级别的评价[323]。

（2）算法较复杂，模拟计算困难。

（3）论文影响分值仅反映期刊论文的平均影响力，与每篇论文的实际影响可能存在较大的偏差[324]。

特征因子与影响因子的比较：

（1）特征因子比影响因子时间窗口延长，弱化了由引文半衰期不同引起的差异。

（2）特征因子比影响因子统计的引文数据源扩大，涵盖了其他110 000种未被 SCI、SSCI 收录的期刊、图书、报纸、博士学位论文，更利于人文社科类期刊的评价[325]。

数据更新及获得方式：

（1）Journal Citation Rank：检索或浏览期刊，在页面右侧"Customize Indicators"中勾选"Eigenfactor Score"，即可查询。支持结果下载。

（2）eigenfactor. org：点击"Eigenfactor Metrics"，通过输入期刊名（包含模糊检索及精确检索）、出版年、ISSN、出版商、ISI category 检索特定期刊。点击"期刊"，可浏览该期刊历年标准化特征因子。

3. 引用分（CiteScore）①

含义：期刊前 3 年发表的论文在第 4 年的平均被引次数。

推出时间：2016 年

评价主体：Scopus 收录期刊、丛书、会议题录及贸易出版物。

计算方法：

（1）计算公式，如图 4-75 所示：

（2）时间窗口：3 年

（3）文献类型：Scopus 除待刊论文外的全部文献类型

---

① IPP 是 CiteScore 的前身。

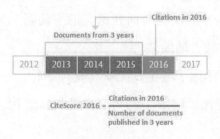

图 4-75　CiteScore 计算公式[326]

（4）自引排除：否

（5）加权及加权方式：无

局限性：同期刊影响因子。

期刊影响因子及引用分的比较：

（1）时间窗口方面，引用分较影响因子时间窗口更长，能够更为客观地评价人文社科学科这类引用半衰期较长的期刊。

（2）分值表现方面，引用分较影响因子获得的引用更多，一方面源于其时间窗口更长，另一方面由于引用分采用 Scopus 为数据源，体量更大。但综合类期刊例外，原因在于这类期刊包含了更多类型的文献，使引用分分母数值较影响因子更大，得分更小[327]。

数据更新及获得方式：

（1）更新时间：每年 5 月底发布上一年期刊数据。当新数据未发布时，可通过"CiteScore Tracker"获取当前数据。

（2）获得方式：均免费

① Scopus 来源期刊列表，最早可查询 2011 年期刊数据；

② CWTS Journal Indicators 查询，最早可查询 1999 年期刊数据，但其仅提供全部学科类别排名的前 1 000 种期刊[328]。

4. SCImago 期刊等级（SJR，即 Scientific Journal Rankings）

含义：按照期刊声望进行加权，以评价期刊影响力[329]。

推出时间：2008 年

评价主体：Scopus 收录期刊、丛书、会议题录及贸易出版物。

计算方法：类似谷歌 PageRank 算法，赋予高声望期刊引用以较高的权重，并以此规则迭代计算直到收敛。

（1）计算过程：

① 为所有期刊设定 SJR 初始值。初始值不影响终值，只影响迭代次数；

② 新的 SJR 值计算，如下所示：

$$SJR_i = \frac{(1-d-e)}{N} + e \cdot \frac{Art_i}{\sum\limits_{j=1}^{N} Art_j} + d \cdot \sum_{j=1}^{N} \frac{C_{ji} \cdot SJR_j}{C_j} \cdot \frac{1 - \left(\sum\limits_{k \in \{Dangling-nodes\}} SJR_k \right)}{\sum\limits_{h=1}^{N} \sum\limits_{k=1}^{N} \frac{C_{kh} \cdot SJR_k}{C_k}} + d \cdot \left[\sum_{k \in \{Dangling-nodes\}} SJR_k \right] \cdot \frac{Art_i}{\sum\limits_{j=1}^{N} Art_j}$$

$$SJRQ_i = \frac{SJR_i}{Art_i}$$

SJR_i：期刊 i 的 SJR 值；　　C_{ji}：期刊 j 对期刊 i 的引用；

C_j：期刊 j 的参考文献数量；　　d：常数，通常为 0.85；

e：常数，通常为 0.10；

N：期刊数量；

Art_j：期刊 j 的 Article 数量；

Dangling-nodes：无参考文献的论文。

③重复②，直到下次计算的 SJR 的变化值小于给定阈值时终止计算[330]。

（2）时间窗口：3 年

（3）数据来源：Scopus

（4）文献类型：研究论文、综述、会议论文。

（5）自引排除：部分排除（SJR 将期刊自引的门槛限定在 33%，

意即若期刊自引在当年度超过其整体被引比例的 33%，超出的自引数将不予计算[331]）。

（6）加权及加权方式：加权，对施引期刊赋予不同权重，高影响力期刊权重高。

局限性：

（1）仅适用于出版物级别的评价。

（2）算法较为复杂，模拟计算困难。

数据更新及获得方式：最早可查询 1999 年期刊数据。获取渠道均免费：

（1）Scopus 来源期刊列表；

（2）SCImago Journal & Country Rank。

5. 篇均来源期刊标准影响（SNIP）

含义：期刊中每篇论文的平均被引次数与该学科领域的"引文潜力"① 的比值。

推出时间：2010 年

评价主体：Scopus 收录期刊、丛书、会议题录及贸易出版物。

计算方法[332]：

（1）计算公式，如下所示：

$$\text{SNIP} = \frac{\text{RIP（篇均粗影响）}}{\text{RDCP（数据库相对引用潜力）}}$$

RIP（Raw Impact per Paper）：篇均粗影响，即期刊前 3 年发表的论文在第 4 年被引用的平均数；

RDCP（Relative Database Citation Potential）：数据库相对引用潜力，

---

① 来源出版物所在学科领域中的潜在引用次数是指对该来源出版物进行引用的文献所拥有的参考文献个数平均值。它代表了该领域中的文献受到引用的可能性。

即经过标准化处理的数据库引用潜力。

（2）时间窗口：3 年

（3）数据来源：Scopus

（4）文献类型：研究论文、综述、会议论文①[333]。

（5）自引排除：否

（6）加权及加权方式：对不同主题领域②进行归一化，最大限度地减少不同主题领域之间的区别。

使用优势：可用于比较不同主题领域间期刊影响力。

数据更新及获得方式：最早可查询 1999 年期刊数据。获取渠道有两种，均免费：

（1）Scopus 来源期刊列表；

（2）CWTS Journal Indicators。

6. Google Scholar Metrics 期刊度量指标

2012 年，Google Scholar 基于期刊 H 指数提出 Google Scholar Metrics，其中使用 H5 指数（H5-index）、H5 中位数（H5-median）及 H5 核心（H5-core）度量期刊影响力。

含义：

（1）H5 指数：某一出版物在过去 5 年发表的文章之中至少有 H5 篇文章，每篇引用不低于 H5 次。

（2）H5 中位数：H5 指数涵盖的所有文章被引次数的中位值。

（3）H5 核心：期刊最高被引用的 H5 篇论文。

推出时间：2012 年

---

① 如果施引期刊类型特殊（称为非引用期刊），特别是贸易期刊和很少引用其他文献的期刊（包括艺术和人文领域的许多期刊），也不计入统计。

② 某期刊所属的主题领域由引用该期刊的论文集合构成，引用窗为 10 年。

评价主体：Google Scholar 收录出版物。

计算方法：

（1）计算过程：类似 H 指数。如表 4-8 所示，H5 指数为 5，H5 中位数为 8，文献 1-5 为 H5 核心文献。

表 4-8　某学者 H5 指数计算过程图[334]

序号	论文	论文被引频次	判定
1	引用次数最多的论文 A	18	1<18
2	引用次数第 2 的论文 B	8	2<8
3	引用次数第 3 的论文 C	8	3<8
4	引用次数第 4 的论文 D	6	4<6
5	引用次数第 5 的论文 E	5	5=5，H 指数为 5
6	引用次数第 6 的论文 F	4	6<4
7	引用次数第 7 的论文 G	4	7<4
…	…	…	…

（2）数据自引及加权：均无。

应用范围：可进行研究团队、学科、作者、机构等不同论文集合的研究。

H5 指数较 H 指数优势：

（1）H5 指数克服了 H 指数随着时间推移只会增加或保持不变的情况，并对创刊超过 5 年的期刊没有明显的时间差异，可用于挖掘有潜力的优秀期刊[335],[336]；

（2）时间窗口长，可测度引用半衰期较长学科的期刊；

（3）不受单篇或少数超高引用论文的影响[337]。

局限性：

（1）发文量较大的期刊排名更占有优势；

（2）Google Scholar 数据施引对象学术质量水平参差不齐[338]。

数据更新及获得方式：

（1）Google Scholar

收费情况：免费

查询方法：

①进入 Google Scholar，点击左上角"≡"，选择"统计指标"，点击"查看热门出版物"。

②可根据语言进行筛选，提供 12 种语言的 Top100 出版物数据。仅英语语种出版物提供不同学科子类的 Top20 期刊数据①[339],[340]。

③不提供历年数据，无法横向比较。

（2）SciVal：根据自定义论文集合进行查询。

（三）作者层级指标

作者层级指标根据作者的科研论文产出评价作者的学术水平。主要包含 H 指数、e 指数、i10 指数及作者水平特征因子。

1. H 指数（h-index）

含义：某学者所有论文中至少有 n 篇分别被引用了至少 n 次，那么该学者的 H 指数就是 n。

推出时间：2005 年

评价主体：Web of Science 核心合集、Scopus、Google Scholar 学者

计算方法：与 H5 指数一致

应用范围：最初主要用于研究者的科研绩效评价，后被扩展至期

---

① 谷歌没有提供对各领域及学科分类的标准。

刊、研究团队、学科等不同领域的评价。可进行研究团队、学科、作者、机构等不同论文集合的研究。

局限性：

（1）严重依赖于学者的科研年龄，随学术年龄增长，只增加或不变。同比中、长期科研绩效的可信度更高，不利于论文数量不够多而被引次数却很高的科学家[341]；

（2）更适于同一学科领域的学者比较。

数据查询方法：

（1）Web of Science 核心合集作者检索，通过"创建引文报告"获得；

（2）Scopus 作者搜索，点击作者，进入作者页面，右侧即为 H指数；

（3）Google Scholar：检索并进入学者页面，右侧即可查询作者 H指数。

2. e 指数（e-index）

含义：天津大学物理系张春霆在考虑 H 指数对高引频论文不敏感的问题后，提出 e 指数作为 H 指数的补充[342]。在 H 指数中，只考虑了H 篇引文，对比 H 更多的引文的评价没有考虑，尤其是对于评价高被引科学家或者精确比较一组具有相同 H 指数的科学家的科学产出的时候。e 指数作为对 H 指数中超出 H 篇引文的评价的补充。H 指数中所有论文超出 H 篇的引文为 e[343]。

推出时间：2009 年

计算公式，如下所示：

局限性：e 指数只考虑了被引频次不小于 H 的论文的贡献，虽然 e指数比较适合论文少而单篇论文被引频次高的作者的评价，但是从数学

$$e^2 = \sum_{i=1}^{h}(c_i - h) = (\sum_{i=1}^{h}c_i) - h^2$$

cit_j 是第 J 篇论文收到的引文，e^2 是 H 指数中超过的引文数量。

角度严格来看，也存在一定问题，例如，如果 H 篇论文的被引频次都是 H 的话，则 e＝0，这显然不合理。因此，用 e 指数评价论文被引频次比较接近的学者的学术水平时，可能会出现低估其学术水平的问题[344]。

3. i10 指数（i10-index）

含义：被引超过 10 次的论文数量。

推出时间：2011 年

评价主体：Google Scholar 学者

计算方法：查询作者论文量及每篇论文的被引次数，统计被引次数超过 10 次的论文数量。

局限性：

（1）随学术年龄的增长，只增加或不变。

（2）更适于同一学科领域的学者比较。

数据查询方法：Google Scholar，位于学者主页右侧。

4. 作者水平特征因子（Author Level Eigenfactor）[345]

含义：作者引文的加权量度，兼顾论文作者数量、排除自引后的被引次数及参考文献质量。

推出时间：2012 年

评价主体：SSRN 学者

计算方法：

（1）来自特征因子分值，将其扩展至作者级别[346]。

（2）时间窗口：无

（3）自引排除：是

（4）加权及加权方式：加权

① 不同学科作者合作方式不同，多作者文章平分论文数量及获得的引文量，避免大的作者团体得分高；

② 每篇文章引用量不同。在权重选择中，将每个参考文献除以参考文献的数量，使得每篇论文贡献的总引文权重为 1；

③ SSRN 也储存预印本，在计算时，将同一文献的不同形式的引用归为一个组，用组值进行计算。

数据查询方法：SSRN，免费，每周更新一次。

进入 SSRN，点击"Rankings"，选择"Top Authors"，进入"Top Authors"页面：

（1）"SSRN Top Authors"：提供 Top3000 的作者水平特征因子，以及最近 12 个月及全部年份的部分其他指数（如最新下载量，作者篇均被下载量等），不需注册个人账户；

（2）其他选项或全部作者水平特征因子查询：需注册个人账户。

（四）适用于论文集合的指标

在实际的评估工作中，常常需要根据论文的发表情况及引文影响力评价学科或机构的科研影响力。这类评价可将学科或机构发表的论文看作一个集合来进行评价。适用于论文集合的指标包括 H 指数、H5 指数和 H5 中位数，以及引文影响力、学科规范化的引文影响力等。由于 H 指数、H5 系列指数在上文已有详细介绍，此处不再赘述。

1. 引文影响力（Citation Impact）

引文影响力指标在绩效评估中已被广泛使用，主要包含两种：来源于 InCites 的引文影响力（Citation Impact）及来源于 SciVal 的篇均引文数量（Citations per Publication）。

含义：论文平均引用次数。

评价主体：基于 InCites（引文影响力）或 SciVal（篇均引文数量）的论文集合。

计算方法：

（1）计算公式，如下所示。

$$Citation\ Impact = \frac{\sum Citations}{\sum Papers}$$

（2）自引及加权：不排除自引，无加权。

局限性：

（1）仅适用于同一学科领域内的比较。

（2）依赖出版时间及文献类型[347]。

数据更新及获得方式：

（1）InCites：订购，IP 控制访问，需注册个人账号。进入 InCites，输入检索内容后，页面右侧显示该参数[348]。

（2）SciVal：订购，IP 控制访问，需注册个人账号。进入 SciVal，输入检索内容后，页面右侧显示该参数。

2. 学科规范化的引文影响力

主要包含两种：

（1）基于 InCites 的学科规范化引文影响力（Categorynormalized Citation Impact，CNCI）。

（2）基于 SciVal 的领域加权的引用影响（Field Weighted Citation Impact，FWCI）。

含义：根据论文所属学科领域、发表年份及文献类型，对论文引用情况进行归一化处理。CNCI（或 FWCI）= 1，表示论文质量等于世界平均水平；CNCI（或 FWCI）>1 说明高于世界平均水平，CNCI（或 FWCI）<1 则低于世界平均水平。

评价主体：基于 InCites（CNCI）或 SciVal（FWCI）的论文集合。

计算方法：

（1）计算过程：

①计算单篇论文 i 的 $CNCI_i$（或 $FWCI_i$）

对于属于单一学科领域的单一论文，$CNCI_i$、$FWCI_i$ 计算公式一致，如下所示：

$$CNCI_i(FWCI_i) = \frac{论文\,i\,的实际被引次数}{论文\,i\,所属学科领域论文的篇均被引次数}$$

对于属于多个学科领域的单一论文，$CNCI_i$ 取每个学科领域的实际引文比率与预期引文的比率的平均值，$FWCI_i$ 取其调和平均数。

② 一组论文的 CNCI（或 FWCI）是每篇论文的 CNCI（或 FWCI）的平均值，如下所示：

$$CNCI_p(FWCI_p) = \frac{\sum_p CNCI(FWCI)_{each\,paper}}{p}$$

p：论文数

（2）自引排除：否

（3）加权：是

优势：

（1）该指数为平均值，不依赖于论文规模，不注重质量的论文数量的增长会导致 CNCI 值的降低。

（2）克服了学科、出版年、文献类型对论文被引频次的影响。

数据更新及获得方式：

（1）InCites

（2）SciVal

（五）论文层面计量学（Article-Level Metrics）

论文层面计量学将单篇论文作为评价主体，以来自期刊开放存取平台和学术社交网络的评价为数据源，反映每篇论文的多维使用情况和传播水平，是测度个体研究论文的使用与影响力的新方法。具有即时性、社会化、开放存取和开放数据的特点[351]。论文层面计量学可以在一定程度上反映论文的影响力，无法替代传统基于引文的论文影响力评价，仅可以作为补充[352]，主要以工具对各项评价指标进行收集，常用的工具有 PLoS ALMs、Altermetric. org、PlumX、ImpactStory 等。

1. PLoS ALMs

数据源，如表4-9所示。

表4-9　PLoS ALMs 数据源[353]

类别	指标
访问	PLoS 网页访问量、PDF 下载量、XML 访问量、PMC 网页访问量和 PMC、PDF 下载量
保存	CiteULike 和 Mendeley 读者数
讨论	Nature Blogs、Science Seeker、Research Blogging、PoOS Comments、维基百科、推特和 Facebook 讨论量
推荐	F1000 Prime 推荐量
引用	Cross Ref、PMC、Web of Science 及 Scopus 引用

评价主体：PLoS 刊载论文

表现形式，如图 4-76 所示。

图 4-76　PLoS ALMs 表现例

在 PubMed Central 及 PLoS 期刊的论文页面提供 ALMs 信息，并实时更新。

产品及费用：免费提供 API 接口。可定制最多 500 篇 PLoS 论文的 PLoS ALM 报告，报告提供可视化的结果，允许下载、保存和共享报表。

2. Altermetric. org

数据源，如表 4-10 所示。

表 4-10　**Altermetric. org 数据源**[354]

类别	相关指标	主要来源示例
使用统计	点击量	PLOSS
	下载量	WorldCat
	阅读量	ePrints
	图书馆馆藏	Vineo
	（视频）观看量	dSpace
	文献传递	

续表

类别	相关指标	主要来源示例
被获取量	收藏量	CiteULike
	书签	SlideShare
	保存	Github
	阅读器	Mendeley
	读者数量	YouTube
被提及量	博客日志	Wrkipedia
	新闻	Facebook
	维基百科词条	SourceForge
	评论	Reddit
	评述	
社交媒体	Tweets	Facebook
	+1（赞数）	Twitter
	分享	Google+
	排序	
引用情况	引用计数	PubMed Central，Scopus，USPTO

评价主体：论文

表现形式：甜甜圈，如图 4-77 所示。中心：Altmetrics Score，通过关注次数乘以关注来源的默认权重得到；圆圈：每篇论文的关注量及数据来源，每种颜色代表一种来源。

图 4-77 Altmetrics 甜甜圈示例

产品及费用：针对机构及商业用途收费，但对于科研免费。主要产品包括浏览器、甜甜圈徽章、Altmetric API、Altmetric 书签。其中收费版本浏览器可提供报告，并提供可视化结果。可视化图呈现论文所受到的来自 Twitter 和 Mendeley 关注度的国家地理分布信息，并提供用户资料数据[355]。

3. PlumX

数据源，如表 4-11 所示。

表 4-11   PlumX 数据源[356]

分析概念	操作变量
使用（Usage）	下载、浏览、拥有、馆际互借、文献传递
捕获（Captures）	收藏、书签、保存、读者、社群、观察
谈论（Mentions）	博客文章、新闻报道、维基百科的文章、评论、评审
社会媒体（Social Media）	推客（Tweets）、给力（+1）、给赞（likes）、分享、打分（rating）
引用（Citations）	PubMed 的引用报告、Scopus 的引用报告、专利等

评价主体：期刊论文、图书、学术视频、学术展示（如会议海报及 PPT 等）、会议论文集、数据集、源代码及案例等 20 余种学术成果的全面影响力。

表现形式：页面显示各类信息，点击详情可查看详细信息页面。如图 4-78 所示。

产品及费用：开源软件，免费。产品包括插件及 API。可提供报告，并提供可视化结果。可视化结果以研究者、机构、实验室、期刊等为单位，将他们的评价数据综合起来进行可视化[357]。

4. ImpactStory

数据源：访问、保存、讨论、推荐和引用 5 类，又根据数据源的性

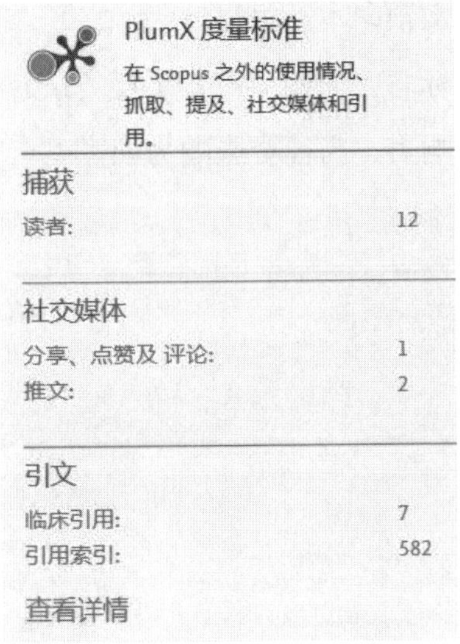

图 4-78　PlumX 表现形式示例

质将指标分为学术型和公共型指标详见表 4-12。

表 4-12　ImpactStory 数据源[358]

类型 ＼ 指标	学术（Scholar）型	公共（Public）型
推荐	被社评引用、F1000 推荐	新闻报道
引用	引用，全文提及	维基百科引用
保存	CiteULike 和 Mendeley	Delicious
讨论	科技博客和期刊评论	博客、推特、Facebook 等
访问	PDF 下载	HTML（网页）下载

评价主体：所有学术产出，包括期刊论文、会议论文、书、视频、音频、博客、幻灯片、代码、软件、数据集、网页、数字媒体、学术演讲、政府文件、案例分析、临床试验、图片、文件集、访谈记录、信、

文字资料、海报、论文预印本、报告等[359]。

表现形式：等级标志，如图 4-79 所示。分为低学术影响力、高学术影响力、低社会影响力、高社会影响力四类①。

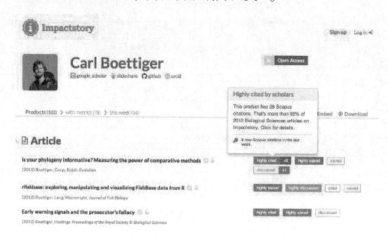

图 4-79　ImpactStory 表现形式示例

产品及费用：开源软件，免费。产品包括 Impactstory Application、Unpaywall（稳定、合法的 OA 论文获取途径）、oaDOI、Depsy，但不提供 API。提供报告，并实时更新。可视化图呈现论文所受到的来自 Twitter、Mendeley 和 ImpactStory 关注度的国家地理信息[360]。

---

① 图片取自 Stacy Konkiel，Heather Piwowar，Jason Priem. The Imperative for Open Altmetrics. Journal of Electronic Publishing，2014，17（3）．

第三节　期刊排名工具介绍

在高质量期刊发表论文已越来越成为全球很多大学、科研机构评价教师和科研人员研究能力，乃至决定职称晋级的首要指标，因此，期刊的评价与排名也越来越受到关注[361]。本节主要介绍国内外各种期刊排名的概况，以期增加读者对期刊排名的理解，同时也可为论文投稿提供参考依据。

一、JCR 学科排名(Journal Citation Reports Category Ranks)

出处：Clarivate Analytics；Eigenfactor Project

网址：https：//jcr. clarivate. com/（需订购使用）

可查询的最早数据：1997 年

评价主体：SCI 及 SSCI 收录期刊

数据源及数据体量：以来自 60 多个国家/地区的 3 300 多家出版商的大约 12 000 种学术期刊、技术期刊、会议论文中的引文数据来评估和比较期刊。

更新时间：每年 6 月中下旬发布上一年度期刊数据。

收费及访问控制：订购，IP 控制访问。

期刊分区方法：

按照各类别中的期刊排名百分位数平分为四等份。其中期刊百分位数=该类别的期刊排名/该类别的期刊总量。

而期刊排名由期刊影响因子、总引用数等指标决定[362]。

检索方法：

（1）检索特定期刊：输入 SCI/SSCI 期刊名（或简称）、ISSN 进行检索；

（2）浏览期刊：可在页面左侧根据学科分类体系、学科类别、JCR 年、期刊分区等进行筛选，并可根据被引次数、影响因子等进行排序；

（3）点击进入特定期刊，可浏览该期刊的详细信息；

（4）支持数据下载。

二、特征因子期刊排名（Eigenfactor Journal Ranking）

出处：Eigenfactor Project

网址：Eigenfactor. org

可查询的最早数据：1997 年

评价主体：SCI 及 SSCI 收录期刊

数据源及数据体量：计算引文数量时，不仅统计了 SCI 和 SSCI 收录的近 8 000 种期刊，同时还吸纳了其他 110 000 种未被 SCI 和 SSCI 收录的期刊、图书、报纸、博士学位论文等[363]。

数据滞后：滞后。例如：至 2018 年 8 月仅可查询 2015 年之前的数据。

收费情况：免费。

学科分类体系：

（1）Web of Science

（2）Eigenfactor categories①

评价指标：

（1）特征因子分值（Eigenfactor Score）；

（2）论文影响分值（Article Influence Score）；

（3）标准化特征因子（Normalized Eigenfactor）；

---

① 该学科体系中，期刊仅分入一个学科类别，学科类别的划分按照引用地图进行集群划分。

（4）特征因子分值百分位次；

（5）论文影响分值百分位次。

检索方法：进入 eigenfactor. org，点击"Eigenfactor Metrics"。

（1）可通过期刊名（包含模糊检索及精确检索）、出版年、ISSN、出版商、ISI category 进行检索及限定；

（2）点击期刊，可浏览该期刊详情；

（3）不支持数据排序及下载。

三、中科院 JCR 期刊分区

出处：中国科学院文献情报中心科学计量中心

可查询的最早数据：2004 年

评价主体：SCI 及 SSCI 收录期刊

更新时间：每年 10 月发布上一年度期刊分区

查询方式：

（1）历年 JCR 期刊查询：中科院期刊分区在线平台 http：//www. fenqubiao. com/。

（2）最新一期 JCR 期刊分区可于微信公众号免费查询：

微信公众号：fenqubiao，二维码如图 4-80 所示。

图 4-80 中国科学院文献情报中心分区表微信公众号二维码

收费情况及访问限制：

（1）中科院期刊分区在线平台：订购，以账号密码控制访问。

（2）微信公众号：免费。

学科领域：

（1）学科大类 13 个：地学、地学天文、环境科学、农林科学、工程技术、物理、化学、生物、数学、医学、社会科学、管理科学、综合性期刊；

（2）学科小类基于 JCR，共计 177 个[364],[365]。

评价指标：

（1）期刊影响因子；

（2）3 年平均影响因子：期刊 3 年影响因子的平均值。对于没有 3 年影响因子的期刊：

① 仅 1 年：只取 1 年影响因子作为其 3 年平均影响因子；

② 仅 2 年：只取 2 年影响因子作为其 3 年平均影响因子。

（3）2 年总被引频次；

（4）学科影响因子：

① 当年：学科所有期刊的当年影响因子的平均值；

② 最近 3 年：该学科所有期刊最近 3 年平均影响因子的平均值。

期刊分区：

（1）依据：3 年平均影响因子

（2）分区方法：

① 2016 年以前：将每个学科的所有期刊按照学术影响力（3 年平均影响因子）由高到低降序排列。

一区：整个学科期刊数量 5%；

二区至四区：使用 3 年平均影响因子总和相同的方式划分。

② 2016 年起：中科院期刊分区将 SCI 期刊分为原创期刊和综述期

刊，提高原创期刊分区权重。

使用期刊分区方法，将学科内所有原创期刊划分为 1—4 区；

综述期刊使用 2016 年以前分区办法，原创期刊使用 2016 年之后分区方法。

Top 期刊[366]：

（1）大类期刊中设置 Top 期刊，小类期刊中不设置 Top 期刊。

（2）设置标准：

① 2015 年前：大类一区期刊 + 2 区期刊中总被引频次前 10% 期刊；

② 2015 年：在 2015 年前测度规则基础上，新增少数经科学共同体评议出的高学术影响力期刊；

③ 2016 年：在 2015 年标准基础上，新增小类 1 区期刊进入 Top 期刊。

检索方法：

（1）浏览：可按照学科分类、期刊等级（分区）来浏览各个学科、各个分区的期刊列表，点击期刊列表任意一本期刊可展开查看该期刊的详细信息。

（2）单本查询：输入的词为"期刊全称"或"ISSN 号"的完整信息。无直接匹配检索词期刊时，系统返回包含该检索词的期刊列表。

（3）批量检索：检索词为期刊全称、简称或 ISSN，检索词之间使用英文分号"；"或者"回车键"分隔，系统根据用户检索顺序返回结果，并提供 Excel 导出格式。只支持精确检索，最大支持 50 本期刊。

四、Scopus 学科类别排名（Scopus Category Rankings）

出处：爱思唯尔；SCImago；CWTS, Leiden University

网址：Scopus 来源出版物检索

可查询的最早数据：2011 年

评价主体：Scopus 收录期刊、丛书、会议题录及贸易期刊

数据源及数据体量：Scopus 包含超过 5 000 个出版商 22 800 种出版物；包括超过 21 950 个同行评审的期刊（包括超过 3 600 个完全开放的期刊）；280 个贸易出版物；超过 560 本丛书；来自全球 100 000 多个会议论文的超过 800 万篇；8 000 本期刊的预发表论文；超过 15 万本书，并以每年 2 万本的速度增加[367]。

更新时间：每年 5 月底发布上一年度期刊数据。

收费情况及访问控制：免费

期刊分区及方法：

（1）TOP 10%期刊：按照引用分百分比排名，前 10%的期刊；

（2）Q1—Q4：按照引用分百分比排名，分为 4 个相等的组，其中 Q1 包含 TOP 10%期刊。

检索方法：

（1）检索特定期刊：选择期刊或 ISSN 进行单本查询。

（2）浏览：可按照"学科类别"或"出版商"进行浏览，并通过左侧工具栏进行筛选，筛选条件包含是否为 OA 期刊、刊载量/被引量最小值、期刊类型（期刊、丛书、会议文集及贸易期刊）、期刊分区（TOP 10%期刊、Q1—Q4）。并可自右上方选择查询的数据年份。

（3）点击进入特定期刊，可浏览该期刊详情。

（4）提供期刊列表下载[368]。

五、SCImago 期刊排名（SCImago Journal Rank，SJR）

出处：SCImago

网址：https：//www.scimagojr.com

可查询的最早数据：1999 年

评价主体：Scopus 收录期刊、丛书、会议题录及贸易期刊

数据源及数据体量：同 Scopus 来源出版物

收费情况及访问控制：免费

学科分类体系：学科领域完整列表和所有学科期刊分类代码（ASJC），含 27 大主题大类，334 个学科类别，涵盖社会科学及自然科学。

评价指标：

（1）SJR；

（2）H 指数；

（3）刊载量（统计当年）Total Docs（2016）：全部文献类型均计入统计（包括可引用和不可被引用的文献）；

（4）前 3 年刊载量 Total Docs（3 years）：全部文献类型均计入统计（包括可引用和不可被引用的文献）；

（5）参考文献数量 Total Refs：包括统计当年期刊的所有参考文献；

（6）前 3 年引用量 Total Cites（3 years）：期刊前 3 年收录文献在统计当年的被引量。全部文献类型均计入统计；

（7）前 3 年可被引文献量 Citable Docs.（3 years）：仅统计研究论文、综述及会议论文；

（8）2 年平均篇均被引次数 Cites/ Doc.（2 years）：期刊前两年发表的文献在统计当年的篇均被引次数；

（9）篇均引文量 Ref./ Doc：统计当年刊载文献的篇均引文量；

（10）自引量：期刊前 3 年收录文献在统计当年被本刊引用的数量。

期刊分区：按照 SJR 排名，分为 4 个相等的组，Q1—Q4。

检索方法：

（1）检索特定期刊，通过首页检索框检索刊名、ISSN、出版社名称。

（2）浏览期刊：可按照学科大类、小类、国家、文献类型、年份进行筛选。

（3）点击进入特定期刊，可浏览该期刊的详细信息（网站提供数据及可视化图谱），并可作为图像控件嵌入需要的网页。

（4）支持数据下载[369]。

六、自然指数期刊列表（Nature Index Journals）

出处：自然出版集团

https：//www.natureindex.com/faq#journals

可查询的最新数据：2018 年

包含期刊数量：82（期刊列表详见表 4-13）

期刊遴选标准：基于权威在职科学家的学术判断力

学科领域：化学、物理学、生命科学、地球与环境科学

重要性：入选的 82 种期刊不到 JCR 收录期刊数的 1%，但贡献了接近 30% 的被引用次数，能够实现全面表征优质成果。

表 4-13　2018 年自然指数（Nature Index）期刊列表

序号	期刊	序号	期刊
1	ACS Nano	22	European Physical Journal C
2	Advanced Functional Materials	23	Genes & Development
3	Advanced Materials	24	Genome Research
4	American Journal of Human Genetics	25	Geochimica et Cosmochimica Acta
5	Analytical Chemistry	26	Geology
6	Angewandte Chemie International Edition	27	Geophysical Research Letters
7	Applied Physics Letters	28	Immunity
8	Astronomy & Astrophysics	29	Inorganic Chemistry
9	Cancer Cell	30	Journal of Biological Chemistry
10	Cancer Research	31	Journal of Cell Biology
11	Cell	32	Journal of Clinical Investigation
12	Cell Host & Microbe	33	Journal of Experimental Medicine
13	Cell Metabolism	34	Journal of Geophysical Research：Atmospheres
14	Cell Stem Cell	35	Journal of Geophysical Research：Solid Earth
15	Chemical Communications	36	Journal of High Energy Physics
16	Chemical Science	37	Journal of Neuroscience
17	Current Biology	38	Journal of the American Chemical Society
18	Developmental Cell	39	Macromolecules
19	Earth and Planetary Science Letters	40	Molecular Cell
20	Ecology Letters	41	Molecular Psychiatry
21	Environmental Science and Technology	42	Monthly Notices of the Royal Astronomical Society：Letters

续表

序号	期刊	序号	期刊
43	Nano Letters	63	Organic Letters
44	Nature	64	PLoS Biology
45	Nature Biotechnology	65	PLoS Genetics
46	Nature Cell Biology	66	Physical Review A
47	Nature Chemical Biology	67	Physical Review B
48	Nature Chemistry	68	Physical Review D
49	Nature Climate Change	69	Physical Review Letters
50	Nature Communications	70	Physical Review X
51	Nature Genetics	71	Proceedings of the National Academy of Sciences of the United States of America
52	Nature Geoscience	72	Proceedings of the Royal Society B
53	Nature Immunology	73	Science
54	Nature Materials	74	Science Advances
55	Nature Medicine	75	Science Translational Medicine
56	Nature Methods	76	The Astrophysical Journal Letters
57	Nature Nanotechnology	77	The EMBO Journal
58	Nature Neuroscience	78	The ISME Journal：Multidisciplinary Journal of Microbial Ecology
59	Nature Photonics	79	The Journal of Physical Chemistry Letters
60	Nature Physics	80	The Plant Cell
61	Nature Structural & Molecular Biology	81	Water Research
62	Neuron	82	eLife

七、中文核心期刊要目总览（北大核心）

出处：由北京地区高等院校图书馆期刊工作研究会和北京大学图书馆于 1990 年底共同发起研究和编制，"是我国第一次大规模使用文献计量学方法对中文期刊进行统计分析的研究，具有较高的学术水平和使用价值"[370]。项目研究成果以印刷型图书形式出版。

重要性：《中文核心期刊要目总览》属于全学科的综合性中文核心期刊遴选体系，作为国内最早开展期刊评价和计量分析的成果，填补了国内空白，在出版界和图书情报界引起较大反响。

可查询的版本：第一版（1992 年版）、第二版（1996 年版）、第三版（2000 年版）、第四版（2004 年版）、第五版（2008 年版）、第六版（2011 年版）、第七版（2014 年版）、第八版（2017 年版）、第八版（2017 年版）于 2018 年 12 月由北京大学出版社正式出版。2017 年版的研制工作由北京大学图书馆和中国高等教育文献保障系统（CALIS）管理中心共同主持，北京大学图书馆、中国人民大学图书馆、清华大学图书馆、北京师范大学图书馆、北京大学医学图书馆、中国农业大学图书馆、北京科技大学图书馆、中国科学院文献情报中心，重庆维普资讯有限公司、中国社会科学评价研究院、中国学术期刊（光盘版）电子杂志社、中国人民大学书报资料中心、中国科学技术信息研究所、北京万方数据股份有限公司、国家图书馆等 29 个单位的 126 位专家和工作人员参加，全国各地共 7 941 位学科专家参与了核心期刊的评审工作[371]。

评价主体：中文期刊

研究方法：

（1）分学科评价：

《总览》从学科论文入手进行统计，根据期刊所载学科论文的分布情况及其在各学科的被利用情况的统计分析，得到期刊在各学科的评价指标数据，最终找出各学科中利用率较高、影响力较大的学科核心期刊。

学科分类标准的选择：采用《中国图书馆分类法》（第五版）作为期刊学科分类的依据。

学科类目设置的原则：学科发展比较成熟，学科界限相对明确，并且已经形成了一定数量的期刊群。

（2）定量评价：

《总览》选择评价指标的基本原则是能够反映期刊学术水平、核心效应明显、有较好的统计源、具有可操作性等。2017 版所使用的指标包括被摘量（全文、摘要）、被摘率（全文、摘要）、被引量、他引量（期刊、博士论文、会议论文）、影响因子、他引影响因子、5 年影响因子、5 年他引影响因子、特征因子、论文影响分值、论文被引指数、互引指数、获奖或被重要检索系统收录、基金论文比（国家级、省部级）、Web 下载量、Web 下载率等。各指标计算方法、数据统计源、指标权重等详细信息可查阅《总览》第 8 版。

（3）定性评价：

《总览》（2017 年版）继续沿用定量与定性相结合的研究方法，以定量评价为依据，以专家定性评审为补充。

出版形式：图书

订购渠道：纸本订购

网址：http：//www. lib. pku. edu. cn/portal/bggk/dtjj/qikanyaomu

学科领域：包含自然科学及社会科学，最终确定 7 个大编，78 个学科类目，如表 4-14 所示。

表 4-14　《中文核心期刊要目总览》（2017 年版）学科类目

各编名称	学科名称
第一编 哲学、社会学、 政治、法律	（1）综合性人文、社会科学；（2）哲学；（3）宗教；（4）社会科学总论（除民族学）；（5）民族学；（6）政治学（含马克思列宁主义理论学）；（7）法律
第二编 经济	（1）综合性经济科学；（2）经济学/经济管理（除会计、企业经济）；（3）会计；（4）农业经济；（5）工业经济/邮电通信经济（含企业经济）；（6）贸易经济；（7）财政；（8）货币、金融、银行、保险
第三编 文化、教育、历史	（1）文化事业/信息与知识传播（除图书馆事业、信息事业、档案事业）；（2）图书馆事业、信息事业；（3）档案事业；（4）科学、科学研究；（5）教育学/教育事业、师范教育、教师教育；（6）学前教育、幼儿教育；（7）初等教育/中等教育；（8）高等教育；（9）职业技术教育/自学；（10）体育；（11）语言、文字；（12）文学；（13）艺术；（14）历史
第四编 自然科学	（1）综合性科学技术；（2）自然科学总论；（3）数学；（4）力学；（5）物理学；（6）化学、晶体学；（7）天文学；（8）测绘学；（9）地球物理学；（10）大气科学（气象学）；（11）地质学；（12）海洋学；（13）地理学；（14）生物科学
第五编 医药、卫生	（1）综合性医药卫生；（2）预防医学、卫生学；（3）中国中医；（4）基础医学；（5）临床医学/特种医学；（6）药学
第六编 农业科学	（1）综合性农业科学；（2）农业基础科学；（3）农业工程；（4）农学（农艺学）、农作物；（5）植物保护；（6）园艺；（7）林业；（8）畜牧、动物医学、狩猎、蚕、蜂；（9）水产、渔业

续表

各编名称	学科名称
第七编 工业技术	(1) 一般工业技术；(2) 矿业国兴城；(3) 石油、天然气工业；(4) 冶金工业；(5) 金属学与金属工艺；(6) 机械、仪表工业；(7) 武器工业；(8) 能源与动力工程；(9) 原子能技术；(10) 电工技术；(11) 电子技术、通信技术；(12) 自动化技术、计算机技术；(13) 化学工业；(14) 轻工业、手工业、生活服务业；(15) 建筑科学；(16) 水利工程；(17) 交通运输；(18) 航空、航天；(19) 环境科学；(20) 安全科学

八、中国社会科学引文索引 CSSCI① 来源期刊（南大核心）

出处：南京大学中国社会科学研究评价中心

网址：http：//cssci. nju. edu. cn/cssci_qk. htm

评价主体：人文社会科学中文期刊

可查询的最早数据：1998 年

最新版本：2019 年 3 月 25 日发布 2019—2020 版

执行时间：2019 年 1 月 1 日—2020 年 12 月 31 日

学科分类体系：学科分类与代码（GBT 13745-2009），参照《学位授予和人才培养学科目录（2011 年）》（学位［2011］11 号）和《国家社会科学基金学科分类目录》。

学科领域：25 个学科分类，如表 4-15 所示。

---

① 除该索引外，还有 CSSCI 扩展版。

表 4-15 2019—2020 版 CSSCI 各学科领域期刊数量表

序号	学科	来源期刊种数	扩展版种数	序号	学科	来源期刊种数	扩展版种数
1	马克思主义理论	21	4	14	社会学	11	8
2	管理学	36	13	15	民族学与文化学	14	10
3	哲学	13	2	16	新闻与传播学	15	9
4	宗教类	3	5	17	图书馆、情报与文献学	20	6
5	语言学	24	10	18	教育学	37	15
6	外国文学	6	1	19	体育学	11	3
7	中国文学	18	6	20	统计学	4	1
8	艺术学	23	10	21	心理学	7	2
9	历史学	30	7	22	人文、经济地理	6	4
10	考古学	8	4	23	自然资源与环境	6	4
11	经济学	70	25	24	综合社科期刊	48	16
12	政治学	37	14	25	高校学报	70	12
13	法学	24	13				

数据体量：2019—2020 版来源版期刊 568 种；扩展版期刊 214 种。

更新时间：两年一次

公开形式：分为核心库和扩展库两部分。

期刊遴选标准：总量控制，动态调整；定量（文献计量指标）评价与定性（学科专家）评价相结合（详见表 4-16）；质量优先，兼顾地区与学科平衡。

表 4-16 CSSCI 期刊遴选指标体系[372]

一级指标	二级指标	指标释义	依据
出版规范	政治导向	刊发论文坚持正确的政治标准	中宣部、国家新闻出版广电总局①、教育部有关学术研究、学术期刊出版的法律法规、条例、规定等；行业主管部门的公告；行业通行规范
	专业导向	办刊宗旨明确	
	版本和频率	定期出版，不存在一号多刊（版）、违规出版增刊、脱期等情形	
形式规范	期刊信息	编辑委员会（学术委员会）、主编、版权等信息准确、齐备	
	论文题录	中英文题名、摘要、关键词，作者信息、机构信息等准确、齐备	
	引文著录	引文行为规范，无虚引、伪引、漏引、互引等不规范行为；引文形式符合引文型参考文献的著录规则	
	引用统计	期刊自引率一般不超过 30%	指期刊引文中引用本刊发表论文与全部期刊引文的比例
		机构自引率不超过 20%	期刊主办机构作者引用本机构主办刊物在影响因子统计范围内的比例
		互引集中指数处于正常区间	本学科来源期刊互引集中指数
		引文著录差错率符合国家标准	
学术影响	影响因子	CSSCI 影响因子②	CSSCI 期刊引证报告
	总被引频次	CSSCI 总被引频次	
	即年指数	CSSCI 即年指数	
专家评价	网络评议	邀请各学科专家进行	
	学科终审	邀请各学科专业委员会进行	

---

① 2013 年，根据《国务院关于机构设置的通知》（国发〔2013〕14 号），为促进新闻出版广播影视业繁荣发展，将新闻出版总署、广电总局的职责整合，组建国家新闻出版广播电影电视总局。2018 年 3 月，中共中央印发《深化党和国家机构改革方案》，将国家新闻出版广电总局的新闻出版管理职责划入中央宣传部；4 月，国家新闻出版署（国家版权局）正式揭牌。

② CSSCI 影响因子，采用他引影响因子，即某刊在统计当年被 CSSCI 来源期刊文献引用该刊前两年所登载的文章的篇次（不含该刊自引）与前两年该刊载文量之比。

检索方法：

（1）《中文社会科学引文索引（CSSCI）来源期刊和收录集刊（2017—2018）目录》

网址：http：//cssrac. nju. edu. cn/a/cpzx/zwshkxwsy/

收费方式：免费

（2）中文社会科学引文索引（CSSCI）数据库

网址：http：//cssci. nju. edu. cn/index. html

数据量：（1998—2017 年）20 年数据，来源文献 150 余万篇，引文文献 1 000 余万篇；中文学术图书引文索引（CBKCI）收录图书 5 000 余册。

收费方式：收费，包库。提供账号、密码登录及 IP 控制两种方式。

检索：来源文献、被引文献查询（每种查询提供多个字段）。

九、中国科技期刊引证报告（Chinese S&T Journal Citation Reports，CJCR）

出处：中国科学技术信息研究所

网址：http：//www. cstpcd. org/default. jsp#

可查询的最早数据：1987 年

学科领域：113 个学科分类。2018 年分为自然科学及社会科学两卷。

更新时间：每年一次

核心综合评价：

（1）中国科技期刊综合评价指标体系：

总被引频次：指期刊自创刊登载论文在统计当年被引用的总次数；

影响因子：

即年指标：表征期刊即时反应速率，描述期刊当年发表的论文在当年被引用的情况；

他引率：指期刊全部被引次数中，被其他期刊引用次数所占的比例；

引用刊数：引用被评价期刊的期刊数，反映被评价期刊被使用的范围；

扩散因子：用于评估期刊影响力，指期刊当年每被引100次所涉及的期刊数；

学科扩散指标：指在统计刊源范围内，引用该刊的期刊数量与其所在学科全部期刊数量之比；

学科影响指标：指期刊所在学科内，引用该刊的期刊数占全部期刊数量的比例；

被引半衰期：指期刊在统计当年被引用的全部次数中，较新一半是在多长一段时间内发表的。用于测度期刊老化速度。通常针对某一学科或专业领域的文献总和；

来源文献量：指期刊在统计当年发表的全部论文数是统计期刊引用数据的来源；

文献选出率：按统计刊源的选取原则选出的文献数与期刊的发表文献数之比；

参考文献量：指来源期刊论文所引用的全部参考文献数，用于衡量期刊科学交流程度和吸收外部信息能力；

平均引文数：指来源期刊每一篇论文平均引用的参考文献数；

平均作者数：指来源期刊每一篇论文平均拥有的作者数，用于衡量期刊科学生产能力；

地区分布数：指来源期刊登载论文所涉及的地区数，按全国31个省、市和自治区计（不含港、澳、台地区）。用于衡量期刊论文覆盖面和全国影响力；

机构分布数：指来源期刊论文的作者所涉及的机构数。用于衡量期刊科学生产能力；

海外论文比：指期刊中海外作者发表论文占全部论文的比例。用于衡量期刊国际交流程度；

基金论文比：指期刊中各类基金资助的论文占全部论文的比例。用于衡量期刊论文学术质量；

引用半衰期：指期刊引用的全部参考文献中，较新一半是在多长一段时间内发表的。反映作者利用文献的新颖度。

（2）核心综合评价总分

核心综合评价总分反映各个学科分类中被评估期刊与同学科的中国科技核心期刊相比较的相对水平。根据中国科技核心期刊的指标表现，确定在 113 个学科分类中，各项学术评价指标的上线参考值和下线参考值，并以此为基础，加权计算出被评估期刊的各项学术计量指标得出核心综合评价总分。

公开形式：期刊定量指标每年以《中国科技期刊引证报告》（核心版）和（扩展版）的形式向社会发布[373]。

期刊遴选标准：定量统计、专家评审相结合。

（1）定量评价：根据核心综合评价总分遴选。对新刊（创刊不足 5 年）、电子版期刊、英文版科技期刊，特别调整指标权重，专门评估；

（2）专家评审；

（3）同时综合考察其他定性因素，如期刊所在学科领域分类的期刊特点、规模、期刊发展环境、期刊在该学科领域中发挥的作用等[374]。

收费及访问控制：暂不详。

十、中国科学引文数据库（Chinese Science Citation Database，CSCD）来源期刊

出处：中国科学院文献情报中心

网址：http：//sciencechina. cn/scichina2/index. jsp

评价主体：中国出版的中、英文学术性期刊

可查询的最早数据：1989 年

学科分类体系：以《中国图书馆分类法》（第五版）一、二级类目为基础，并通过参考文献的引用关系计算学科之间的耦合强度，将二级类目进一步聚类，最终确定学科类目的数量。

学科分类：56 个学科类别，每个期刊可归入多个学科类别。

更新时间：两年一次

公开形式：分为核心库和扩展库两部分。

数据体量：

（1）期刊量：1 229 种期刊，含中国出版的英文期刊 201 种，中文期刊 1 028 种。核心库 887 种；扩展库 342 种（2017—2018 年版）[375]。

（2）论文量：从 1989 年到 2019 年 3 月的论文记录 5 066 045 条，引文记录 66 675 126 条详见表4-17。

表 4-17　CSCD 论文数据量

覆盖时间范围	数据情况	年增长情况
1989—2001	期刊论文题录及中文（中国人）引文数据	
2002 年至今	期刊论文题录、文摘及全部引文数据	年增长论文记录 20 余万条，引文记录约 250 万条

遴选指标：如表 4-18 所示。

表 4-18 CSCD 期刊评价指标

指标	定义
他引影响因子	某种期刊前 5 年发表的论文在第 6 年被其他期刊所引用的总次数除以该期刊在前 5 年内发表的论文总数
他引频次	某种期刊前 10 年发表的论文在第 11 年被其他期刊所引用的频次
Eigenfactor Score	基于期刊的引用网络图数据，运用类似 PageRank 的思想，衡量引用网络中期刊的整体影响力
Article Influence Score	期刊的 Eigenfactor Score 取值与该刊前 5 年发文量总和的标准化取值的比值，衡量期刊的篇级影响力
扩散因子	某种期刊的施引期刊数与 CSCD 数据库收录期刊总数的比值
优秀指数	某种期刊篇均被引频次与该期刊涉及的学科领域的篇均被引频次均值的比值
论文利用指数	期刊在统计年被引用的文章数量（被引次数≥1 的文章数量）占当年全部发文数量的比例
互引指数	某一期刊的互引指数为该刊被其他期刊引用频次数据的偏度系数，偏度系数用来度量该刊的被引频次数据分布的偏斜程度。该值越大，互引行为越严重

期刊遴选方法：定量统计、专家评审相结合，分类处理、同类比较相结合。

检索方法：

（1）免费访问 http：//sciencechina. cn/scichina2/index. jsp。

（2）Web of Science 中国科学引文数据库。收费，IP 控制[376]。

十一、中国人文社会科学核心期刊要览

出处：中国社会科学院文献信息中心

可查询的版本：第一版（2004 年版）、第二版（2009 年版）、第三版（2013 年版）

评价主体：中文期刊

该版基本延续了之前的主要原则，同时根据各界对学术期刊评价的实际需求，对核心区范围做了一些调整，确定了核心期刊 484 种[377]。

出版形式：图书

订购渠道：纸本订购

研究方法：找出作者在撰写某学科或某研究领域的论文时，（作为学科论文的集合）使用了哪些期刊，再从这些期刊中按使用率找出那些最为常用的期刊，并划定核心区范围。在综合性学术期刊的评选中，增加与各学科的关联度统计，以反映核心期刊学科性的一致原则[378]。

《要览》对期刊的学术使用率统计主要包括三部分统计指标。

（1）被引用：包括期刊学科影响因子、期刊影响因子、总被引频次。

（2）转摘率：包括三大文摘转摘率、核心报刊转摘率及人大书报资料中心转摘率。

（3）其他指标（借阅率、下载率等）。

数据来源：

（1）中国人文社会科学引文数据库（Chinese Humanities and Social Science Citation Database，CHSSCD）。

该库是中国社会科学院年度收文量较大的引文数据库，其来源期刊是经过严格筛选的主流期刊，数据质量可靠，具有较好的代表性。《要览》（2013 年版）选择该库近 5 年（2007—2011 年）数据为主要的统计样本（部分指标用到 2006 年数据）。统计样本的来源期刊为各学科的主流期刊和具有重要影响的综合性学术期刊，其整体影响力达到学科整体使用率的 80% 左右，基本能反映期刊的整体发展水平。

（2）中国人文社会科学文摘率统计数据库。

该库是中国社会科学院图书馆建设的统计量较大的转摘率统计数据库。该库收录的文摘刊物有三种类型：①《中国社会科学文摘》、《新华文摘》和《高等学校文科学术文摘》；②重要报纸理论版和核心期刊中转摘的文章；③中国人民大学书报资料中心《复印报刊资料》。《要览》（2013 年版）选用了其中 2007—2011 年的转摘数据作为统计数据，统计源文摘 24 种，涉及被摘期刊和报纸 4 607 种，转摘 131 921 次。

（3）其他数据源。主要参考 2007—2011 年公开发表的各种期刊统计数据，包括其他评价系统公布的核心期刊、引文数据库来源期刊、期刊引证报告中的各类统计数据。

学科领域：

《要览》（2013 年版）以《中国图书馆分类法（第五版）》的学科分类为基础，结合我国人文社会科学论文涉及领域广泛，综合性和跨学科趋势明显的特点，共分为 24 个专业大类和综合类，专业大类包括马克思主义、哲学、心理学、宗教学、语言学、文学、艺术学、历史学、考古学、人文地理学、政治学、法学、经济学、社会学、人口学、民族学、管理学（含科学学、人才学）、统计学、图书馆学与情报学、档案学、新闻学与传播学、教育学、体育学、环境科学。其中，人口学是《要览》所独有的学科；经济学又分为经济学理论、世界各国经济、中国经济、经济计划与管理、农业经济、贸易经济、财政金融 7 个二级学科；政治学又分为中国政治、国际政治两个二级学科。

十二、中国人文社会科学期刊 AMI 综合评价报告

出处：2013 年 12 月 26 日，中国社会科学院成立了"中国社会科学评价中心"。随着机构重组和人员调整，原计划每四年出版的《中国人文社会科学核心期刊要览》于 2014 年画上句号，新的中国人文社会科学期刊评价项目随着评价中心的成立而启动[379]。2017 年 7 月在原中国社会科学评价中心的基础上成立中国社会科学评价研究院，成为中国社会科学院直属研究机构。

可查询版本：中国社会科学评价研究院于 2018 年 11 月推出第二版《中国人文社会科学期刊 AMI 综合评价报告（2018 年）》（简称《AMI 报告》）[380]。

根据《A 刊评价指标体系》，对 1 304 种中国人文社会科学学术期刊进行初评，采用一票否决、学术不端及停刊等原因剔除 13 种期刊，最终在 1 291 种参评期刊中，评出 5 种顶级期刊，56 种权威期刊，519 种核心期刊和 711 种扩展期刊。另外，还有 433 种期刊为评价院入库期刊，列拟于 2022 年时评价[381]。由于评价范围从 2014 年的 733 种扩大到 2018 年的 1 790 种，故 2018 版共评出核心及以上级别期刊 580 种，比 2014 年增加 93 种；两版中重叠的核心期刊为 414 种，其中有 166 种新入围核心期刊，主要集中在经济学、政治学（主要是中国政治）、教育学、综合性人文社会科学及艺术学等学科，且以新参评为主。

新版《AMI 报告》还增加了对新期刊和英文刊的评价，对创刊不足 5 年的新期刊和英文刊开展评价，在广泛听取专家、学者意见的基础上，针对性地推出了新刊综合评价指标体系（新刊 AMI，2018）和英刊综合评价指标体系（英刊 AMI，2018）。新版报告中，新刊 164 种、英刊 68 种[382]。

指标体系：新版《AMI 报告》借鉴业界已有期刊评价体系的优缺点，在国内首次提出新的中国人文社会科学期刊 AMI 评价模型。该模型主要从吸引力、管理力和影响力三个层面对期刊进行评价。

吸引力（Attraction Power）：指评价客体的外部环境；

管理力（Management Power）：指评价课题管理者管理评价客体的能力，促进评价客体发展的能力；

影响力（Impact Power）：是评价客体实力的直接表现，是吸引力和管理水平的最终体现。

详细的指标可参考中国社会科学评价研究院主编的《中国人文社会科学期刊 AMI 综合评价报告（2018 年）》。

学科领域：参考教育部《学位授予和人才培养学科目录》（2018 年）、国家标准《学科分类与代码》（GB/T 13745-2009），以及《中国图书馆分类法（第五版）》等学科、图书分类，在此基础上，共分为 3 个学科大类、23 个学科类和 33 个学科子类：其中人文学科类包括考古文博类、文学、民族学与文化学等共计 9 个学科类、10 个学科子类；综合类期刊共计 1 个学科类、2 个学科子类；其中政治学分为国际政治和中国政治 2 个子类；经济学分为财政、工业经济、金融、经济管理、经济综合、贸易经济、农业经济、世界经济 8 个子类。

十三、中国人民大学复印报刊资料人文社科期刊转载指数排名

出处：中国人民大学人文社科学术成果评价研究中心依托中国人民大学书报资料中心 60 年的人大复印报刊转载数据，研制了中国人民大学复印报刊资料人文社科期刊转载指数排名。

评价主体：人文社科中文期刊

最新版本：2019 年 3 月发布 2018 年版

更新周期：每年更新

排名体系：该排名分为三大类：其一，综合性期刊排名；其二，高等院校、社科院（联）、党政干部院校三大系统主办的学报、综合性期刊排名；其三，22 个一级学科分类期刊排名的维度包括转载量排名、转载率排名和综合指数排名。该排名从横向、纵向、专业学科等不同角度，为研究人文社科各学科期刊的发展状况提供了基本的量化依据。期刊转载指数排名指标及期刊学科分类等信息，详见第六章第十二节。

第五章
文献分析及可视化工具

研究影响力评价分析报告工作，需要对大量文献数据进行分析和可视化。本着"善其事利其器"的初衷，本章介绍在完成分析报告时所需的各类文献数据分析与可视化工具、图表可视化工具。

第一节　文献数据分析与可视化工具

目前，国内外较流行的文献数据分析及可视化软件主要有：Bibexcel、CiteSpace、Science of Science（Sci^2）Tool、VOSviewer、HistCite、RPYS i/o、Derwent Data Analyzer（DDA）、OpenRefine、Sci-MAT、Pajek、ColPalRed、UCINET、Gephi、VantagePoint、Network Workbench Tool、IN-SPIRE，Leydesdorff's software 等。这些工具从引文分析、共引分析、词频分析等角度入手对文献数据进行挖掘，通过可视化手段揭示学科、领域、文献、作者间的内在联系，以科学知识可视化的形式展示学科的知识架构、学科知识间的分布及相互联系情况、科学研究的动态变化情况等。

现有研究中，已有不少结合具体案例介绍可视化工具使用流程的文献及著作，因此本节将结合使用感受较为详细地介绍 Bibexcel、CiteSpace，对于本书中涉及的其他文献数据分析及可视化工具主要概述其下载途径、支持的数据源及类型、可实现的功能等内容。由于不同可视化工具的设置、算法等不同，因此同一数据，使用不同工具，分析结果不尽相同。在实际工作中，要结合学科特点、分析内容等对可视化结果理性分析，合理解读。

一、Bibexcel

（一）软件概述

Bibexcel 是瑞典科学家 Olle Persson 开发的文献计量数据处理绿色工具，免安装，可将其理解为 Excel 的升级版，不需要编写函数，点击几个按钮就可以进行统计运算，且其结果仍可用 Excel 打开，进一步再分析。其优势在于基础数据呈现得非常清楚，与 CiteSpace、Gephi、VOSViewer、Pajek 等工具最大的不同是无法实现可视化，其数据需要借助可视化工具来呈现。Bibexcel 兼容中英文文献，来自 Scopus、WOS、PubMed、EI、EBSCO、中国知网、维普、万方、读秀、CSSCI 等数据库的文献均可分析。

关于 Bibexcel 操作推荐阅读李杰的《科学计量与知识网络分析：方法与实践（第二版）》。借助 Bibexcel 进行某研究方向的实例分析，推荐阅读刘爱原的《中国滨海湿地研究态势——基于文献计量分析视角》。本部分通过案例介绍 Bibexcel 的入门操作。

（二）基本操作

1. 软件准备及辅助工具

Bibexcel 是免安装软件，在官方网站下载程序即可使用。下载地址 https：//homepage. univie. ac. at/juan. gorraiz/bibexcel/index. html。使用 Bibexcel 需要的辅助工具包括：①Excel，用于数据的进一步处理；② Notepad，代替记事本，呈现"行"更清晰，用于打开 Bibexcel 生成的数据文件；③可视化工具，用于数据可视化呈现，例如 Pajek。

如图 5-1 所示，Bibexcel 的操作逻辑：找到要处理的文件（工程位置）→view file 在 The List 区查看该文件→确定提取什么位置的信息（标签）→确定提取的方式（选择）→对数据进行处理（辅助工具）→统计数据（频次）。

2. 来源数据转换为 doc 文件

各来源数据库的数据下载格式有所不同，常用数据库的数据导入 Bibexcel 的格式如表 5-1 所示。

表 5-1　常用数据库数据导入 Bibexcel 的格式

数据库	数据下载格式要求
Web of Science（WOS）	纯文本
Scopus	RIS 格式
PubMed	medline 文件
中国知网/维普/万方/读秀	NoteExpress 参考文献格式
CSSCI	"下载"导出

从各电子资源数据库（如 WOS、维普等）导出的数据不能直接用

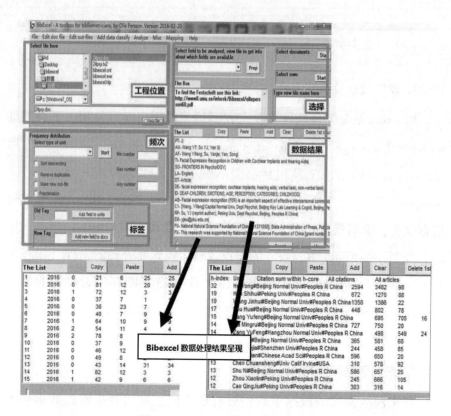

图 5-1　Bibexcel 界面、数据呈现

于 Bibexcel 分析，而是要通过 Bibexcel 转换为 doc 文件才可使用。

如图 5-2 所示的 Scopos 数据案例中：

（1）选中需要编辑数据的文件夹（建议 Bibexcel 程序和数据放在一个文件夹，可节省点选文件夹时间）。

（2）按 shift，点选需要处理的一个或多个文件。

（3）命名新文件，拓展名为 ∗.txt。如果只处理一个文件，则跳过此步骤。

（4）点 File→Append all selected files to another，合并多个文件为一个文件，生成新的 ∗.txt 文件。如果只处理一个文件，则跳过此步骤。

（5）点 Edit doc file→Replace line feed with carriage return（确定/否），生成＊.txt2 文件。

（6）选中＊.tx2，点 Misc→Convert to dialog format，根据不同的数据库，选择不同的格式转换命令，自动生成＊.doc。如 WOS 选择 Convert from Web of Science plain text（确定/否）；Scopus 选择 Convert from Scopus RIS format；从 NoteExpress 导出的数据选择 Convert from Web of Science tabbed format。

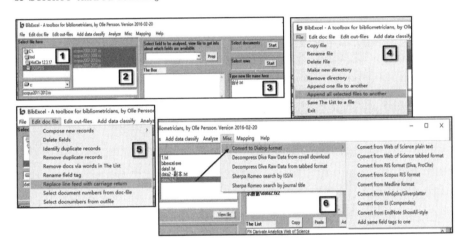

图 5-2　Scopus 数据导入 Bibexcel

3. Bibexcel 的过程文件

在运行 Bibexcel 的过程中，会生成一系列"同名"的"不同扩展名"过程文件，这些文件可以用 Notepad 打开，复制里面的数据，可粘贴到 Excel，详见图 5-3。

Bibexcel 运行后生成的常见过程文件属性为 out、jnx、coc、cit 等，有些后缀名是可以修改的。这些文件均由 .doc 生成，详见图 5-4。

注意，转换后的 doc 文件中，原来的数据库字段名会有所变化，如

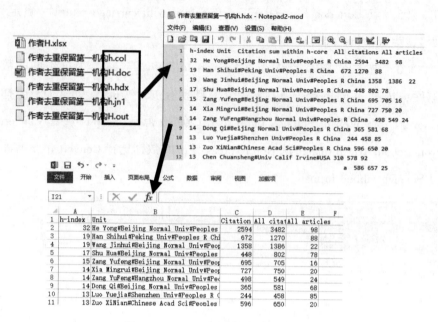

图5-3　Bibexcel 过程文件转入 Excel

文件后缀名	含义	文件后缀名	含义
.tx2	初步处理文件	.jnx	处理后文件，X会变化
.doc	可直接分析文件	.cit	频次文件
.out	提取原始字段的输出文件	.col	选择列column
.oux	新的out文件	.coc	共现文件
.oxx		.ma2	共现矩阵
.odr		.ma5	出现矩阵
.low	大小写处理	.clu	聚类结果文件
.loa	作者名字大小写处理	.net	网络文献
.1st	保留作者名字第一个字母	.vel	向量
.wcm	去[…]	.vec	向量

都可改为.out

图5-4　Bibexcel 过程文件后缀格式及含义

原始参考文献字段 CR 可能会变换为 CD，以 doc 文件的字段名为准。过程文件为 txt→txt2→doc。

使用 Bibexcel 时，需要呈现出文件的拓展名，以便识别不同属性数据。不同操作系统呈现扩展名方法不同，以 Win10 为例，随意打开一个"文件夹"，在页面上方点击"查看"，点选"文件扩展名"，如图 5 -5 所示。

图 5-5 Win10 系统打开 Bibexcel 文件显示文件扩展名

有的操作系统随意打开一个"文件夹"，点击"组织"→"文件夹和搜索选项"，弹出新的对话框，点击"查看"，在高级设置里面找到"隐藏已知文件类型的拓展名"，选上对勾，如图 5-6 所示。

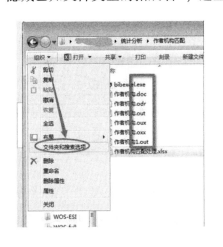 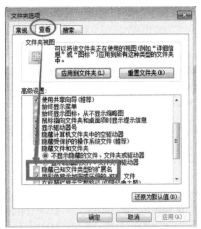

图 5-6 其他操作系统打开 Bibexcel 文件显示文件扩展名

（三）案例

1. 案例一：WOS 数据统计机构整体发文情况

（1）数据下载

根据需求在 WOS 中进行检索，下载 Article 和 Review 两类论文。检索结果在页面上方，点选"保存为其他文献格式"，设置为"全记录与引用的参考文献"，导出格式为"纯文本"，点"发送"。一次导出 500 条数据，超过 500 条的，记录数设置为 501 至 1000，1001 至 1500，以此类推。

（2）机构基础数据提取

① 生成 ＊.doc 文档，从 C1 字段可提取机构基础数据，点"View file"可查看文件具体内容，如图 5-7 所示。

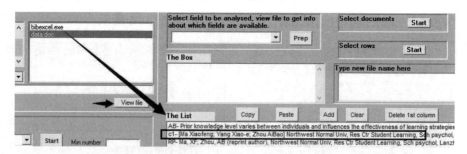

图 5-7　将 WOS 数据导入 Bibexcel 提取机构字段步骤①

②提取 C1 整条信息。如图 5-8 所示，Old Tag 输入 C1，右上方选择"Whole field intact"，点 Prep，生成每篇文 C1 数据的 ＊.out 文件。在 Old Tag 输入字段名，可提取对应字段信息，字段名不区分大小写，如 AF 或者 af 为提取 WOS 作者全称。"Whole field intact"指该字段作为整体来提取；"Any; Separated field"按分号拆分该字段内的信息。The List 中左侧的阿拉伯数字代表文章序号，即文章 1、文章 2 等。

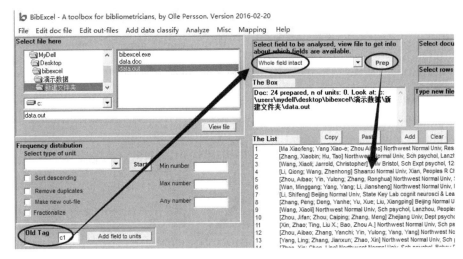

图 5-8　将 WOS 数据导入 Bibexcel 提取机构字段步骤②

③ 匹配机构和作者。如图 5-9 所示，点中 ∗.out 文件，Edit out-files → Extract author name and address from C1 field，生成 ∗.oxx。第一篇文献有 6 个重复机构，第二篇文献有 4 个机构。

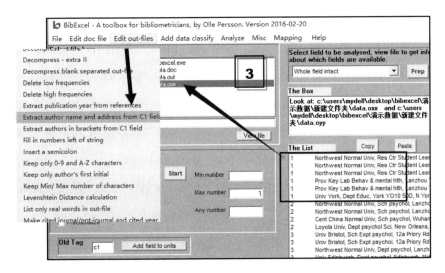

图 5-9　将 WOS 数据导入 Bibexcel 提取机构字段步骤③

④ 提取机构。如图 5 - 10 所示，点中 *.oxx，在 Frequency distribution 区域 Select type of unit → Main organization，选 Make new out-file，点 Start，生成 *.oux。在频次统计区如果不选择 Make new out-file 则表示统计某数据维度的频次。

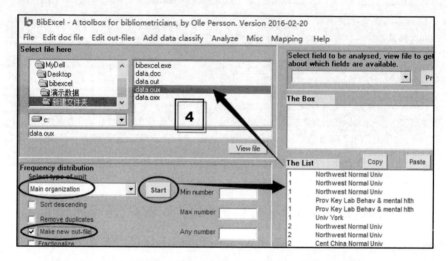

图 5-10　将 WOS 数据导入 Bibexcel 提取机构字段步骤④

⑤ 机构去重。点中 *.oux，Edit out-files→ Remove duplicate rows from sorted file，生成 *.rdu 文件。去重后，第一篇文献共 3 个机构，如图 5-11 所示。

⑥ 增加引用次数数据。点中 *.rdu，Old Tag 输入 tc，点 "Add field to units"，确定/否，生成 *.jn1，如图 5-12 所示。

⑦增加参考文献数。选中 *.jn1，Old Tag 输入 U2，点 "Add field to units"，确定/否，生成 *.jn2，如图 5-13 所示。

⑧以此类推，增加总页数 PG，生成 *.jn3；增加最近 180 天使用次数 U1，生成 *.jn4；增加最近 180 天使用次数 U2，生成 *.jn5。

⑨文件夹中可看到操作生成的一系列同名文件，找到 *.jn5，用

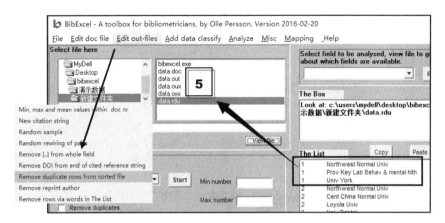

图 5-11 将 WOS 数据导入 Bibexcel 提取机构字段步骤⑤

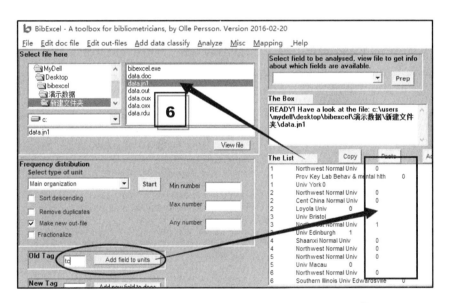

图 5-12 将 WOS 数据导入 Bibexcel 提取机构字段步骤⑥

Notepad 打开，复制文档内数据，粘贴至 Excel。Bibexcel 生成的过程文件都可用 Notepad 打开，复制文档内数据粘贴至 Excel，如图 5-14 所示。

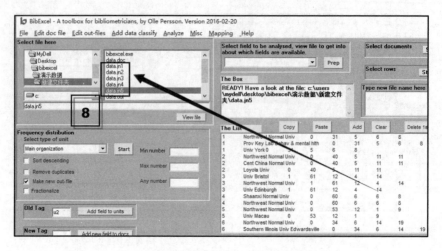

图 5-13　将 WOS 数据导入 Bibexcel 提取机构字段步骤⑦~⑧

⑩ 借助 Excel 透视表格，汇总机构数据，如图 5-15 所示。

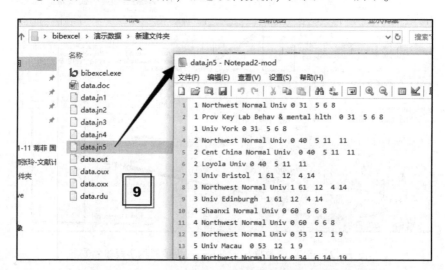

图 5-14　将 WOS 数据导入 Bibexcel 提取机构字段步骤⑨

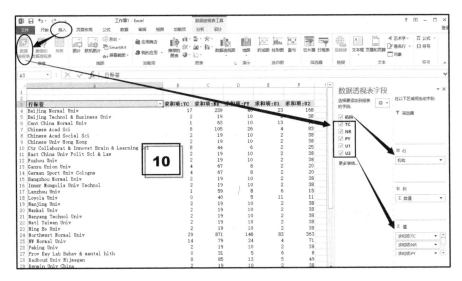

图 5-15 将 WOS 数据导入 Bibexcel 提取机构字段步骤⑩

2. 案例二：利用维普数据分析作者合作网络

（1）数据下载

在检索结果页面，点"导出题录"。建议先设置"每页显示"为
100 条。维普可以最多导出 500 条。导出题录页面，选择
"NoteExpress"→ 导出，自动保存为 ∗.txt 文件。从维普数据库导出数
据，如图 5-16 所示。

（2）数据导入 Bibexcel

《科学计量与知识网络分析》一书中，中文文献是通过 CiteSpace 转
换为 Bibexcel 可用格式。笔者认为 CiteSpace 在安装和操作上会有些烦
琐，且其处理后的数据不好修改。这里更推荐刘爱原老师建议的办法，
借助 NoteExpress。该方法的一大优势是，任何来自不同数据库的文献都
可以通过 NoteExpress 处理后导入 Bibexcel。另外，对来自不同电子资源
的文献可以在 NoteExpress 里去重。

图 5-16　从维普数据库导出数据

① 数据导入 NoteExpress。打开 NoteExpress，点文件→导入题录，打开新对话框，如图 5-17 所示。

② 点 "…"，在电脑中找到需要导入的文件。

③ 选择匹配的过滤器，如维普导出格式为 NoteExpress，那么过滤器选择 NoteExpress。注意，这里的格式是文件在数据库中的导出格式，不是文件的保存格式。选择存放位置，点 "开始导入"。

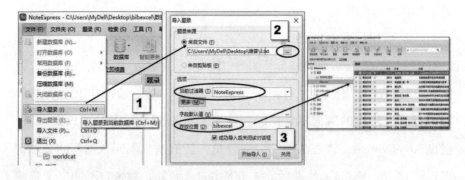

图 5-17　维普数据导入 Bibexcel 的步骤①~③

④ 点"文件"→"导出题录",打开新对话框,如图 5-18 所示。

⑤ 点"…",打开"另存为"界面。选择新文件保存位置,保存类型选择"Excel File",给文件命名,点"保存"。

⑥ "导出题录"界面的"使用样式"选择 excel,选择导出所有题录还是选中题录,点"开始导出",生成 *. xlsx 文件。

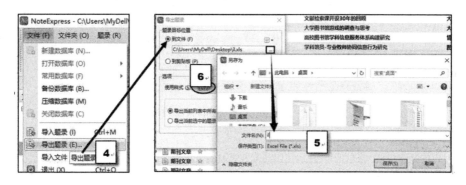

图 5-18 维普数据导入 Bibexcel 的步骤④~⑥

⑦ 点开 *. xlsx 文件,编辑数据。删除无用列;作者和关键词、机构注意分号后面有半角空格,结尾处点删除;地址栏删除邮编;字段名修改为两个字母。如果数据来自知网、CSSCI、万方等,不同数据会有不同的无用信息需要处理。原则是字段名为两个字母,字段内多信息为半角分号加空格,如图 5-19 所示。

⑧ 点"文件"→"另存为",格式为"文本文件(制表符分隔)",生成 *. txt,如图 5-20 所示。

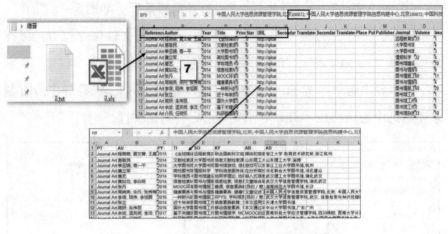

图 5-19　维普数据导入 Bibexcel 的步骤⑦

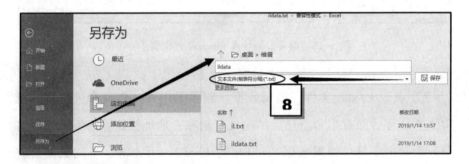

图 5-20　维普数据导入 Bibexcel 的步骤⑧

（3）作者合作网络

① 生成 ∗.doc 文件。选中 ∗.txt 文件，点 Edit doc file → Replace line feed with carriage return（确定/否），生成 ∗.txt2 文件；选中 ∗.txt2，点 Misc → Convert to dialog format → Convert from Web of Science tabbed format，确定/否，生成 ∗.doc 文件，如图 5-21 所示。

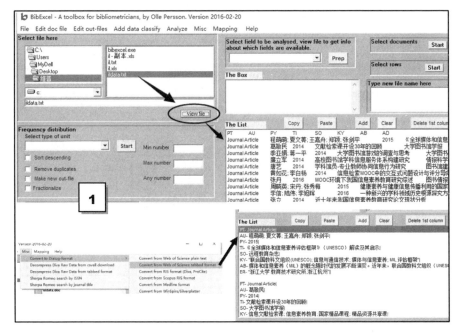

图 5-21 利用 Bibexcel 生成作者合作网络步骤①

② 提取 au 作者信息，在 Old Tag 输入 au，如图 5-22 所示。

③ 在界面右上方点选"Any；separated field"，点"Prep"，确定/否，生成 ∗. out 文件。The List 结果区，左侧数据表示文章，即文章 1 有 5 个作者，文章 2 有 1 个作者。

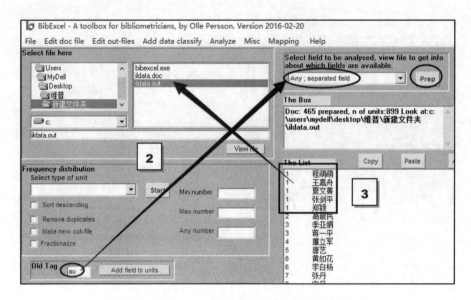

图 5-22　利用 Bibexcel 生成作者合作网络步骤②～③

④ 统计作者频次。选中 ＊.out 文件，在频次区选择 Whole string，勾选 Sort descending，点 "Start"，生成 ＊.cit 文件。The List 结果区左侧数据为作者频次，如赵宇翔发文 8 篇，石映辉发文 6 篇，彭立伟发文 6 篇，如图 5-23 所示。

⑤ 复制 ＊.cit 文件备份以备之后查看。用 Notepad 打开 ＊.cit 文件，保留频次较高的作者信息，其他删除。保留多少作者决定了之后作者合作网络可能会有多少作者节点，数据量很大时一般保留 50 条左右。

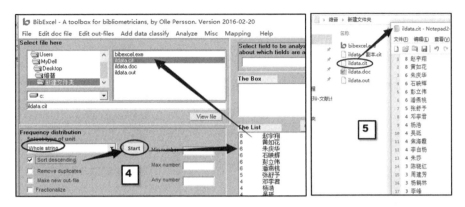

图 5-23　利用 Bibexcel 生成作者合作网络步骤④~⑤

⑥ 重新打开 Bibexcel，点中新编辑的 ∗.cit 文件，点"View file"，在 The List 区呈现 ∗.cit 文件内容。然后点中 ∗.out 文件，Analyze → Co-occurrence → Make pairs via listbox，否/确定，生成 ∗.coc 文件，如图 5-24 所示。

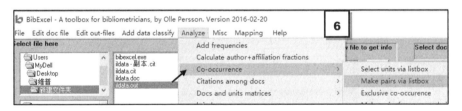

图 5-24　利用 Bibexcel 生成作者合作网络步骤⑥

⑦ 生成 ∗.net 网络文件。点中 ∗.coc 文件，Mapping → Creat net - file for Pajek……，确定/否。∗.net 文件内容解读为，∗ Vertices 18 共有 18 个作者节点，1 代表赵宇翔，2 代表朱庆华；125 表示作者 1 和作者 2 共合作 5 次，如图 5-25 所示。

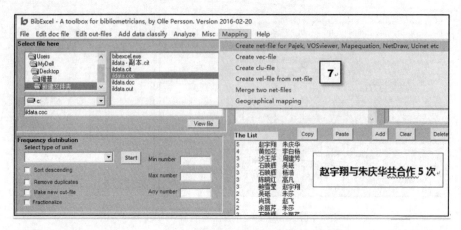

图 5-25　利用 Bibexcel 生成作者合作网络步骤⑦

⑧ 生成 ∗.vet 作者节点文件。点频次文件 ∗.cit，Mapping → Creat vec-file。注意，整个步骤 6、7、8 不能中断，连续操作，如图 5-26 所示。

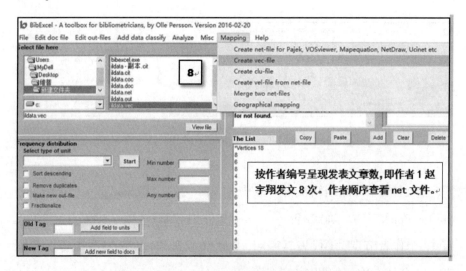

图 5-26　利用 Bibexcel 生成作者合作网络步骤⑧

⑨ 打开 Pajek，添加 net 和 vec，如图 5-27 所示。

⑩ 出图。点 Draw → Network+First Vector，打开出图界面。可以在 Layout 设置图片呈现算法。在 Options 设置图片节点大小、线条粗细、字体大小等。

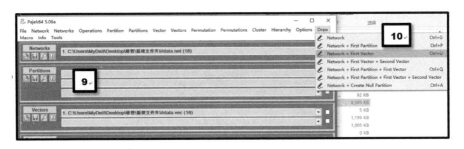

图 5-27　利用 Bibexcel 生成作者合作网络步骤⑨~⑩

如图 5-28 所示，圈的大小是由 vec 文件的数据决定的，表示作者频次；线的粗细由 net 文件数据决定，表示连线两端的作者合作次数，在该案例中，过程性文件如图 5-29 所示。

Bibexcel 的数据处理功能非常强大，鉴于篇幅因素，本书不再赘述。可关注东北师范大学图书馆谢亚南老师的百度文库，以查看更为详细的课件。

二、CiteSpace

（一）软件概述

CiteSpace 是美国 Drexel 大学陈超美教授应用 Java 语言开发的，用于研究科学计量的免费的知识图谱工具。软件主要基于科恩科学革命结构理论、文献共被引分析等理论，最小生成树（Minimum Spanning Tree）、寻径（Path finder）网络算法等，对特定领域文献进行计量，通

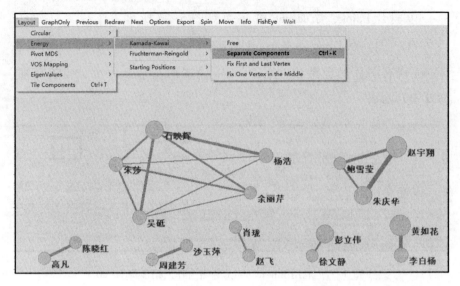

图 5-28　利用 Bibexcel 呈现作者合作网络

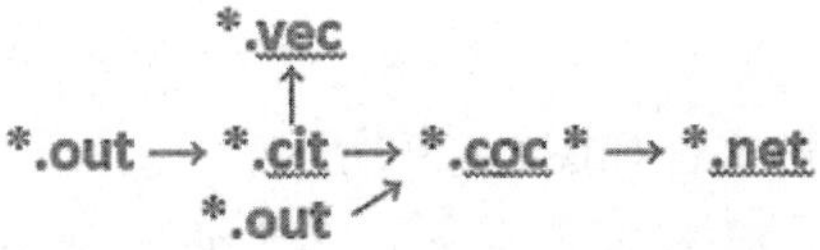

图 5-29　Bibexcel 分析维普数据的作者合作网络的过程文件示意图

过一系列可视化知识图谱的绘制，探寻学科领域演化的关键路径及知识转折点，揭示科学结构的发展现状及变化情况，形成对学科演化潜在动力机制的分析，进而用于前沿分析、领域分析、科研评价等[383],[384]。

1. 软件下载

本节通过界面介绍，结合使用体会，介绍 CiteSpace 的主要功能。关于 CiteSpace 的具体操作，请阅读李杰和陈超美编辑出版的《CiteSpace 科技文本挖掘及可视化》（第 2 版）。

CiteSpace 为免费绿色软件，从官网下载压缩文件，解压缩即可使用。软件下载地址 http：//cluster. ischool. drexel. edu/~cchen/citespace/
download/CiteSpace。运行 . bat 或者 . exe 文件，如弹出黑色窗口，如图
5-30 所示，选择要处理的文献语言（而非 CiteSpace 界面语言）即可。
黑色窗口不可关闭。本节界面截图是 5. 3. R4 以上版本。

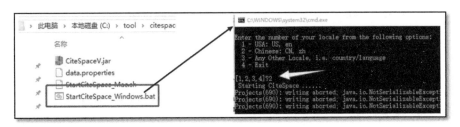

图 5-30　CiteSpace 软件启动注意事项

软件运行依赖于与电脑系统相匹配的 Java。计算机系统配置及数据
量决定了软件的运行速度。建议为支持软件运行，计算机内存要在 1GB
以上。在软件优化方面，CiteSpace 目前仅针对 Windows 8 64 位 Java 进
行优化[385]。

2. 软件启动和操作问题

在运行 CiteSpace 时可能会遇到程序打不开、不呈现可视化图或者
其他各种问题，这里列举一些常见问题的解决方法。

（1）运行 . bat 或者 . exe 文件时无反应，可能是相匹配的 Java 出现
问题，请更新 Java；

（2）界面不能完整显示，一些按钮没有显示出来，可调节电脑分
辨率；

（3）操作过程中无反应，是因为 CiteSpace 比较占用内存，耐心等
待即可，个别情况可能要多等几分钟；

（4）主界面设置后，点击 Go 后，未弹出 Visualize 可视化按钮，

可先关闭界面，重新运行程序。如仍不弹出可视化按钮，或数据混乱，可清空 Project 文件夹内数据，重新运行；

（5）当以上措施无法解决问题的时候，删除电脑已有的 CiteSpace，重新从官网下载。

如有其他疑问，请查看陈超美老师的科学网博客。

3. CiteSpace 的使用流程

CiteSpace 的使用流程如图 5-31 所示。

4. 重要概念

（1）中心度 Centrality：CiteSpace 主要运用的是中介中心度，表示节点的链接作用。如在作者合作网络中，中介中心度高的节点表示该节点和其他较多节点距离最短，即该作者和很多其他作者直接合作较多，这说明很多学者都会与该作者合作，该作者把无关系的学者联系在一起。中介中心度大于 0.1，在可视化中年轮外圈显示为紫色。

（2）频率 Frequency：表示"量"。在关键词或作者网络中表示出现频次，在共引网络中表示引用次数。

（3）突现 Burst：出现频率可能不高，但一定时间内频率的变化率可能很大（突增突减），在可视化中呈现为红色，CiteSpace 解释为研究热点。

（4）连线 Link：表示节点 Node 之间有共现、合作或共被引，可视化中连线的颜色表示第一次出现的时间，时间颜色可查看可视化界面上方的时间过渡色带。

5. 项目文件

CiteSpace 主要是通过一系列算法和可视化的设置生成可视化图谱，同时也会在之前建立的 Project 文件夹里生成一系列文件，如图 5-32 所

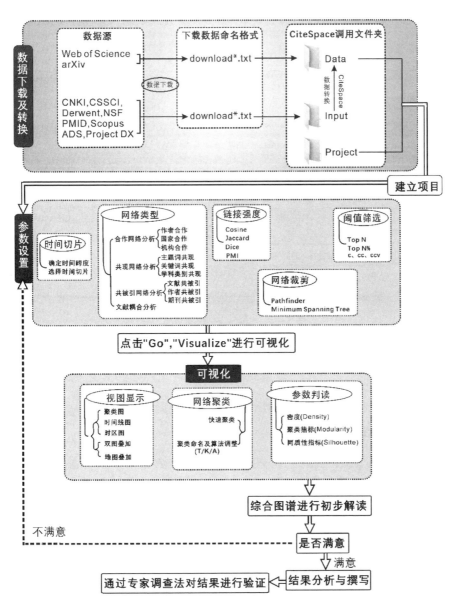

图5-31　CiteSpace 的使用流程

示，这些文件记录了各种数据，大部分可用记事本打开，部分可以兼容其他可视化工具。可以通过、编辑修改这些文件数据，形成新的可视化图谱。

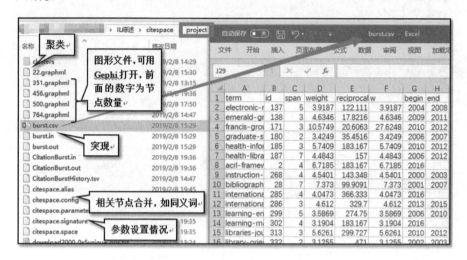

图 5-32　CiteSpace 的项目文件

（二）数据导入

1. 来源数据格式

CiteSpace 的数据格式以 WOS 数据库文本数据格式为标准，并伴随其数据库数据格式变化进行更新。来自 WOS 和 arXiv 的数据可直接导入软件进行可视化分析。软件还为包括 CNKI、CSSCI、Derwent、NSF、PMID、SCOPUS、ADS 和 Project DX 在内的其他来源数据提供了数据格式转换器。但使用转换器后，存在部分数据字段丢失的现象。每种数据源的数据格式要求如表 5-2 所示。

表 5-2 CiteSpace 支持的数据库及数据格式[386]

数据库	格式要求	数据库	格式要求
Web of Science	全记录与引用的参考文献纯文本	CNKI	Refworks
Scopus	RIS（. ris）/CSV	CSSCI	默认格式，utf-8 编码
PubMed	XML	Derwent 德温特专利数据库	默认格式
ADS	CiteSpace 内置功能，可直接进行检索和获取文件	NSF（national science foundation）	nsf. gov：XML 格式 research. gov：xlsx 格式
arXiv	CiteSpace 内置功能，可下载 X 天内的 arXiv 上传的论文	Project DX	两个文件：* node. txt；包含用制表符分隔的三列，第一列为标题、第二列为节点 ID * edges. txt；包含用制表符分割的三列，第一列为标题、第二列与第一列相同

2. 数据转换为 CiteSpace 可用格式

数据转换为 CiteSpace 可用格式的步骤如下：

（1）电脑中新建文件夹，命名 input，把从数据库中导出的文件放在该文件夹内（要备份原始数据），文件命名务必以 download 为开头；再建立名为 data 的空文件夹，用于存放转换后的文件。

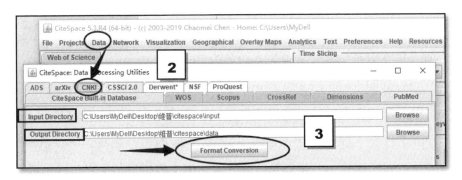

图 5-33 CiteSpace 数据格式转换

（2）如图 5-33 所示，点击 Data，弹出数据转换界面，这里可以转换来自不同数据库的数据。中文文献下载的 Refwork 格式数据都选择 CNKI。

（3）在"Input Directory"找到步骤①建立的 input 文件夹，在"Output Directory"找到步骤①建立的 data 空文件夹，点"Format Conversion"转换文件格式。转换后的文件如图 5-34 所示。

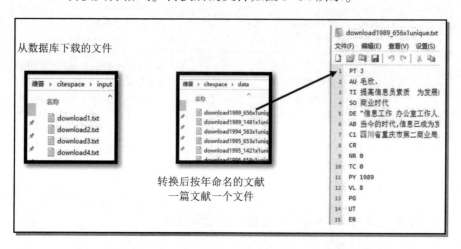

图 5-34　CiteSpace 转换后的数据文件及格式

3. 新建项目，载入 CiteSpace

步骤如下：

（1）在电脑中新建文件夹，命名为 Project。

（2）如图 5-35 所示，点击 New，弹出新对话框 New Project。在 Title 处为项目命名，尽可能用英文。对应选取 Project Home 和 Data Dorectpru 文件夹。默认值不需改变，点击 Save 即可。注意，Data Source 按来源数据库选择，但是如果后续处理的中文数据显示乱码，这里选择"WOS"，而不是来源的中文数据库。

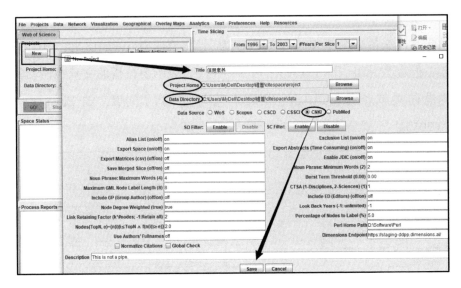

图 5-35　来源数据载入 CiteSpace 步骤

（三）CiteSpace 主界面及操作

CiteSpace 主界面包括图 5-36 中的 10 个操作。其中菜单栏包含功能参数区的所有功能，还包括如结构变异、双图叠加、数据处理等功能。

1. 项目区

可进行项目的新建、编辑和删除操作。载入需要分析的文献。点击 New，弹出新对话框 New Project，对应选取 Project 和 Data 文件夹。

2. 时间切片

将整个时间段切片进行分析，分析完成后，再将各时间段的结果合并。

设置要分析文献（Data 下载的文献，非其参考文献）的起止时间，如 1996 年到 2018 年。Years Per Slice 表示几年为一组，如设置 3 表示 3

年一组，即 1996—1998 年为一组。但是所分析文献时间跨度不能被 3 整除，那么最后余下多少年就合计为一组，如 2017—2018 年，不足 3 年，但也为一组。图中 1996—1998 年为 0，表示要分析的文献在该切片内没有文献。也可以只分析某一段时间内的文献，如 From 2008 To 2015。

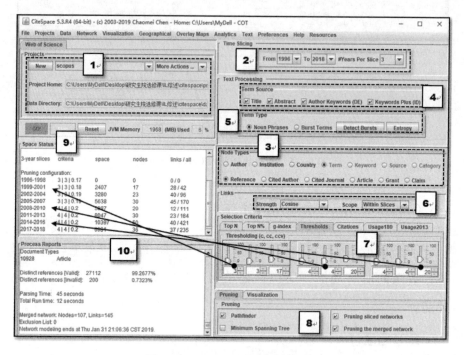

图 5-36　CiteSpace 主界面及操作

3. 关系网络类型选择

Node Type。如选择 Author 则呈现作者合作网络，选择 Keyword 是关键词共现网络，选择 Reference 是共被引网络，选择 Article 是耦合网络。建议不要多选，以免做出的可视化图过于复杂。

总体而言，CiteSpace 的数据可视化分析包括：合作网络分析（含作者合作、国家合作、机构合作）、共现网络分析（含主题词共现、关键词共现、学科类别共现），共被引网络分析（含文献共被引、作者共被引、期刊共被引）及文献耦合分析（详见表5-3 CiteSpace文献耦合分析的节点及对应图谱类型）。对数据网络可进行修饰，如选择时区或进行时间切片、选择阈值、通过剪枝（含最小生成树和寻径算法）精简网络等[387]。

表5-3 CiteSpace文献耦合分析的节点及对应图谱类型

节点类型	图谱类型	节点类型	图谱类型
Author	作者共现图谱	Institution	机构共现图谱
Country	国家共现图谱	Term	术语共现图谱
Keyword	关键词共现图谱	Source	相似度图谱
Category	WOS学科类别共现图谱	Cited Reference	文献共被引图谱
Cited Author	作者共被引图谱	Cited Journal	期刊共被引图谱
Paper	文献耦合图谱	Grant	共同资助图谱

4. 文本处理区

在主题词分析时，设置主题提取词的位置，可以包括标题、摘要、作者关键词、索引关键词。设置"3. Node Type"中Term和Keyword的来源，其他节点类型不需设置此处。如节点类型Term是从标题和摘要提取的，可选择Title和Abstract。

5. 文本处理区

在主题词分析时，设置主题提取词的类型，Noun Phrases名词性术语，Burst突发性检测。CiteSpace的突发是指某时间频次的突然变化，可视图中突发显示为红色。如进行Burst突发性检测，请在提取Noun

Phrases（详见图5-37）后操作。

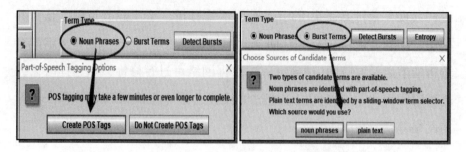

图 5-37　CiteSpace 的 Burst 突发性检测操作

6. 链接强度算法选择

默认即可。

7. 阈值选择区

在分析数据时，进一步从各时间切片中按照一定的规则对数据进行筛选。

提取"2. 时间切片"中对应的数据量。如 TopN 设置为 50，表示每段时间切片中最多的前 50。Thresholding 三个灰色区域分别对应时间切片的前、中、后三段时间，每段时间按 c、cc 和 ccv 来提取数据。c 表示最低被引或者频次；cc 表示共现或者共被引频次；ccv 表示共现率或共被引率。

8. 网络可视图剪裁（Pruning）及可视化设置（Visualization）

当网络复杂密集时，通过网络剪裁（Pruning）功能删除网络中不重要的连线来精简网络；可视化设置可将分析网络按时间段的划分分别呈现。

Pruning 设置网络可视图的连线裁剪方式。先选择算法：Pathfinder 为寻径算法；Minimum Spanning Tree 为最小树算法，这两种算法都是保持节点不减，减少网络连线。再选择裁剪切片方式，sliced 和 merged 网络可选择之一，也可都选，如图 5-38 所示。

每个切片进行裁剪，单选可能会使网络过于分散

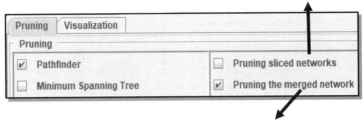

合并后的网络进行裁剪，更推荐该种方式

图 5-38 CiteSpace 网络可视图裁剪（Pruning）切片方式

Visualization 设置网络可视图的聚类效果。Static 静态，Animated 动态。如图 5-39 所示。

显示各个时间切片的图谱，如有 8 个切片，会有 8 个可视化窗口

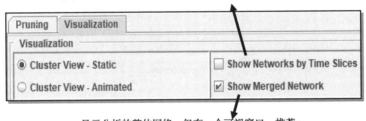

显示分析的整体网络，仅有一个可视窗口，推荐

图 5-39 CiteSpace 可视化（Visualization）方式

9. 处理过程区：显示数据分析的处理进度

点击 GO 运行，弹出图 5-40，点击 Visualize，进入可视化界面。网络可视图及数据主要在这里查看。

10. 处理报告区

在数据处理过程中显示数据的动态分析过程，以及分析后的整体处

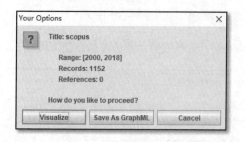

图 5-40　CiteSpace 可视化网络图及数据的查看

理情况。

　　查看运行数据。Space Status 显示每段时间切片的数据量算法、所有节点数、提取的节点数和提取的连线数/所有连线数。Process Reports 显示处理进程及整体参数。

（四）CiteSpace 可视化分析功能详解

　　功能选定后，进入 CiteSpace 可视化界面（详见图 5-41）。界面包含菜单栏、快捷功能区、分析结构参数信息区、节点信息列表、图形元素调整区等部分，可对生成的图谱进行调整。

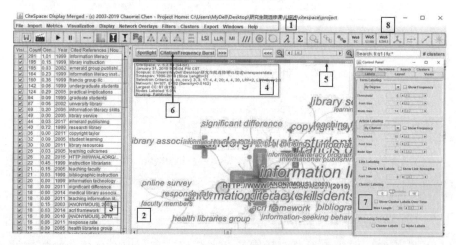

图 5-41　CiteSpace 可视化界面

1. 可视化菜单区

包含可视化界面中的所有功能。可阅读《CiteSpace 科技文本挖掘及可视化第 2 版》86—103 页。如 Display 类下的 Clusters 可设置聚类显示方式。

2. 可视化展示区

3. 节点信息区

显示节点的频次、中介中心度、首次出现年等。如有节点不需在可视化展示区中呈现，可不勾选方框中的对号。

4. 可视图信息

如图 5-42 所示，显示可视化图像的结构参数。

```
                      2000                                    2003
CiteSpace, v. 5.3.R4 (64-bit)
February 8, 2019 10:46:42 AM CST
WoS: C:\Users\MyDell\Desktop\研究生院选修课\IL综述\citespace\data
Timespan: 2000-2018 (Slice Length=3)
Selection Criteria (c, cc, ccv): 2, 3, 15; 3, 3, 20; 3, 3, 20, LRF=2, LBY=8, e=2.0
Network: N=373, E=730 (Density=0.0105)
Largest CC: 46 (12%)
Nodes Labeled: 5.0%
Pruning: Pathfinder
Modularity Q=0.82
Mean Silhouette=0.183
```

图 5-42 　CiteSpace 可视化图像参数详解

如图 5-42 所示，CiteSpace 给出的可视化图像的结构参数包括：版本信息、检索时间、文件位置、时间设置与时间切片、节点提取算法、生成网络节点数量、连线数量和网络密度、网络可视图的连线裁剪方式。Modularity 表示聚类指标，Q 值越大聚类越好，$0.3<Q$ 即表示聚类效果显著，高于 0.8 的为较佳；Silhouette 为同质性指标，越接近 1 同质性越高，大于 0.5 表示聚类结果合理，0.7 以上表示聚类结果有较高信度。

5. 时间色带

不同颜色对应不同年，如紫色是 2005 年，对应了节点年轮颜色及连线颜色。

6. Burst 突发性检测

如图 5-43 所示，点击后，如有突现，则可视图中会出现红色，再点一下则取消突发性检测。

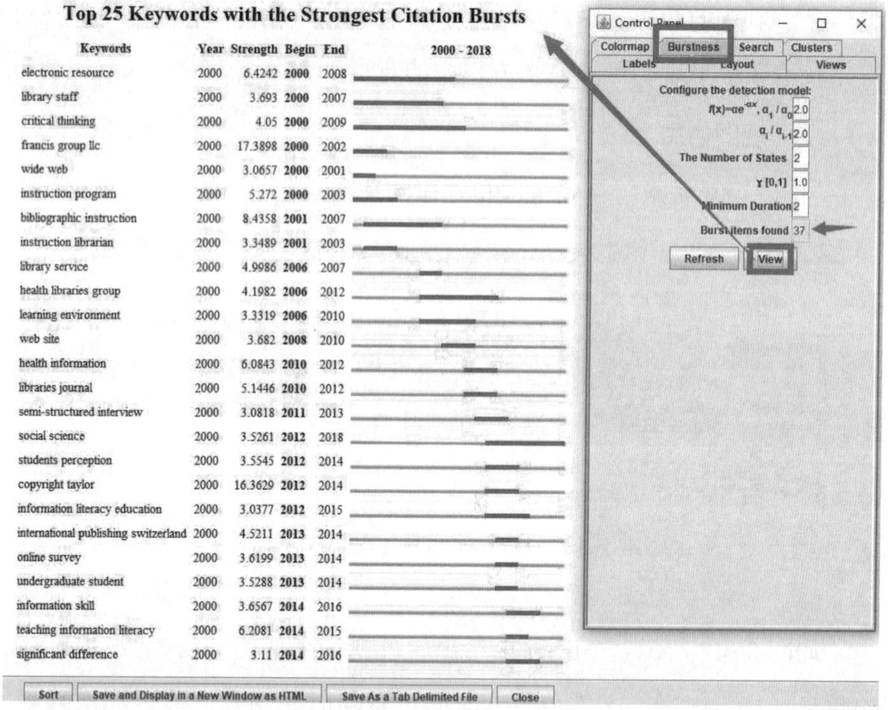

图 5-43　CiteSpace Burst 突发性检测

7. 控制面板

通过该面板可以调整图片中的各种元素。包括节点大小、标签大小及属性、标签透明度等。

如图 5-44 所示，Colormap 设置可视化图颜色；Clusters 呈现聚类的具体内容；Layout 为可视化呈现方式设置，主要有聚类图、Timeline 和 Timezone 等；View 调节呈现方式 Timeline 的可视化效果；Search 针对选中"节点"后鼠标右键弹出菜单中的各个数据库检索节点信息；Labels 为可视化界面标签设置；Burstness 主要查看突现。

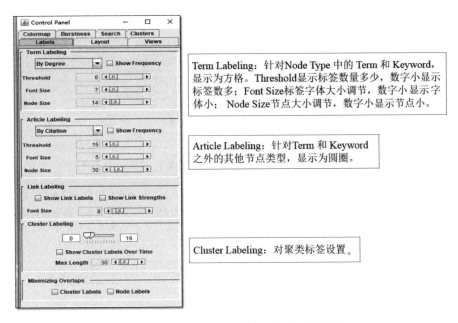

Term Labeling：针对Node Type 中的 Term 和 Keyword，显示为方格。Threshold显示标签数量多少，数字小显示标签数多；Font Size标签字体大小调节，数字小显示字体小；Node Size节点大小调节，数字小显示节点小。

Article Labeling：针对Term 和 Keyword 之外的其他节点类型，显示为圆圈。

Cluster Labeling：对聚类标签设置。

图 5-44 CiteSpace 可视化分析功能控制面板

8. 快捷图标，与菜单栏部分功能重合（详见表 5-4）

表 5-4 CiteSpace 可视化分析截面快捷图标功能说明表

功能分类	快捷图标	说明
保存	🖫	保存 . VIZ 格式
	🎞	保存图片
布局	▶	开始/重新布局
	❚❚	结束布局，运行静止，静止后才可进行其他操作

续表

功能分类		快捷图标	说明
颜色	节点连线颜色	▭	色调切换
	背景颜色	▦	自选背景颜色
		▮	背景黑色
		▯	背景白色
连线形状		✳	切换为直线或者曲线
聚类	进行聚类	▦	进行聚类
	命名来源	A A A	聚类标签命名来自标题、关键词或摘要
		▦	按年提取聚类标签
	命名算法	LSI LLR MI	不同算法命名结果不同，推荐 LLR
	呈现	✥	按聚类呈现颜色
		///	同时呈现 LSI/LLR/MI 算法命名的标签
		⅄	同一聚类呈现同一编号 1，2，3 等
节点样式	年轮	◎	大小表示次数，年轮圈颜色对应不同年代，厚度表示某年份的次数。出现红色年轮表示热点（突现），外围有紫色环圈表示中介中心度大于 0.1
	中介中心度	◎	中介中心度高的节点表示起重要的连接作用
	其他	λ Σ ◔ ⁊	向量中心度、Sigma 指数、PageRand、统一大小
	WOS 指标	WoS TC | WoS U180 | WoS U2013	
时间	Timeline	▦	勾画聚类之间的关系和某个聚类中文献的历史跨度，并可基于时间线图绘制鱼眼图。相同聚类文献在同一水平线，如图 5-45 所示
	Timezone	▨	表示知识演进的视图，展示文献的更新和相互影响。相同时间内的节点集合在相同时区，这里的时间为第一次出现时间，如图 5-46 所示

（五）CiteSpace 的可视化图谱

CiteSpace 提供三种可视化图谱：

1. 聚类（Cluster）

体现聚类间结构特征，突出关键节点及重要连接。并可在聚类视图的基础上，选择双图叠加以寻求两个图谱之间的关联，或以 Google map 为基础图，绘制空间知识图谱。

2. 时间线视图（Timeline）

勾画聚类之间的关系和某个聚类中文献的历史跨度，并可基于时间线图绘制鱼眼图。

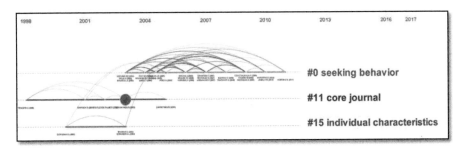

图 5-45　CiteSpace 时间线视图（Timeline）

3. 时区视图（Timezone）

另一种从时间维度上表示知识演进的视图，可以清晰地展示文献的更新和相互影响[388]。

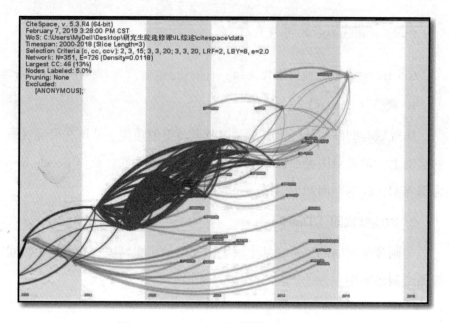

图 5-46   CiteSpace 时区视图（Timezone）

（六）CiteSpace 可视化界面的节点

1. 节点功能操作

在可视化界面，点住某个节点，按鼠标右键弹出菜单，如图 5-47 所示，一般功能介绍如下。

2. 节点合并

为使可视化图谱达到更好的效果，最好对关键词的单复数、英美不同拼写、同义词等；作者名的不同拼写进行合并。例如，Tian Youyong、Tian You-yong、Tian You yong、Tian，You yong、Tian，Youyong 都是同一个作者，可以合并后保留 Tian Youyong，可以通过两种方法实现这样的合并。

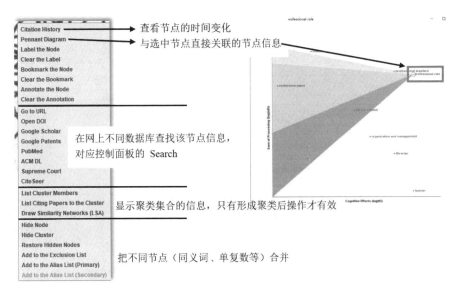

图 5-47　CiteSpace 可视化界面节点操作

（1）第一种方法：节点右键弹出菜单

① 点中要保留的节点，如 Tian Youyong，右键弹出菜单，点 Add to the Alisa List（Primary）；

② 点其他要合并的节点，如 Tian You-yong，右键弹出菜单，点 Add to the Alisa List（Secondary）；

③ 点快捷图标重新运行即可。

（2）第二种方法：编制 ∗.alias 文件

Project 文件夹中有一系列项目文件，找到扩展名为 ∗.alias 文件，可借助 Notepad 打开。需合并的节点一条一行，编辑格式为保留节点#要合并节点，如图 5-48 所示。编辑好保存，点快捷图标重新运行即可。

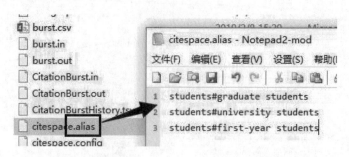

图 5-48　在 CiteSpace 中编制 *.alias 文件进行节点合并

（七）CiteSpace 小结

除了以上功能外，CiteSpace 软件内置了 MySQL 数据库，通过菜单按钮或直接输入 SQL 语句，可以对生成的数据库进行查询和更新，并实现数据的统计、过滤和清洗。

CiteSpace 对中英文电子资源的文献都可以分析，不同于一般工具的一步步流程性操作，而是在界面中做好设置即可，操作简单，能直接生成可视化图谱。但是图谱效果由设置的算法决定，需反复调整，部分研究方向的可视化图谱效果不佳。不同于 Bibexcel 可获得清晰的基础数据，而且无法对来源数据有问题的部分进行修订。部分基础数据可通过 Project 文件夹内的过程文件获得，这些过程文件还可兼容 Pajek、Gephi 等工具再现可视化，其呈现效果有时会更佳。

三、Sci² Tool

（一）软件概述

Sci² Tool 是印第安纳大学的 Katy Börner 及其团队开发的一款知识图谱分析软件，支持从微观（个体）、中观（局部）和宏观（全局）三个尺度，对学术数据集进行时间、地理空间、主题和网络分析的可视化。用户可以在线获取数据或加载本地已有数据，使用恰当的方法进行不同类型的分析，并可与其他开源软件进行集成，利用不同的可视化插件，交互式地探索和理解特定数据集[389],[390]。

Sci^2 Tool 需在 java 环境下运行。软件可在 https：//sci2.cns.iu.edu/user/index.php 免费下载，首次下载需注册，选择与电脑系统匹配的软件，无须安装，打开即用。软件对中文支持不好。

Sci^2 Tool 的使用流程为：数据准备及预处理——构建可视化网络——知识图谱的生成及参数调整。其运行界面如图 5-49 所示。

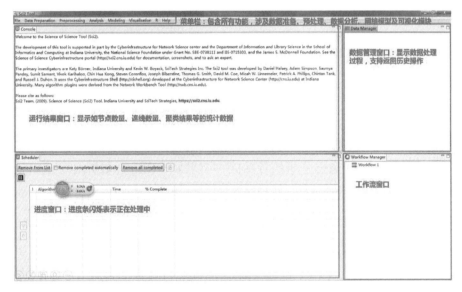

图 5-49　Sci^2 主界面

（二）　来源数据格式

Sci^2 Tool 可以加载多种通用格式数据，支持的输入及输出格式如图 5-50 所示。

Input:
Network Formats
➢ GraphML (*.xml or *.graphml)
➢ XGMML (*.xml)
➢ Pajek .NET (*.net)
➢ NWB (*.nwb)
Scientometric Formats
➢ ISI (*.isi)
➢ Bibtex (*.bib)
➢ Endnote Export Format (*.enw)
➢ Scopus csv (*.scopus)
➢ NSF csv (*.nsf)
Other Formats
➢ Pajek Matrix (*.mat)
➢ TreeML (*.xml)
➢ Edgelist (*.edge)
➢ CSV (*.csv)

Output:
Network File Formats
➢ GraphML (*.xml or *.graphml)
➢ Pajek .MAT (*.mat)
➢ Pajek .NET (*.net)
➢ NWB (*.nwb)
➢ XGMML (*.xml)
➢ CSV (*.csv)

Image Formats
➢ JPEG (*.jpg)
➢ PDF (*.pdf)
➢ PostScript (*.ps)

图 5-50　Sci^2 Tool 支持的数据格式[391]

（三）分析功能概述

Sci^2 Tool 支持抽取多种网络，如定向网络、二分网络、合作者网络、词共现网络、作者共被引网络、文献共被引网络、书目耦合网络等。软件还集成了数据分析统计功能，结果显示在运行结果窗口。如分析网络中节点和连线、方向及权重信息，时空信息突发检测，地理空间坐标计算等，并可根据分析结果对数据进一步处理，如抽取 Top 节点、网络修剪、删除孤立节点等。数据的分析和处理不分先后顺序。

Sci^2 Tool 利用 GUESS 或 Cytoscape 插件执行数据的可视化。可视化类型包括：网络分析图、时序图及地理空间图。界面如图 5-51 所示。

此外，Sci^2 Tool 的开发基础 Cyber Infrastructure Shell（CIShell）是一个开源的 Eclipse 插件框架，支持各种数据集、方程、工具及计算机资源的整合。软件拥有丰富多样的插件可供使用，用户可使用软件预先打包好的插件，也可以根据需求创建、下载、共享并导入插件，这也奠定了 Sci^2 Tool 在绘制知识图谱上的强大功能[392]。

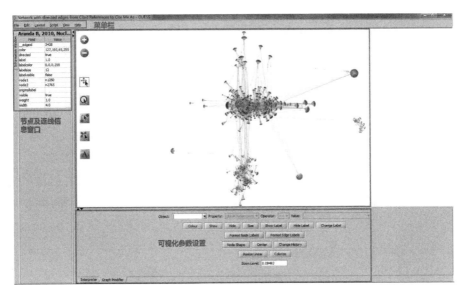

图 5-51 Sci² Tool 可视化界面（以 GUESS 界面为例）

四、VOSviewer

（一）软件概述

VOSviewer 是由 Van Eck 与 Waltman 研发的一款免费软件，他们在荷兰鹿特丹大学工作期间就开始研发该软件，从 2009 年中期开始两人在荷兰莱顿大学工作并在该校的科学与技术研究中心（CWTS）的支持下继续开发 VOSviewer。VOSviewer 是专门用于构造可视化文献计量图谱的软件工具，其在图谱展现，尤其在聚类方面有独特优势[393]。

该软件由 Java 支持，可自官网 http：//www. vosviewer. com/免费下载。软件无须安装，打开即用。VOSviewer 界面简洁，如图 5-52 所示。

使用流程为：数据导入——→图谱应用——→参数设置。

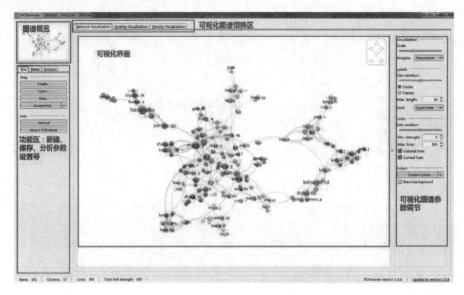

图 5-52　VOSviewer 界面

（二）来源数据格式

VOSviewer 支持基于网络文件、文献及文本数据的导入和分析。详细的数据类型及每种数据可生成的图谱如表 5-5 所示。在处理无法识别的数据格式时（如 CNKI 数据），可利用文献管理软件进行转换再导入。VOSviewer 在构建网络时可以选择算法（提供全计算法及分级计算法）[394]、设置用于可视化的数据阈值、选择显示在图谱中的可视化节点，但无法对数据进行清理，如无法进行相似关键词的合并等。

表 5-5　**VOSviewer 支持的数据类型及可生成的图谱**

数据来源	数据格式	图谱类型
网络文件	VOSviewer、GML、Pajek	根据网络文件生成图谱
文献数据	Web of Science、Scopus、Pubmed、RIS、Crossref JSON、crossref API	合作网络（包括作者、机构、国家地区）； 关键词共现网络； 引证分析（文献、期刊、作者、机构、国家地区）； 耦合分析（文献、期刊、作者、机构、国家地区）； 共被引分析（文献、期刊、作者）
文本数据	VOSviewer、Web of Science、Scopus、Pubmed、RIS、Crossref JSON	根据文本数据生成共现图谱

（三）可视化功能概述

软件提供 3 种可视化类型：网络图、叠加图及密度图，在可视化图谱切换区进行切换。其中，网络图采用节点分布算法确定节点位置（节点间位置越近表示两节点越相似），采用网络模块化的聚类方式进行聚类（采用节点颜色标记聚类）。叠加图反映的信息与网络图不同，颜色变为渐变色，用于标记其他信息（如发表年、期刊影响因子等）。密度图为 VOSviewer 的特色功能，通过密度图可以帮助快速识别一个领域的核心研究区域[395]。

五、HistCite

（一）软件概述

HistCite（History of Cite 的缩写），即引文历史，是一款引文图谱分析软件。该软件由 SCI 的发明人加菲尔德开发，能够用图示的方式展示某一领域不同文献之间的关系，快速绘制一个领域的发展历史，定位该领域历史的及最新的重要文献。

使用流程包括：数据导入——→统计分析及作图。该软件对浏览器有较高要求。

（二）数据来源

HistCite 只能处理 WOS 数据，需在 WOS 检索后，将数据导入工具进行分析。导入时需要将 *.txt 文件开头的 "FN Clarivate Analytics Web of ScienceVR" 替换为 "FN Thomson Reuters Web of Knowledge" 才可以被软件识别。有学者利用 Python 编写了 scopus2HistCite.py 文件（可自 https：//github.com/leoatchina/Scopus2Histcite 下载），使 RIS 格式的 Scopus 数据也能够导入 HistCite 进行分析[396]。数据导入后界面如图 5-53 所示。

（三）分析功能概述

HistCite 提供的若干指标（详见表 5-6），可按照指标排序进行数据统计分析。软件特色在于可针对某一主题领域（即根据检索策略定制的数据集）进行重要论文、发文趋势、重要期刊、重要作者、重要机构、关键词的分析，通过对主题领域内文献进行引证情况分析，在一定程度上反映领域内同行之间的被引情况。

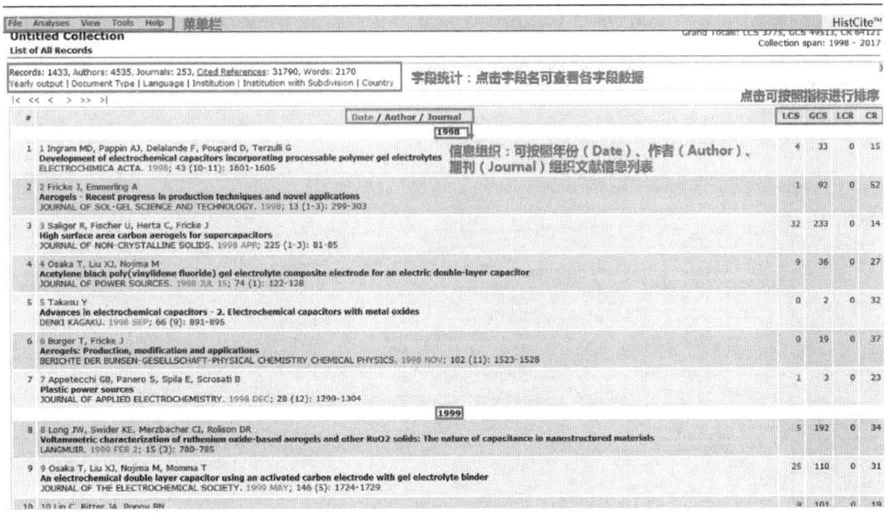

图 5-53　HistCite 界面及功能区

表 5-6　**HistCite 常见指标**

指标	指标全称	解释	用处
GCS	Global Citation Score	引用次数，即在 WOS 引用次数	
LCS	Local Citation Score	本地引用次数，指某篇文献在当前数据集中的引用次数	按此排序，可快速定位当前主题领域的重要文献
TGCS	Total Global Citation Score	引用总次数，在 WOS 中的引用总次数	
TLCS	Total Local Citation Score	本地引用总次数	按此排序，可快速定位当前主题领域的重要作者、机构等（根据所选字段）
CR	Cited Reference	文献的参考文献数量	帮助识别文献是研究论文还是综述
LCR	Local Cited Reference	文献引用本地论文的数量，通常引用本地论文数量越大，表明文献与当前主题领域相关性越强	按此排序，可快速定位近期该领域的重要文献，发现新动向

数据导入后，通过"Graph Maker"可生成引文关系时序图，如图 5-54所示。其中每一个节点代表一篇论文，节点越大表示论文被引次数越多。

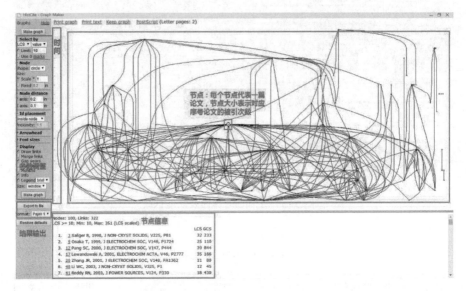

图 5-54　HistCite 引文关系时序图

此外，HistCite 有辅助检索的功能，能够找出无指定关键词的重要文献，从而有效补充需要分析的文献，使主题领域的演进路径更加完整[397]。

六、参考文献出版年图谱（RPYS）

（一）软件概述

2013 年，在第十四届国际科学计量学和信息计量学大会（14th International Conference on Scientometrics & In-formatrics, ISSI 2013）上，W. Marx 等首次提出"参考文献出版年图谱"（Reference Publication

Year Spectroscopy，RPYS）的概念和内涵，将其运用于对某一特定学科领域的历史根源的探索上，取得了较好的结果。

这一学科领域历史根源探究的新方法[398]，RPYS 的定义为"以某一个领域的全部文献所引用的全部参考文献的出版年份（Reference Publication Year，RPY）为横轴，以每个参考文献出版年（RPY）的全部参考文献的总被引频次为纵轴而形成的二维分布图"[399]。

事实上，从参考文献出版年份的视角探讨科学计量学和文献计量学领域的问题并不是创新的，早在 1974 年 D. Price 就对学术文献的参考文献出版年份进行了探讨[400]，V. Raan 等还将参考文献出版年份应用于测量科学的增长和对科学领域重大突破的探测等[401]。对于采用相关数据探究学科领域的历史根源的工具和方法来说，早在 1964 年，在美国空军科学研究办公室（Air Force Office of Scientific Research，AFOSR）的资助下，加菲尔德等讨论了利用引文数据来探索科学领域历史根源的模型与方法[402]，2003 年，加菲尔德等又基于引文分析开发了引文图谱分析软件 HistCite，可以快速描绘一个学科领域的发展历史[403]，定位该领域的重要文献。参考文献出版年图谱（RPYS）在算法和可视化方面可以作为 HistCite 方法的补充。

RPYS 具有如下特点：①参考文献的出版年份跨度包含"在学科领域产生之前"和"学科领域产生之后"；②在学科领域产生之前，每年的参考文献数量和总被引频次远小于学科领域产生之后；③在学科领域产生前后，RPYS 一般会出现一个或多个峰值。W. Marx 等通过实验发现，利用 RPYS 对某一学科领域文献集进行分析可以较为准确地揭示学科领域的历史根源。

（二）RPYS 的分析步骤

RPYS 的分析步骤为：① 登录 WOS，完成检索，将该学科领域所有相关文献的检索结果的题录信息导出（选择"全记录与引用的参考文献"字段）；② 从题录信息中抽取所有的参考文献及其发表年，制作参考文献出版年图谱，找到在学科领域产生之前的峰值，即重要的参考文献出版年份；③ 对峰值年份进行单独分析，找出该年被引用频次最高的参考文献，即寻找可能的候选根源文献；④ 检验：由学科或研究领域专家鉴定，确定候选历史根源文献是否符合事实。需要注意的是，因为 RPYS 分析事实上只能识别出某一领域可能的根源文献，因此步骤④是必须的[404]。

（三）RPYS 的相关分析软件介绍

当前对于 RPYS 分析研究者已经开发出两种软件包可用：

（1）RPYS. exe，由荷兰阿姆斯特丹大学的 L. Leydesdorff 于 2014 年开发并免费提供给广大研究者使用，其获取网址是 http：//www. leydesdorff. net/software/rpys/。

（2）CRExplor. exe，由莱比锡电信应用科技大学的 A. Thor 开发，其软件免费获取网址是 http：//andreas-thor. github. io/cre/。

CRExplor. exe 相比于 RPYS. exe，增加了数据"消歧"功能，能够识别被引用的参考文献的一些变体，即整合由于写法不规范而事实上是同一参考文献的一些数据[405]。

RPYS i/o 是 2016 年新开发的在线工具，开发者是美国弗吉尼亚技术应用研究公司（VTARC）的 J. A. Comins 与荷兰阿姆斯特丹大学的 L. Leydesdorff，是一种可以进行两种 RPYS 分析的在线工具，一种是标准 RPYS（Standard RPYS）分析，另外一种是多维 RPYS（Multi - RPYS）分析。

标准 RPYS 的原理是从参考文献角度出发，认为在研究领域产生前发表的全部参考文献中，总存在着几篇文献的被引频次远高于同年或前后几年发表的其他文献，这些文献很可能就是对学科领域的起源及演化发挥重要作用的经典文献，而这些文献一定位于图谱的峰值点上，因此通过对参考文献出版年图谱在学科领域产生之前的引用频次的峰值进行分析，来探索该学科领域的历史根源文献。

多维 RPYS 分析的原理是将每年的参考文献进行一次标准 RPYS 分析，即算出参考文献的每年总被引频次相对于前一年、前两年、该被引用年、后一年、后两年的总被引频次的中位数的偏差，再利用秩转换的思想，将偏差数值进行倒序排序，偏差越大则秩的值越高，再将秩值转化为可视化的热度值图谱，热度值越大，颜色越深。因此，热度值图谱的颜色越深，代表偏差值越大，进而表明该 RPYS 的被引频次相比于前后几年被引越频繁。多维 RPYS 分析图谱可以表示每一年的参考文献逐年的引用热度及动态变化情况，借此可在一定程度上分析出历史上对该学科或研究领域具有长期贡献的参考文献。

（四）利用 RPYS 分析的应用实例

国外学者 A. Barth 等利用 RPYS 探讨了粒子物理学中希格斯玻色子（Higgsboson）的起源文献[406]，L. Leydesdorff 等借用 RPYS 对石墨烯和太阳能电池领域的历史根源文献进行了探索[407]，还有 W. Marx 等对生物学中"达尔文雀传奇"（Darwin's Finches）进行了探索[408]，2015 年 J. Comins 等对"全球定位系统"起源的研究[409]，以及 2016 年 B. Elango 等对"摩擦学"起源的探索[410]，均使用了 RPYS 分析的方法，并取得了较好的研究成果。通过以上研究可以发现，利用 RPYS 进行学科领域历史根源文献探测的方法具有较好的普适性。

2016 年以后，RPYS 才逐渐被国内学者注意到并研究分析相关学科领域。李信等首次将 RPYS 的概念引入，并在整合前人相关研究的基础上，以健康信息素养领域为例，对该研究领域的历史起源进行了探索，取得了较好的结果[411],[412]。2017 年，侯剑华利用引文出版年光谱对引文分析理论历史根源进行了探究[413]。2018 年，吴闯等利用 RPYS i/o 工具对数字图书馆领域历史根源文献进行了探究[414]，杨冬敏等基于参考文献出版年图谱对知识管理演化进行了研究[415]，刘晓君等基于引文出版年光谱对碳排放交易研究进行了历史根源分析[416]，以上研究均证明了 RPYS 是一种具有较好学科普适性和可靠性的学科领域历史根源探究方法，对 RPYS 分析方法的研究目前国内外均处于方兴未艾的阶段。

七、Derwent Data Analyzer（DDA）

（一）软件概述

DDA 由 Search Technology，Inc. 公司基于 VantagePoint 技术开发，是具有强大分析功能的文本挖掘软件，可以对文本数据进行多角度的数据挖掘和可视化的全景分析。DDA 有助于从专利文献及科技文献中发现情报、洞察科学技术的发展趋势、为行业出现的新兴技术寻求合作伙伴、为确定研究战略和发展方向提供有价值的依据。此外，DDA 还提供多种与数据准备和自动化相关的高级工具，用于快速生成优质报告，最终服务于学术、政府机构及高科技企业的发展。

DDA 为 Clarivate Analytics 产品之一，是付费使用的本地软件。采用账号、密码进行软件下载，注册码激活使用。DDA 安装后，尽量不要更换 IP 使用，以避免被封号。此外，如果软件使用中出现问题，要谨慎选择卸载和重装，卸载前需首先注销许可证，注销成功后，方可重装，否则重新安装后无法激活许可证。

DDA 的使用流程为：数据导入──→数据清理、分析和可视化──→报告生成详见图 5-55。

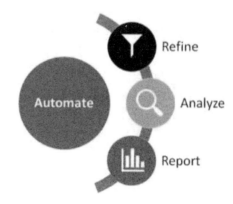

图 5-55 DDA 数据处理流程[417]

（二）数据来源

DDA 是离线工具，本身没有数据，需要导入数据使用。数据导入形式分为：①通过过滤器导入：支持部分数据平台的 .txt 原始数据文件导入，需选择相应数据平台的过滤器；②导入 Excel 文件：Excel 在导入过程中，可通过更改"字段类型"对单元格内容进行切分；③智能数据交换：XML 文件。支持的数据库平台及格式如图 5-56 所示。如需导入 DDA 支持范围外的其他特殊数据结构，可编写导入过滤器，或整理为 DDA 可读取的 Excel 格式。

数据导入后可进入数据总览表，界面如图 5-57 所示。

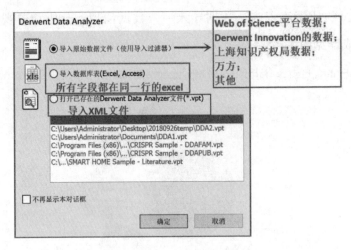

图 5-56 DDA 数据导入窗口

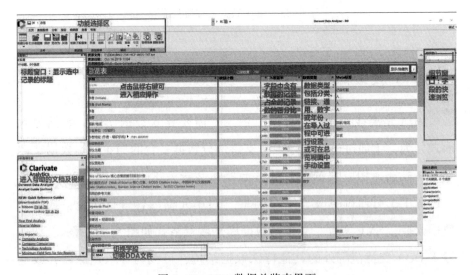

图 5-57 DDA 数据总览表界面

(三) 数据管理及清理

DDA 数据管理主要包括对数据集、字段和组的管理如图 5-58

所示。

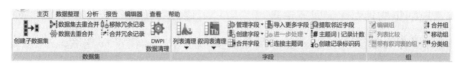

图 5-58　DDA 数据处理

1. 数据集处理

（1）创建子数据集：可将数据集的一部分保存到一个新的、更小的数据集以帮助将分析重点放在整个数据集的特定部分；

（2）数据集去重合并：向现有数据集添加更多记录（即使列表更长）；

（3）数据去重合并：基于用户定义的关联进行匹配，向现有记录中添加新字段（即使字段更多）；

（4）冗余记录处理：包括移除冗余记录及合并冗余记录。

2. 字段处理

（1）字段的复制、删除及重命名。其中，删除是指从数据集中永久移除字段，删除后将无法对该字段进行分析，并自动删除相关视图。此外还支持字段的合并，如将作者关键词与索引关键词合并。

（2）字段清洗：分析结果的准确性依赖于数据的标准化。在实际的分析工作中，数据总是不完美的，需要对数据进行清洗，以保证结果的准确。

数据清洗是指发现并纠正数据文件中可识别的错误，包括检查数据，对残缺数据、错误数据及重复数据进行处理。

DDA 提供一系列功能使数据标准化，主要包括：

（1）列表清理：DDA 通过后台算法辅助识别列表中的相似项。它内置了部分清理列表，如图 5-59 所示，并对清理规则进行了描述（"规则集描述"）。列表清理后，用户可修改并确认结果。修改好的列表可保存为叙词表，以避免今后重复类似工作，加快清理速度。

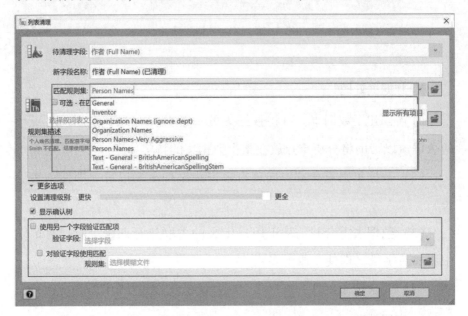

图 5-59　DDA 列表清理

（2）叙词表清理：叙词表的使用可减少列表长度。用户可采用 DDA 内置叙词表，或自行建立叙词表。叙词表建立方法包括：将列表清理的结果保存为叙词表、利用内嵌的叙词表编辑器编写或直接打开叙词表文件进行编辑。

此外，DDA 还提供了清理数据的脚本，如"DWPI 清理"及"合并作者关系网"。

（3）组的处理：通过将列表中的项标记为较大的集合或组的成员，实现对数据进行分组处理。数据分组有利于将分析重点放在数据集的特定部分，并可进行组间的数据比较。

（四）数据分析

1. 数据和文本分析工具

DDA 提供列表、矩阵、图谱、列表比较等多种工具进行数据和文本分析，DDA 工具图示详见图 5-60，DDA 部分分析工具及作用详见表5-7，分析结果可通过运行脚本导出，或直接复制至文档中。

图 5-60　DDA 分析工具

表 5-7　DDA 部分分析工具及作用

分析工具		含义
列表		任意字段中每个项所对应的记录数（如：统计发文量 Top20 的作者）。此外 DDA 实用工具的脚本中，提供创建所有列表的功能
矩阵		基于任意两个字段之间的关系，显示每个项所对应的记录数
矩阵	共现	任意两项相交处对应有多少条记录（如：作者在每一发表年中的发文量）
	自相关	相同字段中的各个项，基于它们一起出现的频繁程度来显示其相关情况（如：作者/机构的合作的紧密情况，一般用于分析合作关系）
	互相关	相同字段中的各个项，基于另一字段中的项来显示它们的相关情况（如：显示相同领域中的科研人员，一般用于分析竞争关系）
	因子	通过"主成分分析"法，将复杂字段分解为"聚类"
列表比较		揭示任意两个列表之间的共同项或特有项
TFIDF（词频逆文档频率）		对记录集中某主题词独特性的度量标准。该度量标准常用于确定一些"特征"（例如，主题词），这些"特征"最有可能对各条记录进行区分
萃取邻近词组		在目标字词的规定邻近范围内识别单词或词组

2. 可视化工具

DDA 提供了部分可视化工具详见表 5-8。生成的可视化图谱可导出为 jpg、png、pdf 及 html 格式。但 DDA 可视化效果较差，建议将分析数据导出到其他工具中进行可视化。

表 5-8　DDA 可视化工具

工具		含义
图谱	自相关	以可视化的方式展现出任意字段中各个项之间的相互关系
	互相关	
	因子	
柱形图		根据列表选定信息创建基本的垂直条形图
条形图		根据列表选定信息创建基本水平条形图
饼图		根据列表选定信息创建饼图
线图		根据列表选定信息创建基本的线图
词云		显示列表中的项在数据集中的流行程度
气泡图		用气泡表示所选两个字段中的数字
甘特图		针对机构相关字段，生成甘特图
矩阵查看器		在一个矩阵中显示各项之间关联强度
集群图谱		动态图谱，显示列表中各个项之间的连线和重叠情况
定制化报告		交互式图形视图报告表
世界地图		显示最多两个世界地图（一个地图在另一个地图之上）
分类图		帮助浏览指定给选定文献的分类代码
透视表		仅适于 Derwent 世界专利索引数据，含 5 种透视表

（五）生成报告

DDA 可快速生成报告，报告类型如表 5-9 所示。

表 5-9　DDA 报告概览

报告类型		含义
	公司比较	创建一系列 Excel 图表，其中包含 2—5 家公司比较指标。主要使用人员、机构、年份、国家/地区和技术相关的字段
	技术报告	创建一系列 Excel 图表，其中包含一个技术领域的各项指标。主要使用人员、机构、年份、国家/地区和技术相关的字段
	公司报告	创建一个 Excel 表格，包含一家公司的多项度量信息
DDA 透视表	顶级创新公司趋势	在 Excel 中创建的五个预定义透视表中的一个。每个透视表对数据集中的公司和技术给出了不同的透视
	目标市场趋势	
	主要市场趋势	
	顶级创新者的技术趋势	
	三方-四方同族专利趋势	
	专利生命特征	显示数据集中专利的健康状况和有效性
仅 DWPI	基础报告	生成排名 Top10 专利权人的简短概述
	基于 IPC 的分析报告	Excel 图表，显示 Top10 专利权人的相对 IPC 持有量
	主要专利权人分析	生成 Excel 图表，显示主要专利权人之间的相对趋势
	趋势分析	生成 Excel 图表，显示基于技术、市场保护和专利权人的趋势
数据导出	在 Excel 中生成透视表	矩阵打开状态下，基于矩阵中的选定项及另外选择的第三字段，在 Excel 中创建透视表
	列表输出到 Excel 并可视化	从 DDA 中导出 Excel 格式的列表图表
	矩阵输出到 Excel 并可视化	从 DDA 中导出 Excel 格式的矩阵图表

八、OpenRefine

（一）软件概述

OpenRefine（前身为 GoogleRefine），源于密歇根大学 Bentley 历史图书馆的 ArchivesSpace 项目，是一种交互数据转换的本地开源网络应用，可以对大数据进行快速的操作[418]。在数据清洗、数据探索及数据转化方面非常有效[419]。

OpenRefine 基于 Java 环境，可自 http：//openrefine. org/下载新版安装包，解压后双击 OpenRefine. exe 即可直接使用。正常运行时软件会打开运行网页，也可以自行打开网址 http：//127. 0. 0. 1：3333/。可处理的数据文件大小取决于电脑内存。

软件使用流程：数据导入→数据整理（包括行整理及列整理）→数据处理、清洗及分析→数据导出。软件以列和字段的方式工作。

（二）数据导入与整理

1. 数据导入

OpenRefine 支持创建新项目、打开及导入项目。在创建项目中，支持本机文件（This Computer）、在线资源 Web address（URL）、剪切板（Clipboard）及 Google 数据（Google data）的导入。其支持的数据类型包括：TSV、CSV、＊SV、Excel（xls、xlsx）、JSON、XML、RDF 及 Google 数据文档。此外还可以通过添加 OpenRefine 插件使其能够支持其他数据类型。

2. 数据整理

行/列整理。数据导入后界面如图 5-61 所示。通过字段名旁的下拉菜单，选择 Edit columns/rows，可对行/列数据进行整理，如去除分析中不需要的行/列，或调整列顺序。此外对一列数据可重命名字段名，也可以对一列的值赋予单元格属性（如数字、文本、日期等）从而实现行排序。

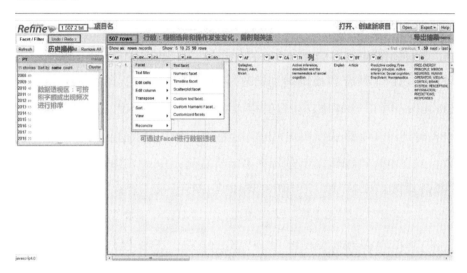

图 5-61 OpenRefine 工作界面

（三）数据处理、清洗及分析

1. 数据处理

OpenRefine 可对数据进行拆分、合并及提取操作。可将单元格的内容按照特定连接符拆分成行（Edit cells→Split multi-valued cells），并支持数据清理后的反向合并（Edit cells→Join multi-valued cells）。

以 WOS 数据的机构清理为例，WOS 数据导入 OpenRefine 后，机构字段在一个单元格内以分号连接。如需对机构进行进一步清理和统计，首先需要将单元格中机构拆分。通过 Split multi-valued cells，OpenRefine

可以将其拆分为多行，每行包含单一机构，并保持其他字段不变。OpenRefine 还支持数据的提取。如上例中，可通过特定符号将列拆分（Edit columns→Split into several columns），从而提取一级单位所在列继续清理。

2. 数据清洗

归类相似取值。OpenRefine 提供机器合并和手工合并两种方式。机器合并内置 4 种合并规则辅助清理（详见图 5-62），通过 Edit cells→Cluster and edit 功能将自动归类相似取值，经由人工确认后合并；手工合并可通过文本过滤（Text Filter），通过正则表达式进行文本匹配，或直接对文本进行编辑（通过每个单元格右侧 "Edit" 实现）。

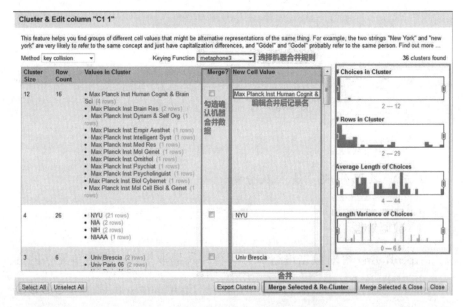

图 5-62　OpenRefine 机器清理界面

3. 数据分析

数据透视（Facet），包括文本透视、数值/时间透视。窗口显示不同记录名及其出现频次,可按字顺或数量排序,并可在取值分布图中调节取值区间(Facet by choice count)。点击窗口中的"Choice",可进行文本拷贝。

4. 文本转换

支持使用表达式进行文本转换(Transform),结果即时预览,确认正确后再执行。也同样支持通用的转换(Common transforms),如去空格、修改大小写、修改单元格值并使其适用于所有单元格(Apply to all identical cells)等[420]。

(四)数据导出

导出格式包括 tsv、csv、html、xls、xlsx、ODF 电子表格及自定义模板等,可导入其他软件,如 Bibexcel 等,进行统计分析及作图。

第二节 图表可视化工具

在制作研究影响力分析报告时,需利用基础数据制作大量的图表。图表选择决定着研究影响力报告的可读性及美观度。本节介绍常用图表软件或工具的类型、作用及常用的图表可视化工具的基本操作。

一、常用图表的类型及作用

不同图表适用于不同的数据,选对图表,不仅可以完美地替代甚至超越文字,更能清楚明白地表达数据的内在意义,并有利于发现数据规律从而辅助分析。常用的图表类型及用法如表5-10所示。

表 5-10　图表的大致类型及功能

图表类型	用法
饼图	数据各部分比例
柱状图	数据各部分的相对情况
折线图	数据随时间变化、趋势及异常值
区域图	通过区域面积了解各个分类的数量关系
堆积图	通过区域面积了解各分类的数量关系及总体趋势
雷达图	比较各个属性的关系
网络图	揭示网络关系
日历图	数据按时间变化的趋势及周期性规律
树状图	揭示层次结构数据
矩形数图	通过面积和颜色结合使用（面积表达占比、颜色表达种类），揭示层次结构数据
嵌套圆	揭示层次结构数据
散点图	将数据属性映射到坐标轴、形状、颜色、尺寸等维度，反映多维数据属性
平行坐标	通过相互平行的坐标轴，对多维数据进行可视化
流图	反映分析对象的移动、迁徙、转移、转化等
热力图	反映数据的密度分布
旭日图	反映数据层次及占比
词云图	突出高频关键词

　　本节将介绍几个常用的可视化图表工具，这些工具能够帮助快速轻松地产生美观的图表，无须专业知识与编程技巧。其下载链接、付费情况等信息如表 5-11 所示。

表 5-11 可视化图表工具概览

工具	使用网址	付费情况
Tableau Desktop	https：//www.tableau.com/products/desktop/download？os=windows	付费，可免费试用 14 天。有学术研究计划，学生和教师可通过申请免费获得一年的免费许可
Echarts	http：//echarts.baidu.com/index.html	免费
BDP	https：//me.bdp.cn/home.html	企业版收费，个人版分为免费版、银钻会员及金钻会员，需注册使用
图表秀	https：//www.tubiaoxiu.com/	注册使用，普通会员永久免费，可充值付费成为其他类型会员，获得相应权益
地图慧（地图类工具）	http：//www.dituhui.com/	大众制图免费，小微服务、企业服务及商业分析收费。此外，部分功能的实现需要地图豆。地图豆可通过邀请好友、绑定账号、完成任务、授权码获取，或通过网上支付方式购买
WordArt	https：//wordart.com/	标清图片下载免费，高清图片收费

二、Tableau Desktop

（一）软件概述

Tableau 是可视化分析数据的商业智能工具，具备强大的统计分析扩展功能。Tableau Desktop 是其中一个桌面端产品，具有操作简单、数据响应快、可视化图谱精美等特点，并能通过 Tableau Server（企业内部数据共享的服务器端）、Tableau Online 的配合，实现团队间的互动及底层数据和可视化图谱的共享协作[421],[422]。

（二）基本功能及操作概述

Tableau Desktop 的工作流程包括：数据的获取及优化——创建工作表——构建数据视图——视图的美化——创建仪表盘——创建故事。

1. 数据的获取及优化

数据获取支持多种方式，可自本地电子表格获取，也支持访问数据仓库、云应用程序和云端数据库，并从中获取数据。支持的数据方式如图 5-63 所示。

针对不同数据源的离散数据，Tableau Desktop 可以智能地依据共有数据进行不同数据源的数据匹配，并将其混合至一个电子表格中（详见图 5-64）。此外，它还支持数据的透视、拆分和元数据管理，实现数据的处理及优化。

2. 工作表

一个工作表包含单个视图。

（1）视图的创建及编辑：Tableau Desktop 提供多种分析技术，无须编写任何自定义代码，通过拖拽和点击即可实现数据的可视化及图表的变换及优化。Tableau Desktop 工作表界面如图 5-65 所示。选择数据后，会显示推荐的可视化图片类型，也可点击进行更换。视图类型包括：表、热图、地图、饼图、条形图、树状图、圆视图、折线图、面积图、组合图、散点图、甘特图、箱图、标靶图、填充气泡图。Tableau Desktop 对每种视图类型的数据要求有所提示，可根据提示进行数据选择。此外对于颜色、标记形状等元素也可自由编辑。

（2）创建分层结构：在 Tableau 中，如日期或地理角色等字段，是默认具有分层结构的。但对于一些本身也包含维度的数据，可以通过创建分层结构，实现可视化项内各层之间的快速钻取。

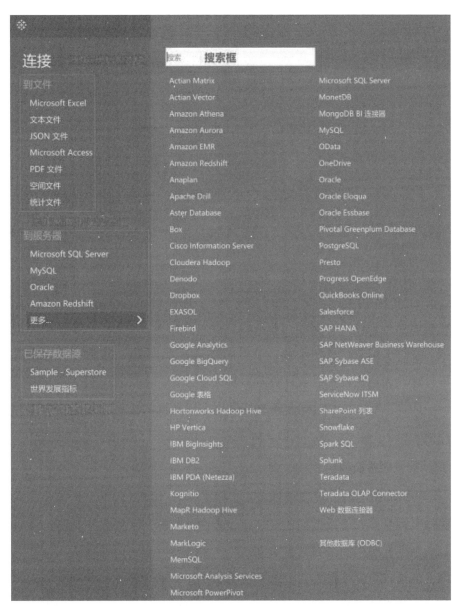

图 5-63　Tableau Desktop 数据获取途径

（3）运算：在字段的计算上，Tableau Desktop 提供运算符（包含

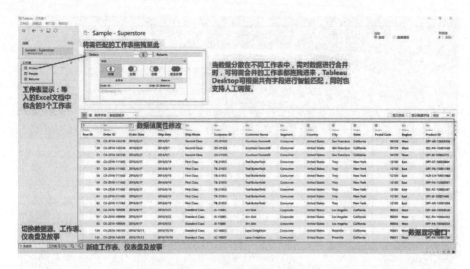

图 5-64　Tableau Desktop 数据合并

常规运算符、算术运算符、关系运算符及逻辑运算符）、函数（数字函数、字符串函数、日期函数、逻辑函数、聚合函数）、数值计算、字符串计算、表达式计算、表计算等多种计算方式。

此外，Tableau Desktop 还支持维度字段数据的排序、创建组和集等功能。

3. 仪表板及故事

Tableau Desktop 仪表板是若干视图的集合，可以包括工作表、文本图像及网页，方便数据的比较。仪表板中的数据与工作表相关联，并且都会随数据源中的最新数据更新。

故事是对一个仪表板或多个仪表板的过程叙述，是一系列共同作用以传达信息的虚拟化项。通过创建故事可以对数据进行阐述，或提供上下文，演示决策与结果等。

用于创建、命名和管理工作表和仪表板的方法也适用于故事[423]。

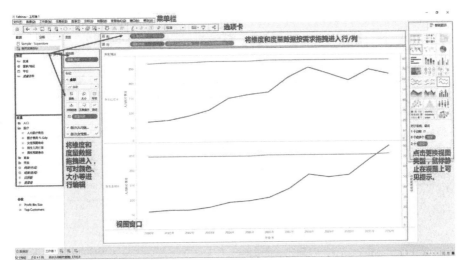

图 5-65　Tableau Desktop 工作表界面

三、ECharts

（一）软件概述

ECharts 缩写来自 Enterprise Charts，商业级数据图表，是百度使用 JavaScript 实现的一个开源数据可视化工具。其底层依赖轻量级矢量图形库 ZRender，提供直观、生动、可交互、可个性化定制的数据可视化图表。

ECharts 提供折线图、柱状图、饼图、散点图、K 线图，雷达图、箱图、地图、热力图、线图，关系图、树图、矩形树图、旭日图、平行坐标系、漏斗图，仪表盘等图表类型，还提供了自定义系列（Echarts 官方实例详见图 5-66），每种类型图表均有多种样式可供选择，并支持图与图之间的任意混搭。通过图片右侧进行代码编辑，即可在现有示例图片的基础上进行修改（详见图 5-67）。ECharts 官网有非常详细的教程，指导用户使用。

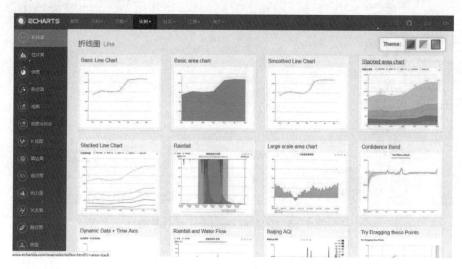

图 5-66　ECharts 官方实例

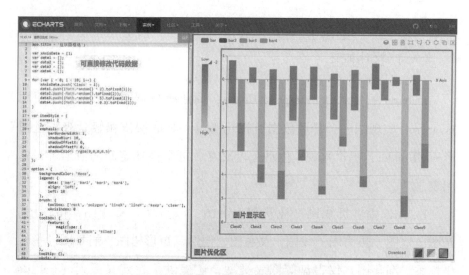

图 5-67　ECharts 官方实例代码修改页面

（二）功能概述

ECharts 具有多项创新功能。拖拽重计算功能，允许用户对统计数据进行有效的提取、整合，并可在多个图表间交换数据。数据视图、值域漫游等功能赋予了用户对数据进行挖掘、整合的能力。

在数据展示方面，首先，ECharts 支持多渲染方案。支持以 Canvas、SVG（4.0+）、VML 的形式渲染图表，还可以在 node 上配合 node - canvas 进行高效的服务端渲染（SSR）。其次，ECharts 支持跨平台使用。支持 PC 和移动设备，兼容当前绝大部分浏览器（IE 8/9/10/11、Chrome、Firefox、Safari 等），并从 4.0 开始提供对微信小程序的适配。在千万级的数据量时依然可以流畅运行，并支持缩放、平移等交互[424],[425]。

四、BDP

BDP（Business Data Platform）商业数据平台是一个云可视化数据分析工具。可接入多源数据，进行一站式数据管理与多维度、细颗粒度的数据分析。数据处理速度快，亿行数据秒级响应。

BDP 支持的数据源多样，包括本地数据（excel、csv）、公共数据（天气、经济、人口等）、主流数据库的营销数据，第三方统计平台数据（谷歌、百度统计、公众号等）。提供 OpenAPI、同步客户端、Excel 插件等同步工具，以确保数据统计过程的稳定性，并支持数据的实时更新及增量更新。除本地数据外，其他数据依据会员等级不同有不同的使用权限。

工作表页面分为工作表管理窗口、数据处理窗口及工作表预览窗口详见图 5-68。

高校图书馆研究影响力评价服务实务
The Practice of Research Impact Measure Services in University Libraries

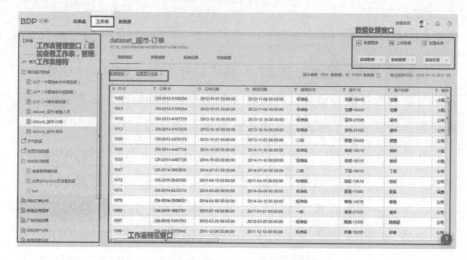

图 5-68　BDP 工作表界面

数据处理窗口主要功能包括：

（1）原数据表处理：包括数据追加（原有数据字段不变，添加更多行数据）、添加字段（行不变，通过统计计算产生新字段）、替换数据（数据文件名不变，替换所有数据）。

（2）创建合表：包括多表关联（通过相同字段匹配多表）、数据聚合（一个数据表中字段抽取聚合形成新表）、追加合并（多个表中同字段合并）、SQL 合表（编写 SQL 语句产生新表）和二维转一维（多字段合并为一个字段）5 种处理方式。

（3）可视化：通过"新建图表"功能，可对处理好的表格进行可视化（详见图 5-69）。通过拖拽即可实现操作，方法类似 Tableau。BDP 提供 30 多种可视化图表，包括普通图表（如柱状图、条形图、折线图、散点图、面积图、对比折线图、对比条形图、双轴图、旭日图、桑基图、气泡图、词云图、树图、地图等）及经纬度地图（如气泡图、热力图、海量点、统计图、轨迹图及动态轨迹图等）。并可对图表元素进行编辑。

此外，BDP 还具备一些高级功能。如支持图层的上下钻取，即通过拖拽实现一个图中多图层上下级设置，点击图中数据可以分层进行图表设计。支持图表联动设置，使图表间相互关联，实现在一个图上选中某个数据时，另一个图会相应展现该数据的相关内容。

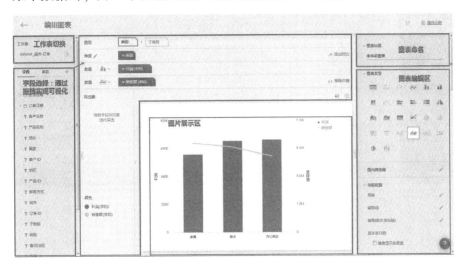

图 5-69　BDP 图表编辑界面

将做好的图表保存在仪表盘中，可将仪表盘导出或分享给他人，分享内容可以实时更新。仪表盘支持在 PC 端与移动端显示。

五、图表秀

图表秀是图表秀团队打造的数据可视化领域深度服务的垂直网站，用户可以快速制作各种传统图表和高级可视化图表，演示和分享数据可视化分析报告。平台提供资源商城，包含各行业数据分析报告模板及多维数据分析图表，部分免费。

图表秀的使用流程：创建图册——→填充图册内容（包括建立图表、

填充图片文字等）——→保存及导出。

新建图册后，可在页面右侧选择图册的布局及主题，可添加或删除资源框，并通过拖拽实现任意布局。图表间可设置联动详见图5-70。

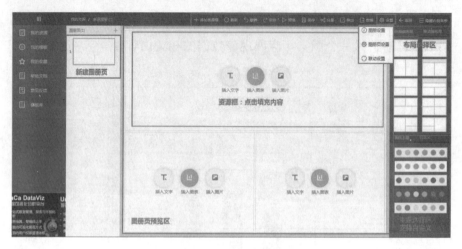

图 5-70　图表秀图册界面

在资源框中选择填充内容，可填充文字、图表或图片。图表秀提供70多种图表模板详见图5-71。选择模板后，修改/覆盖模板数据，或上传模板格式的数据，进行图表制作，并可对图表进行美化详见图5-72。

图表秀支持图片及数据的单独（资源框）及批量（图册）导出。可在 PPT 及 Excel 中插入动态图，也可以将图册直接保存为 PPT、PDF 或动态图册。支持创建图册 URL，配合密码，可进行社会化分享[426]。

六、地图慧平台

地图慧是北京超图软件公司开发的在线地图与地理信息系统服务平台。集地理大数据服务、在线制图、看图、交流地图、企业应用服务及地理商业智能服务于一体，快速在地理空间上展示数据，从而辅助业务

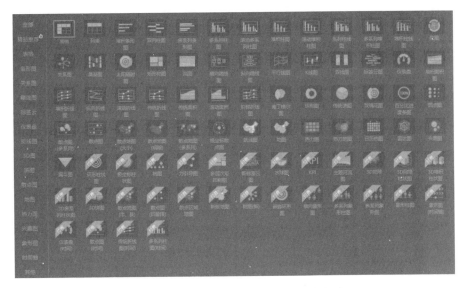

图 5-71　图表秀支持的图表类型

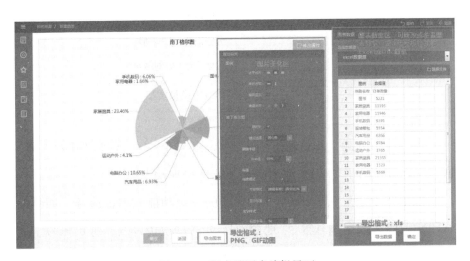

图 5-72　图表秀图表编辑界面

决策[427]。

　　地图慧包含大众制图、小微服务、企业服务及商业分析四大产品板块。大众制图中包含统计地图、业务地图及高级地图的模板。在图书馆研究影响力评价服务中，最常用到的是其中的统计地图，因而该节仅对统计地图做简单介绍。统计地图现仅支持中国地图的可视化。

使用流程：选择模板（模板类型详见图5-73）──→上传数据（部分模板无须上传数据）──→生成地图。地图生成后可对图表进行编辑和发布。

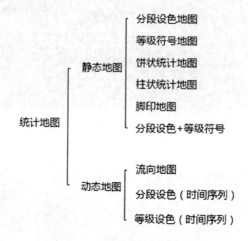

图5-73　地图慧统计地图模板类型

支持地图下载。其中动态图可在 Word 或 PPT 中通过"开发工具"嵌入。但在 PPT 中，仅在演示状态下才能呈现动态。

使用"地图豆"，可使用统计地图的高级功能和增值服务，如清除水印、地图和数据私有等。"地图豆"可通过邀请好友、绑定账号、完成任务、授权码获取，或通过网上支付方式购买。

七、WordArt

WordArt.com 是一个在线词云制作平台，操作简单，图片炫酷。无须注册即可使用，也可以通过注册，将制作的词云图保存在自己的云端账户，随时取用。

使用流程：创建图片（Create Now）──→导入文字（Import Words）──→选择图云形状（Shapes）──→选择字体（Fonts）──→修改风格（Style）──→可视化（Visualize）──→图片下载（Download and Share）。

其导入的文字有两种方式：文本或网页。在文本导入中可将 Excel 中的文字直接拷贝进入导入框中，也可以通过 Excel 批量导入，但须按照其模板准备好 Excel 表格。其中需要注意的是，文字的"Size"默认的不是该文字的出现频次，修改"Size"默认改变该文字在图中的位置。如想更改为出现频次，可在"Option"中选择"Use Size Column"详见图 5-74。

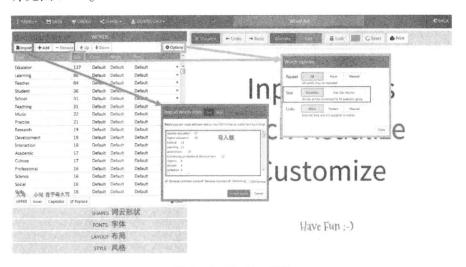

图 5-74 WordArt 界面

在词云整体形状的选择上，WordArt 预置了大量图形，同时还支持自行上传图形，来生成自定义形状的文字云详见图 5-75。

词云字体也可以自定义，但 WordArt 内置的字体不支持中文，但支

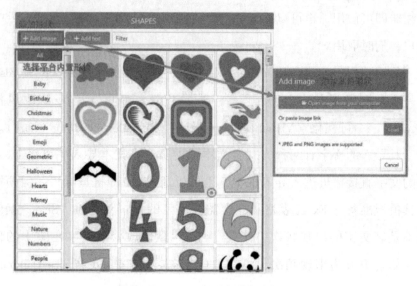

图 5-75　WordArt 词云形状选择界面

持字体的上传。可通过"Add Font",选择上传字体形成中文词云图。

　　布局主要用于调整文字云内部的文字排列。同时,还能通过"Words Amount"及"Density"设置显示的词汇数量详见图 5-76。

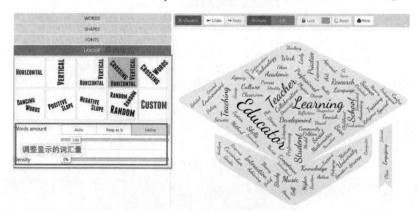

图 5-76　WordArt 布局选择界面

在"Style"界面中可以选择文字、背景的颜色、透明度，此外也可以设置动画效果，包括动画速度、动画字体的颜色及背框颜色等。点击"Visualize"，可预览图片，并可在"Animate"和"Edit"之间切换，预览动画效果，微调单个文字的大小、颜色等详见图5-77。

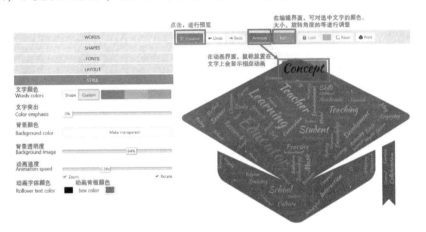

图5-77　WordArt风格选择及预览界面

对于免费用户，可导出"Standard PNG"或"Standard JPEG"格式，其他格式需要收费。但若要保存动画效果，则需要分享链接才可以实现。

除以上工具外，魔镜（http：//www. moojnn. com/index. html）、Pixel Map（http：//pixelmap. amcharts. com/#）等也是常用的图表可视化工具。

第六章
各类大学及学科排名简介

第一节　大学排名对研究影响力评价的意义和作用

  2017 年，教育部、财政部、国家发展与改革委员会联合发布《关于公布世界一流大学和一流学科建设高校及建设学科名单的通知》，"双一流"建设高校及建设学科名单由此诞生。学科建设需要科学合理的评价体系。"双一流"战略已把第三方评价纳入考核体系，世界范围内的大学及学科排名对"双一流"建设具有重要参考价值[428]。对于我国大学来说，参照一定的评价体系、明确优势学科、找出发展方向、设定建设目标，对大学综合实力的提高非常重要。

  20 世纪 90 年代末，就有国外学者提出，大学排名早已成为国际通行做法和普遍潮流，几乎所有发达国家都在竞相效仿广泛开展，以促进大学之间的竞争和发展[429]。大学排名，又称大学排序、大学排行榜。自《美国新闻与世界报道》于 1983 年最早推出美国最佳大学年度排行榜后，大学排名不断发展和完善。一方面，原有的大学排行榜不断进化，指标不断完善，并衍生出基于学科的排名；另一方面，新的大学排行榜不断产生。截至 2019 年，大学排名已成为全球化现象，大学排名不仅成为服务广大消费群体（学生、家长、高等教育机构及政府等）、服务公共政策和资源分配的重要工具，更成为高等教育质量保证体系重要的外部监督形式[430]，为国家进行资源分配提供有力的支撑依据，从而确保各界的监督有的放矢。大学排名通过呈现具有可比性的数据，促使高校进行自我审视与反思，追求各个领域的优秀与卓越，激发彼此间的良性竞争。排名能够反映高校在高等教育系统中的位置，一所高校往往通过考察其他高校的声望和地位来确定自身的发展战略。排序实际上成为高校对比自身、创造和建构身份的重要途径[431]。

大学排序的问题不在于要不要定量评价和排序，而是如何排序[432]。排名是运用定量指标呈现高校多样化表现的手段。为此，各个排行榜设计了不同的指标体系。这些指标涉及大学运行的各个方面，每一种大学排名都会根据其目标筛选指标，并确定不同权重，即便是同一类型的指标，其指标内涵也具有差异性。而关于大学科研成果的指标和权重，存在着很大的差异性[433]。

本节侧重了解世界范围内各大学排名体系中，有关大学学术排名和学科排名的相关指标（尤其是有关科研的指标）和数据来源，以期为高校图书馆跟踪各类学科排名、结合本校学科现状、开展基于学科的研究影响力评价分析工作提供借鉴，从而为大学的"双一流"建设提供参考。

目前，全世界公认的四大排名有 QS、THE、U. S. News 和 ARWU，如表 6-1 所示，世界四大大学排名发布周期各有不同，发布版次也各有差别。四大大学排名概况比较如表 6-2 所示，需要说明的是，各排名在各年度的发布时间可能略有浮动。

表 6-1　世界四大大学排行榜发布时间及版次概况

大学排名	发布时间	发布版次
QS	2019 年 6 月	2020 年版 QS 世界大学排名
	2019 年 2 月	2019 年版 QS 世界大学学科排名
THE	2018 年 9 月	2019 年版世界大学排名
U. S. News	2018 年 10 月	2019 年版排名
ARWU	2019 年 6 月	2019 年世界大学一流学科排名

　　除了上述四大大学排名外，还有第五大大学排名体系——世界大学排名中心（Center for World University Rankings，CWUR）及多种影响力越来越大的世界大学排名体系，引起国内高校和图情界的重视，本书整理后在此一并列出。

表 6-2　世界四大大学排行榜总体情况

大学排名	发布机构	总部所在地	数据来源	初次发表年	排名年度	收录年限	引文年限	排名指标	备注
QS	Quacquarelli Symonds 简称 QS	英国伦敦	Scopus	2004	2018	2012—2016	2012—2017	学术声誉，雇主声誉，师生比例，师均论文数量，国际学生比例，国际教师比例	2004—2009 年与 THE 共同发布排行榜
THE	Times Higher Education 泰晤士高等教育	英国伦敦		2004	2019	2013—2017	2013—2018	教育声誉，师生比例，博士与学士比例，博士学位授予与学术人员比例，机构收入，研究声誉调查，研究生产力，引文（研究影响力），国际国内学生比例，国际与国内工作人员比例，国际合作，行业收入（知识转移）	2004—2009 年与 QS 共同发布排行榜

续表

大学排名	发布机构	总部所在地	数据来源	初次发表年	排名年度	收录年限	引文年限	排名指标	备注
U.S. News	U. S. News & World Report 美国新闻和世界报道	美国纽约	WOS	2015	2019	2012—2016	2012—2018. 6. 2	声誉指标，文献计量指标，科学卓越指标	
ARWU	上海软科	中国上海	WOS	2003	2018	2012—2016	不详	获诺贝尔奖和菲尔兹奖的校友折合数，获诺贝尔奖和菲尔兹奖的教师折合数，高被引科学家数，在《Nature》和《Science》杂志上发表的论文数，被科学引文索引（SCIE）和社会科学引文索引（SSCI）收录的论文数，师均表现	

第二节 QS 全球教育集团世界大学排名

一、机构及产品简介

QS 世界大学排名（QS World University Rankings，"QS Rankings"），是由 Quacquarelli Symonds（简称"QS"）所发布的年度世界大学排名。QS 是专门负责教育及升学就业的英国教育组织，现已成为全球领先的职业和教育提供者[434]。早在 2004 年，QS 与 THE 合作，每年联合发表"泰晤士高等教育·QS 世界大学排名"。后来两者解散，至 2010 年开始各自推出排名。QS 世界大学排名继续采用原有排名准则，并与《美国新闻与世界报道》等传媒合作推出世界排名。QS 世界大学排名现已成为当今世界上最具影响力的大学排名之一。2011 年，QS 推出学科排名[435]。除此，QS 发布两个独立的地区排名，其排名准则在某些方面与世界大学排名有所不同。QS 大学排名体系产品概况详见表 6-3。

表 6-3 QS 大学排名体系的产品概况

类型	内容
世界大学排名	QS 世界大学排名
学科领域排名	艺术与人文、工程与技术、生命科学和药学、自然科学、社会科学与管理 5 大类，囊括 48 个学科
地区性排名	QS 亚洲大学排名、QS 拉丁美洲大学排名

二、QS 世界大学排名

1. 大学选择

2018 年，QS 世界大学排名进行了广泛的学术声誉调查，依据全球超过 80 000 位学者的回答，确定了 2019 版排名中的各专业领域的顶尖大学。

2. 排名指标与权重

2019 版 QS 世界大学排名用 6 个指标反映大学整体表现，各指标名称及权重详见表 6-4。自 2015 年引入教师比例指标以来，QS 大学排名的指标基本保持稳定，确保了同比数据有效，并将不必要的波动性降至最低[436]。

3. 指标定义与统计方法

QS 世界大学排名的指标、权重及其含义见表 6-4。

表 6-4　2019 版 QS 大学排名指标、权重及统计方法

大学排名 评价指标	权重 （%）	释义
学术声誉 Academic Reputation	40	汇总高等教育领域超过 80 000 位在世界大学教学和研究质量方面的专家意见。现已成为世界上最大的学术观点调查
雇主声誉 Employer Reputation	10	基于对 QS 雇主调查的 40 000 多个回复，请雇主确定他们认为最有能力、最具创新精神、最高效的员工毕业于哪所大学。该调查为全球同类调查规模最大
师生比例 Faculty/ Student Rate	20	教学质量是学生认为最重要的标准，师生比例是衡量教学质量最有效的指标，评估院校能够在多大程度上向学生提供有意义的讲师和导师，每个学生都有大量教员将减轻每个学术人员的教学负担
师均被引 Citations per Faculty	20	一个机构在 5 年时间内所有论文被引用的总数除以该机构教师人数。2018 年发布的 2019 版排名的引文数据是指 Scopus 数据库的学术期刊在 2012—2016 年发表的 1 300 万篇文章（论文时间窗口为 5 年）在 2012—2017 年的 6 600 万被引情况（引文时间窗口为 6 年），文章类型包括期刊文章、会议论文、评议、书籍及书籍出版章节，并排除自引

续表

大学排名 评价指标	权重 （%）	释义
国际教师比例 International Faculty Ratio	5	一所高度国际化的大学具有许多优势，它展示了吸引来自世界各地的教师和学生的能力，这反过来表明它拥有强大的国际品牌。它还为学生和教师提供了多元环境，促进最佳实践和信仰的交流
国际学生比例 International Student Ratio	5	

4. 数据来源

上述指标中，学术声誉、雇主声誉数据均通过问卷调查获得；国际教师比例和国际学生比例的数据由校方提供；师均被引指标，所有引文数据均来自 Scopus 数据库；统计时，引文被规范化，以确保在评估某机构的研究影响时，两个不同领域引文的权重相等[437]。

三、QS 世界大学学科排名

1. 学科覆盖

QS 世界大学学科排名主要选取世界顶尖大学中广受欢迎的学科，以世界大学学术声誉调查数据库、QS 世界大学雇主声誉调查数据库和世界最大文摘和引文数据库 Scopus 所提供的学科数作为基础。

QS 学科选择有三大标准：包括了该学科领域的所有重点高校，无论它们是否期望被列入排名；学科要吸引足够多的学者回复；指标和方法被证明可以有效突出学科优势。学科排名的大学选择也要满足三个要求：超过学术或雇主声誉指标的最低要求分数；超过给定学科发表论文数量的 5 年门槛；提供本科或研究生课程。

自 2011 年以来，参评学科每年增加，2017 年学科排名已覆盖 5 大学科门类 46 个学科，较 2016 年的 42 个学科增加了 4 个（神学和宗教学、解剖学、体育相关学科、酒店管理与休闲管理）。2018 年 QS 世界大学学科排名新增 2 个学科（古典文学与古代史、图书馆与信息管理），现已涵盖 5 大类 48 个学科详见表 6-5。2019 年版的学科排名于 2019 年 2 月 27 日发布，学科类目与 2018 年保持一致。

表 6-5　QS 学科排名的学科覆盖范围[438]

学科分类	细分学科
人文与艺术 Arts & Humanities （11 个）	考古学 Archaeology
	建筑学 Architecture/Built Environment
	艺术与设计 Art & Design
	古典文学与古代史 Classics & Ancient History
	英语语言和文学 English Language & Literature
	历史 History
	语言学 Linguistics
	现代语言 Modern Languages
	表演艺术 Performing Arts
	哲学 Philosophy
	神学与宗教学 Theology, Divinity & Religious Studies
工程与技术 Engineering & Technology （6 个）	计算机科学和信息系统 Computer Science & Information Systems
	化学工程 Engineering-Chemical
	土木工程和结构工程 Engineering Civil & Structural
	电气和电子工程 Engineering Electrical & Electronic
	机械、航空和制造工程 Engineering Mechanical, Aeronautical & Manufacturing
	工程矿物和采矿 Engineering Mineral & Mining

续表

学科分类	细分学科
生命科学和医学 Life Sciences & Medicine （8个）	农学与林学 Agriculture & Forestry
	解剖与生理学 Anatomy & Physiology
	生物科学 Biological Sciences
	牙医学 Dentistry
	医学 Medicine
	护理学 Nursing
	药学与药理学 Pharmacy & Pharmacology
	兽医学 Veterinary Science
自然科学 Natural Sciences （7个）	化学 Chemistry
	地球和海洋科学 Earth & Marine Science
	环境科学 Environmental Science
	地理学 Geography
	材料科学 Materials Science
	数学 Mathematics
	物理学和天文学 Physics & Astronomy
社会科学 与管理学 Social Sciences & Management （16个）	会计和财务 Accounting & Finance
	人类学 Anthropology
	商业与管理研究 Business & Management Studies
	传播和媒体研究 Communication & Media Studies
	发展研究 Development Studies
	经济学和计量经济学 Economics & Econometrics
	教育和培训 Education & Training
	酒店管理和休闲管理 Hospitality & Leisure Management
	法律 Law
	图书馆与信息管理 Library & Information Management
	政治和国际研究 Politics & International Studies
	心理学 Psychology
	社会政策和行政 Social Policy &Administration
	社会学 Sociology
	体育相关学科 Sports-related Subjects
	统计和运筹学 Statistics & Operational research

2. 排名指标与权重

QS 学科排名的指标包括学术声誉、雇主声誉、篇均引用、H 指数 4 个指标，与其大学排名的指标体系差异较大。前两个指标是主观指标，后两个指标是客观指标，主客观指标相结合，使评估结果更加真实可靠。大多学科的前两项指标比重之和超过 60%。可见，QS 学科排名比较重视主观指标；后两个指标是篇均被引次数和相关学科的 H 指数，用于评估研究影响力[439]。

不同学科的研究文化和出版率差异很大，QS 学科排名充分考虑了学科差异，对不同学科的指标赋予不同权重，如表 6-6 所示。在发表率非常高的医学领域，研究引用和 H 指数占每所大学总分的 25%；在历史等出版率较低的领域，这些研究相关指标只占总分的 15%；在艺术和设计等学科中，由于发表的论文太少，其排名完全基于雇主和学术调查[440]。

表 6-6 2018 年发布的 2019 版 QS 世界大学学科排名指标权重

学科分类	细分学科	指标权重（%）				合计（%）
		学术声誉	雇主声誉	篇均被引	H 指数	
艺术与人文	考古学	70	10	10	10	100
	建筑/建筑环境					
	艺术与设计	90	10	0	0	100
	古典文学与古代史					
	英语语言文学	80	10	10	0	100
	历史	60	10	15	15	100
	现代语言	70	30	0	0	100
	语言学	80	10	5	5	100
	表演艺术	90	10	0	0	100
	哲学	75	5	10	10	100
	神学与宗教研究	70	10	10	10	100

续表

学科分类	细分学科	指标权重（%）				合计（%）
		学术声誉	雇主声誉	篇均被引	H 指数	
工程与技术	化学工程	40	30	15	15	100
	土木与结构工程					
	计算机科学与信息系统					
	电子与电气工程					
	机械、航空航天与制造工程					
	矿业工程	50	20	15	15	100
生命科学和医学	农林学	50	10	20	20	100
	解剖与生理学	40	10	25	25	100
	生物科学					
	牙医学	30	10	30	30	100
	医学	40	10	25	25	100
	护理学	30	10	30	30	100
	药学与药理学	40	10	25	25	100
	心理学	40	20	20	20	100
	兽医学	30	10	30	30	100
自然科学	化学	40	20	20	20	100
	地球与海洋科学	40	10	25	25	100
	环境科学					
	地理学	60	10	15	15	100
	材料科学	40	10	25	25	100
	数学	40	20	20	20	100
	物理与天文学					

续表

学科分类	细分学科	指标权重（%）				合计
		学术声誉	雇主声誉	篇均被引	H 指数	（%）
社会科学和管理	会计与金融	50	30	10	10	100
	人类学	70	10	10	10	100
	工商管理	50	30	10	10	100
	传播与媒体研究	50	10	20	20	100
	发展研究	60	10	15	15	100
	经济学与计量经济学	40	20	20	20	100
	教育学	50	10	20	20	100
	酒店与休闲管理	80	15	5	0	100
	法学	50	30	5	15	100
	图书情报管理	70	10	15	5	100
	政治与国际研究	50	30	10	10	100
	公共管理与行政	70	20	10	0	100
	社会学	70	10	5	15	100
	体育相关学科	60	10	15	15	100
	统计与运筹学	50	10	20	20	100

　　QS 采用自适应加权的方法对各学科指标进行加权。生命科学和自然科学的出版率和引用率远远高于社会科学或艺术和人文科学，因此有更多的数据；将相同的指标放在英语语言和文学中没有意义。特定学科受雇主欢迎程度差别也很大，哲学领域的雇主声誉权重较低。考虑到这些因素导致对不同主题的权重的变量方法，QS 将来可能会引入额外指标，这些指标可能只占一个单一的主题领域。

3. 指标定义与统计方法

（1）学术声誉（AR）

该指标通过对全球专家的调查，进而获得某一学科的学术声誉评价，是 QS 世界大学学科排名的核心指标。2019 年学科排名来自全球超过 83 000 位学者反馈的学术声誉调查表。参与学术声誉调查的被访者必须提供 4 类信息：① 个人信息，包括姓名、联系方式、职位和所在单位；② 知识专长，受访者确定最熟悉的国家和地区，并最多选择两个他们擅长的学科领域。在处理结果时选择 1 个擅长学科领域的受访者的回复并赋予更高权重；③ 顶尖大学，受访者要求最多列举 5 个自己熟悉的学科领域，并列举自己所在机构以外的各学科中最优秀的大学，要求不超过 10 所国内大学和 30 所国际大学；④ 附加信息，对一些问题的反馈和建议。

（2）雇主声誉（ER）

该指标通过雇主的评价，考察用人单位对提供毕业生的高校或学科的认可度。参与调查的雇主被要求列举最能满足他们招聘要求的最多 10 个国内大学和 30 个国际大学，同时列举自己更倾向于录用的学科或专业，通过交叉分析，判断学科的优秀程度。2019 年 QS 学科排名的雇主调查得到了来自世界各地雇主的 42 000 份调查反馈。

（3）篇均引用率（CPP）：通过分析 Scopus 数据库中学科相关研究近 5 年内论文数量及其引用情况，确定学科的学术影响力。不同学科在 Scopus 数据库中的文献数量不同，对每个学科都设置一个最低出版阈值，以避免因少量高频引用的论文而引起的异常情况。如果某一学科的论文发表数不够 6 000 篇，则不适用此指标。

（4）H 指数

自 2013 年以来，H 指数也被纳入 QS 世界大学学科排名。H 指数既能反映论文发表数，也能反映论文的被引次数，是评价学者科研成就的指标。在 QS 排名体系中，对于机构的 H 指数是指该机构有 H 篇论文分别被引用了至少 H 次，综合反映机构论文产出的数量和质量。

4. 数据来源

学术声誉和雇主声誉的数据通过问卷调查获得；篇均引用率和 H 指数的数据来源于 Scopus。论文的时间窗口是 5 年，所以 2019 版排名包含了 2012—2016 年的论文。引文的时间窗口是 6 年，2019 版排名包含了 2012—2017 年的引文。

第三节　泰晤士高等教育（THE）世界大学排名

一、机构及产品简介

《泰晤士高等教育》（*Times Higher Education*，"THE"），原名《泰晤士高等教育副刊》　（*The Times Higher Education Supplement*，"THES"），是一份英国出版的高等教育报刊。2004 年，THES 与 QS 合作，首次发布《泰晤士高等教育世界大学排名》（*The Times Higher Education World University Rankings*）。THES 与 QS 的逐年合作持续至 2009 年，THE-QS 世界大学排名在世界范围内产生了广泛影响，同时也遭到世界各国的批判。2009 年 11 月，THE 终止与 QS 公司的协议，开始与汤森路透合作，修订和改进世界大学排名的规则和方法，使其更加透明、严密、可靠[441]。2015 年，THE 转而与 Elsevier 集团合作，采用 Scopus 数据库的数据设定指标发布世界大学排名。其排名体系目前包含 4 大类详见表 6-7。

表 6-7 **THE 大学排名体系的产品概况**[442]

类型	内容
世界大学排名	全球 1 000 家机构参与排名
区域大学排名	美国大学排名（US College Rankings）、亚洲大学排名（Asia University Rankings）、日本大学排名（Japan University Rankings）、拉丁美洲大学排名（Latin America University Rankings）、欧洲大学教学排名（Europe Teaching Rankings）
特色大学排名	新兴经济体大学排名（Emerging Economies University Rankings）、年轻大学排名（Young University Rankings）、世界声誉排名（World Reputation Rankings）
学科领域排名	11 个学科排名

二、THE 世界大学排名

1. 大学选择

THE 旨在评价全球研究型大学的核心任务：研究、教学、知识转化和国际视野，其大学排名的总体特点是评价指标分类较细，综合性强，看重师均收入和科研收入[443]。

如果大学不包括本科教育或近五年内（2012—2016 年）发表的论文少于 1 000 篇（每年至少 150 篇）；或大学 80% 以上的活动完全不属于 THE 划分的 11 个学科领域中的 1 个。这两类大学不列入 THE 世界大学排名。排名中的每所大学都有一份详细介绍，列出其总分和各项数据。如，每所大学的师生比例、每名学生的总收入、国际学生的比例，以及学生的性别分类数据[444]。

2. 排名指标与权重

2015 年，THE 与 Elsevier 集团合作，采用 Scopus 的数据设定指标发布世界大学排名，其指标体系自 2011 年基本保持稳定，包括 5 个一级指标及 13 个二级指标[445]。指标及其权重设置见表 6-8。

表 6-8　THE 世界大学排名指标及其权重设置

一级指标	权重（%）	二级指标	权重（%）
教学	30	教学声誉调查 Reputation survey	15
		师生比 Staff-to-student ratio	4.5
		博士与学士学位授予比 Doctorate-to-bachelor's ratio	2.25
		师均博士学位授予数 Doctorates – awarded – to – academic – staff ratio	6
		师均学校收入 Institutional income	2.25
科研	30	研究声誉调查 Reputation survey	18
		师均研究收入 Research income	6
		科研论文产出效率 Research productivity	6
论文被引	30	论文篇均被引频次 Citations research influence	30
国际化	7.5	国际国内教师比 International-to-domestic-staff ratio	2.5
		国际国内学生比 International-to-domestic-student ratio	2.5
		与国际学者共同发表研究论文比例 International collaboration	2.5
创新性产业收入	2.5	师均横向来源研究收入 Industry incomeknowledge transfer	2.5

3. 指标定义与统计方法

各机构需要提供并审批其用于排名的数据。在没有提供特定数据的罕见情况下，THE 会对这个参数进行保守估计。通过这种方式，可以避免该机构因为数据不完善而使该项指标得分为 0。THE 对每个指标采用标准化的方法，通过一个累积概率函数，评估一个特定机构的指标在该函数中的位置。从本质上讲，如果一所大学的这一指标的随机数值低于该分数 X 的概率，那么它的概率就会下降。对于除学术声誉调查外的所有指标，THE 使用 z 值计算正态分布的累积分布函数；对于学术声誉调查中的数据，则在计算中使用指数分布的累积分布函数。表 6-9 列出了各指标的定义及数据统计方法。

表 6-9 THE 世界大学排名的指标释义及统计方法

指标	释义及统计方法	数据来源
教学声誉调查	2017 年 1—3 月开展了最新的学术声誉调查（每年一次），得到反馈问卷 10 568 份，结合 2016 年调查结果，共对 20 000 多份问卷结果进行标准化处理；调查对象的选择充分考虑高等教育地域与学科综合因素	
师生比	计算教师与注册学生的比例	
博士与学士学位授予比	计算学校博士授予数与学士授予数的比例	数据来源于各学校
师均博士学位授予数	按学科标准化后的博士生与教师比例	
师均学校收入	学校收入/教师	
研究声誉调查	同教学声誉调查	
师均研究收入	按购买力评价标准化后的师均研究收入	数据来源于各学校
科研论文产出效率	平均每个学术人员发表的论文数量；学术论文数量/（专任教师+研究人员）	数据来自 Scopus 及各学校填报
论文篇均被引频次（标准化）	机构所发表的文献（期刊文章、会议论文、评议、书籍及书籍出版章节）的被引用次数。Scopus 数据库的 23 000 个学术期刊在 2012—2016 年发表 1 240 万篇论文，在 2012—2017 年共有超过 6 200 万的被引频次	
国际国内教师比	国际教师与国内教师的比例	数据来源于各学校
国际国内学生比	国际学生与国内学生的比例	
与国际学者共同发表研究论文比例	学校至少含有一个国际合作作者的论文数与学校所有发表的研究论文数的比例	同"论文篇均被引频次"
师均横向来源研究收入	学校教师从企业获得的人均研究收入	数据来源于各学校

其中，与科研影响力比较相关的是引文（研究影响力）、研究生产力指标和国际合作指标，权重分别为 30%、6% 和 2.5%[446]。

4. 数据来源

每个机构的指定代表会提交并授权他们的机构数据用于 THE 大学排名，且 THE 不会在机构代表没确认的情况下自行提交该机构的数据。THE 会对提交的数据进行审查[447]。

THE 大学排名的数据团队利用了一个包含 1 500 多所全球领先研究型大学的数据量不断增长的数据库，并对 20 000 多名领先学者进行了全球学术声誉调查，这些学者提供了他们对世界最好大学的专家观点。其排名中涉及的研究成果及相关引文数据来自 Scopus[448]。

三、THE 世界大学学科排名

1. 学科覆盖

2016 年之前，THE 学科排名分 6 个学科；2016 年 THE 学科排名将商业和经济学、计算机科学 2 个学科分别从社会科学、工程与技术学科划分出来按照 8 个学科进行排名。THE 学科排名考虑各学科的特点，指标权重略有差异：艺术与人文，商业与经济学，社会科学偏重教学与科研，弱化论文指标；临床、临床前及保健，生命科学，物理科学三大学科论文被引指标占比最高，达35%；计算机科学，工程与技术相对增加了创新性产业收入的指标权重，增加至 5%[449]。2018 版的学科排名首次将教育、法律和心理学学科从社会科学学科中移出单独排名，THE 学科排名扩展至 11 个学科。社会科学学科排名中"教学"与"科研"指标的权重也有轻微的变化，并且机构论文最低发表阈值也有所下降。具体学科覆盖范围见表 6–10。

表 6-10　THE 世界大学学科排名学科覆盖范围

学科分类	细分学科
艺术与人文 Arts and Humanities	艺术、表演艺术与设计（包括创意艺术） Art, Performing arts and design
	语言、文学、语言学 Languages, Literature and Linguistics
	历史、哲学与神学（包括文学名著） History, Philosophy and Theology
	建筑学 Architecture
	考古学 Archaeology
教育 Education	教育 Education
	教师培训 Teacher training
	教育学术研究 Academic studies in education
法律 Law	法律 Law
心理学 Psychology	心理学 Psychology
	教育/体育/商业/动物心理学 Educational/sport /business/animal psychology
	临床心理学 Clinical psychology
商业与经济学 Business and Economics	商业与管理 Business and management
	会计与金融 Accounting and finance
	经济学与计量经济学 Economics and econometrics
临床、临床前及健康 Clinical, Pre-clinical and Health	医学及牙科 Medicine and dentistry
	其他保健（包括护理及医疗服务）Other health
计算机科学 Computer Science	计算机科学 Computer Science

学科分类	细分学科
工程与技术 Engineering and Technology	一般工程 General engineering
	电气与电子工程 Electrical and electronic engineering
	机械与航空航天工程 Mechanical and aerospace engineering
	土木工程（包括建筑工程及材料学）Civil engineering
	化学工程 Chemical engineering
生命科学 Life Sciences	农业与林业 Agriculture and forestry
	生物学（包括生物化学）Biological sciences
	兽医学（包括动物学）Veterinary science
	体育学 Sport science
物理科学 Physical Sciences	数学与统计学 Mathematics and statistics
	物理与天文学 Physics and astronomy
	化学 Chemistry
	地质、环境、地球与海洋科学 Geology, Environmental, Earth and marine sciences
社会科学 Social Sciences	传播与媒体研究 Communication and media studies
	政治与国际研究（包括发展研究） Politics and international studies（including development studies）
	社会学（包括文化研究、人口及人类学）Sociology
	地理学 Geography

2. 大学选择

2019 版《泰晤士高等教育世界大学排名》的学科排行榜采用了与世界大学总体排名相同的 13 项指标，但方法经过了重新调整，突出了在某一学科领域内具有领先地位的大学。

学科排名包括两个阈值：按学科划分的出版阈值和按学科划分的学术人员阈值。5 年中，至少发表了 1 000 篇研究论文的机构才能被纳入世界大学的整体排名。而对于 11 个学科的排名，学科筛选阈值并不一致。如表 6-11 所示，艺术与人文学科的学科论文门槛降至 5 年内发表论文 250 篇，参评该学科的机构至少有 5% 的员工在该学科工作，以便将其纳入学科表。

表 6-11　THE 世界大学学科排名大学选择标准

学科	大学选择标准	
	论文门槛（篇）	学科员工比例门槛
艺术与人文	250	5%
教育	100	1%
法律	100	1%
心理学	150	1%
商业与经济学	200	5%
临床、临床前及健康	500	5%
计算机科学	500	1%
工程与技术	500	4%
生命科学	500	5%
物理科学	500	5%
社会科学	200	4%

2018 年，教育、法律和心理学三个学科首次从社会科学中剥离出来，形成三个独立的新榜单，其排名大学分别有 100 所；2018 年商业与经济学学科排名中没有本科学位的院校首次被列入排名[450]。继 2018 版学科排名参与学校大幅增加之后，2019 版 THE 世界大学学科排名学校继续大幅增加。2017—2019 参与 THE 世界大学学科排名的学校数量见表6-12。

表 6-12　THE 世界大学学科排名学校数量（2017—2019）[451]

学科	2017 版	2018 版	2019 版
计算机科学	100	301	684
工程和技术	100	501	903
临床、临床前及健康	100	501	721
生命科学	100	502	751
物理学	100	501	963
心理学	—	101	463
艺术与人文	100	401	506
教育学	—	100	428
法律	—	100	187
社会科学	100	400	666
商业与经济	100	200	585

3. 排名指标与权重

THE 学科排名采用与世界大学排名相同的 5 类 13 项指标。为适应学科特点，各学科 5 类指标的权重有所不同。详见表 6-13[452]。

表 6-13　2019 版 THE 学科排名指标与权重

学科	指标权重（%）					合计（%）
	教学	科研	论文被引	国际化	创新性产业收入	
艺术与人文	37.4	37.6	15	7.5	2.5	100
教育	32.7	29.8	27.5	7.5	2.5	100
法律	32.7	30.8	25	9	2.5	100
心理学	27.5	27.5	35	7.5	2.5	100

续表

学科	指标权重（%）					合计（%）
	教学	科研	论文被引	国际化	创新性产业收入	
商业与经济学	30.9	32.6	25	9	2.5	100
临床、临床前及保健	27.5	27.5	35	7.5	2.5	100
计算机科学	30	30	27.5	7.5	5.0	100
工程与技术	30	30	27.5	7.5	5.0	100
生命科学	27.5	27.5	35	7.5	2.5	100
物理科学	27.5	27.5	35	7.5	2.5	100
社会科学	32.4	32.6	25	7.5	2.5	100

4. 数据来源

与 THE 世界大学排名数据来源相同。

第四节　美国新闻与世界报道（U. S. News）大学排名

一、机构及产品简介

《美国新闻与世界报道》（*U. S. News & World Report*）是一家多平台的新闻和信息出版商，其历史可以追溯到大卫·劳伦斯 1933 年创办的《美国新闻》周报[453]。

U. S. News 大学排名体系涵盖多类型产品，其产品概况见表 6-14。本节重点介绍 U. S. News 世界大学排名、学科领域排名。

表 6-14　U. S. News 大学排名体系的产品概况

类型	内容
世界大学排名	Best Global Universities，全球最佳大学排名
学科领域排名	Subject Rankings，3 大类 22 个学科的排名
地区性排名	Regional Rankings，非洲、亚洲、澳大利亚/新西兰、欧洲、拉丁美洲 5 个区域的最佳大学全球排名
国家排名	Featured Country Rankings，加拿大、中国、法国、德国、印度、意大利、日本、挪威、韩国、西班牙、瑞典、英国 12 国的最佳大学排名
特色排名	Best Colleges in the U. S. 美国最佳大学排名，包括国立大学（National Universities）、文理学院（Liberal Arts Colleges）等、B 学生的 A+学校（A-Plus Schools for B Students）
	Best Grad Schools in the U. S. 美国最佳研究生院排名（包括最佳商学院、法学院、研究型医学院、工程学院、授予硕士学位的护理学院、教育学院）
	Best Arab Region Universities 阿拉伯地区最佳大学排名
	Online Programs Rankings Higher Education 美国高等教育领域在线课程排名，评估地区认可机构授予学位的在线课程，包括在线学士和在线硕士学位课程的 7 个学科的学校排名和目录

二、U. S. News 世界最佳大学排名

1. 大学选择

《美国新闻与世界报道》全球最佳大学排名（*U. S. News Best Global Universities Rankings*）主要基于两项原则展开，一是根据专家确定的标志学术质量的定量指标；二是根据他们作为局外人对有关教育质量的认识。因此，其数据来源广泛，精准度较高，为公正合理的大学评价奠定了基础。

U. S. News 构建了一个具有 1 295 所大学的排名池。首先，根据科

睿唯安的全球声誉调查结果选择前 250 所大学；然后，将 2011—2015 年最少发表了 1 500 篇文献的 1 385 所机构纳入排名池；最后，将重复的机构及非大学机构排除，最后得到排名池中的 1 295 所大学。2017 年发布的 2018 版 U. S. News 世界最佳大学排名从 1 295 所大学的排名池对前 1 250 名进行排名，这些大学分布在全球 74 个国家，涵盖了去年排名中的 65 个国家的 1 000 家机构。

2. 排名指标与权重

U. S. News 世界最佳大学排名指标有 13 个。其中包含 2 个声誉指标、9 个文献计量指标、2 个科学卓越指标（详见表 6-15）。总体来看，《美国新闻与世界报道》的评价指标分类较细，科学研究在评价中占绝对主导地位[454]。

表 6-15　U. S. News 世界最佳大学排名指标

一级指标	二级指标	指标权重（%）
声誉指标	全球研究声誉 Global research reputation	12.5
	本地研究声誉 Regional research reputation	12.5
文献计量指标	出版物 Publications	10
	图书 Books	2.5
	会议 Conferences	2.5
	规范化引文影响力 Normalized citation impact	10
	总引次数 Total citations	7.5
	被引用最多的 10% 的出版物数量 Number of publications that are among the 10 percent most cited	12.5
	被引用最多的 10% 的出版物数量占总数的百分比 Percentage of total publications that are among the 10 percent most cited	10
	国际合作 International collaboration	5
	国际合作出版物占总出版物的百分比 Percentage of total publications with international collaboration	5

续表

一级指标	二级指标	指标权重（%）
科学卓越指标	领域内被引用最多的前1%高被引论文的数量 Number of highly cited papers that are among the top 1 percent most cited in their respective field	5
	拥有领域内被引用最多的前1%高被引论文的百分比 Percentage of total publications that are among the top 1 percent most highly cited papers	5

3. 指标定义与统计方法

U. S. News 世界最佳大学排名计算分数的方法比较复杂：

首先，通过对数变换，对数据进行重新缩放，并允许在每个指标上进行更加规范化和均匀的扩展。此后，计算每个指标的 z 分数，以将不同类型的数据标准化到同一尺度。为了得出一所学校的整体分数，13项指标中的每一项计算出的 z 分数会使用前面描述的权重进行加权。U. S. News 根据对排名因素相对重要性的判断，以及与文献计量专家协商，确定其权重。每所大学的分数是通过对每项指标的加权求和来计算的。从 1 372 家机构的分数中减去最低分数，将最低分数处理为 0。然后，通过将每所大学和表现最好的大学的总成绩之比乘以 100，对分数进行重新计算，表现最好的学校的总分为 100。

1 372 名大学中，排名前 1 250 名的大学随后根据其加权的、重新标度的全球得分，从 1 到 1 250 名按数字降序排列。每所学校的整体全球分数被四舍五入到小数点后一位。

2019 版 U. S. News 世界最佳大学排名涉及科研的相关指标介绍详见表 6-16。

表6-16 **2019版U. S. News世界最佳大学排名科研相关指标介绍**[455]

大学排名指标	释义	备注
全球学术声誉	最近5年学术声誉调查结果中全球最佳大学的整体情况	
区域学术声誉	最近5年学术声誉调查结果中某一地区全球最佳大学的整体情况	
出版物	与大学有联系并在高质量、有影响力的期刊上发表的学术论文（综述、文章和快报）的总数	该指标衡量大学整体研究生产力，与大学规模和学科密切相关
专著	该指标对论文总数指标提供了有用的补充，在社会科学、艺术与人文学科领域，书刊是重要的出版物，能更好地反映偏重社会科学、艺术与人文类大学的实力	
学术会议	该指标对论文总数指标提供了有用的补充，在工程与计算机科学领域，学术会议是学术交流的重要渠道，代表了还未成文或出版的重要研究突破	
规范化引文影响力	论文的总引用数除以论文总数	该指标反映大学研究的总体影响，与大学规模及校龄无关，综合考虑了研究领域、发表年份、发表类型等因素，被认为是衡量研究绩效的核心指标之一
总被引次数	通过出版物排名因子（publications ranking factor）乘以标准化引用影响因子来确定	衡量了大学的学术研究影响，消除了学科领域、出版年限及文献类型的差异
被引用最多的10%的出版物数量	在学科领域位于全球前10%高被引出版物的数量	依赖于大学的规模、衡量大学产出的高水平研究成果的指标
前10%高被引文献占比	一所大学的全球前10%高被引论文数量占该大学论文总量比例	它是衡量大学产生的优秀研究成果数量的尺度，独立于大学规模

续表

大学排名指标	释义	备注
国际合作	该机构包含国际合著者的论文总数除以该机构所在国家的国际合著论文比例	质量指标，反映了学校吸引国际合作者的实力
国际合作占比	近5年该机构国际合作论文占该机构所发表论文总数的比例	该指标是一个机构在其研究活动中吸引国际合作的能力的重要衡量标准
前1%高被引论文数量	领域内被引用最多的前1%高被引论文的数量	被高度引用的论文被认为是科学卓越和最高绩效的指标，可以用来参照世界范围内的学科领域基线来衡量研究绩效。这是一个大小相关的度量
前1%高被引论文占比	一所大学高被引论文的数量除以它所产生的文献总数	它是衡量卓越的标准，可以显示一个机构的产出在世界上最有影响力的论文中所占的百分比。这是一个独立于大小的度量

4. 数据来源

两个声誉指标数据均来自科睿唯安声誉调查问卷；文献计量指标来自科睿唯安 Web of Science；科学卓越指标数据由科睿唯安提供。

（统计的出版物仅限于 2012—2016 年期间出版的综述、文章和快报类型的论文，论文引文来自所有类型的出版物，包括最新的数据。对于2019 年的排名，引文的截止日期是 2018 年 6 月 2 日。）

三、U. S. News 世界大学学科排名

2014 年 10 月，U. S. News 与汤森路透公司合作，首次发布了全球最佳大学排名（Global Best University Rankings），并对 22 个学科进行排名。U. S. News 学科排名的 22 个学科领域来自基本科学指标数据库 ESI

的分类标准，基于 Web of Science（包括 SCI 和 SSCI）所收录的全球
11 000 多种学术期刊，划分为 22 个专业领域。U. S. News 学科排名考虑
到各学科学术产出等差异性，将 22 个学科分为 3 大类进行评价，见
表6-17。

表 6-17 U. S. News 世界大学学科排名学科分类表

学科分类	细分学科
软科学 Soft Sciences	计算机科学 Computer Science、经济与商业 Economics and Business、工程学 Engineering、数学 Mathematics、社会科学总论 Social Sciences general
硬科学 Hard Sciences	农业科学 Agricultural Sciences、生物学和生物化学 Biology and Biochemistry、化学 Chemistry、临床医学 Clinical Medicine、环境/生态 Environment/ Ecology、地球科学 Geosciences、免疫学 Immunology、材料科学 Materials Science、微生物学 Microbiology、分子生物学和遗传学 Molecular Biology and Genetics、神经科学和行为学 Neuroscience and Behavior、药理学和毒理学 Pharmacology and Toxicology、物理学 Physics、植物和动物科学 Plant and Animal Science、精神病学/心理学 Psychiatry/Psychology、空间科学 Space Science
艺术与人文 Arts and Humanities	

1. 大学选择

除了全球排名前 1 250 名的大学，以及按国家和地区分列的排名之
外，U. S. News 还包括对关键学科领域领导者的考核。U. S. News 使用
了一种单独的方法来发布 22 个学科领域的全球顶尖大学。

产生学科排名的第一步是创建可以在每个学科领域排名的学校的集
合。根据学科的不同，排名的大学数量从免疫学的 220 所到化学的
1 031 所不等。2019 版排名中：环境/生态学、分子生物学与遗传学、神
经科学与行为 3 个领域的排名大学数量从 200 所增加到了 400 所。其他
19 个领域公布的排名学校数量与去年持平。这意味着，在 2019 年的排

名中，7 400 所大学在 22 个科目中排名，比去年的 6 800 所增长了 8.8%。整体而言，2019 版排名中，4 个领域各列出 600 所排名大学，7 个领域各列出 400 所学校，11 个领域各列出 200 所院校。

表 6-18 显示了 2012—2016 年期间在每个学科领域发表超过 250 篇论文和超过 500 篇论文的大学数量，每个学科排名的大学总数，以及 U. S. News 在每个学科领域公布的排名。

表 6-18　U. S. News 世界大学学科排名大学数量

学科	发文数 >250	发文数 >500	进入排名的 大学数量	发布的 大学数量
农业科学	289	111	252	200
艺术与人文	344	146	302	200
生物学和生物化学	656	356	590	400
化学	1 176	706	1 031	600
临床医学	1 108	814	1 006	600
计算机科学	322	130	280	200
经济与商业	281	80	246	200
工程	824	456	747	600
环境/生态	489	207	422	400
地球科学	428	232	361	200
免疫学	262	123	220	200
材料科学	610	303	548	400
数学	413	148	357	200
微生物学	189	57	291	200
分子生物学和遗传学	470	274	415	400
神经科学和行为学	475	284	415	400

续表

学科	发文数 >250	发文数 >500	进入排名的 大学数量	发布的 大学数量
药理学和毒理学	365	125	320	200
物理学	929	618	827	600
植物和动物科学	610	305	541	400
精神病学/心理学	434	218	378	200
社会科学总论	624	377	553	400
空间科学	250	125	241	200

2. 排名指标与权重

U. S. News 的学科排名所使用的指标会根据自己学科的特色对指标进行取舍，但总的来说，22 个学科的排名使用的指标总数均为 11 个。

学科排名方法在许多方面不同于 U. S. News 用来产生全球 1 250 所顶尖大学的整体最佳排名。U. S. News 根据软科学与硬科学的不同出版特点调整了学科排名方法，并为艺术和人文学科制定了独特的排名方法。艺术和人文学科的方法考虑到了学科特点，在这一学科里出版物发挥的作用要小得多，即在艺术和人文学科排名中，与出版物和引文相关的出版物或其他指标的权重远远低于其他学科领域。这意味着会议和书籍指标被使用且权重很大，并且全球研究声誉和区域研究声誉都比其他学科排名中权重更大。引用分析在硬科学中的应用已经很成熟了。然而，在软科学中，引文和成果之间的关系并不是那么明确，因此，U. S. News 降低了软科学中引文相关指标的权重。表 6-19 列出了用于计算 22 个学科排名的权重。

表 6-19   U. S. News 学科排名各学科指标权重分配表

指标	指标权重（%）		
	硬科学	软科学	艺术与人文科学
全球研究声誉	12.5	12.5	20
本地研究声誉	12.5	12.5	15
出版物	15	17.5	10
图书	N/A	N/A	15
会议	N/A	N/A	5
规范化引文影响力	10	7.5	7.5
总引次数	15	12.5	7.5
被引用最多的10%的出版物数量	10	12.5	7.5
被引用最多的10%的出版物数量占总数的百分比	5	5	7.5
国际合作	5	5	N/A
国际合作出版物占总出版物的百分比	5	5	N/A
领域内被引用最多的前1%高被引论文的数量	5	5	2.5
拥有领域内被引用最多的前1%高被引论文的百分比	5	5	2.5

3. 指标定义与统计方法

为了得出大学在 22 个学科中的排名，U. S. News 在每个学科的排名中使用每个排名指标的权重和 z 分数的组合来计算科目分数。U. S. News 通过对数变换，对数据进行重新缩放，并允许在每个指标上进行更加规范化和均匀的扩展。在指标标准化后，计算每个指标的 z 分数，以将不同类型的数据标准化到一个共同的尺度。

为了得出一所学校的学科分数，11 项指标中的每一项计算出的 z 分数会使用前面描述的权重进行加权。U. S. News 根据对排名因素相对重要性的判断，以及与文献计量专家协商，确定其权重。

每所大学的分数是通过对每项指标的加权求和来计算的。然后，从 1 372 家机构的分数中减去最低分数，将最低分数处理为 0。

然后，通过将该学科中每所大学的整体表现与表现最好的大学之间的比率乘以 100，对分数进行重新计算，表现最好的学校的学科分数为 100。

在 22 个学科领域中每一个领域排名的大学总数中，U. S. News 使用它们的加权学科分数对每个学科领域按降序进行数字排名。每所学校的学科分数被四舍五入到小数点后一位。

学科排名中使用的 22 个学科领域来自 ESI 的学科。出版物仅限于 2012—2016 年期间出版的出版物。然而，这些论文的引文来自所有类型的出版物，包括现有的最新数据。对于 2019 版排名，引文的截止日期是 2018 年 6 月 2 日。

4. 数据来源

U. S. News 世界大学学科排名各项指标的数据来源与 U. S. News 世界最佳大学排名一致。

第五节　上海软科世界大学排名

一、机构及产品简介

上海软科教育信息咨询有限公司（简称软科）成立于 2009 年，专业从事高校数据和战略管理咨询服务。软科创始人是国内名牌大学的教授团队，具有多年高等教育研究和咨询服务经验[456]。软科产品众多详见表 6-20。

表 6-20　上海软科大学排名产品体系概况

排名体系	内容	发布年份
世界大学 排名	软科世界大学学术排名	2003—2018
	软科世界大学学科领域排名	2007—2016
	软科世界一流学科排名	2018
	软科全球体育类院系学术排名	2016—2018
中国大学 排名	软科中国最好大学排名	2015—2019
	软科中国最好学科排名	2017—2018
	软科中国两岸四地大学排名	2011—2018

鉴于数据有效性及学科覆盖面等因素，本节介绍软科世界大学学术排名、软科世界一流学科排名。

二、软科世界大学学术排名（ARWU）

1. 大学选择

世界大学学术排名（Academic Ranking of World Universities，ARWU）由上海交通大学高等教育研究院世界一流大学研究中心于 2003 年首次发布，2009 年后转由上海软科教育信息咨询有限公司（Shanghai Ranking Consultancy）发布。

软科世界大学学术排名的对象包括：所有曾经有教师或校友获得过诺贝尔奖或菲尔兹奖的大学；所有有高被引科学家的大学；过去 10 年中所有在《自然》（*Nature*）或《科学》（*Science*）杂志上作为通讯作者单位发表过论文的大学；以及各个国家被科学引文索引（SCIE）和社会科学引文索引（SSCI）收录论文数较多的大学。

世界大学学术排名每年实际排名的大学超过 1 500 所，发布的是处于世界前 500 名的大学。2018 年，世界大学学术排名同时公布了世界

501—1 000 名的大学，并将它们称为 ARWU 世界 500 强潜力大学[457]。

2. 排名指标与权重

软科世界大学学术排名的评价体系是由上海交通大学高等教育研究所率先研发和使用的国内大学排名体系，其指标体系及其权重见表6-21。

表 6-21　软科世界大学学术排名（ARWU）指标体系及其权重

一级指标	二级指标	代码	权重（%）
教育质量 Quality of Education	获诺贝尔奖和菲尔兹奖的校友的折合数	Alumni	10
教师素质 Quality of Faculty	获诺贝尔奖和菲尔兹奖的教师的折合数	Award	20
	高被引学者数	HiCi	20
研究成果 Research Output	《自然》《科学》近 5 年的发文数	N&S	20
	过去一年被 SCIE 和 SSCI 收录的研究论文（Article）数	PUB	20
人均绩效 Per Capital Performance	师均学术水平	PCP	10

　　备注：对纯文科大学，不考虑 N&S 指标，其权重按比例分解到其他指标中。

软科世界大学学术排名全部基于客观数据，目前不涉及主观性指标。据报道，未来会增加主观性评价指标，如，面向包括世界百强大学的院长、系主任和团队负责人等的学科专家开展"学术卓越调查"（Academic Excellence Survey），该调查涉及 19 个学科的 27 项国际重要学术奖项。

3. 指标定义与统计方法

在进行排名时，Alumni、Award、HiCi、N&S、PUB、PCP 每项指标得分最高的大学为 100 分，其他大学按其与最高值的比例得分。如果任何一个指标的数据分布呈现明显的异常，则采用常规统计方法对数据进行处理。对大学在 6 项指标的得分加权，总得分最高的大学为 100 分，其他大学按其与最高值的比例得分。软科世界大学学术排名指标定义见表 6-22。

表 6-22　软科世界大学学术排名（ARWU）指标定义[458]

指标	数据来源
Alumni	在该校获得学士、硕士或博士学位的校友。折合方法：2001 年以后获得学位者折合权重 100%，2001 年以前，每 10 年权重值减去 10%。获得多个学位的只计算一次
Award	获奖时需在该学校工作，折合方法同上；若某学者同时任职于多所学校，则每一个学校得分为任职学校数之倒数
HiCi	一所大学的高被引科学家总数。高被引科学家是由科睿唯安公司研制发布的世界范围内各学科领域论文被引次数最高的研究人员。2018 年排名中 HiCi 指标的计算使用 2017 年版的高被引科学家名单。统计时仅考虑高被引科学家的第一工作单位
N&S	一所大学过去 5 年（2013—2017）在《自然》（*Nature*）和《科学》（*Science*）上发表论文的折合数量，只统计研究论文（Article），不统计评论（Review）或快讯（Letter）等。为了更客观地反映一所大学的学术表现，对不同作者单位排序赋予不同的权重，通讯作者单位的权重为 100%，第一作者单位（如果第一作者单位与通讯作者单位相同，则为第二作者单位）的权重为 50%，下一个作者单位的权重为 25%，其他作者单位的权重为 10%。当有多个通讯作者单位时，以排在第一位的单位作为通讯作者单位，其他通讯作者单位依次视为第一作者单位、第二作者单位等
PUB	一所大学过去一年（2017）被 SCIE 和 SSCI 收录的论文数量，只统计研究论文（Article），不统计评论（Review）或快讯（Letter）等。考虑到社会科学领域的学者经常以著作等形式发表其研究成果，根据实证数据，对 SSCI 收录的论文赋予 2 倍的权重
PCP	是指一所大学的师均学术表现，由前 5 项指标得分之和除以全时（Full time equivalent）教师数而得。2018 年排名中有教师数的国家包括美国、英国、法国、加拿大、日本、意大利、中国、澳大利亚、荷兰、瑞典、瑞士、比利时、韩国、捷克、新西兰、沙特阿拉伯、西班牙、奥地利、挪威等，其他国家或地区的 PCP 得分采用前 5 项指标得分的加权数

4. 数据来源

软科世界大学学术排名指标来源详见表6-23。

表 6-23 上海软科世界大学排名数据来源

指标	数据源
Alumni	http：//nobelprize. org/
Award	http：//www. mathunion. org/
HiCi	https：//hcr. clarivate. com/resources/archived-lists/
N&S	http：//www. webofscience. com/
PUB	http：//www. webofscience. com/
PCP	教职工人数来源于教育部、国家统计局、全国高校联合会、全国校长会议等国家机构

三、软科世界一流学科排名2018

2018 年 7 月 17 日，软科发布 2018 世界大学一流学科排名。本次排名的对象为全球 4 000 余所大学，共有来自 83 个国家和地区的1 600余所高校最终出现在各学科榜单中。

1. 学科覆盖

2018 "软科世界一流学科排名"（Shanghai Ranking's Global Ranking of Academic Subjects）覆盖 54 个学科，涉及理学、工学、生命科学、医学和社会科学 5 大领域，详见表6-24。

表 6-24　2018 软科世界一流学科排名的学科分类[459]

领域	学科
理学	数学、物理学、化学、地球科学、地理学、生态学、海洋科学、大气科学
生命科学	生物学、基础医学、农学、兽医学
医学	临床医学、公共卫生、口腔医学、护理学、医学技术、药学
工学	机械工程、电力电子工程、控制科学与工程、通信工程、仪器科学、生物医学工程、计算机科学与工程、土木工程、化学工程、材料科学与工程、纳米科学与技术、能源科学与工程、环境科学与工程、水资源工程、食品科学与工程、生物工程、航空航天工程、船舶与海洋工程、交通运输工程、遥感技术、矿业工程、冶金工程
社会科学	经济学、统计学、法学、政治学、社会学、教育学、新闻传播学、心理学、工商管理、金融学、管理学、公共管理、旅游休闲管理、图书情报科学

2. 大学选择

软科世界一流学科排名的对象是 2012—2016 年间在特定学科发表论文达到一定数量的大学。不同学科的发文数阈值见表 6-25。软科世界一流学科排名的文献数据来自 Web of Science 和 InCites。

表 6-25　2018 软科世界一流学科排名发文阈值和上榜高校数

学科领域	学科名称	发文阈值	上榜高校数	学科领域	学科名称	发文阈值	上榜高校数
理学	物理学	300	500	生命科学	生物学	200	500
	化学	200	500		基础医学	100	500
	数学	100	500		农学	100	500
	地球科学	100	500		兽医学	50	300
	生态学	100	400	医学	公共卫生	250	500
	地理学	100	200		临床医学	200	500
	大气科学	50	400		药学	100	500
	海洋科学	50	200		医学技术	100	300
工学	材料科学与工程	200	500		口腔医学	50	300
	环境科学与工程	200	500		护理学	50	300
	计算机科学与工程	150	500	社会科学	心理学	100	500
	电力电子工程	150	500		统计学	100	200
	纳米科学与技术	150	400		管理学	50	500
	能源科学与工程	100	500		经济学	50	500
	生物工程	100	500		教育学	50	500
	化学工程	100	500		工商管理	50	400
	机械工程	100	300		政治学	50	400
	食品科学与工程	100	300		法学	50	200
	生物医学工程	100	300		社会学	50	200
	土木工程	100	300		金融学	50	200
	仪器科学	100	300		图书情报科学	50	100
	通信工程	100	200		新闻传播学	25	300
	水资源工程	100	200		旅游休闲管理	25	200
	冶金工程	100	200		公共管理	25	200
	控制科学与工程	100	200		航空航天工程	50	50
	交通运输工程	50	200	工学	船舶与海洋工程	50	50
	遥感技术	50	100		矿业工程	25	100

3. 排名指标与权重

软科世界一流学科排名与软科大学学术排名指标体系差异较大，其世界一流学科排名的指标体系由论文总数（PUB）、论文标准化影响力（CNCI）、论文国际合作比例（IC）、顶尖期刊论文数（TOP）、教师获权威奖项数（AWARD）等5个指标构成，这些指标全部为客观数据，而且均为科研数据，排名门槛也较高。

大学得分的计算方法：首先计算大学在每项指标上的得分，具体为大学在一项指标上的数值除以该项指标的最大值（开根号）再乘以100。然后各指标得分除以100再乘以相应权重进行累加得到该校总分。不同学科的指标权重系数有所不同，详见表6-26。

表6-26　2018软科世界一流学科排名各学科指标权重表

学科领域	学科名称	论文总数	论文标准化影响力	国际合作论文比例	顶尖期刊论文数	教师获权威奖项数
理学	物理学、化学、数学、地球科学	100	100	20	100	100
	生态学、地理学、大气科学、海洋科学	100	100	20	100	—
工学	材料科学与工程、环境科学与工程、计算机科学与工程、电力电子工程、化学工程、机械工程、生物医学工程、土木工程、控制科学与工程	100	100	20	100	100
	纳米科学与技术、仪器科学、食品科学与工程、通信工程、冶金工程、交通运输工程、遥感技术、矿业工程、航空航天工程、船舶与海洋工程、能源科学与工程、生物工程	100	100	20	100	—
	水资源工程	100	100	20	100	20
生命科学	生物学	100	100	20	100	100
	基础医学、农学、兽医学	100	100	20	100	—

续表

学科领域	学科名称	论文总数	论文标准化影响力	国际合作论文比例	顶尖期刊论文数	教师获权威奖项数
医学	临床医学、口腔医学	100	100	20	100	100
	公共卫生、医学技术、药学	100	100	20	100	—
	护理学	100	100	20	100	20
社会科学	心理学、教育学、管理学、工商管理、新闻传播学、法学、社会学、金融学、公共管理、图书情报科学	150	50	10	100	—
	政治学、旅游休闲管理	150	50	10	100	20
	统计学、经济学	150	50	10	100	100

4. 指标定义与统计方法

软科世界一流学科排名指标定义及统计方法见表6-27。

表6-27　2018软科世界一流学科排名指标定义及统计方法[460]

指标	定义
论文总数（PUB）	论文总数指标用于测量被评价大学在相应学科的科研规模。指过去5年（2012—2016）被 InCites 数据库相应学科收录的 Article 类型的论文数。一所大学的论文根据所发表的期刊的学科分类（Web of Science categories）被划分到相应学科
论文标准化影响力（CNCI）	Category Normalized Citation Impact（CNCI）指过去5年（2012—2016）被 InCites 数据库相应学科收录的 Article 类型的论文的被引次数与同出版年、同学科、同文献类型论文篇均被引次数比值的平均值。如果 CNCI 等于1，表明该组论文的被引表现与全球平均水平相当，CNCI 小于1则反映论文被引表现低于全球平均水平，CNCI 大于1表明论文被引表现高于全球平均水平
国际合作论文比例（IC）	国际合作论文比例用来测量被评价大学在相应学科的国际合作程度。该指标统计过去5年（2012—2016）被 InCites 数据库相应学科收录的 Article 类型的论文中有国外机构地址的论文比例

续表

指标	定义
顶尖期刊论文数（TOP）	指过去 5 年（2012—2016）在相应学科顶尖期刊或会议上发表论文的数量。顶尖期刊指通过软科"学术卓越调查"得到的各学科顶尖期刊或影响因子位列前 20% 的期刊
教师获权威奖项数（AWARD）	指教师 1981 年以来获得本学科最重要的国际奖项的折合数。本学科最重要的国际奖项通过软科"学术卓越调查"得到

"学术卓越调查"共选出 41 个学科的 123 本顶尖学术刊物和计算机科学与工程学科的 14 个顶尖学术会议。根据软科"学术卓越调查"，一本期刊被认定为某个学科的顶尖期刊，需同时满足以下两条：其一，至少获得 2 票；其二，得票数达到或超过本学科参加调查总人数的一半，或者得票数在本学科位列第一。"学术卓越调查"结果中未覆盖的学科的顶尖期刊取自各 Web of Science 学科内影响因子处在最高 20% 的期刊，根据 2016 版《期刊引证报告》（*Journal Citation Report*）公布的期刊影响因子判断。文献类型只包括研究论文（Article）。各学科领域顶尖学术刊物、顶尖学术会议及主要参与调查的专家学者，可在 http：//www. shanghairanking. com/subject － survey/survey － results － 2018. html 网站查询。

"学术卓越调查"共选出 24 个学科的 27 项国际重要学术奖项，最终有 22 个学科采用了奖项指标。奖项共享者的权重为获得奖金的比例。当一名获奖人同时署名两个单位时，各计 0.5。为了更客观地反映一所大学的学术表现，不同年代的获奖者被赋予不同的权重，每回推 10 年权重递减 25%，如 2011—2016 年的获奖者的权重为 100%，2001—2010 年权重为 75%，1991—2000 年的权重为 50%，1981—1990 年的权重为 25%。

5. 数据来源

软科世界一流学科排名的数据来源于 InCites 数据库。在 2018 年排名中，论文范围限定于过去 5 年（2012—2016）。

各学科领域"教师获权威奖项数（AWARD）"指标的参考奖项及计算权重，可参考 http：//www. shanghairanking. com/subject‑survey/a‑wards. html。

第六节　世界大学排名中心大学排名

一、机构及产品简介

世界大学排名中心（Center for World University Rankings，CWUR）是除了前述四大主流世界大学排名之外的第五大世界大学排名系统。世界大学排名中心是一个领先的咨询机构，其总部于 2016 年设在阿拉伯联合酋长国。CWUR 旨在为政府和大学提供政策建议、战略见解和咨询服务，以改善教育和研究成果。自 2012 年以来，CWUR 逐年发布大学排名，该排名始于沙特阿拉伯吉达的一个项目，旨在对世界 100 所大学进行排名。2014 年，该排行榜在全球 18 000 所大学中扩大至前 1 000 名[461]。该排名尤为注重对学校教学质量的评估，与 QS 和 THE 排名不同，是世界唯一不依赖同行调查和各大学提供数据，而以公布可见的数据为依据。2018 年版排名标准有所变化，更看重 Research，整体比例在 70%[462]。

现阶段，CWUR 的排名产品见表 6-28。

表 6-28　CWUR 大学排名体系的产品概况

类型	内容
世界大学排名	World University Rankings 2012、2013、2014、2015、2016、2017、2018—2019
国家大学排名	University Rankings by Country 2014、2015、2016、2017、2018—2019
学科领域排名	Rankings by Subject，2017

二、CWUR 世界大学排名（2018—2019）

1. 排名指标、权重及定义

CWUR 世界大学排名指标、定义及权重详见表 6-29。

表 6-29　CWUR 世界大学排名指标、定义及权重

大学排名指标	释义	权重（%）
教育品质 Quality of Education	校友获得主要国际荣誉、奖项、奖章等的人数及比例	15
校友就业 Alumni Employment	毕业校友居于世界重要公司企业执行总裁（CEO）职位之人数及比例	15
师资质量 Quality of Faculty	教职人员获得国际重要荣誉、奖项、奖章等之人数及比例	15
研究产出 Research Output	研究论文总数	15
高质量出版物 Quality Publications	顶级期刊上发表的研究论文数量	15
影响力 Influence	刊登在具有高度影响性（highly-influential）期刊上的研究论文数量	15
引用 Citations	研究论文被高度引用数量	10

2. 指标统计方法

CWUR 各项指标中涉及研究影响力的指标计算方法如下[463]。

（1）Research Output 研究产出：近 10 年 SCIE、SSCI、A&HCI 所发表的研究论文（Article）。

（2）Quality Publications 高质量出版物：涉及两个计量指标，Eigenfactor 和 Article Influence Scores。Eigenfactor 是一个较新的评价指标，2009 年由华盛顿大学的两位计量学研究人员提出。该指标是用来指征期刊在期刊网络中的总的重要性（Total Importance）；简单来说，基于期刊的引用数量来评价期刊优劣，但是区别于计算引用总数，这种方法在评价一个特定期刊时，不同期刊的引用被设置了不同的权重，如《自然》（*Nature*）对特定期刊的引用权重就比别的普通杂志要高，也就是引用数越多的杂志越是"好"杂志，越是"好"杂志对特定期刊的引用，越能提高特定杂志的 Eigenfactor 数值。Article Influence Scores 和 Eigenfactor 同时被发展出来，用来指征特定期刊中文章的平均影响力。

CWRU 在 Quality Publications 中采用了 JCR 的期刊分类。当研究一个学科领域的期刊重要性时，将 Eigenfactor 和 Article Influence Scores 的数值相乘得到 P_i 值（P_i = Eigenfactor * Article Influence Scores），所得的积按大小排列。N_i 是 JCR 中某一学科领域的全部论文数，P_i 值在前列的期刊，其论文大致是 $0.25N_i$ 的比例。重复计算过程，即给出每个领域的重要出版物的列表。

对于人文学科（Humanities），期刊的分类是由 European Reference Index for the Humanities 给出的。人文学科的期刊分为国内区和国外区，国外区中 J_{int1} 是声誉更好的杂志。

最后机构的综合排名由 10 年的 $J_{sci-soc}$ 和 J_{int1} 共同给出。

（3）Influence 影响力，是指机构由于期刊带来的影响力。"具有影响力的期刊"定义为 $P_i \geq \min P_i$（*Nature*、*Science*、*PNAS*）的那些期刊。要确定一个机构由某一特定期刊带来的影响力，计算方法是将这个机构 10 年内在这个期刊中发表的文章总数乘以这个期刊的 P_i 值。重复计算过程，算出所有其他"具有影响力的期刊"对机构影响力的贡献，最后对各个机构加和后的数值排名，就是机构影响力排名。

（4）Citations：高被引论文研究的是从"前年"（Y-2）倒推 10 年（Y-11）这个时间段中的引用数量多的论文，所有的数据来自于 SCI、SSCI 和 A&HCI。所定义的高被引论文是所有发表论文的一部分。论文根据 10 年引用次数排序后，前列论文累积引用次数达到 5 000 次即做截断，截断之前的论文就是高被引论文。综合一个机构在所有学科领域中高被引论文的数量之和，高被引论文总数越多，机构排名越靠前。

三、CWUR 世界大学学科排名

1. 学科覆盖

2017 年，CWUR 按学科对 227 个学科类别的世界领先大学进行排名。其学科覆盖信息可通过访问 https：//cwur. org/2017/subjects. php 查阅。

2. 指标定义与统计方法

根据顶级期刊上的研究文章数量，世界顶尖大学在 227 个学科类别中排名第一。

根据 JCR 中给定的主题类别的 SCI 期刊，将 Eigenfactor 和 Article Influence Scores 的数值相乘得到 P_i 值，并按大小排列。N_i 是 JCR 中某一学科领域的全部论文数，P_i 值在前列的期刊，其论文大致是 $0.25N_i$ 的比例。重复计算过程，即给出 JCR 所有学科类别的顶级期刊的 227 个

列表 J_i。

利用 SCIE 和 SSCI，用 log（N_i＋1）给出某一学科类别的 SCI 的最后得分，N_i 是该机构过去 10 整年在期刊列表 J_i 的 Article 数量。然后将分数缩放到表现最好的机构，以得出最终分数[464]。

3. 数据来源

CWUR 世界大学排名的数据来自科睿唯安。

第七节　美国科技信息所 ESI 学科排名

一、机构及产品简介

ESI（Essential Science Indicators）即基本科学指标数据库，是由世界著名的学术信息出版机构美国科技信息所（ISI）于 2001 年推出的衡量科学研究绩效、跟踪科学发展趋势的基本分析评价工具。ESI 对全球所有高校及科研机构的 SCIE、SSCI 库中近 11 年的论文数据进行统计，按被引频次的高低确定出衡量研究绩效的阈值，分别排出居世界前 1% 的研究机构、科学家、研究论文，居世界前 50% 的国家/地区和居世界前 0.1% 的热点论文。现阶段，ESI 已成为当今世界范围内普遍用以评价高校、学术机构、国家/地区国际学术水平及影响力的重要评价指标工具之一[465]。

ESI 的论文来自 SCIE 和 SSCI 的 Article 和 Review 类型的文章，引用（即施引文献）统计来自 SCIE、SSCI、AHCI 收录的文章，不限文献类型。ESI 数据库每两个月更新一次，1 年更新 6 次，每次更新向前推进两个月的数据。如，ESI 于 2018 年 5 月 10 日更新，包括 10 年两个月的数据，即出版日期为 2008 年 1 月 1 日—2018 年 2 月 28 日的文章。下一次将于 2018 年 7 月更新，包括 10 年 4 个月的数据，即出版日期为 2008 年 1 月 1 日—2018 年 4 月 30 日的文章[466]。

二、ESI 机构排名

1. 指标定义与统计方法

ESI 机构排名指标包括文章数量、引用次数、篇均被引次数、优秀论文、高被引论文、热点论文等，指标简介详见表 6-30。

表 6-30　ESI 机构排名指标介绍

指标	说明
文章数量 Web of Science ducuments	Web of Science 论文数
引用次数 Cites	出版论文集的被引频次
引文影响力 Cites/Paper	论文篇均被引频次（均值）
优秀论文篇数 Top Papers	高被引论文和热点论文的总和
优秀论文的引用次数 Cites to Top Papers	优秀论文的引用次数
优秀论文的篇均被引次数 Cites/Top Papers	优秀论文的篇均被引次数
高被引论文篇数 Highly Cited Papers	按领域和出版年的被引频次排名前 1% 的论文数（含论文与综述）
高被引论文的引用次数 Cites to Highly Cited Papers	高被引论文的引用次数
高被引论文的篇均被引次数 Cites/Highly Cited Papers	高被引论文的篇均被引次数
热点论文篇数 Hot Papers	按领域和时间段统计的被引频次排名前 0.1% 的出版论文
热点论文的引用次数 Cites to Hot Papers	热点论文的引用次数
热点论文的篇均被引次数 Cites/Hot Papers	热点论文的篇均被引次数

2. 数据来源

ESI 机构排名数据来源于 WOS。

三、ESI 学科排名

1. 学科覆盖

ESI 分为 22 个学科大类，包括临床医学（Clinical Medicine）、化学（Chemistry）、物理学（Physics）、生物学和生物化学（Biology & Biochemistry）、分子生物学与遗传学（Molecular Biology & Genetics）、材料科学（Materials Science）、工程学（Engineering）、神经科学与行为学（Neuroscience & Behavior）、动植物科学（Plant & Animal Science）、社会科学总论（Social Sciences, General）、环境学/生态学（Environment/Ecology）、地学（Geosciences）、药理学和毒理学（Pharmacology & Toxicology）、精神病学/心理学（Psychiatry/Psychology）、免疫学（Immunology）、农业科学（Agricultural Sciences）、微生物学（Microbiology）、空间科学（Space Science）、计算机科学（Computer Science）、经济与商业（Economics & Business）、数学（Mathematics）、多学科（Multidisciplinary）。

2. 指标定义与统计方法

ESI 学科排名指标与机构排名指标相同，数据来源于 WOS 数据库。

第八节　SCImago 机构排名

一、机构及产品简介

西班牙 Scimago Lab 是一个新兴的著名科技信息分析评估公司。该公司基于权威的学术出版物及其引文数据的统计分析，面向全球各类研究机构（包括政府类、高等教育类、医药健康类及私人机构等），全面提供各研究机构在科技产出、学术表现及学术声誉等方面的研究分析服务。目前，Scimago Lab 的主要合作伙伴是 Elservier，形成的合作成果如表 6–31 所示。

表 6–31 Scimago Lab 评价产品概况

类型	内容	网址
SIR	机构排名，SCImago Institutions Rankings reports，2009—2018	https：//www.scimagoir.com/index.php
SJR	期刊排名，SCImago Journal Rank reports，1999—2017	https：//www.scimagojr.com/index.php
	国家排名，SCImago Country Rank reports，1996—2017	
SJR Indicator	期刊评价指标	https：//www.scimagojr.com/files/SJR2.pdf

其中，SJR 作为替代传统影响因子的第二代期刊评价指标，指标算法详见第四章第二节期刊层级指标介绍，该指标不仅已成功应用于 Scopus 数据库，更是在国内外学术期刊界引起广泛关注和热烈讨论[467]。SJR 期刊排名详见第四章第三节。

二、SCImago 世界机构排名

SCImago 机构排名（SCImago Institutions Rankings，SIR）是一种学术和研究相关机构的分类，通过综合指标进行排名，综合了三套不同的指标，这些指标基于研究表现、创新产出和通过网络可见性衡量的社会影响度。它提供了一个友好的界面，允许从这三组指标的组合中可视化任何定制的排名。此外，还可以比较多达 6 家机构的个别指标的趋势。对于每个大区，也可以获得不同指标的分布图[468]。

SIR 的目的是为机构、政策制定者和研究经理提供一个有用的度量工具，用于分析、评估和改进他们的活动、产出和成果。

1. 大学选择

为了便于比较，2018 年的 SIR 将综合指标的值设定在 0 到 100 的范围内（分值越低越好，所以最高值是最低分）。

机构的入选标准是，在选定的时间段内的最后一年，这些机构至少发表了 100 篇被 Scopus 数据库收录的文献。

2. 排名指标与权重

SCImago 世界机构排名的指标分为 3 组，以反映机构的科学、经济和社会特征。它包括研究（Research，50%）、创新（Innovation，30%）和社会影响（Societal，20%）三类指标[469]。

三大类指标中，研究和创新指标和科研评价密切相关详见表6-32。

表 6-32　SCImago 大学排名指标（2018）

一级指标	二级指标	权重（%）
研究 Research（50%）	卓越领导力 Excellence with Leadership（EwL）	13
	规范化影响力 Normalized Impact（Leadership Output）（NI）	13
	输出 Output（O）	8
	科学人才库 Scientific Talent Pool（STP）	5
	学术领导力 Scientific Leadership（SL）	5
	国际合作 International Collaboration（IC）	2
	高质量出版物 High Quality Publications（Q1）	2
	卓越程度 Excellence Rate（Exc）	2

续表

一级指标	二级指标	权重（%）
创新 Innovation （30%）	创新知识 Innovative Knowledge（IK）	10
	技术影响 Technological Impact（TI）	10
	专利 Patents（PT）	10
社会 Societal （20%）	Backnets　　（BN）	15
	Web size　　（WS）	5

3. 数据来源

就排名而言，每年的计算是根据在排名前 2—5 年时间内获得的结果得出的。例如，如果选定的出版年份为 2018 年，则使用的结果为 2012—2016 年 5 年期间的结果。唯一的例外是去年计算的网络指标。

文章信息来自 Scopus 数据库。创新指标的信息来源为 PATSTAT 数据库。

4. 指标定义与统计方法

上述 13 个指标的定义与统计方法如下[470]：

（1）卓越领导力（Excellence with Leadership，EwL）。相对量指标，"优秀率"和"学术领导力"两个指标的简单组合，指在"优秀率"论文集合中，待评估机构作者作为主要贡献者的论文数所占的比例。

（2）规范化影响力（Normalized Impact，NI）。该指标使用瑞典卡罗林斯卡学院（Karolinska Institute）制定的方法计算，该方法被命名为"面向项目的领域标准化引用分数平均值"。是一个基于单篇论文引文分值计算的评估指标，用于评估机构的学术影响力。具体计算时首先对 Scopus 的每篇论文的文献类型（例如 articles，reviews，short reviews，letters，conference papers 等）及所属专业领域进行划分（需人工确认），并按照不同文献类型和专业领域计算出各自的引文均值，以便得出单篇

（机构）论文引文数与其所对应文献类型及专业领域引文均值的比值。数值（以十进制数表示）显示一个机构的平均科学影响和世界平均水平之间的关系，设定为 1 分，即 N_i 分数为 0.8 意味着该机构被引用低于世界平均水平 20%，1.3 意味着该机构被引用高于平均水平 30%。

（3）科研产出（Output，O）。绝对量指标，待评价机构在 Scopus 学术期刊上发表的文献总数。

（4）科学人才库（Scientific Talent Pool，STP）：在某一特定时期内，某一机构不同作者在该机构出版物总产出中的总数。

（5）学术领导力（Scientific Leadership，Lead）。相对量指标，在待评价机构的全部科研产出（O）中，该机构作者为主要贡献者（例如第一作者、通讯作者等）的论文数所占的比例。

（6）国际合作（International Collaboration，IC）。相对量指标，在待评价机构的全部科研产出（O）中，至少包含有一个国外机构合著者的发文数所占的比例。此指标计算需逐篇对发表论文的作者机构进行分析和鉴别。

（7）高质量出版物（High Quality Publications，Q1）。待评价机构在世界最具影响力学术期刊上发表的论文数占其发表论文总数（O）的比例。"世界最具影响力学术期刊"主要由 SJR 指标排名来决定，只有期刊排名进入各自学科类别的前 1/4，方予以认可。

（8）卓越程度（Excellence Rate，Exc）。相对量指标，在待评价机构的全部科研产出（O）中，包含在各专业领域高被引论文前 10% 集合中的发文数所占的比例。这是研究机构高质量产出的一个衡量标准。

（9）创新知识（Innovative Knowledge，IK）。绝对量指标，专利引用机构的科学论文产出。

（10）技术影响（Technological Impact，TI）。相对量指标，指专利

引用的科技论文产出的比例。计算这一百分比时考虑了专利引用领域的总产出，这些领域是农业和生物科学；生物化学、遗传学和分子生物学；化学工程；化学；计算机科学；地球和行星科学；能量；工程；环境科学；保健专业；免疫学和微生物学；材料科学；数学；医学；多学科；神经科学；护理；药理学、毒理学和药剂学；物理学和天文学；社会科学；兽医。

（11）专利数量（Patents，PT）。绝对量指标，指专利申请数量。

（12）网页数量（Web Size，WS）。绝对量指标，基于 Google 得到的与机构网页相关联的网页数量。

（13）后端数量（Number of Backnets，BN）。绝对量指标，指机构网站的入站链接来自的网络（子网）数量。该数据将从 ahrefs 数据库（https：//ahrefs. com）中提取。

第九节　荷兰莱顿大学世界大学排名

一、机构及产品简介

荷兰莱顿大学（Leiden University）是欧洲学术声誉最高的综合性大学之一。荷兰莱顿大学世界大学排名（CWTS Leiden Ranking）是莱顿大学科技研究中心（Centre for Science and Technology Studies，CWTS B. V.），自 2012 年以来，逐年发布的一项世界大学排名。CWTS Leiden Ranking 2018 年排名包括全球 938 所大学。这些大学是根据 2013—2016 年期间 Web of Science 出版物的数量挑选的。

荷兰莱顿大学世界大学排名（CWTS Leiden Ranking）以列表（List）、图表（Chart）、地图（Map）三种视图形式展示评估结果。列表视图，可根据选定的指标对大学进行排名；图表视图以散点图显示大学，可使用两个选定的指标了解大学表现；地图视图显示了世界地图中的大学，从地理视角展示大学及其表现[471]。

CWTS Leiden Ranking 只考虑大学的科研表现，不考虑大学的其他表现，如教学。更具体地说，根据一所大学在国际科学期刊上的出版物，莱顿排名侧重于一所大学的科学影响和一所大学参与科学合作的情况。与其他世界大学排名相比，莱顿排名没有构建综合指标，使用领域标准化引文率是其主要的优势，它能够更好地控制不同学科领域的引用习惯。CWTS B. V. 开发了新的文献计量方法，通过分析在地区和国际层面上大学与企业产出合作出版物的相关情况，建立了出版物与地区参与、国际化、知识转换等维度之间的联系[472]。

二、CWTS 世界大学排名

1. 学科覆盖

CWTS 不仅提供大学学术整体排名，还基于算法将所有论文分为 5 类学科，分别为生物医学与健康科学、生命与地球科学、数学与计算机科学、物理科学与工程、社会科学与人文科学。每篇论文至少属于一个学科。

2. 大学选择

基于 2013—2016 年这 4 年中在 Web of Science（SCIE、SSCI 和 A&HCI）发表论文数超过 1000 的标准，2018 年的排名中包括了 938 所大学。

3. 排名指标

CWTS 的排名指标分为影响指标（Impact Indicators）和合作指标

（Collaboration Indicators）两类详见表 6-33。

表 6-33　CWTS 世界大学排名指标及定义[473]

类型	指标	定义
影响指标	论文数（P）	被评价大学在规定时间阈值中 Web of Science 论文数量
	P（Top1%）和 PP（Top1%）	一个机构拥有的被引次数在其领域前 1% 的论文数量或比例
	P（Top5%）和 PP（Top5%）	一个机构拥有的被引次数在其领域前 5% 的论文数量或比例
	P（Top10%）和 PP（Top10%）	一个机构拥有的被引次数在其领域前 10% 的论文数量或比例
	P（Top50%）和 PP（Top50%）	一个机构拥有的被引次数在其领域前 50% 的论文数量或比例
	TCS 和 MCS	一所大学所发表论文的总被引次数及平均被引次数
	TNCS 和 MNCS	对一所大学所发表论文的总被引次数及平均被引次数从学科领域和出版年角度进行规范化处理
合作指标	P（collab）和 PP（collab）	一个机构拥有的一个或以上不同机构合作者的论文数量或比例
	P（int collab）和 PP（int collab）	一个机构拥有的两个或以上不同城市合作者的论文数量或比例
	P（industry）和 PP（industry）	一个机构拥有的一个或以上不同产业合作者的论文数量或比例
	P（<100 km）和 PP（<100 km）	一个机构拥有的地理合作距离小于 100 km 的论文数量或比例
	P（>5 000 km）和 PP（>5 000 km）	一个机构拥有的地理合作距离大于 5 000 km 的论文数量或比例

4. 数据来源及统计方法

CWTS 中的数据来源于 Web of Science（SCIE、SSCI 和 A&HCI）论文数据，但不包括会议论文和图书。

在计算科学影响指标时，引文一直计算到 2017 年底。作者自引被排除在外。除了 TCS 和 MCS 之外，所有指标都根据科学领域之间引用差异进行了标准化。

莱顿排名中的影响指标可以用完全计数法或分数计数法计算。完全计数法给一所大学的每份出版物一个权重。分数计数法给予合作出版物的权重小于非合作出版物。例如，如果一份出版物由 5 名研究人员合著，其中两名研究人员隶属于某所大学，那么在计算该大学的影响指标时，该出版物的权重为 2/5＝0.4。分数计数法使影响指标的领域标准化更为恰当，从而使活跃在不同领域的大学之间的比较更加公平。为此，分数计数法是莱顿排名中影响指标的首选计数方法。合作指标始终采用完全计数法计算[474]。

为了便于趋势分析，莱顿排名提供的统计数据不仅基于 2013—2016 年期间的出版物，还基于 2006—2009 年、2007—2010 年、2008—2011 年、2009—2012 年、2010—2013 年、2011—2014 年和 2012—2015 年 7 个时段的早期出版物。不同时期的统计数据是以完全一致的方式计算的。对于每一个时期，引文计算到该时期结束后的第一年年底。例如，在 2006—2009 年期间，引文计算到 2010 年底，而在 2013—2016 年期间，引文计算到 2017 年底[475]。

三、CWTS 学科排名

CWTS Leiden 2018 年排名不仅提供了整体科学水平的统计数据，还提供了生物医学和健康科学、生命与地球科学、数学与计算机科学、物理科学与工程、社会科学和人文科学 5 个主要学科领域的统计数据。访问 http://www.leidenranking.com/ranking/，选择查看指定学科，就能找到相应学科排名。

第十节 Nature Index 自然指数排名

一、机构及产品简介

自然指数（Nature Index，NI）是自然出版集团（Nature Publishing Group）根据 82 种高质量学术期刊研究论文的作者归属机构或国家信息而定期发布的排名，用于反映机构、国家/地区的高质量研究产出和合作情况，以评估不同研究机构、国家的科学贡献。

2014 年 11 月 13 日 NI 首次发布，引起了学术界的广泛关注。当时，NI 是基于全球生命科学、化学、物理学、地球与环境科学 4 个学科领域中最有代表性的 68 种顶级期刊上所发表的研究性论文计量的，这 68 种期刊并不局限于 Nature 系列期刊，而是由两组在职科学家组成的独立评选小组（一组来自物理科学，另一组来自生命科学），不考虑影响因子、H 指数、G 指数等量化指标，完全根据学术判断力选出的。选出的这些期刊数量不到 JCR 收录期刊数的 1%，却贡献了接近 30% 的被引用次数，说明了 NI 对于优质科研成果的代表性[476]。

自 2018 年 6 月起，纳入 NI 的期刊数量已由 68 本增至 82 本。82 种全球顶级研究型学术期刊划分为化学、物理、地球和环境科学、生命科学 4 大学科领域，有些期刊仅属于一个学科领域，有些（如 Nature）则属于多个学科领域。NI 数据库还嵌入了 Altmetric（替代计量）系统，可以获取每篇科研论文的社会影响力[477]。自然指数每月更新一次，包含一个为期 12 个月的滚动窗口（例如 2017 年 7 月 1 日—2018 年 6 月 30 日）在 www. natureindex. com 公开提供。

二、Nature Index 世界机构排名

1. 指标定义与统计方法

NI 提出如下三种计数方式：

（1）文章计量（Article Count，AC）：统计 82 种期刊所收录文章的作者所属科研机构/大学和国家/地区的出现频次总数。多个作者属于同一机构或国家仅统计一次[478]，即不论一篇文章有一个还是多个作者，每位作者所在的国家或机构都获得 1 个 AC 分值。

（2）分数计量（Fractional count，FC）：以每位作者同等贡献为前提，将每篇论文整体标记为 1 个计量单位。同一篇文章的每个作者的贡献度都是相同的，每篇文章的作者贡献度的总和为 1。所属科研机构/大学和国家/地区的作者按百分比计数。

（3）加权分数式计量（WFC）

WFC 是对 FC 算法的改进。鉴于天文学和天体物理学等学科论文数量（基数）较大，对其期刊权重进行下调的分数式计量（FC），以调整占比过多的天文学和天体物理学论文。即，在 NI 期刊中，发表在天文学和天体物理学期刊的论文 FC 值要乘以 0.2（因为这两个学科期刊上的发文量远远超过其他期刊，大约占所有 NI 期刊的 80%）。WFC 是为纠正数据库中天文学论文相对于其他学科论文数量过多的情况。2018 年 6 月，NI 追踪的期刊增加到 82 种，数据库中天文学论文数量因此大幅减少，无须再做此修正。

在 NI 指标中，通过比较 AC 和 FC 的值，可以了解科研论文的合作情况：如果某篇论文的 AC 值与 FC 值相等，则说明该篇论文由某机构

独立完成；如果某篇论文的 AC 值≠FC 值，则说明该篇论文为合作成果。

2. 数据检索

NI 所统计论文以 12 个月为统计时长，每月定期更新。在 NI 网站，可以随时查询 12 个月周期范围内的数据，日期范围显示在所有页面的右上角。也可以在每年 6 月时，关注前一年 1 月 1 日—12 月 31 日的科研产出年度数据。可以通过科研机构/大学和国家/地区等两个途径查询、筛选 NI 计量数据，并可进一步按照学科和计量方式进行 NI 数据统计[479]。

三、Nature Index 学科排名

Nature Index 自然指数给出了 4 个学科的排名，分别是化学（Chemistry），地球与环境科学（Earth & Environmental Sciences），生命科学（Life Sciences），物理学（Physical Sciences）。访问 https：//www.natureindex. com/annual-tables/2018 选择某一学科，即可查看该学科领域大学排名情况。

第十一节　全球多维大学排名（U-Multirank）

为了充分尊重、认识并强化高等教育系统的多样性，规避已有大学排名体系使用单一的标准衡量不同类型院校，且过多强调科研实力而忽视院校其他方面特色等不足，欧盟委员会提出在国际背景下设计一种全新理念的高等学校排名工具[480],[481]。2009 年起，欧盟委员会委托高等教育与科研成果评估团队（CHERPA-Network）研究并制定了一套多维度、透明的全球排名系统——U-Multirank。目前该系统已形成较为完

善的指导理念、内容框架与实施方略[482]。U-Multirank 绝不是定位"世界一流大学"或促进全球范围内已经非常激烈的院校"声誉竞赛",而是为充分认识高校在不同指标中的绩效,帮助利益相关者了解院校,并为提高高等教育系统的透明度提供一个灵活、实用的工具[483]。

一、机构及产品简介

U-Multirank 强调多维评价(平等重视大学在科研、教学、社会服务等各方面表现)、目标契合(根据不同类型的高校所设定的不同目标评价院校目标的完成情况)、用户导向(不同的用户可以选择自己认为重要的指标建立灵活多样的个人排名体系)的理念,是一套由用户驱动的多层次的网络排名工具,通过使用该工具,用户可以自制专属的个性化大学排名榜。此种方法和形式对于提升国际大学排名的质量和信誉具有重要的价值意义[484]。现阶段 U-Multirank 的排名产品概况详见表6-34。

表 6-34　**U-Multirank** 的排名产品概况

类型	内容
院校排名	University Rankings by Countries:按地区(欧洲、北美洲、南美洲、亚洲、非洲、澳大利亚)分类,可在地区内按国家对院校排名
学科排名	U-Multirank World University Ranking 2019 by Subject:4 类 27 个学科
特色排名	Readymade Rankings
	Top Performing Universities 2018—2019
深度报告	基于 U-Multirank 指标的国家高等教育报告、某个高校的绩效评估报告

U-Multirank 排名的上述 4 类产品以两种方式呈现:

(1)通过在线工具创建排名

用户可以根据自身需求、利用在线工具创建院校排名和学科排名。

院校排名是根据 5 个绩效维度指标将院校作为整体进行排名；学科领域排名根据 5 个绩效维度指标针对院校的某一学科领域进行排名。

在排名时，第一步，用户可以选择建立"院校排名表"或"学科排名表"；第二步，用户可以选择排名的维度及指标，既可以使用某一维度的全部指标进行排名，也可以在不同维度中分别选择某几个指标进行排名；第三步，用户可以选择排名结果的呈现范围，既可以将优秀组、中等组和较差组中的院校同时呈现出来，也可以选择仅仅呈现其中某一个组内的院校。排名结果以"多维排名表"展现高校在不同指标中的绩效。"多维排名表"选择使用不同颜色的圆圈代表绩效的优劣，且这种优劣没有绝对的名次，仅有相对的位置[485]。

（2）给定的排名或报告

特色排名及深度报告是 U-Multirank 已经做出的排名或报告。包括如下内容：

Readymade Rankings：即现成排名，包括研究和研究联系排名、经济参与度排名、教与学排名（分学科）、国际定位排名（分学科）、应用知识伙伴关系排名、科技大学排名（分学科）。

Top Performing Universities 2018—2019：从高被引出版物、学生流动性、研究性出版物、与工业伙伴的合作出版物、持续的专业发展收入、跨学科出版物、国际合作出版物、授权专利、区域联合出版物等 9 个维度对全球"前 25 名"大学排名。每个排名都有其对应的指标说明及数据来源。

深度报告：基于 U-Multirank 指标的国家高等教育报告、某个高校的绩效评估报告，可访问 https：//www. umultirank. org/study-in/查看。每一所院校的绩效以"森伯斯特图"（Sunburst）的形式建立院校绩效概览图。这种形式更为直观地展现了院校概况，把使用者的注意力从排名结果转向评价内容[486]。

二、院校排名

1. 指标介绍

U-Multirank 的指标设计从 4 个角度出发。首先，根据高等教育机构被广泛认可的三大职能，即教学、研究和以知识转移为主的社会服务。其次，目前国际化倾向和地区参与是区分高等教育机构的重要标志；再次，高等教育过程包括输入、产出（直接产出）、结果（长远影响），高等教育的投入和过程属于赋能，产出和影响属于绩效；最后，高等教育根据不同的利益相关者和使用者而差异显著。由此可见，对于不同规模的（科研、教学和学习、知识转移）和不同利益的相关者和使用者，所需的信息和绩效也会因人而异[487]。

在该指标选择的概念框架下，U-Multirank 经过初期的测试，确定了概览（General）、教学（Teaching & Learning）、科研（Research）、知识转换（Knowledge Transfer）、国际化定位（International Orientation）、地区参与度（Regional Engagement）6 个维度上百个指标。

院校排名和学科排名使用教学、科研、知识转换、国际化定位、地区参与度 5 个维度的一套指标，但在排名时，根据各排名的目的有区分地进行使用。有关指标的详细介绍可参见 https：//www. umultirank. org/about/methodology/indicators/。

各维度指标大致包含二级指标如下：

（1）概览：共 13 个指标

包括：学位项目的学生总量、学位项目中一年级新生数量、学位项目中国际学生的数量、系内选修科目的学生总数，不包括辅修科目的学生、该系女学生入学率、该机构全职同等学术人员的数量、学位课程的标准学习期（年）、向全国学生收取学费、向国际学生收取学费、参加学士学位课程的女性学生占学士学位课程总入学人数的百分比、在硕士课程中注册的女性学生占硕士课程总注册人数的百分比、女教职员工占教职员工总数的百分比、女教授占教授总数的百分比等。

（2）教学：共 37 个指标

包括：师生比、毕业率（学术与硕士分别计算）、具有博士学位的学术人员比例、在正常时限内毕业的学生比例（学士与硕士分别计算）、毕业生就业率、学位课程中是否包含实习经历、学生问卷中的指标、对学习过程的总体评价、课程与教学的质量、课程的组织、教师的支持、社交氛围、硬件设施（图书馆、实验室、教师、信息技术设备）、教学的科研导向、是否包含实习经历或实践要素等。

（3）科研：共 19 个指标

包括：外部科研经费收入（每名专职学术人员）、博士教育产出、科研出版物产出总量（每名专职学术人员）、艺术成果产出、领域标准化引用率、高引用率科研出版物、跨学科科研出版物、教学的科研导向（学生问卷）、博士后职位数量等。

（4）知识转换：共 14 个指标

包括：来自私营渠道的收入（服务合同、咨询、执照、特许经营权、临床试验）、校企合作出版物数量、获得专利数量（每位专职学术人员）、校企合作申请的专利数量（每位专职学术人员）、高校衍生公司数量（3 年周期的平均值）、科研出版物引用专利情况、提供专业持续发展（CPD）课程的收入等。

（5）国际化定位：共 14 个指标

包括：外语授课的专业数量（学士与硕士分别计算）、学位课程的国际化定位、出国学习的机会（学生问卷）、学生流动（包括接收、派出及联合培养的学生）、国际学术人员比例、国际学生中获得博士学位的比例、国际合作科研出版物数量、国际科研经费收入。

（6）地区参与度：共 12 个指标

包括在本地区工作的毕业生比例、在本地区实习的学生数量、与本地区产业合作产出的学位论文数量、区域合作科研出版物数、区域性收入来源等。

2. 数据来源

"多维全球大学排名"的数据来源于以下几个途径：

（1）院校自己提交的数据

根据 U-Multirank 的要求，各参评大学按照要求填写 Institutional Data Questionnair、Subject Questionnaire、Specifications of subjects and degrees 数据。

（2）学生调查

U-Multiarank 的目的之一是帮助未来和越来越流动的学生对大学做出明智的选择。2018 年版的 U-Multirank 包括一项对 10 万多名学生进行的在线调查的数据，询问学生对学位课程各个方面的意见。学生调查有多种语言（汉语、英语、法语、德语、希腊语、意大利语、波斯语、波兰语、葡萄牙语、罗马尼亚语、俄语、西班牙语、土耳其语和乌克兰语）。各大学（通过电子邮件或普通邮件）向每个学科领域的约 500 名学生发出了参与调查的邀请。学生调查数据仅用于学科排名。

（3）文献计量数据

这些数据由莱顿大学科学技术研究中心（CWTS）提供。所有文献计量指标的数据均来自 WOS 的 SCIE、SSCI、A&HCI 中的 Article 和 Review。为了有意义地计算文献计量指标，对每所大学的出版物数量设定门槛（2012—2016 年期间，该机构整体共有 50 本 WOS 出版物；学科排名中各科学领域有 20 本 WOS 出版物）。

（4）专利数据

来自由莱顿大学科学技术研究中心（CWTS）认可的 PATSTAT 数据库。同时参考 EPO（欧洲专利局）和 USPTO（美国专利和商标局）的专利数据。专利出版物包含的非专利参考文献（NPR）以 WOS 中出版的学术出版物为统计标准。对于基于领域的专利指标，根据现有的技术分类方案，将专利族数分解到相应的子领域。

三、学科排名

U-Multirank 针对 4 类 27 个学科进行排名详见表 6-35。

表 6-35　U-Multirank 大学学科排名所涉及学科

领域	学科
工程科学 Engineering	化学工程 Chemical Engineering 土木工程 Civil Engineering 电子工程 Electrical Engineering 机械工程 Mechanical Engineering 工业工程 Production/Industrial Engineering
数学 & 自然科学 Mathematics & Natural Sciences	生物学 Biology、化学 Chemistry 计算机科学 Computer Science、数学 Mathematics
社会科学 Social Sciences	社会学 Sociology、政治学 Political Science 历史 History、经济 Economics 社会工作及福利 Social Work & Walfare 商业研究 Business studies 、教育 Education
健康 Health	医学 Medicine、牙医学 Dentistry 药物及药剂学 Pharmacy-Pharmacology 护理学 Nursing、心理学 Psychology

第十二节　中国人民大学复印报刊资料转载指数排名

一、概况

中国人民大学复印报刊资料自 1958 年开始编辑出版，至今已有 60 多年的历史。复印报刊资料系列期刊从国内公开出版的近 4 000 种报刊上精选文献，按学科门类进行分类、精选、编辑和出版。客观上，复印报刊资料依据统一的体系标准，通过分类评估、同类比较，直接对单篇论文进行专业、标准、规模、持续的同行专家评选，为我国人文社科学术评价提供了有价值的新视角，探索出"基于成果进行同行评议"的人文社科学术评价模式。复印报刊资料精选的学术刊群，覆盖了我国人文社科的所有一级学科和大部分二级学科。由于复印资料的选文以学术成果为评价指向、以评价数据分析为基础、以同行评议为主导方法、以对成果的价值判断为依据，是目前我国人文社科领域学术评价中独树一帜、特色鲜明的评价工具。在我国的人文社科学术领域，人大复印资料转载及其指数排名等系列成果可作为人文社会科学学术影响力评价工具之一。

自 2001 年起，中国人民大学书报资料中心依据复印报刊资料上一年的转载数据发布上一年度转载排名，每年对中国人文社科学术期刊和教学科研机构的发展水平进行评估分析，截至 2019 年已连续发布了 19 年。19 年来，中国人民大学复印报刊资料转载排名经历了三个阶段的发展，详见表 6-36。

表 6-36　中国人民大学复印报刊资料转载排名发展概况表[488]

发展阶段	特点	排名命名及指标	排名		
			学科分类	出版物排名	机构排名
2000—2006 初创探索	指标单一	复印报刊资料转载排名；转载量	9个学科	报刊排名（期刊和报纸混排）；综合性报刊排名逐步形成"一个大综合排名和三大系统（高等院校、社科院、党政干部院校）"的发布体系	机构排名
				专业性报刊排名按9大学科领域发布	
2007—2009 调整变革	创新改革	复印报刊资料转载排名；转载量转载率	12个学科	研制并发布期刊转载率排名；专门对学术期刊进行排名；不再发布报纸转载排名	逐步细化，形成三大系统排名、高校分学科排名和高校所属院所分学科排名
2010至今体系成熟	排名体系化	转载综合指数排名；转载量、转载率和转载论文篇均得分	21个细分学科	在转载量、转载率、转载篇均得分基础上，提出转载综合指数概念，发布综合指数排名	

　　现阶段，"中国人民大学复印报刊资料转载指数排名"，按年度展现中国人文社科的重要研究成果和基本发展趋向，内容包括人文社科学术期刊排名和学术科研机构排名等发布体系，以及相应的转载状况研究报告。2019年3月26日，2018年度复印报刊资料转载指数排名研究报告发布。"复印报刊资料转载率"是学术界评价人文社科期刊及论文的影响尺度之一。当文献计量数据无法提供参考时，复印报刊资料的转载数据不失为一个可以及时了解期刊或科研机构发展状况的工具[489],[490]。

二、研制方法及排名指标

中国人民大学复印报刊资料转载排名的研制，以被转载论文的同行评议结果为基础，以论文转载数据的定量分析为主要依据。

（一）专家在线论文评分

依据"人文社科论文质量评估指标体系"，邀请同行专家进行评审。

1. 评审专家[491]

专家分为两部分，一部分在各学科领域较有影响力的特邀专家，可称为"精评专家"；另一部分为面向 2010—2019 年所有被复印报刊资料全文转载过论文的作者发出网络邀请后，愿意参与评审的专家，可称为"海评专家"。所有备选机构分别按机构类型和学科进行分类后，提供给各自相关学科领域的同行专家。其中，按机构类型分类的备选机构表提供给教育及科研管理部门、行业协会、综合期刊主编、学术评价专家等进行定性评估；按学科分类的备选机构表提供给各学科领域知名学者及专业期刊主编进行评估。

2. 人文社科论文质量评估指标体系[492]

2008 年，中国人民大学人文社科学术成果评价研究中心成立。2010 年，评价研究中心凝聚提炼复印报刊资料 60 多年的选文经验，并借鉴国内外人文社会科学学术评价研究的优秀成果，研制反映学术论文质量水平的"人文社会科学论文质量评估指标体系"，详见图 6-1。

编制转载排名时，在整理和规范数据后，依据"人文社科论文质量评估指标体系"，组织复印报刊资料编辑和顾问等同行专家，在人文

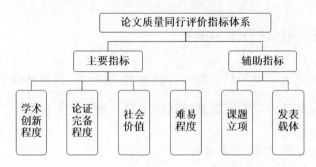

图6-1　中国人民大学人文社科学术成果评价研究中心

人文社科论文质量评估指标体系

社科论文质量评估系统中，对每篇论文的学术创新程度、论证完备程度、社会价值、难易程度4个方面进行评分，指标含义及评估内容如表6-37所示。在同行专家评审过程中，还可以通过课题立项、发表载体两个辅助指标予以参考。

表6-37　中国人民大学复印报刊资料转载排名同行评价指标体系

评估指标	指标含义	评估内容
学术创新程度	论文提供的新知识对学术发展的促进程度	提出新的（或修正完善已有的）学说、理论、观点、问题、阐释等； 提出新的（或改进运用已有的）方法、视角等； 发现新的资料、史料、证据、数据等； 对已有成果做出新的概况、评析（仅指综述文章）
论证完备程度	论文的研究规范程度和严谨程度	研究方法有效性：研究方法科学性、适当性
		论据可靠性：资料占有全面、资料来源真实、资料引用规范
		论证逻辑性：理论前提科学性、概念使用准确性、论证过程系统性、逻辑推理严密性
社会价值	论文对社会发展进步可能产生的推动作用的大小	对解决经济、政治、社会建设中问题的推动作用； 对思想道德文化建设的促进作用

续表

评估指标	指标含义	评估内容
难易程度	论文研究投入劳动的多少	论题复杂度：理论难点有多少、实证研究的难度
		资料难度：资料搜集难度、资料处理难度

该指标体系以学术成果为直接评价对象，强调以直接反映论文内容质量的定性指标为主，以间接反映论文质量的定量指标为辅，已成为复印报刊资料编辑和同行专家选文、评文的重要依据。

（二）转载分析[493]

转载分析法也称摘转法，作为一种定量研究方法，转载分析法利用一次文献被著名学术文摘全文转载、摘要、索引的数量、比例等数据，分析期刊和科研机构的影响力及学科或专业分布规律等状况，其实质是基于同行专家对论文的再次定性评价结果开展的量化分析。利用该方法，对中国人民大学人文社科学术成果评价研究中心研制复印报刊资料研制转载指数进行排名。具体而言，是根据转载量、发文数、论文得分三个有效数据设置三个基本的转载排名指标。

1. 三个基础有效数据

转载量：即某机构在一定时期内被复印报刊资料学术系列刊全文转载的论文数量，不包含非学术系列刊转载论文、学术系列刊转载的非学术文章和摘要转载论文，该对量指标反映了机构被复印报刊资料转载优质论文的数量，可大体反映出科研机构的学术影响力。

发文数：原发刊刊发的论文数量。

论文得分：由复印报刊资料编辑和顾问等同行专家按评价研究中心研制的"人文社科论文质量指标体系实施方案"评价形成的 6 个指标分数。

2. 三个基本转载排名指标

根据以上数据，设置 3 个基本的转载排名指标：转载量、转载率和篇均分。

转载量：主要反映了期刊或作者机构被复印报刊资料全文转载的绝对量情况。

转载率：指该期刊被复印报刊资料某年全文转载的篇数/该刊当年总发文数，主要反映了期刊优质学术论文的占比情况，即相对量情况①。

篇均分：指某期刊或作者机构被复印报刊资料转载论文的平均得分，即每篇论文的得分。

3. 复印报刊资料转载综合指数

根据以上 3 个指标的分数，形成人文社科期刊或科研机构的"复印报刊资料转载综合指数"（简称"综合指数"）。综合指数是对转载量、转载率、篇均分 3 项指标的加权求和，既反映了期刊或作者机构全文转载的绝对量情况，又反映了期刊或作者机构论文转载的相对量情况。期刊和机构综合指数的计算公式如下。

期刊综合指数=0.4＊转载量归一值+0.3＊转载率归一值+0.3＊篇均分归一值

机构综合指数=0.6＊转载量归一值+0.4＊篇均分归一值

因转载量、转载率和篇均分 3 个指标的量纲不同，因此需要进行归一化处理后才能加权求和。

某指标得分归一值=该指标得分值/该类数据中该指标的最大值。

---

① 当年总发文数这一指标取值并非按照自然年度。由于复印报刊资料系列刊转载论文一般比原发刊出版延迟 3 个月。因此，以 2018 年为例，"某刊当年总发文数"指 2017 年 10 月—2018 年 9 月每期发文数之和。

中国人民大学复印报刊资料转载指数是基于中国人民大学复印报刊资料转载论文数据研制的人文社会科学成果评价指标体系，按年度展示中国人文社会科学的重要研究成果和基本发展趋向，是分析研判人文社会科学成果、期刊和科研机构发展水平的重要依据[494]。

三、排名体系

经过十余年的积累与完善，围绕复印报刊资料学术成果同行精选的评价特色，评价研究中心深入挖掘复印报刊资料转载评价数据，不断发展指标，在论文同行评审数据和转载数据的基础上，初步形成了覆盖期刊、机构、作者、论文、学科 5 类评价对象的评价成果体系详见表 6-38。这些成果较为准确地反映了中国人文社科学科发展、学术期刊和学术机构的基本水平。

表 6-38　中国人民大学人文社科学术成果评价研究学术评价成果体系

类型	内容	说明	指标或发布情况
期刊评价	年度期刊转载指数排名	综合性期刊总排名；高等院校、社科院（联）、党政干部院校三大系统主办的综合期刊排名	转载量排名、转载率排名、综合指数排名 每年 3 月发布上一年报告 2018 年期刊转载指数排名详见图 6-2
		21 个学科分类期刊排名	
		基础教育教学类期刊排名（分综合刊和专业刊）	
	重要转载来源期刊（ISJ）	从论文转载视角分析期刊	2012 年首次发布，目前已发布 2012 年版、2014 年版、2017 年版，2019 年 3 月发布 2018 年版

续表

类型	内容	说明	指标或发布情况
机构评价	年度期刊转载指数排名	高等院校、社科院（联）和党政干部院校（含党校、行政学院、社会主义学院、干部管理学院）	转载量、综合指数排名、学科对高等院校（含二级机构排名） 每年 3 月发布上一年报告 2018 年机构转载指数排名详见图 6-3
	重要转载来源机构（ISI）	从论文角度对中国发表学术论文的学术机构进行梳理，对不同类型、学科机构的学术影响力进行梳理和比较分析	2016 年 3 月首次发布 2015 年版，2019 年 3 月发布 2018 年版
作者评价	重要转载来源作者（ISA）	弥补引文分析周期较长的缺陷，充分挖掘复印报刊资料的学术评价功能，按学科提供作者名录及作者被转载论文明细	2017 年 3 月首次推出 2015 版
论文评价	年度优秀转载论文评选、学科领域论文评选		
学科评价	学术热点评选、分学科研究发展综述		

转载排名遵循"分类筛选、同类比较"的基本原则，对所涉及的原发期刊按学科和主办单位，转载论文的作者单位机构分别按学科和所属系统进行分类，之后再在同类期刊或者作者单位机构中进行数据的对比分析和排名[495]。

2018 年期刊转载排名体系，详见图 6-2。

2018 年机构转载排名体系，详见图 6-3。

四、查询途径

2003—2017 年转载排名，可访问 http：//old.zlzx.com.cn/acdemicEvaluation.action 查询。

2018 年转载排名，可订购纸本图书，书目信息：武宝瑞．中国人

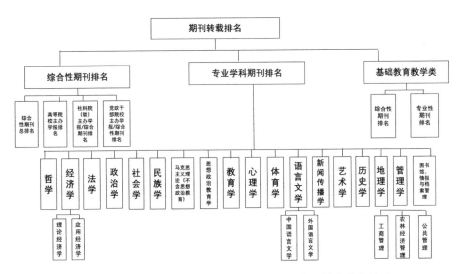

图 6-2　2018 年中国人民大学复印报刊资料期刊转载排名体系

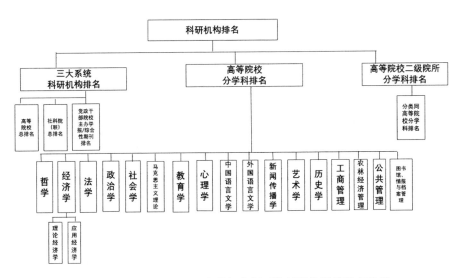

图 6-3　2018 年中国人民大学复印报刊资料机构转载排名体系

民大学复印报刊资料转载指数排名研究报告 2018［M］．北京：中国人民大学出版社，2019。

第十三节 《2017 中国高校国际学术影响力评价报告》

一、机构及产品简介

为了更加直观地展现国内大学的国际学术影响力并为其学术发展策略提供依据，中国教育发展战略学会人才发展专业委员会、中国教育网、中国教育在线、学术桥联合发布了《中国高校国际学术影响力评价报告》，它以学术论文及相关数据为抓手，从国际成果规模、高被引论文、创新人才数量、优势学科等各种不同维度展现了中国高校的"坐标"，为国内"双一流"建设高校的发展方向提供了参考借鉴和数据指标[496]。

该报告是以国际学术论文及其相关数据作为衡量一所高校国际学术影响力的主要评价内容和指标，报告内容由"中国大学国际学术影响力评价""中国学科国际学术影响力评价""中国高校 ESI 1% 各学科排名变化情况"三部分构成，每一部分都有丰富的榜单予以支撑。《报告》除了作为国家有关部门、各高校、社会组织参考的同时，也能够激励高校从高水平成果、人才培养、学科建设三个维度考虑发展方向和策略。

截至 2017 年 2 月 28 日，中国大陆共有 209 所高校至少有一个学科入选 ESI 前 1% 高被引学科。《2017 中国高校国际学术影响力评价报告》对于中国高校的国际学术影响力分析仅限于这 209 所高校。报告内容分为"中国大学国际学术影响力评价""中国学科国际学术影响力评价"两部分。两部分使用同一指标体系，但后者未使用"优势学科"这一指标。

该指标体系的设计理念如下。

第一，鼓励高水平研究：激励高校从高水平成果、人才培养、学科建设三个维度发展：入选 ESI 前 1% 高被引论文数是成果层面的指标；入选 ESI 前 1% 高被引论文的科学家数是人才层面的指标；入选 ESI 前 1% 高被引论文的学科数是学科层面的指标。未入选 ESI 的成果不计入高水平成果、人才培养、学科建设的指标值，以此排除或不鼓励低水平重复。

第二，上述三个维度的指标分开排序，并不加权累加，因为任何加权方案都缺乏充分的科学依据；加权累加之后容易造成某一指标突出之后掩盖了其他指标的不足。

第三，指标体系也兼顾规模，即高校国际成果的产量与影响（Web of Science 收录的论文总量与总被引次数）。

第四，鼓励参与、重视主导：每所高校凡参与高水平研究，无论作者排序都计入该校的高被引论文数；除此之外，"主导高被引论文数""主导科学家数"强调主导作用，以揭示中国高校在国际合作中的主导地位。

二、中国大学国际学术影响力

1. 指标定义与统计方法

中国大学国际学术影响力评价体系包括 4 个一级指标，分别是国际成果规模、高被引论文、创新人才、优势学科，详见表 6–39。

表 6-39 中国大学国际学术影响力评价指标与数据说明

一级指标	二级指标	数据说明
国际成果规模	发文数	统计 Web of Science 中 10 年发文数
	被引次数	统计 Web of Science 中 10 年发表论文迄今总被引次数
高被引论文	ESI 高被引论文数	统计 10 年内分学科、分年度高被引论文汇总数
	主导高被引论文数	同上，但只统计第一作者或者通讯作者为评价高校的高被引论文数
	高被引论文被引次数	统计 ESI 高被引论文迄今总被引次数
	高被引论文篇均被引次数	ESI 高被引论文被引次数与 ESI 高被引论文数的比值
创新人才	主导科学家数	统计高被引论文的第一作者或通讯作者数量
优势学科	进入 ESI 前 1% 学科数量	统计进入 ESI 前 1% 学科的个数
	高被引论文所属学科数量	统计高被引论文所属学科的个数

2. 数据来源

数据主要来源于 ESI 数据库，数据时间段为 2007 年 1 月 1 日—2017 年 2 月 28 日，为了更好地识别高被引论文的第一作者和通讯作者，数据处理时，在 Web of Science 下载高被引论文的题录数据。

第一作者的依据是 Web of Science 数据库论文题录数据中 AF 字段中的第一位。第一作者机构是 C1 字段中第一作者姓名对应的机构。通讯作者的依据是 Web of Science 数据库题录数据中 RP 字段的作者。通讯作者机构是 RP 字段中作者姓名对应的机构。第一作者或通讯作者的机构可能有多个，在数据处理中，按照顺序只采用第一机构。

第一作者和通讯作者因在一项研究中的主导作用而被视为主导科学家。对于主导科学家的重名问题的处理依赖于一项发明专利技术"一种面向英文文献中中国作者的姓名消歧方法"。

三、中国学科国际学术影响力

"中国学科国际学术影响力评价"与"中国大学国际学术影响力评价"使用同一指标体系及数据来源，唯一不同之处在于"中国学科国际学术影响力评价"未使用"优势学科"这一指标。

［1］ 叶继元．引文数据库精选来源期刊对学术评价作用的分析［J］．云梦学刊,2004
(04):17-19.

［2］ 缪其浩．加菲尔德和引文索引［J］．情报科学,1981(01):77-81.

［3］ 张伟刚著．科研方法论［M］．天津:天津大学出版社, 2006:39.

［4］ 同［2］.

［5］ 同［1］.

［6］ 孟连生．定题情报服务与文献计量学研究相结合的范例——匈牙利科学院图书馆
引进和利用《科学引文索引》见闻［J］．图书情报工作,1986(01):33-37+42.

［7］ 梁立明．科学计量学指标·模型·应用［M］．北京:科学出版社, 1995:206.

［8］ 同［6］.

［9］ 同［6］.

［10］ 沈中和．介绍一种科技检索工具——科学引文索引［J］．有机化学,1978(04):
153-155.

［11］ 沈中和．新颖的《科学引文索引》［J］．自然杂志,1979(05):68-69.

［12］ 张国华．美国《科学引文索引》介绍［J］．图书情报工作,1980(06):39-44.

［13］ 刘崇悌．追索文献的有力检索工具——《科学引文索引》［J］．中国药学杂志,
1980(09):27-28.

［14］ 吴尔中．文献检索是否可以完全用联机检索代替书本型常规检索［J］．情报科学,1980(01):77-80.

［15］ 范文津．美国科学情报研究所及其主要出版物［J］．图书情报工作,1980(03):42-43.

［16］ 同［2］.

［17］ 龚义台．《科学引文索引》的特点及其检索方法［J］．图书馆杂志,1982(02):59-64.

［18］ 吴尔中．文献计量学与人才评价［J］．情报学刊,1981(04):52-54+67.

［19］ 汤世国．引文分析方法及其应用［J］．科学学与科学技术管理,1983(12):46-47.

［20］ 吴尔中．利用"SCI"评选杰出科学家的情况分析［J］．图书情报工作,1984(03):6-10.

［21］ 李蔚．试谈心理科学的发展趋势——从 SCI 看心理科学的发展［J］．心理学探新,1984(03):32-39.

［22］ 吴绳楷．从文献计量角度正确认识第三世界在国际科学共同体中的地位［J］．情报学刊,1984(03):47-56.

［23］ 同［6］.

［24］ 黄本笑．我国也要建立、重视、利用引文索引［J］．科学学与科学技术管理,1987(04):50-51.

［25］ 吴家睿．新中国主要科技政策纪事(续)(1949—1989)［J］．中国科技史料,1989(04):57-69.

［26］ 包锦章．中国科技论文与引文分析数据库(CSTPC)介绍［J］．中国信息导报,1997(06):13-14.

［27］ 杜宝荣,林尧泽．对《科学引文索引》报道我国科研人员发表论文情况的调查［J］．情报科学,1988(04):70-84+32.

［28］ 我国科技论文发表状况的统计与分析［J］．中国科技论坛,1989(03):48-50.

［29］ 刘升贤．科技论文统计与我校的科技地位［J］．山东大学学报(自然科学版),1992(02):206.

[30] 陈秀英. 我院论文数居全国高校第94名[J]. 南京工业大学学报(自然科学版), 1992(02):7.

[31] 赵飞,吕瑞花. 科技信息检索与论文写作实用教程[M]. 北京:兵器工业出版社, 2005:136.

[32] 金碧辉,汪冰. 中国科学引文数据库的研建及其应用[J]. 中国科技期刊研究, 2000,11(01):14-16.

[33] 同[24].

[34] 同[32].

[35] 李凤棠. 对《中国科学引文索引》出版的思考[J]. 大学图书馆学报,1996 (06):73-74.

[36] 孟连生. 中国科学引文数据库的建立及其应用前景[J]. 情报学报,1995(03): 206-211.

[37] 孟连生. 中文科学引文分析[J]. 情报科学,1983(01):11-21.

[38] 同[24].

[39] 邓世荣. 引文索引独具的能力及我国建立引文索引的必要性[J]. 情报知识, 1988(02):10-12.

[40] 靖钦恕,钱家秀:中国自然科学核心期刊——中文自然科学引文索引应用[J]. 世界图书,1988,(01):23.

[41] 邱均平. 二次情报资源的开发与利用研究——《中文自然科学引文索引》的综合开发与统计分析[J]. 武汉大学学报(社会科学版),1989(04):121-129.

[42] 邵品洪,刘晓清. 建立中文科学引文索引(CSCI)的尝试和建议[J]. 情报学报, 1989,8(01):26-34.

[43] 任安良,马国庆. 计算机辅助文献计量分析数据库管理系统(CABA-DBMS)的设计[J]. 情报学报,1992,12(05):371.

[44] 同[36].

[45] 金碧辉,刘筱敏,陆耘. 科研绩效评价的重要工具——中国科学引文数据库[J]. 科研管理,1998(05):74-78.

[46] 阙维明. 高等学校的科研评价及选优排序活动[J]. 科技管理研究,1999 (05):52-54.

[47] 中国科学引文数据详细介绍. [EB/OL]. [2018-08-18]. http://sciencechina. cn/scichina2/index_more5. jsp.

[48] 同[26].

[49] 维普资讯发展历程. [EB/OL]. [2018-08-08]. http://www.vipinfo.com.cn/ html/list. aspx? type=company&sid=9.

[50] 中国知识基础设施工程(CNKI 导报). 1996(1),[EB/OL]. [2023-02-18]. https://www.cnki.net/gycnki/gycnki96_1.htm.

[51] 中国期刊全文数据库(引文链接版 1994-2000)》即将推出.2001(4),[EB/OL]. [2023-02-18]. https://www.cnki.net/gycnki/daobao/cnkidaobao4/daobao2-4.htm.

[52] 周霞.《中国人文社会科学引文数据库(CHSSCD)》的建设、应用与发展[J]. 情报资料工作,2002(04):30-32.

[53] 邹志仁. 中文社会科学引文索引(CSSCI)之研制、意义与功能[J]. 南京大学学报 (哲学. 人文科学. 社会科学版),2000(04):145-154.

[54] 杨永厚,苏新宁. 中文社会科学引文索引的研制及其功能[J]. 图书馆杂志,2002 (03):18-20+28.

[55] 刘筱敏. 中国科学引文数据库通过 ISI Web of Knowledge 平台面向全球提供服务 [J]. 中国科技期刊研究,2009,20(03):550.

[56] 叶继元.《中文图书引文索引·人文社会科学》示范数据库研制过程、意义及其启示[J]. 大学图书馆学报,2013,31(01):48-53.

[57] 吴娜. "中文学术图书引文索引"项目第一阶段成果发布[N]. 光明日报,2015-07-24(09).

[58] 吴楠,李凌霄. "中文学术图书引文索引"成果正式发布[J]. 吉首大学学报(社会科学版),2018,39(01):6.

[59] 瓮晚平,王占军. 大学排名及其对高等教育的影响研究——基于全球主要大学排名的分析[J]. 大学(研究版),2015(04):69-75+68.

［60］　同［46］．

［61］　李博,盛晓明．基于文献计量学的科技实力评估的研究进展［J］．图书馆论坛,
2004(05):33-36.

［62］　同［46］．

［63］　邱均平．顺应国际趋势,大力推进我国文献计量学科学计量学情报计量学的全面
发展——"大学科研量化评价国际研讨会暨第五次全国科学计量学情报计量学
年会"综述［J］．图书情报论坛,1999(02):3-5+28.

［64］　邱均平．文献计量学科学计量学情报计量学的发展［J］．情报理论与实践,1999
(03):74-76.

［65］　同［61］．

［66］　Ronald Rousseau.评估科研机构的文献计量学和经济计量学指标［C］．蒋国华．科
研评价与指标国际会议论文集．北京:红旗出版社,2000:17.

［67］　辛彦怀,胡小元．我国大学排序的历史与现状［J］．高等教育研究,1998
(02):77-80.

［68］　杨道涛．中国大学社会评价的理论分析与实证探析［D］．南京理工大学,2005.

［69］　我国 87 所重点大学排序［N］．科技日报,1987-9-13(01).

［70］　白晓文,徐庆宁.SCI 与科研产出评价——SCI 收录杭州大学论文情况分析［J］．
杭州大学学报(哲学社会科学版),1995(03):104-113.

［71］　同［46］．

［72］　国家重点学科评选项目简介［EB/OL］．［2018-01-23］．http://www.chinade-
grees.cn/xwyyjsjyxx/zlpj/zdxkps/zdxk/.

［73］　同［46］．

［74］　樊建军,林晓冬,方伟岗."211 工程"对重点学科建设和发展的作用及其管理模
式和措施［J］．中华医学科研管理杂志,2003(04):52-55.

［75］　胡瑞敏,邹纯彬．从《科学引文索引》报道分析我校重点学科的建设［J］．医学与
社会,1996(01):66-68+71.

［76］　学科评估工作简介［J］．微计算机信息,2009,25(30):219-220.

［77］ 张力玮,郭伟.打造中国特色、世界一流的教育评估品牌——访教育部学位与研究生教育发展中心主任王立生[J].世界教育信息,2017,30(08):6-11.

［78］ 张继平,覃琳.学科评估服务"双一流"建设:理念、目的与机制[J].研究生教育研究,2018(02):67-71.

［79］ 中国学位与研究生教育信息网[EB/OL].[2022-09-16].https://www.cdgdc.edu.cn/dslxkpgjggb/dslxkpggzgl.htm.

［80］ 谷雪蕾,刘蜀仁.三种SCI电子版的检索细节研究[J].现代图书情报技术,2001(01):41-44.

［81］ 赵阳.浅谈.Web of Science的特点、检索及其科学研究价值[J].图书馆建设,2000(06):68-70+103.

［82］ 韩丽风,刘蜀仁.利用三大检索查询收录/引用的方法与技巧[J].现代图书情报技术,2001(06):40-42.

［83］ 黄筱玲,姚建文.高校图书馆:不可或缺的学术评价主体[J].图书馆理论与实践,2013(10):23-25.

［84］ 邱均平,余厚强.替代计量学的提出过程与研究进展[C].图书情报工作.计量学研究的发展与创新.北京:海洋出版社,2014:6.

［85］ Marta Bladek. Bibilometrics Services and the Academic Library: Meeting the Emerging Needs of the Campus Community[J]. College Undergraduate Libraries,2014(21):3-4,330-344.

［86］ 同[82].

［87］ MacColl, John. Library Roles in University Research Accessment[J]. Library Quarterly 2010,20:152-68.

［88］ 北京大学图书馆学科竞争力分析报告[EB/OL].[2018-01-25].http://www.lib.pku.edu.cn/portal/cn/fw/kyzc/jingzhengqingbao.

［89］ 同[83].

［90］ 宋洁,王乐.高校图书馆开展决策支持服务探讨[J].图书馆学研究,2016(08):93-97.

[91] 王晓杰,金佳律,付瑞萱. 韩国高校学术评价制度体系的借鉴与反思[J]. 吉林师范大学学报(人文社会科学版),2014,42(04):111-116.

[92] How is your library helping researchers evaluate their performance[J]. Library Connect. 2007,5(03):8.

[93] 朱明,杨晓江. 世界一流学科评价之大学排名指标分析[J]. 高教发展与评估,2012,28(02):7-15+116.

[94] 朱明. 基于大学排名的世界一流学科评价问题研究[J]. 研究生教育研究,2012(01):52-59.

[95] B2B Blueprint to Beyond 2010: UNSW Strategic Intent [EB/OL]. [2017-02-06]. https://www. unsw. edu. au/sites/default/files/documents/UNS W3268_B2B_Design_AW3. pdf.

[96] 黄俊平,何峰,严纯华,于菲. 构建内生发展驱动的学科自我评估体系——以北京大学为例[J]. 学位与研究生教育,2015(07):1-6.

[97] 李峰,马芳珍,张春红,肖珑. 我国高校图书馆决策支持服务的调查与思考[J]. 大学图书馆学报,2017,35(02):56-61.

[98] 周健,仇玉芹,宋振世,熊泽泉,蒋萍. 高校图书馆开展决策支持服务之探索与实践——以华东师范大学图书馆为例[J]. 上海高校图书情报工作研究,2015,25(03):6-10.

[99] 宋洁,王乐. 关于高校决策支持知识服务的思考[J]. 上海高校图书情报工作研究,2015,25(03):11-14.

[100] 同[90].

[101] 刘颖,刘霞. 高校图书馆计量分析服务实践探索——以武汉大学图书馆为例[J]. 情报理论与实践,2015,38(07):92-96.

[102] 孙玉伟,刘昌荣,吴继伟. 深化科研支持,拓展服务新领域——以山东师范大学图书馆文献计量服务实践为例[J]. 高校图书馆工作,2014(05):7-9.

[103] 浙江大学图书馆情报信息服务 [EB/OL]. [2018-01-25]. http://libweb. zju. edu. cn/libweb/redir. php? catalog_id=157335.

[104] 刘春艳. 我国高校开展竞争情报工作的现状及对策研究[J]. 图书馆学刊,2007
(04):51-53.

[105] 付佳佳,范秀凤,杨眉. 高校图书馆开展情报分析服务的框架体系与实践探索
[J]. 图书与情报,2014(05):26-29.

[106] 孙玉伟. 面向科研决策的信息服务框架探析[J]. 情报杂志,2013,32(06):167-
171+175.

[107] 李明,潘松华. 高校重大战略决策的竞争情报支持研究——以重点学科建设为
例[J]. 情报杂志,2009,28(07):82-86.

[108] 重庆大学图书馆学科评价与分析[EB/OL]. [2018-01-25]. http://
lib. cqu. edu. cn/Home/ServiceDetail⑫cid=664.

[109] 肖红. 文献检索服务中的科技查新与科研评价[J]. 情报资料工作,2002
(S1):354.

[110] 王飒. "985"高校图书馆科研评价服务实践调研与分析[J]. 图书情报工作,
2016,60(01):26-31.

[111] 邱均平,王月芬. 文献计量内容分析法[M]. 北京:北京图书馆出版社, 2008.

[112] 娄策群. 社会科学评价的文献计量理论与方法[M]. 武汉:华中师范大学出版
社,1999.

[113] 董琳,刘清. 国外学科评价及其文献计量评价指标研究[J]. 情报理论与实践,
2008(01):37-40.

[114] 同[108].

[115] 季淑娟,董月玲,王晓丽. 基于文献计量方法的学科评价研究[J]. 情报理论与
实践,2011,34(11):21-25.

[116] 同[101].

[117] 同[115].

[118] 同[115].

[119] 李峰. 图书馆如何开展学科竞争力评价——由《英国科研表现之国际比较》报
告得到的启示[J]. 大学图书馆学报,2015,33(02):72-76.

[120]　刘勇."双一流"建设背景下高校图书馆服务 ESI 学科建设的内容与策略[J].图书情报工作,2017,61(09):53-58.

[121]　同[97].

[122]　李铁映.高等教育体制改革与政治、经济、科技体制改革——在国家教委直属高校工作咨询委员会第三次全体(扩大)会议上的讲话[J].中国高等教育,1992(12):2-5.

[123]　李哲.近年美国《科学引文索引》刊登我校数学系学术论文[J].东北师大学报(自然科学版),1989(04):28.

[124]　尚克聪.美国《科学引文索引》收录我校论文的统计[J].山西大学学报(自然科学版),1989(01):113.

[125]　解若冰.《科学引文索引》及对我校成果的报道[J].西北大学学报(自然科学版),1990(03):62.

[126]　同[29].

[127]　从 SCI 学术榜看湖南大学在全国高校中的位置[J].湖南大学学报(自然科学版),1993(05):122.

[128]　余峰.科研管理的得力助手——《科学引文索引》[J].图书馆论坛,1993(01):58-59.

[129]　任其荣.CD-ROM 光盘数据库的合理引进和充分利用[J].现代图书情报技术,1995(02):54-55.

[130]　韦庆媛,邓景康.清华大学图书馆百年图史[M].北京:清华大学出版社,2013:280.

[131]　侯竹筠.抓住机遇,迎接变革的挑战——清华大学图书馆的现状与发展[J].北京图书馆馆刊,1996(02):31-34.

[132]　同[82].

[133]　同[81].

[134]　同[82].

[135]　吴景汾.1988—1990 年《SCI》收录的我校论文篇数小计[J].第四军医大学学

报,1992(01):15.

[136] 同[70].

[137] 陆荣用,倪学寨,庄丽华.1980—1990年国外大型检索工具(SCI,Ei,ISTP,ISR)收录我校科技论文的调查分析[J].同济大学学报(自然科学版),1993(03):412-414.

[138] 赵淑云.SCI与科研发展[J].图书馆论坛,1996(04):63-65.

[139] 范爱红.建设知识服务链,加强科研信息支撑.全国高校图书馆科研信息服务研讨会大会报告.[EB/OL].[2019-01-30].http://m1523.meeting163.com/UploadFile/UploadFile/2011117163212-1.pdf.

[140] 黑龙江省科技文献信息共享服务系统收录引证检索[EB/OL].[2019-01-25].http://www.hljstl.org.cn/portal/news/info①id=5775.

[141] 李晓东,卢振波.论文查收查引工具软件的设计与实现[J].大学图书馆学报,2005(01):49-50+62.

[142] 郝丹.引证检索中数据质量控制研究与实现[D].西安电子科技大学,2012.

[143] 梁红妮,胡小飞.论文查收查引服务的分析与探讨[J].情报理论与实践,2009,32(04):96-99.

[144] 同[128].

[145] 俞青.科研评价中基于文献计量分析的应用初探[J].图书馆理论与实践,2010(11):50-53.

[146] 徐振明,杨振斌,江静,田贺明.略论科技论文在建设世界一流大学中的作用[J].清华大学教育研究,1997(04):73-77.

[147] 科技部发布国家"十二五"科学和技术发展规划[EB/OL].[2019-01-30].http://www.gov.cn/gzdt/2011-07/13/content_1905915.htm.

[148] 侯瑞芳,陈嘉勇与周婕.查收查引服务优化体系的构建与思考[J].图书馆建设,2015(04):75-79.

[149] 同[148].

[150] 同[75].

[151] 王伟,徐桂香,陈茜. 文献计量研究方法在重点学科评估中的应用[J]. 情报科学,1998(05):416-424.

[152] 华薇娜,张岚. 对中国五所重点大学理工学科 1990—1995 年科研现状的定量分析[J]. 情报资料工作,1998(03):13-16.

[153] 花芳. 利用 Web of Science 数据库的分析功能评估我国碳纳米管领域的研究实力[J]. 图书情报工作,2006(04):110-112+63.

[154] 同[97].

[155] 同[139].

[156] 同[98].

[157] 谢琳. 基于 QlinkView 的学术监控与展示平台. 第 12 届数字图书馆前沿问题研讨班暨 Lib2.15 会议[EB/OL]. [2018-01-24]. http://dspace.xmu.edu.cn/dspace/handle/2288/85044.

[158] 武汉大学图书馆 ESI 与学科服务动态[EB/OL]. [2018-01-24]. http://www.lib.whu.edu.cn/web/index.asp⑥obj_id=541.

[159] 北京理工大学图书馆 ESI 信息通报[EB/OL]. [2018-01-24]. http://lib.bit.edu.cn/node/503.jspx.

[160] 张慧丽,李峰. 未名学术快报助力图书馆科研支持服务探究[C]. 北京大学图书馆发展战略——北京大学图书馆第十三届五四科学讨论会论文集. 北京:北京大学图书馆,2018:295-301.

[161] 华中科技大学学术影响力分析报告[EB/OL]. [2018-01-24]. http://www.lib.hust.edu.cn/upload/ckfinder/files/2% 20% e5% 8d% 8e% e4% b8% ad% e7%a7%91% e6% 8a% 80% e5% a4% a7% e5% ad% a6% e5% ad% a6% e6% 9c% af% e5%bd%b1%e5%93%8d%e5%8a%9b%e5%88%86%e6%9e%90%e6%8a%a5% e5%91%8a. pdf.

[162] 武汉光点国家实验室(筹)SCI 收录文献分析[EB/OL]. [2018-01-24]. http://www.lib.hust.edu.cn/upload/ckfinder/files/12% e6% ad% a6% e6% b1% 89% e5% 85%89%e7% 94% b5% e5% ae% 9e% e9% aa% 8c% e5% ae% a4% ef% bc% 88% e7%

ad%b9%ef%bc%89SCI%e6%94%b6%e5%bd%95%e6%96%87%e7%8c%ae%e5%88%86%e6%9e%90. pdf.

[163] 同济大学图书馆情报分析与服务 [EB/OL]. [2018 – 01 – 24]. http://www. lib. tongji. edu. cn/ia/.

[164] 清华大学图书馆专利信息服务 [EB/OL]. [2018 – 01 – 24]. http://lib. tsing-hua. edu. cn/service/patent. html.

[165] 同[97].

[166] 同[88].

[167] 同济大学人文社会科学发展报告(2011—2016 年)[EB/OL]. [2018 – 01 – 24]. http://www. lib. tongji. edu. cn/ia/①p = 898.

[168] 华中科技大学入选 ESI 优势学科及高影响力论文分析[EB/OL]. [2018 – 01 – 24]. http://www. lib. hust. edu. cn/upload/ckfinder/files/9%20%e5%8d%8e%e4%b8%ad%e7%a7%91%e6%8a%80%e5%a4%a7%e5%ad%a6%e5%85%a5%e9%80%89ESI%e4%bc%98%e5%8a%bf%e5%ad%a6%e7%a7%91%e5%8f%8a%e9%ab%98%e5%bd%b1%e5%93%8d%e8%ae%ba%e6%96%87%e5%88%86%e6%9e%90(1). pdf.

[169] 王乐. 从资源到决策:复旦大学图书馆的学科竞争力情报服务. 2018 年全国师范院校图书馆联盟理事会暨"新时代・新使命・新服务"学术论坛会议资料. 会议资料尚未公开.

[170] 同[97].

[171] 同[169].

[172] 肖珑,张春红. 高校图书馆研究支持服务体系:理论与构建——兼述北京大学图书馆的相关实践[J]. 大学图书馆学报,2016,34(06):35-42.

[173] 同[169].

[174] 同[172].

[175] 教育部高等学校图书情报工作指导委员会. 高校图书馆发展蓝皮书 2016[M]. 北京:高等教育出版社,2019:319.

[176]　同[101].

[177]　中国矿业大学图书馆投稿指南[EB/OL].[2018-12-15].http://lib. cumt. edu. cn/1382/list. htm.

[178]　华东师范大学图书馆核心期刊指南[EB/OL].[2018-12-15]. http:// www. lib. ecnu. edu. cn/help/j_kernal. php.

[179]　同[139].

[180]　同[101].

[181]　同[101].

[182]　同[169].

[183]　教育部高等学校图书情报工作指导委员会. 高校图书馆发展蓝皮书2016[M]. 北京:高等教育出版社,2019:320.

[184]　赵飞,艾春艳,李峰,游越,刘素清. 院系与学科角度相结合的高校科研评估探析 [J]. 大学图书馆学报,2016,34(01):76-82.

[185]　戚业国. 学科竞争力的影响因素与提升策略[J]. 中国高等教育,2013 (Z2):12-15.

[186]　亨克. F. 莫德,佟贺丰,译. 科研评价中的引文分析[M]. 北京:科学技术出版 社,2010:20.

[187]　艾春艳,赵飞,游越,刘素清. 基于机构决策的科研竞争力评估方法初探[J]. 大 学图书馆学报,2013,31(05):84-86+67.

[188]　赵飞,艾春艳,游越,刘素清. 基于文献计量开展高校科研评估的探索与思 考——以北京大学科研竞争力评估为例[J]. 大学图书馆学报,2014,32 (01):97-101.

[189]　秦妍. 高校科研考评体系现状与改进探究[J]. 科教导刊(中旬刊),2013(03): 28+65.

[190]　同[188].

[191]　同[184].

[192]　袁曦临,刘宇,叶继元. 人文、社会科学学科分类体系框架初探[J]. 大学图书馆

学报,2010,28(01):35-40+55.

[193] 美捷登. 谷歌学术 H5 指数及其与汤森路透影响因子对比分析[EB/OL].
[2016-5-3]. http://www. xiahepublishing. com/ArticleFullText. aspx? sid=2&jid=
5&id=10. 14218%2fMRP. 2015. 045.

[194] 重庆大学图书馆前沿研究高级访问馆员计划(2018)[EB/OL]. [2018-11-10].
https://mp. weixin. qq. com/s/VY39_7fF1GaDxfcDwf_bkg.

[195] 任彬彬. 对我国高校学科评估的思考[J]. 现代商贸工业,2008(02):224-225.

[196] 同[184].

[197] 同[188].

[198] 官建成,郑琦. 中国科技发展的国际地位评估研究[M]. 北京:中国科学技术出
版社,2015.

[199] 同[115].

[200] 刘思峰,杨英杰. 英国高校科研评估的卓越框架及其借鉴价值[J]. 中国高校科
技,2015(12):7-10.

[201] 邢欢. 社会科学研究:非学术影响及其评估[J]. 清华大学教育研究,2017,38
(02):66-74.

[202] 同[187].

[203] 同[185].

[204] 同[185].

[205] 李春英,张巍巍,高琴,刘春艳,马晓庆,殷蜀梅,谢志耘."双一流"建设背景下的
学科竞争力评价研究——以中国药学二级学科竞争力评价为例[J]. 大学图书
馆学报,2018,36(02):45-51.

[206] 同[185].

[207] 吴爱芝,肖珑,张春红,刘姝. 基于文献计量的高校学科竞争力评估方法与体系
[J]. 大学图书馆学报,2018,36(01):62-67+26.

[208] 同[184].

[209] 同[187].

[210] 同[184].

[211] 同[184].

[212] 同[184].

[213] 同[184].

[214] 同[184].

[215] 同[207].

[216] 同[115].

[217] 蒋玉梅. 全球科研评价体系的演进与发展——以美国、英国、澳大利亚、荷兰四国为例[J]. 国家教育行政学院学报,2013(09):81-86.

[218] Education Advisory Board. Redefining the Academic Library:Managing the Migration to Digital Information Services. [EB/OL]. [2018-5-10]. http://www. educationadvisoryboard. com/pdf/23634-EAB-Redefi ning-the-Academic-Library. pdf.

[219] 2012 top ten trends in academic libraries:A review of the trends and issues affecting academic libraries in higher education[J]. College & Research Libraries News,2012, 73(06):311- 320.

[220] Sheila Corrall, Mary Anne Kennan, and Waseem Afzal. Bibliometrics and Research Data Management Services:Emerging Trends in Library Support for Research [J]. Library Trends, 2013,61(3):636-674.

[221] 司莉,曾粤亮. 世界一流高校图书馆科研支持服务调查与分析[J]. 图书情报工作,2018,62(08):30-41.

[222] 同[220].

[223] 李漫红. 英国大学科研评估制度变迁研究[D]. 东北大学,2016:3.

[224] Building on Success and Learning from Experience:An Independent Review of the Research Excellence Framework [EB/OL] . [2018 - 11 - 10] . https:// assets. publishing. service. gov. uk/government/uploads/system/uploads/attachment _ data/file/541338/ind-16-9-ref-stern-review. pdf.

[225] 李漫红. 英国大学科研评估制度变迁研究[D]. 东北大学,2016:37-44.

[226] Report on the Pilot Exercise to Develop Bibliometric Indicators for the Research Excellence Framework [EB/OL] . [2017 – 12 – 15] . http://www. hefce. ac. uk/media/hefce1/pubs/hefce/2009/0939/09_39. pdf.

[227] Sub–panel 11：Citation data[EB/OL]. [2017–12–15]. https://www. ref. ac. uk/2014/about/guidance/citationdata/googlescholar/.

[228] Research Excellence Framework. Consultation on the assessment and funding of higher education research post – 2008 [EB/OL] . [2017 – 12 – 15] . http://webarchive. nationalarchives. gov. uk/ 20100303154641/http://www. hefce. ac. uk/pubs/hefce/2007/07_34/07_34. pdf.

[229] About the REF[EB/OL]. [2017–12–12]. http://www. ref. ac. uk/2014/about/.

[230] Assessment criteria and level definitions[EB/OL]. [2017–12–12]. http://www. ref. ac. uk/2014/panels/assessmentcriteriaandleveldefinitions/.

[231] Panel Criteria and Working Methods[EB/OL]. [2017–12–12]. http://www. ref. ac. uk/2014/media/ref/content/pub/panelcriteriaandworkingmethods/01_12. pdf.

[232] Clarivate Analytics will provide citation data during REF 2021. [EB/OL]. [2017–12–12]. https://www. ref. ac. uk/news/clarivate–analytics–will–provide–citation–data–during–ref–2021/.

[233] 同[217].

[234] 曹方方. 英美高校社会科学教师科研绩效评价体系比较[J]. 现代教育管理, 2018(05):54–59.

[235] 陆翊翊,郭胜伟. 美国高校科研评价及其借鉴[J]. 管理观察,2016(21):93–96+101.

[236] 王斌华. 教师评价——绩效管理与专业发展[M]. 上海:上海教育出版社,2005:189–205.

[237] 顾海兵,齐心. 美国科技评估制度的研究与借鉴[J]. 科学中国人,2004(06):40–43.

[238] 佚名. 国外人文社会科学评价方法撷要[N]. 光明日报,2010–05–18(11).

［239］ 顾萍,夏旭,伍雪莹,白璐,钟泳如. 高校科研评价指标体系构建研究［J］. 2017, 61(09):94-101.

［240］ 江红岩. 从伯克利管理视角谈美国研究型大学的教师绩效评估［J］. 高等农业教育,2007(01):88-91.

［241］ 同［217］.

［242］ Butler L. Explaining Australia's increased share of ISI publications: The effects of a funding formula based on publication counts［J］. Research Policy, 2003, 32 (1):143-155.

［243］ 赵勇等. 澳大利亚科研评价体系的演变、特点与启示［J］. 中国科技论坛, 2015. 31(12):149-151.

［244］ 同［242］.

［245］ 同［242］.

［246］ 刘兴凯,张靓媛. 卓越科研(ERA):澳大利亚高校科研评估制度及价值启示［J］. 甘肃社会科学,2017(01):136-141.

［247］ 刘兰剑,杜向民. 澳大利亚 ERA 分类科研评价体系及其启示［J］. 科学学与科学技术管理,2015,36(12):24-32.

［248］ 同［217］.

［249］ Jayshree Mamtora, Gaby Haddow. Australian Academic Libraries and Research Support. In: Raju, R., Adam, A., Johnson, G., Miller, C. & Pietersen, J. The quest for a deeper meaning of research support. ［M］. Cape Town: University of Cape Town Libraries,2015:80-89.

［250］ Campbell, D., et al., Bibliometrics as a Performance Measurement Tool for Research Evaluation: The Case of Research Funded by the National Cancer Institute of Canada ［J］. American Journal of Evaluation, 2010. 31(1):66-83.

［251］ KE Gutzman,ME Bales,CW Belter, et. al. Research evaluation support services in biomedical libraries［J］. Journal of the Medical Library Association,2018,106(1):1.

［252］ Ministry of Training, Colleges and Universities. Strategic Mandate Agreement (2014-

17）［EB/OL］.［2018−08−10］. https：//www. ontario. ca/page/college−and−university−strategic−mandate−agreements−2014−2017.

［253］ Ministry of Training, Colleges and Universities. Strategic Mandate Agreement.［EB/OL］.［2018−08−07］. https：//www. ontario. ca/page/college−and−university−strategic−mandate−agreements−2017−2020

［254］ Canadian Association of Research Libraries（CARL）Signs On to San Francisco Declaration on Research Assessment（DORA）［EB/OL］.［2018−08−07］. https：//www. infodocket. com/2018/04/03/canadian−association−of−research−libraries−carl−signs−on−to−san−francisco−declaration−on−research−assessment−dora/.

［255］ Ontario Library Association. Strategic Plan 2017−2020［EB/OL］.［2018−08−07］. http：//www. accessola. org/web/Documents/OLA/About/strat_plan/Final%20OLA%20Strat%20Plan%202017−2020%20Signed. pdf.

［256］ University of Waterloo Working Group on Bibliometrics, Winter 2016, White Paper on Bibliometrics, Measuring Research Outputs through Bibliometrics, Waterloo, Ontario： University of Waterloo.［EB/OL］.［2018 − 08 − 07］. https：//www. researchgate. net/profile/M_Tamer_Oezsu/publi −cation/298352361_Measuring _Research_Output_through_Bibliometrics/links/56e865ca08aea51− e7f3b4eeb/Measuring−Research−Output−through−Bibliometrics. pdf①origin = publication_detail.

［257］ 同［90］.

［258］ Duranceau, E. F. The "wealth of networks" and institutional repositories：MIT, DSpace, and the future of the scholarly commons［J］. Library Trends, 2008, 57（2）： 244−261.

［259］ 同［90］.

［260］ BIBLIOMETRICS, AUSTRALIA, FEBRUARY.［J］. Library Connect, 2007, 5 （2）：14.

［261］ Robyn Drummond, Richard Wartho. RIMS：The Research Impact Measurement Service at the University of New South Wales［J］. Australian Academic & Research

Libraries,2009,40(2):76-87.

[262] 同[220].

[263] Drummond R. RIMS Revisited: The Evolution of the Research Impact Measurement Service at UNSW Library[J]. Australian Academic & Research Libraries, 2014,45 (4):309-322.

[264] Mary Auckland. Re-skilling for Research [EB/OL]. [2018-08-07]. https:// www. rluk. ac. uk/wp-content/uploads/2014/02/RLUK-Re-skilling. pdf.

[265] Assessment framework and guidance on submissions [EB/OL]. [2018-08-07]. https://www. ref. ac. uk/2014/media/ref/content/pub/assessmentframeworkandguidanceonsubmissions/GOS%20including%20addendum. pdf .

[266] Draft guidance on submissions (2018/01). [EB/OL]. [2018-08-07]. http:// www. ref. ac. uk/media/ref,2021/downloads/Draft%20Guidance%20on%20submissions% 20REF%202018_1. pdf.

[267] Research Excellence Framework REF at UCL. [EB/OL]. [2018-9-26]. http:// www. ucl. ac. uk/ref2014.

[268] REF 2021. [EB/OL]. [2018-9-26]. https://www. kcl. ac. uk/research/support/ policy/ref-2021. aspx.

[269] REF 2014 Results. [EB/OL]. [2018-9-26]. https://www. qmul. ac. uk/wolfson / ref2014/.

[270] Open Access Oxford Project Group. [EB/OL]. [2018-9-26]. https://researchsupport. admin. ox. ac. uk/oaopg.

[271] Open access. [EB/OL]. [2018-9-26]. https://intranet. birmingham. ac. uk/as/libraryservices/library/research/open-access/index. aspx.

[272] Soehner,C. ,Steeves,C. ,&Ward,J. E-science and data support services: A study of ARL member institutions[J]. Information Standards Quarterly,2010,22:46.

[273] Jayshree Mamtora, Gaby Haddow. Australian Academic Libraries and Research Support. In: Raju, R. , Adam, A. , Johnson, G. , Miller, C. & Pietersen, J. The

quest for a deeper meaning of research support. ［M］. Cape Town：University of Cape Town Libraries,2015:81-82.

［274］ Robyn Drummond,Richard Wartho. RIMS：THE RESEARCH IMPACT MEASURE-MENT SERVICE AT THE UNIVERSITY OF NEW SOUTH WALES［J］. Australian Academic & Research Libraries,2009,40（2）:76-87.

［275］ Carole Gibbs, Kate Sergeant. Opportunity Not Hard Work：Scripted Solutions to Solving Our Bibliometric Nightmare. ALIA 14th Exhibition and Conference, January 2009［C］. ［2017-9-26］. http://conferences. alia. org. au/online2009/docs/PresentationB6. pdf.

［276］ 同［220］.

［277］ 同［249］.

［278］ Keller A. Research Support in Australian University Libraries：An Outsider View［J］. Australian Academic & Research Libraries,2015,46（2）:73-85.

［279］ 同［220］.

［280］ Robyn Drummond. Reflection on："RIMS：The Research Impact Measurement Service at the University of New South Wales"［J］. Australian Academic & Research Libraries, 2016, 47（4）:282-285.

［281］ 叶兰. 澳大利亚新南威尔士大学图书馆的科研评价服务研究［J］. 情报资料工作,2017（06）:102-109.

［282］ 叶兰. 面向研究成果影响力生命周期的科研评价服务体系构建研究［J/OL］. 图书馆建设:1-12［2019-01-11］. http://kns. cnki. net/kcms/detail/23. 1331. g2. 20181130. 1415. 018. html.

［283］ 同［271］.

［284］ Author Identifier Overview［EB/OL］. ［2018-6-15］. http://blogs. plos. org/mfenner/files/2011/01/author_identifier_overview. jpg.

［285］ 任胜利. 特征因子（Eigenfactor）:基于引证网络分析期刊和论文的重要性［J］. 中国科技期刊研究 2009,20（03）:415-418.

[286] Butler D. Free journal-ranking tool enters citation market[J]. Nature, 2008, 451 (7174): 6.

[287] 中国出版传媒商报社,北京外国语大学中国文化走出去效果评估中心课题组. 中国文化走出去效果评估中心执行主任. 中国图书海外馆藏影响力研究报告 (2018 版)[N]. 中国出版传媒商报,2018-08-21(057).

[288] Helen de Mooij. Research Performance Measurement is reviving up [J]. Library Connect,2007,5(3):2.

[289] Seogwon Hwang. R&D performance evaluation: We need to look at diverse metrics [J]. Library Connect,2007,5(3):2.

[290] Robyn Drummond, Richard Wartho. RIMS: The Research Impact Measurement Service at the University of New South Wales[J]. Australian Academic & Research Libraries,2009, 40(2):76-87.

[291] MacColl, John. Library Roles in University Research Assessment[J]. Liber Quarterly, 2010,20:152-68.

[292] Ball, R. & Tunger, D. Bibliometric analysis - A new business area for information professionals in libraries[J]. Scientometrics,2006,66(3): 561-577.

[293] Herther, Nancy K. Research Evaluation and Citation Analysis: Key Issues and Implications[J]. The Electronic Library,2009,27:361-75.

[294] 同[275].

[295] Hendrix, Dean. Tenure Metrics: Bibliometric Education and Services for Aca-demic Faculty[J]. Medical Reference Services Quarterly,2010,29:183- 89.

[296] Delasalle, Jenny. Research Evaluation: Bibliometrics and the Librarian[J]. SCONUL Pocts,2011,53:15-19.

[297] S Gumpenberger, Christan, Martin Wieland, and Juan Gorraiz. Bibliometric Practices and Activities at the University of Vienna [J]. Library Management, 2012. 33:174 -83.

[298] 同[220].

［299］ Marta Bladek. Bibilometrics Services and the Academic Library：Meetingthe Emerging Needs of the Campus Community［J］. College & Undergraduate Libraries,2014,21：3-4+330-344.

［300］ 同［220］.

［301］ Key Perspectives Ltd. 2009. A Comparative Review of Research Assessment Regimes in Five Countries and the Role of Libraries in the Research Assessment Process［EB/OL］.［2018-01-07］. http://www. oclc. org/research/publications/library/2009/2009-09. pdf.

［302］ 同［220］.

［303］ 同［301］.

［304］ A Comparative Review of Research Assessment Regimes in Five Countries and the Role of Libraries in the Research Assessment Process［EB/OL］.［2018-01-07］. https://www. oclc. org/content/dam/research/publications/library/2009/2009-09. pdf.

［305］ Bosman, Jeroen & Kramer, Bianca. 101 Innovations in Scholarly Communication- the Changing Research Workflow.［EB/OL］.［2018-01-07］. https://www. researchgate. net/profile/Jeroen _ Bosman/publication/276057813 _ 101 _ Innovations_in_Scholarly_Communication_the_Changing_Research_Workflow/links/554f57fe08ae739bdb906b1e/101-Innovations-in-Scholarly-Communication-the-Changing-Research-Workflow. pdf? origin＝publication_detail.

［306］ 汤森路透最新推出的新兴资源引文索引(ESCI)数据库及其作用［EB/OL］.［2018-08-23］. http://blog. sciencenet. cn/blog-475824-958236. html.

［307］ 关于 Engineering Village［EB/OL］.［2018-08-23］. https://www. elsevier. com/zh-cn/solutions/engineering-village.

［308］ 中国科学引文数据库详细介绍［EB/OL］.［2018-08-23］. http://sciencechina. cn/index_more1. jsp.

［309］ 中国科学引文数据库来源期刊［EB/OL］.［2018-08-23］. http://sciencechina. cn/

cscd_source. jsp.

[310] 人大书报资料中心历史沿革[EB/OL].[2019-03-23]. http://www. zlzx. com. cn/zxfzs. jhtml.

[311] 中国人民大学复印报刊资料关于我们[EB/OL].[2019-03-23]. http:// ipub. exuezhe. com/aboutus. html.

[312] 中国引文数据库使用指南[EB/OL].[2018-07-27]. http://ref. cnki. net/ RefHelp? uid = WEEvREcwSlJHSldRa1FhcTdWajFsM 285ZFVtbzhlZ0s5Q2lXenN0R 09vUT0 = $9A4hF_YAuvQ5obgVAqNKPCYcEjKensW 4IQMovwHtFKF4VYP oH-bKxJw!! .

[313] 同[312].

[314] 刘红,徐嘉莹. 上海市高校学科国际影响力评价——基于 InCites 学科映射的一级学科文献计量分析[J]. 复旦教育论坛,2014,12(04):29-34.

[315] 蔺梅芳,刘静. 基于 InCites 学科映射的一级学科文献计量分析——以电子科技大学为例[J]. 四川图书馆学报,2015(03):71-73.

[316] 陈磊,陈惠兰,詹司佳,徐小丽. 学科竞争力视角下的馆藏资源建设探析——基于 Scival 跨学科科研评价工具[J]. 图书馆,2015(05):83-86.

[317] Clarivate Analytics. InCites Help, Research Area[EB/OL].[2018-8-14]. http:// ipscience-help. tho msonr euters. com/InCit es2Live/f ilter ValuesGro up/rese ar-chAreaS chema. html.

[318] 张垒. 论文高被引的参考文献特征及其对影响因子贡献研究[J]. 情报科学, 2016,34(08):94-98.

[319] InCites Help, Journal Impact Factor[EB/OL].[2018-05-17]. http://ipscience-help. thomsonr- euters. com/InCites2Live/indicatorsGroup/aboutHandbook/usingCita-tionIndicatorsWisely/jif. html.

[320] Tomsone Rutesr Releases New Journal Citation Reports[EB/OL].[2018-07-13] ht-tp://www. reuter. com.

[321] InCites Help, Article Influence [EB/OL]. [2018-05-17]. http://ipscience-

help. thomsonreuters. com/InCites2Live/7790-TRS. html.

[322] Bergst rom C . Eigenfact or : Measuring the Value and Prestige ofScholarly Journals [J]. College and Research Libraries News,2007,68(5):314 -316.

[323] In Cites Help,Eigenfactor Ⓡ . [EB/OL]. [2018-05-17]. http://ipscience-help. thomsonreuters. com/InCites2Live/indicatorsGroup/aboutHandbook/usingCitationIndi-catorsWisely/eigenfactor. html.

[324] 窦曦骞,祁延莉 . 特征因子与论文影响力指标初探[J]. 大学图书馆学报,2009, 27(06):57-62+88.

[325] 朱兵 . 特征因子及其在 JCR Web 中与影响因子的比较[J]. 情报杂志,2010,29 (05):85-88.

[326] Scopus:访问和利用支持中心[EB/OL]. [2018-08-05]. https://cn. service. elsevier. com/app/answers/detail/a_id/16143/supporthub/scopus/#citescoreRank.

[327] 叶艳,张李义 . 基于 CiteScore 指数与影响因子的期刊评价研究——以经济管理 领域期刊为例[J]. 情报科学,2017(07):126-131.

[328] Citescore Metrics FAQs. [EB/OL]. [2018-05-17]. https://supportcontent. elsevi-er. com/Right Now%20Next%20Gen/Scopus/Files/5221_CiteScore_FAQ. pdf.

[329] Scopus:访问和利用支持中心 . Scopus 中如何使用 SJR(SCImago 期刊等级) [EB /OL]. [2018-5-2]. https://cn. service. elsevier. com/app/answers/detail/a_id/16209/KF/SJR/supporthub/scopus/.

[330] DESCRIPTION OF SCIMAGO JOURNAL RANK INDICATOR[EB /OL]. [2018-5-2]. http://www. scimagojr. com/SCImagoJournalRank. pdf.

[331] SJR—SCOPUS 期刊评鉴指标(1)[EB /OL]. [2018-5-2]. http://tul. blog. ntu. edu. tw/archives/3061.

[332] 程小娟,杨晶晶 . Scopus 数据库引文评价新指标 SNIP 原理及可行性探讨[J]. 图 书情报工作,2012,56(10):6-9+34.

[333] CWTS Journal Indicators Methodology[EB /OL]. [2018-5-2]. http://www. journalindicators. com/methodology#guidelines.

［334］ 赵星. 科普文：什么是学者的 H 指数？如何计算？［EB/OL］.［2018-08-13］http://blog. sciencenet. cn/home. php ⑭ do = blog&id = 225196&mod = space&uid = 1898.

［335］ 郝若扬. H5 指数研究及其与影响因子的比较分析［J］. 情报科学. 2017. 35（06）：120-124.

［336］ 张良辉，刘虹. 期刊评价：h5 和 h5 中位数［J］. 情报杂志，2015，34（02）：89-92.

［337］ 同［335］.

［338］ 从化学与材料领域期刊排名看 Google Scholar h5 因子［EB/OL］.［2018-5-3］. http://blog. sciencenet. cn/blog-600576-903091. html.

［339］ 美捷登. 谷歌学术 H5 指数及其与汤森路透影响因子对比分析［EB/OL］.［2018-5-3］. http://www. xiahepublishing. com/ArticleFullText. aspx ⑭ sid = 2&jid = 5&id = 10. 14218%2fMRP. 2015. 045.

［340］ Google Scholar Metrics.［EB/OL］.［2016-5-3］. https://scholar. google. com/intl/zh-CN/scholar/metrics. html.

［341］ 赵基明，邱均平，黄凯等. 一种新的科学计量指标——H 指数及其应用述评［J］. 中国科学基金. 2008. 22（01）：23-32.

［342］ The e-Index, Complementing the h-Index for Excess Citations［EB/OL］.［2018-11-02］. https://journals. plos. org/plosone/article? id = 10. 1371/journal. pone. 0005429.

［343］ 隋桂玲. g 指数与 H 指数、e 指数的关系及其文献计量意义［J］. 图书情报工作，2013，57（23）：90-94.

［344］ 同［343］.

［345］ SSRN Support Page, What is Eigenfactor ®［EB/OL］.［2018-5-3］. https://www. ssrn. com/en/index. cfm/ssrn-faq/#eigenfactor.

［346］ West, Jevin D. etc. Author-Level Eigenfactor Metrics：Evaluating the Influence of Authors, Institutions and Countries Within the SSRN Community［EB/OL］.［2018-

5-3〕. https://papers. ssrn. com/sol3/papers. cfm? abstract_id=1636719.

[347] 张志辉. 常用科研评价指标辨析[EB/OL]. [2018-09-20]. 汤森路透知识产权与科技, https://wenku. baidu. com/view/8d4 f0f81bd eb19e8 b8f6 7c 1cfa d6195f 312be 8f1. html.

[348] Citation Impact〔EB/OL〕. 〔2018-06-05〕. http://ipscience-help. thomsonreuters. com/ InCites-2Live/indicatorsGroup/aboutHandbook/usingCitationIndicatorsWisely/ citationImpactDraft. html.

[349] Category Normalized Citation Impact〔EB/OL〕. 〔2018-05-03〕. http://ipscience-help. thomson-reuters. com/InCites2Live/indicatorsGroup/aboutHandbook/usingCitationIndicatorsWisely/normalizedCitationImpact. html.

[350] Scopus:访问和利用支持中心,什么是领域加权的引用影响（FWCI）〔EB/OL〕. 〔2018-5-3〕. https://cn. service. elsevier. com/app/answers/detail/a_id/16215/ KF/FWCI/supporthub/scopus/.

[351] 刘春丽. 论文层面计量学（Article-Level Metrics）:发展过程、特点、指标与应用 [J]. 图书馆杂志, 2016,35(02):63-69.

[352] 宋玲玲. 基于PLoS ALMs的论文影响力评价指标研究——以航空航天医学为例 [J]. 情报理论与实践,2016, 39(09):30-36.

[353] 由庆斌,汤珊红. 不同类型论文层面计量指标间的相关性研究[J]. 图书情报工作,2014,58(08):79-84.

[354] 翟晓芳. 结合社会化网络的文献计量及应用框架研究〔D〕. 太原:山西大学. 2012.

[355] Altmetrics, Our Products. 〔EB/OL〕. 〔2018-07-27〕. https://www. altmetric. com /products/.

[356] 顾立平. 论文级别计量研究:应用案例分析[J]. 现代图书情报技术,2013(11): 1-7.

[357] 杨柳,陈铭. 常用替代计量学工具之比较研究[J]. 情报理论与实践,2015,38 (09):114-119+144.

［358］ 同［353］.

［359］ 同［357］.

［360］ 吴胜男,赵蓉英. Altmetrics 应用工具的发展现状及趋势之分析［J］. 图书情报知识, 2016(01):84-93.

［361］ 邓金阳. 罗艳菊. 国际性英文旅游学术期刊:发展、评价方法、排名与分级［J］. 旅游学刊, 2010,25(12):79-89.

［362］ InCites Journal Citation Reports help［EB/OL］. ［2018-08-02］. http://ipscience-help. thomson   reuters. com/InCitesLiveJCR/JCRGroup/jcrJournalProfile/jcrJournal-ProfileRank. html.

［363］ Carl Bergstrom. Measuring the value and prestige of scholarly journals［J］. College & Research Libraries News,2007, 68 (5) :314-316.

［364］ 中科院期刊分区在线平台［EB/OL］. ［2018-05-17］. http://www. fenqubi-ao. com/Default. aspx.

［365］ 同［364］.

［366］ 中科院期刊分区［EB/OL］. ［2018-05-17］. https://pc-shop. xiaoe-tech. com/app ofrgQaoj414 8/pc_transit? type = 2 &resource_type = 1&reso urce_id = i_58f9 d5287480c_uvBj kcz0&produ ct_id = p_58e3c4 3e2e2ea_EXRZ E9W0&url = https % 3A% 2F% 2F appofrgqa oj4148. h5. xiao eknow. com% 2Fcon tent _ page% 2F eyJ0eXBlIjoy LCJyZX NvdXJjZV90 e XBlIjox LCJyZXNvdXJ jZV9p ZCI6Im lfNThmO WQ1Mjg3 NDgwY1 91dk Jqa2N6 MCIsIn Byb2R1Y 3RfaWQ iOiJwXzU4 ZTNjNDNl MmUyZ WFfRVh SFKU5VzAi LCJhcH BfaWQi OiJhcHB vZnJnJnU WFvajQx NDgifQ.

［367］ Elsevier Content ［EB/OL］. ［2018-05-17］. http://www. elsevier. com/solutions/scopus/content.

［368］ Scimago Journal & Country Rank.［EB/OL］. ［2018-05-25］. https://www. scima-gojr. com/.

［369］ 同［368］.

［370］ 庄守经,潘永祥,张其苏等主编.《中文核心期刊要目总览》(1992 年版)［M］. 北

京:北京大学出版社,1992.

[371] 陈建龙,朱强,张俊娥,蔡蓉华主编.《中文核心期刊要目总览》(2017 年版)[M].
北京:北京大学出版社,2018,12.

[372] 《中文社会科学引文索引(CSSCI)》来源期刊(集刊)遴选实施方案,中文人文社
会科学综合评价学术委员会 2017 年 1 月 8 日通过[EB/OL]. [2018-05-17].
http://cssrac. nju. edu. cn/a/xwdt/zxdt/20170110/2804. html.

[373] 中国科学技术信息研究所. 科技期刊评价指标[EB/OL]. [2018-11-14]. ht-
tp://www. istic. ac. cn/ScienceEvaluateArticalShow/tabid/679/Default. aspx?
ArticleID=665.

[374] 中国科学技术信息研究所[EB/OL]. [2018-11-14] http://www. istic. ac. cn/
Portals/0/documen ts/kxpj/%E4%B8%AD%E5%9B%BD%E7%A7%91%E6%
8A%80%E6%A0%B8%E5%BF%83%E6%9C%9F%E5%88%8A%E9%81%B4%
E9%80%89%E7%A8%8B%E5%BA%8F2014%E7%89%88. pdf.

[375] CSCD 中国科学引文数据库来源期刊[EB/OL]. [2018-11-14]. http://sci-
encechina. cn/cscd_source. jsp.

[376] 中国科学院文献情报中心. 中国科学引文数据库(CSCD)来源期刊遴选报告
(2017—2018 年度)[EB/OL]. [2018-11-14]. http://sciencechina. cn/style/re-
port17_18. pdf.

[377] 姜晓辉主编. 中国人文社会科学核心期刊要览(2013 年版)[M]. 北京:社会科
学文献出版社,2014 .

[378] 姜晓辉主编. 中国人文社会科学核心期刊要览(2013 年版)[M]. 北京:社会科
学文献出版社,2014,1:2.

[379] 荆林波主编:中国人文社会科学期刊评价报告(2014)[M]. 北京:中国社会科
学出版社,2015,5:18.

[380] 中国社会科学评价研究院.中国人文社会科学期刊 AMI 综合评价报告[R].北
京:中国社会科学评价研究院,2018.内部资料.

[381] 中国社会科学评价研究院.中国人文社会科学期刊 AMI 综合评价报告[R].北

京:中国社会科学评价研究院,2018.内部资料:45-46.

[382] 中国社会科学评价研究院.中国人文社会科学期刊 AMI 综合评价报告[R].北京:中国社会科学评价研究院,2018.内部资料:24-30.

[383] 陈悦,陈超美,刘泽渊. CiteSpace 知识图谱的方法论功能[J]. 科学学研究,2015, 33(2):242-253.

[384] 李杰著. 科学计量与知识网络分析:方法与实践(第二版)[M]. 北京:首都经济贸易出版社,2018.

[385] CiteSpace:Visualizing Patterns and Trends in Scientific Literature[EB/OL]. [2018-09-19]. http://cluster. ischool. drexel. edu/~cchen/citespace/download/.

[386] 信息计量学|CiteSpace 使用教程[EB/OL]. [2018-9-19]. https://www. jianshu. com/p/49d41d0ccd7f.

[387] 同[384].

[388] 同[383].

[389] 邱小花,李国俊,肖明. SCI2——一款新的知识图谱分析软件介绍与评价[J]. 图书馆杂志, 2013,32(09):79-87.

[390] Sci2 Tool[EB/OL]. [2018-9-26]. https://sci2. cns. iu. edu/user/index. php.

[391] Sci2 Tool:A Tool for Science of Science Research and Practice Tutorial[EB/OL]. [2018 - 9 - 27]. http://ivl. cns. iu. edu/km/pres/2012 - borner - sci2tutorial - oecd. pdf.

[392] 同[384].

[393] 左丽华,肖仙桃. 知识图谱可视化工具 VOSViewer 和 NWB Tool 的比较研究[J]. 情报科学,2015,33(02):95-99.

[394] 吴鸣. 文献分析工具利用[EB/OL]. [2018-10-22]. https://www. google. com. hk/url? sa=t&rct=j &q=&esrc=s &source= web&cd= 1&ved= 2ahU KEwiAy5aa spneAhUmj VQKHdDh BekQFjAA egQICRAC& url=http%3 A%2F% 2Fiip. iccas. ac. cn%2Fd ocume nts%2F18 %2F151 617%2F 20170504 %25E6 %2596 %2587 %25E7%2 58C%25AE %25E5%2588 %2586%25E 6%259 E%2590%25E 5%25B7%

2 5A5%25E 5%2585% 25B7%2 5E5%258 8%25A9% 25E7% 2594% 25A8& usg=AOvV aw3f_h3223 YwJSZF X_buq EsN.

[395] 同[384].

[396] From Scopus2Histocite,用 histocite 软件作从 Scopus 网站二次引文分析[EB/OL].[2018-9-28]. https://www. jianshu. com/p/47f9547187b4.

[397] 李红. 文献分析工具 Histcite 介绍及使用[EB/OL].[2018-9-28]. http://libweb. zju. edu. cn/attachments/2012-05/07-1336097592-126671. pdf.

[398] MarK W, Bornmann L. , Barth A. Detecting the historicalroots of research fields by reference publication year spectroscopy(RPYS)[C], Proceedings of 14th international society of scientometrics and informetrics conference. Stolber-gasse:facultasv, 2013:493-506.

[399] 李信,陆伟,李旭晖. 一种新兴的学科领域历史根源探究方法:RPYS[J]. 图书情报工作,2016,60(20):70-76.

[400] 同[384].

[401] 同[384].

[402] 吴闯,谢福秀,王春蕾,刘万国,孙波. 基于 RPYS i/o 的数字图书馆领域历史根源文献探究[J]. 图书情报工作,2018,62(05):87-96.

[403] 同[402].

[404] 同[384].

[405] 同[390].

[406] Barth A, Marx W, Bornmann L. et al. On the origins and the historical roots of the Higgs boson research from a bibliometric perpective[J]. European Physical Journal Plus, 2014,129(6):1-13.

[407] Leydesdoref L, BornmannL. , Marx W et al. Referenced publication years spectroscopy to iMetrics:scientometrics ' journal of informetrics' and a relevant subset of JASIST[J]. Journal of informetrics, 2013, 8(1),162-174.

[408] Werner Marx, Lutz Bornmann. Tracing the origin of a scientific legend by reference

publicati −on year spectroscopy（RPYS）：the legend of the Darwin finches[J]. Scientometrics,2014,99(3).

［409］　Comins J, Hussey T, Compressing multiple scales of impact detection by reference publication year spectroscopy[J]. Journal of informetrics, 2015, 9(3),449−454.

［410］　Elango B, Bornmann L, Kannan G, Detecting the historical roots of tribology research：a bibliometric analysis[J]. Scientometrics, 2016, 107(1):1−9.

［411］　李信,李倩. 传统文献计量与科学评价的一个补充视角:全时间域的 RPYS[J]. 图书情报知识,2017(04):89−99.

［412］　李信,赵薇,肖香龙,吴梦佳. 基于 RPYS 分析的引文分析研究:起源和演化[J]. 图书馆论坛,2017,37(11):56−65.

［413］　侯剑华. 基于引文出版年光谱的引文分析理论历史根源探测[J]. 情报学报, 2017,36(02):132−140.

［414］　同[384].

［415］　杨冬敏,李信. 基于参考文献出版年图谱的知识管理演化研究[J]. 图书馆理论 与实践,2018,(07):59−64+86.

［416］　刘晓君,王萌萌. 基于引文出版年光谱的碳排放交易研究的历史根源分析[J]. 情报杂志,2018,37(07):155−161.

［417］　Clarivate Analytics. Derwent Data Analyzer[EB/OL]. [2018−9−26]. https://clarivate. com/products/derwent−data−analyzer/.

［418］　数据清洗工具 OpenRefine[EB/OL]. [2018−10−8]. https://blog. csdn. net/ yjj20007665/article/details/52370805

［419］　OpenRefine[EB/OL]. [2018−10−08]. http://openrefine. org/.

［420］　OpenRefine 数据处理工具[EB/OL]. [2018−10−9]. http://catwizard. net/posts / 20160709173914. html.

［421］　Tableau Desktop[EB/OL]. [2018−10−10]. https://www. tableau. com/zhcn/produ− cts / desktop#video.

［422］　Tableau 软件特点和功能综述[EB/OL]. [2018−10−10]. https://blog. csdn. net/

qq_42213965/article/details/80621788.

[423]　Tableau 帮助[EB/OL].[2018-10-10].https://www.tableau.com/zh-cn/support/help.

[424]　ECharts[EB/OL].[2018-10-11].http://echarts.baidu.com/index.html.

[425]　基于html5 Canvas 图表库:ECharts[EB/OL].[2018-10-11].https://www.runoob.com/w3cnote/html5-canvas-eccharts.html.

[426]　图表秀[EB/OL].[2018-10-16].https://www.tubiaoxiu.com/.

[427]　百度百科.地图慧[EB/OL].[2018-10-15].https://baike.baidu.com/item/%E5%9C%B0%E5%9B%BE%E6%85%A7/19293398.

[428]　王洋,何晓芳.我国顶尖大学学科发展现状研究——基于QS学科排名分析[J].上海教育评估研究,2018,7(01):62-66.

[429]　同[62].

[430]　姜力力,田莹,冯建铮.世界大学排行榜发展趋势比较研究——"U-Multirank"与"THE"比较[J].黑龙江教育(高教研究与评估),2013(02):6-8.

[431]　高飞,于滨.多维度世界大学排名系统探析[J].高教发展与评估,2014,30(05):12-18+114.

[432]　同[62].

[433]　亚历克斯·埃舍尔,马斯莫·萨维诺,王亚敏,侯书栋,李立国.差异的世界:大学排名的全球调查[J].清华大学教育研究,2006(05):1-10.

[434]　About QS|TopUniversities[EB/OL].[2018-08-15].https://www.topuniversities.com/about-qs.

[435]　同[428].

[436]　QS World University Rankings-Methodology | Top Universities[EB/OL].[2018-12-16].https://www.topuniversities.com/qs-world-university-rankings/methodology.

[437]　同[436].

[438]　QS World University Rankings by Subject 2018 | Top Universities[EB/OL].[2018-12-16].https://www.topuniversities.com/subject-rankings/2018.

［439］　QS World University Rankings by Subject 2018：Methodology｜Top Universities［EB/OL］．［2018-12-16］．https：//www.topuniversities.com/subject-rankings/methodology.

［440］　同［439］．

［441］　同［430］．

［442］　World University Rankings｜Times Higher Education（THE）［EB/OL］．［2018-08-13］．https：//www.timeshighereducation.com/world-university-rankings.

［443］　姚若侠,高文涛．全球大学评价指标体系的国际比较［J］．当代教师教育,2018,11(01)：24-29.

［444］　About the Times Higher Education World University Rankings｜THE Books［EB/OL］．［2018-9-1］．https：//www.timeshighereducation.com/world-university-rankings/about-the-times-higher-education-world-university-rankings.

［445］　佘仕凤．国际学科排名指标体系及中国学科格局分析——基于世界大学学科排名数据［J］．上海教育评估研究,2017,6(03)：26-34.

［446］　World University Rankings 2018 methodology｜THE Rankings［EB/OL］．［2018-08-13］．https：//www.timeshighereducation.com/world-university-rankings/methodology-world-university-rankings-2018.

［447］　METHODOLOGY FOR OVERALL AND SUBJECT RANKINGS FOR THE TIMES HIGHER EDUCATION WORLD UNIVERSITY RANKINGS 2018［EB/OL］．［2018-9-16］．https：//www.timeshighereducation.com/sites/default/files/2018-wur-methodology-pwc.pdf.

［448］　About the Times Higher Education World University Rankings｜THE Books［EB/OL］．［2018-08-15］．https：//www.timeshighereducation.com/world-university-rankings/about-the-times-higher-education-world-university-rankings.

［449］　同［445］

［450］　World University Rankings by Subject｜Times Higher Education［EB/OL］．［2018-08-13］．https：//www.timeshighereducation.com/world-university-rankings/bysubject.

[451] 同[451].

[452] 同[451].

[453] About U. S. News & World Report ｜ U. S. News Information ｜ U. S. News［EB/OL］.［2018-09-16］. https://www. usnews. com/info/features/about-usnews.

[454] 同[443].

[455] How U. S. News Calculated the Best Global Universities Rankings ｜ Best Global Universities ｜ U. S. News［EB/OL］.［2018-12-16］. https://www. usnews. com/education/best-global-universities/articles/methodology.

[456] 关于软科［EB/OL］.［2018-08-04］. http://www. shanghairanking. com. cn/about-us. html.

[457] ARWU World University Rankings 2018 ｜ Academic Ranking of World Universities［EB/OL］.［2018-09-16］. http://www. shanghairanking. com/.

[458] 上海软科世界大学学术排名 2018 排名方法［EB/OL］.［2018-08-04］. http://www. zuihaodaxue. com/ARWU-Methodology-2018. html

[459] ShanghaiRanking's Global Ranking of Academic Subjects 2018 ｜ Shanghai Ranking - 2018［EB/OL］.［2018-09-16］. http://www. shanghairanking. com/Shanghairanking-Subject-Rankings/index. html.

[460] 2018 软科世界一流学科排名指标定义及统计方法［EB/OL］.［2018-08-04］. http://www. zuihaodaxue. com/subject-ranking/ARWU-SUBJECT-Methodology-2018. html#3.

[461] About ｜ CWUR ｜ Center for World University Rankings.［EB/OL］.［2018-08-16］. http://www. cwur. org/about. php.

[462] CWUR 世界大学排名 2018 出炉.［EB/OL］.［2018-06-25］. https://mp. weixin. qq. com/s/2fkI440c906m_k4w2uN0EA.

[463] Nadim Mahassen. A quantitative approach to world university rankings［EB/OL］.［2018-06-25］. https://cwur. org/methodology/preprint. pdf.

［464］ CWUR METHODOLOGY［EB/OL］.［2018-06-25］.https://cwur.org/methodology/subject-rankings.php.

［465］ 王颖鑫,黄德龙,刘德洪.ESI 指标原理及计算[J].图书情报工作,2006(09):73-75+35.

［466］ InCites[EB/OL].［2018-09-16］.http://esi.InCites.thoms onre uters.com/Ind icators Action.action? Init = Yes&Sr cApp=I C2LS & SID=H4-ecii d6Maw PIMg Sd0a G1t1 Uhgf W7fx2 FQ7S- 18x2d Wy1 JIfirf8 wPrQK Q8eH 2vw x3Dx3Daf x2B17PY9i fQ toNnvY VgS4gx3D x3D-9vvmzcn dpRgQCGPd1c2qP Qx3Dx3D-wx2 BJQh9GK VmtdJ w370 0K ssQx3D x3D.

［467］ 赵丹群.Scimago 学术机构评价项目评析[J].情报理论与实践,2015,38(01):81-84+103.

［468］ SIR Methodology-General considerations[EB/OL].［2018-06-25］.https://www.scimagoir.com/methodology.php.

［469］ 同［468］.

［470］ 同［468］.

［471］ CWTS Leiden Ranking.［EB/OL］.［2018-08-16］.http://www.leidenranking.com/.

［472］ CWTS Leiden Ranking - Information - Responsible use.［EB/OL］.［2018-09-04］.http://www.leidenranking.com/information/responsibleuse.

［473］ CWTS Leiden Ranking - Information - Indicators.［EB/OL］.［2018-08-16］.http://www.leidenranking.com/information/indicators.

［474］ 同［473］.

［475］ CWTS Leiden Ranking - Information - Data.［EB/OL］.［2018-09-01］.http://www.leidenranking.com/information/data

［476］ 马路,王婷,吕兆丰.基于 Nature Index 的中国部分高校生命科学科研产出的分析[J].中华医学图书情报杂志,2015,24(07):1-4.

［477］ 李荣.Nature Index 在高校学科服务中的应用——以南京师范大学为例[J].高校图书馆工作,2015,35(03):58-61.

[478] Nature Index 2018 tables[EB/OL].[2018-09-01].https://www.natureindex.com/annual-tables/2018.

[479] 林琳,何书金,朱晓华,王岱.Nature Index对科技创新评价的意义与思考[J].中国科技期刊研究,2015,26(02):191-197.

[480] 王楠.欧盟"全球多维大学排名"体系的理念与实践[J].比较教育研究,2014,36(07):69-74.

[481] 同[480].

[482] 同[431].

[483] 同[480].

[484] 茹宁,熊耕.国际大学排名的"DIY"转向——对欧盟U-multirank排名特色的解读[J].比较教育研究,2012,34(11):70-74.

[485] 同[480].

[486] 同[480].

[487] 同[430].

[488] 武宝瑞.中国人民大学复印报刊资料转载指数排名研究报告2018[M].北京:中国人民大学出版社,2019:2.

[489] 武宝瑞.中国人民大学复印报刊资料转载指数排名研究报告2018[M].北京:中国人民大学出版社,2019:9.

[490] 中国人民大学书报资料中心2017年转载排名研制报告[EB/OL].[2019-03-01].http://old.zlzx.com.cn/rank.action⑩categoryId=9fe4a5e2-bd87-4435-ab50-6bde4a7c67ce.

[491] 中国人民大学书报资料中心2018年转载排名研制报告[EB/OL].[2019-03-01].http://old.zlzx.com.cn/rank.action⑩categoryId=bdb7e50a-4813-4e34-ab64-93bd0c98a242.

[492] 武宝瑞.中国人民大学复印报刊资料转载指数排名研究报告2018[M].北京:中国人民大学出版社,2019:4.

[493] 武宝瑞.中国人民大学复印报刊资料转载指数排名研究报告2018[M].北京:

中国人民大学出版社,2019:5-6.

[494] 中国人民大学书报资料中心 2003 年转载排名说明[EB/OL]. [2019-03-01].
http://old. zlzx. com. cn/rank. action? selectYear=2003.

[495] 武宝瑞. 中国人民大学复印报刊资料转载指数排名研究报告 2018[M]. 北京:
中国人民大学出版社,2019:6.

[496] 中国高校国际学术影响力[EB/OL]. [2018-08-01]. https://www. eol. cn/html/
acabridge/2017aca-gx/jianyi. shtml.